André Aron Weise

Gespräche mit Dir

MUTAUSBRUCH!

Einfach machen!

Impressum:

Verlag: BoD · Books on Demand GmbH, Überseering 33, 22297 Hamburg, bod@bod.de
Druck: Libri Plureos GmbH, Friedensallee 273, 22763 Hamburg

Die Publikation ist in der Deutschen Nationalbibliothek verzeichnet.

Autor: André Aron Weise

zweite Auflage Juli 2025.

Umschlaggestaltung: Gabi Wachshaus / EMMA STIL Mediendesign

Bildgestaltung/ Illustratorin Doro Nowa

ISBN Print: 978-3-7583-4291-2

ISBN E Book

Inhaltsverzeichnis: Seite:

Copyright

Vorwort

Vorstellung: 1

Kapitel 1 Erholung pur in El Gouna, 5
doch das unvergessliche Erlebnis endete plötzlich
in einem unerwarteten Albtraum

Kapitel 2 Horrorszenario auf dem Flughafen 8
von Hurghada

Kapitel 3 Rückflug inklusive Kopfkino 20

Kapitel 4 Zurück auf Sylt 28

Kapitel 5 Unser Unterbewusstsein Teil 1 33

Kapitel 6 2019 geht die „Party" weiter und 38
endet in der Dankbarkeit

Kapitel 7 2020 freudige Geburt, Corona 45
in Deutschland inklusive Dauerstress

Kapitel 8 2021 Immer noch Corona, Impfungen, 53
Anfeindungen und Depressionen

Kapitel 9 Hotel Strandhörn in der Corona Zeit, 73
sowie weitere Hotspots

Kapitel 10 2022 ein weiteres Jahr voller Ängste 82

Kapitel 11 Ab in die Nordseeklinik 88

Kapitel 12 Per Hubschrauber nach Husum 97

Kapitel 13 Familie, Freundschaft und faule Früchte 102

Kapitel 14 Kontrolle in Husum 117

Kapitel 15 Vom Zuschauer zum Programmdirektor 128

Kapitel 16 Auf zur Erholung nach Side 134
in der Türkei

Kapitel 17 Unterbewusstsein Teil 2 144

Kapitel 18 Danke UKE! 157

Kapitel 19 Meditation 163

Kapitel 20 Hilfe bekommt Helfer 171

Kapitel 21 Urlaub in Dubai, inklusive 183
Costa Toscana & Baby Bambam

Kapitel 22 Park Klinik Kiel - der Spuk geht weiter! 201

Kapitel 23 Das innere Kind 210

Kapitel 24 Kiosk 87, Lange Reihe & weitere Hotspots 215

Kapitel 25 Im Juli 2023 trat ich meine erste Reha an. 224
Es ging nach Bad Malente, in die Mühlenbergklinik.

Kapitel 26 Affirmation und Glaubensmuster 245

Kapitel 27 Ego / Selbstbewusstsein versus   259
emotionale Intelligenz

Kapitel 28 Schon wieder Corona   267

Kapitel 29 Alternativen   269
zum klassischen Arztbesuch

Kapitel 30 Weihnachten im Hotel Strandhörn   281

Kapitel 31 Wie oft denn noch?   286

Kapitel 32 April 2024, Reha in der Berolina Klinik,   290
in Löhne/ Bad Oeynhausen

Kapitel 33 Ziele setzen und Werte überprüfen   316

Kapitel 34 Stärkung im Hotel Atlantic auf Sylt   339

Kapitel 35 Lebst du nach deinen Impulsen,   347
oder nach denen der anderen?

Kapitel 36 Familienurlaub mit unseren Mäusen   356

Kapitel 37 Flotter Dreier für Carmen: 362
Ermüdungsbruch, Lungenentzündung und Corona.

Kapitel 38 Unterbewusstsein Teil 3   375
Das acht Schritte Veränderungsprogramm

Schlusswort & Danksagungen   399

Vorwort:

Warum ist es mir so wichtig, dir meine Geschichte zu erzählen?

Diese Frage habe ich mir gestellt, als das starke Verlangen in mir aufkam, meine Erlebnisse mit dir zu teilen. Bevor ich anfange, möchte ich mich bei dir bedanken, dass du mir einen Augenblick deiner kostbaren Zeit schenkst, um mich zu begleiten.

Zeit zu verschenken ist eines der wertvollsten Dinge, mit denen wir uns gegenseitig beschenken können. Nachdem ich einige Male erlebt habe, wie es sich anfühlt- wenn die Uhr fast abgelaufen ist, hat sich mein Verständnis für den Wert der Zeit grundlegend verändert. Seitdem mir bewusst wurde, wie schnell alles von einem Moment auf den anderen vorbei sein kann, bin ich dem Leben gegenüber noch dankbarer geworden.

Mit diesem Buch möchte ich dir zeigen, wie du ein neues Verständnis für Ängste entwickeln kannst und sie im besten Fall sogar überwindest. Nach dieser Geschichte und nachdem du die Strategien ausprobiert hast, wirst du nicht mehr dieselbe Person sein. Du wirst erstaunt sein, wie viel Kraft und Stärke in dir schlummert.

Deine Probleme werden danach lieber freiwillig abhauen, als sich ernsthaft mit dir anlegen zu wollen.

Außerdem teile ich mit dir Strategien, mit denen du Mut aufbauen, Stress reduzieren und verlorene Lebensfreude zurückgewinnen kannst, das sind Grundvoraussetzungen für ein glückliches Leben. Diese Freude ging mir verloren, als das Schicksal zuschlug.

In meinem Fall waren es schwerwiegende gesundheitliche und emotionale Herausforderungen: Neben den Folgen von nicht vertragenen Corona-Impfungen und mehrfachen Infektionen kamen lebensbedrohliche Herzprobleme, Ängste, familiäre Streitigkeiten, Depressionen, finanzielle Sorgen und das Chronische Fatigue-Syndrom hinzu. Letzteres erinnert mich täglich daran, dass sich Müdigkeit nicht allein durch Schlaf lindern lässt.

Es gab einen Punkt, an dem ich dachte, ich könnte nicht mehr weitermachen. Ich erlebte am eigenen Leib, wie es ist, wenn sich das Leben um 180 Grad dreht und plötzlich nichts mehr so ist, wie es einmal war. Ein Weg, den ich niemals freiwillig eingeschlagen hätte, wurde zu meiner Realität mit tiefgreifenden Auswirkungen, nicht nur auf mich, sondern auch auf meine Liebsten.

Die Emotionen waren überwältigend: Todesängste, eine durch Schockstarre ausgelöste geistige Unbeweglichkeit, pure Verzweiflung, tiefe Traurigkeit, starke Wut, erdrückende Zukunftsängste und der Verlust unbeschwerter Lebensfreude.

Es ist leicht, unter solchen Umständen hart auf dem Boden aufzuschlagen, liegenzubleiben und daran zu zerbrechen. Doch ich bin nicht daran zerbrochen. Ich lag zwar am Boden und wusste eine Zeit lang nicht, wie es weitergehen soll, aber ich bin nicht liegen geblieben. Im Gegenteil: Ich habe Wege gefunden, wieder aufzustehen und mich zurück auf die Gewinnerstraße zu kämpfen.

Die verlorene und für mich lebensnotwendige essenzielle Lebensfreude ist zurückgekehrt. Ohne Lebensfreude ist das Leben dunkel und schwer, und jeden weiteren Tag ohne sie verlierst du immer mehr an Lebensenergie. Bist du erst einmal in dieser lebensfeindlichen Situation gefangen, musst du dich entscheiden.

Leben oder Sterben?

Diese Frage war mein Weckruf, der ganz tief aus meinem Inneren kam. Aufgrund dessen habe ich meine Entscheidung getroffen.

Das Besondere an diesem Weg, der mich zurück ins Leben katapultiert hat, ist, dass er nicht nur mir offensteht. Ich möchte ihn mit dir teilen, inklusive aller Strategien, die mir geholfen haben. So kannst auch du die Möglichkeiten nutzen, um wieder auf die Gewinnerstraße zurückzukehren. Alles, was du dafür brauchst, steckt bereits in dir. Du wirst stärker werden und wie „Phönix aus der Asche" aufsteigen. Damit ist die Frage nach dem Warum jetzt beantwortet.

Durch meine Erfahrungen, die ich im Laufe der letzten Jahre gesammelt habe, kann ich dir helfen, dich von den Fesseln deiner Umstände zu befreien. Ich möchte dir Werkzeuge an die Hand geben, mit denen du dein inneres Zuhause wiederaufbauen und stärken kannst.

Ich möchte dir helfen, dir selbst zu helfen. Mein Wunsch an dich ist es, dich stärker als jemals zuvor zu machen. Wenn dir erst einmal bewusst wird, dass du längst alles in dir trägst, was du benötigst, um jedes noch so große Hindernis zu überwinden, machen dir Probleme keine Angst mehr. Es sind dann nur noch Herausforderungen, an denen du wachsen wirst.

Ich werde dich bei dieser emotionalen Reise mitnehmen, zu wunderschönen Orten dieser Welt und ich werde dir von wunderbaren Menschen erzählen. Einige davon sind wirklich sehr gute Freunde, andere haben einfach nur mit der erlebten Geschichte zu tun.

Keinesfalls möchte ich dir nur diesen besonderen Teil meines Lebens, in Form von Fakten und zeitlichen Abläufen, aufdrängen. Nur stupide über Krankheiten, sowie anderen Problemen und den daraus entstehenden Folgen zu sprechen, ist nicht mein Anliegen. Das hier soll kein anonymes Gesundheitsjournal werden, sondern ein Gespräch unter Freunden. Wo man über die wichtigen Dinge - aber eben auch über Privates spricht. Du wirst einiges aus meinem Leben erfahren. Es sind alles Dinge, die direkt oder auch indirekt mit der Geschichte zu tun haben.

Sie beginnt im Februar 2018 und begleitet mich bis ins Hier und Jetzt. Die Geschichte ist lebendig und das Schöne daran ist auch, solange sie lebt, lebe ich auch.

Ich baue die real existierenden Orte und Menschen mit ein, damit du erkennst, wie wertvoll ein funktionierendes Netzwerk ist. Egal was für Sorgen, Kummer, oder eventuell auch tollen Ideen du hast, niemand muss es mit sich alleine ausmachen. Wenn du dich nun angesprochen fühlst, dann werde doch einfach Teil dieses wunderbaren Netzwerkes.

Ich liebe es, wenn man sagen kann: "Ich kenne jemanden, der jemanden kennt" und es dann tatsächlich mit der gegenseitigen Unterstützung funktioniert. Wenn wir alle in diesem Netzwerk solche Verbindungen nutzen können, ist das doch mehr als wünschenswert. Besonders in einer Zeit, die so schnelllebig ist und oft von Empathielosigkeit sowie einer Ellenbogengesellschaft geprägt wird.

Es ist nicht verkehrt, wenn du dich zuerst um dich selbst kümmerst- aber es ist nicht egal, wenn dir die anderen Menschen egal sind. Früher habe ich fast immer zuerst an andere gedacht, mit dem Ergebnis, dass ich mich dabei selbst vergessen habe. Erst mit der Zeit habe ich gelernt, dass es genauso wichtig, wenn nicht sogar wichtiger ist, zunächst an sich selbst zu denken. Was bringt es dir, oder anderen, wenn du dich bei der Unterstützung anderer selbst vergisst und dadurch ausbrennst oder krank wirst?

Wenn du weißt, wie du dir selbst geholfen hast, sprichst du nicht nur aus der Theorie, sondern kannst dein wertvolles Praxiswissen gezielt weitergeben. Wenn du erkennst oder bereits danach lebst, wie bereichernd es ist, sich selbst und anderen beim Wachsen zu helfen, dann bist du in diesem Netzwerk aus zahlreichen inspirierenden Menschen herzlich willkommen.

Ich würde mich sehr freuen, dieses fantastische Netzwerk mit dir zu erweitern.

Vorstellung:

Bevor ich dir meine unglaubliche Geschichte erzähle, die sich genau genommen aus mehreren kleineren Abschnitten zusammensetzt, und sich genau so zugetragen hat, möchte ich mich doch erst einmal kurz bei dir vorstellen. Während unseres Gesprächs wirst du mich ohnehin besser kennenlernen.

Mein Name ist André Aron Weise. Einige nennen mich jedoch einfach „Holland", da mein leiblicher Vater Ronald aus den Niederlanden stammt. Eine seiner großartigen Lebensweisheiten, die mich auf meinem Weg tief inspiriert hat, lautet:

„Es gibt auf der Welt wenig Gutes, außer du tust es. "

Genauso ist es! Deshalb erzähle ich dir meine Geschichte. Mit meinen Erlebnissen möchte ich dir Kraft schenken und dir nützliche Strategien an die Hand geben, mit denen du dein Leben positiv verändern kannst. Es macht mir Freude, die Welt ein kleines bisschen heller und besser zu hinterlassen, als ich sie vorgefunden habe.

Ich habe dir ja eben gesagt, dass mein Papa aus den Niederlanden stammt; ich bin jedoch nur ein halber Kaaskop, da meine Mama, die leider schon verstorben ist und die ich sehr geliebt habe, aus Deutschland kam. Genauso wie auch mein Adoptivpapa Jürgen, der mich als kleinen Jungen adoptiert und mich immer so behandelt hat, als wäre ich sein leiblicher Sohn. Da meine Mama noch einmal geheiratet hat, habe ich zwei Väter und zwei Familien, die mir viel bedeuten. Ich kann sagen, dass ich mit viel Liebe groß geworden bin.

Dass ich ein halber Holländer bin, erwähne ich unter anderem auch deswegen, da die meisten Oranjes liebevoll und äußerst positiv gemeint, leicht einen an der Waffel haben. Auch wenn nur fünfzig Prozent des orangefarbenen Blutes durch meine Adern fließt, reicht das vollkommen aus, um eine Menge an Blödsinn in mir zu tragen.

Ich bin keiner dieser Erwachsenen, der seinem inneren Kind verbietet, eine Menge Spaß zu haben. Es war schon traurig genug, dass mein inneres Kind sich durch das Erlebte lange Zeit versteckt hielt. Manchmal wusste ich gar nicht mehr, ob es überhaupt noch da ist.

Nachdem ich Wege gefunden habe, die mich zurück zur Lebensfreude brachten, liebe ich es wieder, andere Menschen zum Lachen zu animieren und dabei die Synapsen mit Begeisterung zum Klatschen zu bringen. Da kommt einfach mein holländisches Blut zum Tragen.

Verstehe mich bitte nicht falsch, ich liebe tiefsinnige und ernsthafte Gespräche wirklich sehr, aber ich liebe es ebenfalls, Menschen ein Lächeln ins Gesicht zu zaubern. Beides ist mir wichtig.

Wie schrieb schon einst meine Mama in mein Poesie-Album:

" Lieber André, nie verlerne so zu lachen wie du jetzt lachst, froh und frei. Denn ein Leben ohne Lachen ist wie ein Frühling ohne Mai."

Wie recht sie doch mit dieser Aussage hatte. Lachen ist Licht für die Seele und der Antrieb für das innere Kind.

Mit meiner großen Liebe Carmen lebe ich seit über einem Jahrzehnt auf der nördlichsten Insel Deutschlands. Beruflich hatte es uns einst von Hamburg auf die Nordseeinsel Sylt verschlagen. Carmen ist ursprünglich ein echtes Hamburger Deern, und ich bin ein waschechter Hamburger Jung. Wir sind also beide an der Waterkant geboren und lieben bis heute das Element Wasser.

Die Geschichte, die ich dir erzählen werde, spielt hauptsächlich in Hamburg und auf Sylt. Doch auch andere Orte wie Malente, Löhne/Oeynhausen, Haren und Hürth kommen darin vor. Obwohl es sich bei dieser Story nicht um ein Reisemagazin handelt, möchte ich dir zusätzlich von fernen Ländern erzählen, die wir bereist haben, darunter Ägypten, die Türkei und die Vereinigten Arabischen Emirate. Vielleicht kennst du ja sogar einige dieser Menschen oder Orte persönlich. Die Welt ist schließlich manchmal erstaunlich klein.

Falls dir diese Orte oder Menschen noch unbekannt sind, kannst du sie durch meine Erzählung vielleicht als Inspiration nutzen, um neue Gegenden und Kulturen zu entdecken. Ich bin überzeugt, dass die Welt so viele unglaubliche und wunderschöne Orte zu bieten hat. In mir steckte schon immer ein Abenteurer, der die Schönheit verschiedener Plätze und die Warmherzigkeit der Menschen in fernen Ländern kennenlernen möchte.

Carmen und ich haben zusammen einen Sohn, wir gaben ihm den Namen Tim. Charakterlich und menschlich ist Tim einfach großartig, ihn zu lieben fällt leicht. Darüber hinaus hat uns Tim mit Jessie eine wunderbare Schwiegertochter geschenkt. Aus dieser wundervollen Beziehung sind zwei zuckersüße Enkelkinder hervorgegangen, die uns jedes Mal ein Lächeln ins Gesicht zaubern und vor Freude unseren Blutzucker in die Höhe schnellen lassen.

Der Umgang mit den beiden kleinen Wirbelwinden birgt stets die „Gefahr", vor lauter Glück einen „Zuckerschock" zu bekommen, "Blitzdiabetes" inklusive.Wir haben einen kunterbunten, auf der ganzen Welt verteilten, Freundes- und Bekanntenkreis, mit dem wir immer viel Spaß und Freude haben.

Auch finanziell ging es uns gut, es schien alles perfekt. Doch dann begann das Chaos und unser Leben wurde komplett auf den Kopf gestellt.

Erholung pur in El Gouna - doch das unvergessliche Erlebnis endete plötzlich in einem unerwarteten Albtraum.

Das erste Horrorszenario in dieser Geschichte nimmt seinen Anfang im Februar 2018, und zwar an einem Ort, der auf den ersten Blick harmlos wirkt: dem Flughafen von Hurghada.

Schon lange hatten Carmen und ich vor, nach Ägypten zu fliegen, um seine einzigartigen Landschaften zu erleben. Nun war es endlich soweit: Unser erster Flug nach Ägypten führte uns in das wunderschöne El Gouna. Nach unserer Landung wurden wir mit einem Shuttlebus in diese malerische Lagunenstadt gebracht. Umgeben von türkisfarbenem Wasser, goldgelbem Sand und einer warmen Brise spürten wir sofort, wie uns dieser Charme verzauberte und der Alltag von uns abfiel. Hier wollten wir die Seele baumeln lassen, die Ruhe genießen und einfach den Moment leben.

In El Gouna wirst du keinen Massentourismus oder große Partymeilen finden. Trotzdem kannst du dort eine Menge Spaß haben. El Gouna ist eine außergewöhnliche Stadt, in der viele Einheimische leben. Sie bietet eine sichere und entspannte Atmosphäre, sodass du dich auch abends frei bewegen kannst. Mit Down Town und dem Marina-Yachthafen gibt es zwei wunderschöne Hotspots, die zum Flanieren, Shoppen, Essen und Trinken einladen; perfekt, um das Leben zu genießen. Um günstig von einem Ort zum anderen zu gelangen, kannst du die manchmal rasanten, aber immer spaßigen Fahrten mit dem Tuk Tuk nutzen. Wenn du es komfortabler magst, stehen dir natürlich auch Taxen zur Verfügung, die dich überall hinbringen. Egal, ob motorisiert oder zu Fuß- sich sicher fortzubewegen ist jederzeit problemlos möglich.

El Gouna ist ein sehr fortschrittlicher Ort und dient als Vorzeigeprojekt, um Ägypten Schritt für Schritt auf dieses Niveau zu heben. Dort findest du unter anderem einen Ableger der Technischen Universität Berlin, ein jährlich stattfindendes, groß angelegtes Filmfestival sowie eine deutsche Hotelfachschule, an der viele Fachkräfte für die in der Umgebung befindlichen Hotels ausgebildet werden. Die zahlreichen Kanäle, die den wunderbaren Ort durchziehen, laden zu einer entspannten Bootstour ein, bei der du die Schönheit und wahre Größe von El Gouna erleben kannst. Sehr zu empfehlen!

Bisher hatten wir im Winter immer nur Fernreisen unternommen, aber diesmal wollten wir etwas wählen, bei dem wir nicht, im schlimmsten Fall mehr als zwanzig Stunden, anreisen müssen. Wir entschieden uns für das weitläufige und renommierte Mövenpick Hotel. Während unseres Urlaubs freundeten wir uns mit einigen Einheimischen an. Genau das ist unter anderem einer der Gründe, warum wir das Reisen so lieben.

Auch wenn Reisen in der Regel viel Geld kosten, ist es für uns eine wundervolle Möglichkeit, auf andere Weise reicher zu werden. Menschen und faszinierende Kulturen kennenzulernen, ist für uns ebenso wichtig, wie atemberaubende Landschaften zu entdecken, sportlich aktiv zu sein, Abenteuer mit viel Spaß zu erleben, zu chillen und die einheimische Küche zu probieren. Was meine Begeisterung für kulinarische Genüsse betrifft, hängt das sicherlich auch mit meiner langen Erfahrung in der Gastronomie zusammen, als Koch und Küchenchef. Ich weiß nicht, wie du dazu stehst, ob Essen für dich eine große Rolle spielt oder nicht. Ich kann nur sagen, dass ich die vielfältige Kulinarik in der Welt wirklich sehr schätze.

Ich liebe die unterschiedlichen Geschmacksrichtungen und die verführerischen Düfte von Kräutern und Gewürzen, die bereits beim Einatmen kleine Explosionen im Kopf auslösen und einen beim Probieren der Speisen in eine andere Welt entführen. Ich schätze ebenso die einfache, ehrliche Hausmannskost wie auch die einheimische Küche, die durch ihre Herzlichkeit besticht. Ebenso fasziniert mich Fine Dining mit seiner unvergleichlichen Raffinesse. Unterschiedliche Küchen aus verschiedenen Ländern sind wie verschiedene Sprachen: Wenn man sich erst einmal auf sie eingelassen hat, entfaltet sich die wahre Magie dahinter.

In unserem Urlaub hatten wir bei fantastischem Wetter eine Menge Spaß und erlebten zahlreiche Abenteuer. Wir ritten auf Pferden, düsten mit dem Quad durch Gebirge und Wüste und genossen es, jeden Hügel und Abhang mit Freude zu bezwingen. Wir schwammen mit Fischen und Delfinen im Meer und entdeckten beim Schnorcheln die unglaubliche, atemberaubende und farbenfrohe Unterwasserwelt. Es war ein wahrer Rausch für die Sinne und ein großes Abenteuer für das innere Kind.

Ein wirklich gelungener Urlaub. Doch wie alles Schöne im Leben, fand auch diese Reise irgendwann ein Ende. So saßen wir am Abreisetag entspannt in der Abflughalle von Hurghada und warteten auf unser Boarding.

Horrorszenario auf dem Flughafen von Hurghada

Für das, was passierte, gab es definitiv keinen Auslöser, es kam aus dem Nichts. Allerdings muss ich erwähnen, dass ich seit meiner Geburt mit einem kleineren Herzfehler lebe. Dieser Herzfehler führte immer wieder zu plötzlichem Herzrasen, das sich anfühlte, als würde ein Schalter auf "Turbo" umgelegt. Im Durchschnitt dauerten diese Attacken nie länger als zehn Minuten. Manchmal trat das Herzrasen nur alle paar Monate auf, gelegentlich jedoch auch mehrmals innerhalb weniger Tage. Es konnte aber auch vorkommen, dass ich über ein Jahr lang keine einzige Attacke hatte. Aufgrund dieser unregelmäßigen Intervalle war es für mich unmöglich, mich darauf einzustellen.

Ich wusste einfach intuitiv, dass ich ruhig bleiben und langsam sowie gleichmäßig atmen muss, wenn es passierte. Mir war klar, dass ich nicht zulassen durfte, dass Angst in mir aufsteigt. Wenn es mir gelingt, ruhig zu bleiben und nicht in Panik zu verfallen, schaltet mein "Turbomodus" irgendwann wieder auf Normalbetrieb um. Genau das hatte ich bereits unzählige Male erlebt. Das Verhalten des Ruhigbleibens in diesem Ausnahmezustand hatte ich mir intuitiv schon seit meiner Kindheit selbst beigebracht. Mein Unterbewusstsein hat dadurch im Laufe der Jahre eine große mentale Stärke entwickelt.

Nach dem Herzrasen war ich stets verschwitzt und verspürte über einen längeren Zeitraum Symptome wie Abgeschlagenheit und Unwohlsein, die wie Nachwirkungen erschienen. Bis jetzt konnte ich mich darauf verlassen, dass es mir nach einiger Zeit wieder besser gehen würde. Diese Erfahrungen begleiteten mich bereits seit meiner Kindheit, und trotz allem fand ich meist zu meiner inneren Ruhe zurück. Das mag vielleicht im Kontrast zu meinem „crazy holländischen Blut" stehen, das mich oft lebhafter erscheinen lässt.

An diesem Tag am Flughafen von Hurghada war alles anders als das, was ich bis dahin in solchen Situationen erlebt hatte. Wie bereits erwähnt, saßen wir entspannt und sonnengebräunt in der klimatisierten Wartehalle und plauderten über dies und das sowie den zurückliegenden Urlaub. Stress verspürten wir keinen, und bis zum Boarding hatten wir noch reichlich Zeit. Tiefenentspannt auf der Wartebank in der Abflughalle sitzend, beobachteten wir zwischen unseren Gesprächen das lebhafte Treiben der anderen Fluggäste.

Plötzlich spürte ich es wieder, dieses Klack, das eintrat, wenn der Schalter gedrückt wurde und mein Herz wie verrückt zu rasen begann. Es gab keinen langsamen ansteigenden Puls, wie etwa beim Joggen. Nein, dieses Rasen setzte sofort mit voller Wucht ein. Meine Brust schnürte sich zusammen und starkes Unwohlsein stieg auf. Na großartig, dachte ich. Ausgerechnet jetzt, so kurz vorm Boarding, musste es passieren.

Das Timing hätte schlechter nicht sein können. Ich versuchte, mich zu beruhigen. Meine über die Jahre bewährte Strategie, ruhig atmen und nicht in Panik verfallen, sollte auch diesmal helfen. Also, tief durchatmen und los. So saß ich auf der Bank neben Carmen, die das Dilemma natürlich bemerkt hatte. Ich konzentrierte mich auf meine Atmung und ließ keine Angst aufkommen. Über die Jahre hatte ich mir antrainiert, dabei so ruhig zu bleiben, dass die meisten Menschen nicht einmal bemerkten, wenn mein Herz wieder einmal verrücktspielte. So verging Minute um Minute.

Nachdem etwa fünfzehn Minuten vergangen waren und es noch immer keine Anzeichen dafür gab, dass sich der Schalter wieder umlegen würde, begann ich eine innere Anspannung zu spüren. Zumal das Boarding inzwischen in vollem Gange war. Ich beobachtete, wie nach und nach die Menschen zum Flugzeug gingen. Diese Situation beunruhigte mich zunehmend. Mit jeder weiteren Minute, in der das Herzrasen anhielt, spürte ich, wie die Anspannung in mir wuchs. Mein braungebranntes Gesicht war mittlerweile aschfahl und wächsern geworden.

Mein Herz beruhigte sich in dieser ganzen Zeit kein einziges Mal, im Gegenteil, es schlug wie verrückt. Es fühlte sich an, als würde in meiner Brust ein Maschinengewehr im Dauerfeuer schießen. Nach etwa zwanzig Minuten bemerkte auch das Flughafenpersonal, dass etwas nicht stimmte. Mittlerweile war es mehr als offensichtlich, dass ich Hilfe brauchte, diese Attacke in meinem Herzen konnte ich nicht länger verbergen. Als mir schwindelig wurde, legte ich mich auf eine der Wartebänke. Mein Puls war deutlich an der superschnell pochenden Halsschlagader zu sehen.

Als schließlich das medizinische Personal eintraf, war ich erleichtert, doch diese Erleichterung hielt nicht lange an. Schnell merkte ich, dass sie mit der Situation überfordert waren. Ich konnte die Angst in ihren Augen sehen. Diese Angst spürte ich nun zum ersten Mal auch in mir, was mein Herz betraf. Die Attacke hatte eine neue, unheimliche Dimension angenommen. Sie war nicht vergleichbar mit den unzähligen Malen davor.

Das unglaublich schnelle Klopfen meines Herzens war überwältigend, wie der immer wiederkehrende Rückstoß eines Maschinengewehrs, das mit jedem Schuss gegen meine Brust und meinen Kopf donnerte. Kalter Schweiß rann unaufhaltsam meine Stirn hinunter, mein T-Shirt war längst durchweicht. Tief in mir wusste ich, dass Panik, egal ob von mir oder vom medizinischen Personal ausgehend, völlig kontraproduktiv war. Also bemühte ich mich, in dieser vertrackten Situation nicht nur mich selbst zu beruhigen, sondern auch das Personal zu unterstützen. Doch natürlich hatte ich Angst. Trotzdem setzte ich alles daran, mich dieser Angst entgegenzustellen.

Was in dieser, mittlerweile dramatischen, Situation besonders ungünstig war, war die Tatsache, dass die Mediziner kein EKG-Gerät dabei hatten. Ein solches Gerät wäre später sehr hilfreich gewesen, um die Situation festzuhalten, aufzuzeichnen und den Ursprung dieser extremen Attacke zu lokalisieren. Der behandelnde Kardiologe hätte dann, ähnlich wie bei einer Landkarte, ablesen können, wo der Auslöser dieser Attacke lag. Bis zu diesem Zeitpunkt war es nämlich noch nie möglich, den Ausgangspunkt dieser Attacken zu bestimmen.

Nach etwa fünfundvierzig Minuten verwandelte sich die anfängliche Angst in echte Todesangst, die ich deutlich spüren konnte. Es war ein unglaublich bedrückendes Gefühl, das ich bis zu diesem Moment noch nie erlebt hatte. Machtlosigkeit breitete sich in mir aus.

In diesem Augenblick, der mir wie eine Ewigkeit vorkam, kämpfte ich verzweifelt um mein Leben. Ich werde dem englischen Pärchen, das mit uns in der Wartehalle war, bis heute unglaublich dankbar sein. Sie erkannten sofort den Ernst der Lage und nahmen Carmen zur Seite. Sie sprachen ihr Mut zu und gaben ihr Halt und Unterstützung in dieser schwierigen Stunde. Carmen war ebenfalls unter Schock, genau wie ich. Mein Puls raste weiterhin und ich kämpfte gegen die Ohnmacht an. Mit jeder Minute wurde es schlimmer. Der Schwindel nahm zu, mir war übel und der Druck in meinem Kopf stieg immer weiter. Ich hatte die Kontrolle über das Geschehen verloren. Ein Gefühl, das ich nur schwer ertragen konnte.

Das unglaublich schnelle Klopfen meines Herzens war überwältigend,

wie der immer wiederkehrende Rückstoß eines Maschinengewehrs,

das mit jedem Schuss gegen meine Brust und meinen Kopf donnerte.

In meinem Leben habe ich unter anderem viele Jahre in der Sicherheitsbranche, als Kampfsporttrainer und im Personenschutz gearbeitet. Kontrolle war dort absolut lebensnotwendig. Doch nun hatte ich sie verloren. Ich wusste, dass ich sie zurückgewinnen musste, um hier heil herauszukommen, trotz der zunehmenden Todesangst, die mich packte.

Deshalb bin ich dem englischen Pärchen so dankbar. Sie ließen Carmen nicht alleine und versuchten auf jede Weise, ihr die Angst zu nehmen. Ich weiß nicht, ob sie im gleichen Flugzeug wie wir flogen oder auf ein anderes warteten. Aber in meiner Erinnerung waren sie die ganze Zeit an ihrer Seite und kümmerten sich rührend um Carmen. In diesem Zustand wäre ich, ehrlich gesagt, nicht in der Lage gewesen, den Job zu übernehmen. Ich war zu sehr damit beschäftigt, mein Herz wieder in den Normalbetrieb zu bringen und nicht in Ohnmacht zu fallen.

Ich spürte ganz deutlich, dass ich es unbedingt schaffen musste, mein Herz zu beruhigen, sonst würde ich das hier nicht überstehen. Dieses überwältigende Gefühl, das ich in jeder Zelle meines Körpers wahrnahm, ist schwer in Worte zu fassen, weil keine Worte die Tiefe und Intensität dessen widerspiegeln können, was mir mein Gefühl vermittelt hat. Mein inneres Kind wollte, dass ich Ihm sage, dass es keine Angst haben muss, dass alles wieder gut wird, doch das konnte ich leider nicht. Nicht in diesem Augenblick.

Ich habe das Herzrasen schon unzählige Male erlebt, aber ernsthafte Angst, geschweige denn Todesangst, habe ich dabei nie wirklich gespürt. Bis zu diesem besagten Tag.

Auch meine Süße hatte diese erdrückende Todesangst förmlich mitfühlen können. Hinterher vertraute sie mir an, dass sie ebenfalls das Gefühl hatte, dieser Tag könnte unser letzter gemeinsamer auf Erden sein.

Ehrlich gesagt, solche Gefühle und Gedanken erlebt man nur in einer extremen Situation und niemandem wünscht man, so etwas zu erfahren. Es wird einem auf einmal bewusst, dass alles von einem Moment zum anderen vorbei sein kann. Ein absolut grauenvoller Gedanke, seine Liebsten in diesem Moment alleine zurückzulassen.

Mein Körper fühlte sich inzwischen an, als hätte ich drei Marathons hintereinander gelaufen, im Taucheranzug, bei einer Außentemperatur von über vierzig Grad und mit Zement gefüllten Gummistiefeln. Definitiv kein schöner Anblick. Eine so lange Attacke hatte ich noch nie erlebt. Das war wirklich heftig.

So sehr die Angst mich inzwischen im Griff hatte; ich nahm noch einmal allen Mut und Lebenswillen zusammen und fokussierte mich komplett auf mein rasendes Herz. Vor meinem geistigen Auge sah ich es, wie es wieder gleichmäßig und im normalen Takt schlug. Bei der Visualisierung versuchte ich, alles andere um mich herum auszuschalten und mit ganzer Kraft bei mir zu bleiben. Ich sprach auch zu Gott, dass ich noch nicht gehen möchte. Ich habe um mehr Zeit gebeten. Ich legte beide Hände auf meine Brust und sprach zu meinem Herzen, dass ich es liebe und dass es wieder im ruhigen Takt schlagen soll. Wir haben doch noch so viel vor. Ich habe das so lange gemacht, wie ich es vor meinem geistigen Auge als wahr empfunden hatte. In meiner Vorstellung beruhigte sich mein Herz und begann wieder normal zu schlagen. Ich wusste nun, jetzt ist alles wieder gut. Nach einer Stunde und zehn Minuten, wo mein Puls mit über zweihundert Schlägen pro Minute durchgehend vor sich hin raste, war der Spuk dann nicht nur visuell, sondern auch in echt schlagartig vorbei. Der Schalter hatte sich wieder umgelegt. Mein Herz schlug wieder im Normalbereich. Das war pure Erleichterung. Ich fühlte mich total erschlagen und erschöpft, so wie noch nie zuvor in meinem Leben.

Mein inneres Kind wollte,

dass ich Ihm sage,

dass es keine Angst haben muss,

dass alles wieder gut wird,

doch das konnte ich leider nicht.

Nicht in diesem Augenblick.

Das medizinische Personal hatte uns inzwischen auf einen Golfwagen mitsamt unserem Gepäck, das inzwischen wieder aus dem Flugzeug geholt wurde, verfrachtet. Es war klar, dass der Flieger heute ohne uns Richtung Hamburg fliegen würde.

Die Flughafenärzte wollten mich ins nahegelegene Krankenhaus bringen, aber ich bat sie, uns stattdessen wieder zurück nach El Gouna zu fahren. Zum einen wollte ich unbedingt, dass Carmen sich gut und sicher aufgehoben fühlt, was dort der Fall gewesen wäre. Zum anderen hatte ich selbst den Wunsch, in das gut ausgestattete Krankenhaus in El Gouna gebracht zu werden, das bereits zu diesem Zeitpunkt einen guten Ruf genoss. Es fühlte sich richtig an, den längeren Weg in Kauf zu nehmen. Tatsächlich haben sie unserer Bitte entsprochen und uns im Rettungswagen zurück nach El Gouna gebracht. Carmen und ich wurden gemeinsam ins Krankenhaus gefahren. Von dort aus riefen wir Kemo an. Wir hatten uns während unseres Urlaubs angefreundet. Über ihn bucht man im Mövenpick Hotel die Bootstouren für die Lagunenfahrten, von denen ich dir erzählt hatte. Als Kemo von der dramatischen Nachricht erfuhr, war er sehr erschrocken, kam jedoch so schnell wie möglich ins Krankenhaus, um uns zu besuchen und zu unterstützen. Das werde ich ihm nie vergessen. Bis heute pflegen wir ein freundschaftliches Verhältnis zu ihm.

Nachdem die Besuchszeit vorbei war, brachte er Carmen, zusammen mit den Koffern, zurück ins Mövenpick Hotel. In diesem schwierigen Moment einen Einheimischen an seiner Seite zu haben, der so unglaublich hilfsbereit war und dem man zudem vollständig vertraute, obwohl wir uns noch nicht lange kannten, war Gold wert.

Carmen erzählte dem Empfangspersonal im Mövenpick Hotel, was passiert war. Ohne Zögern durfte sie wieder einchecken und erhielt ein Zimmer in der Nähe der Rezeption, so dass Carmen bei Fragen oder Problemen schnell Hilfe bekommen konnte. Es ist wichtig zu wissen, dass das Hotel sehr weitläufig ist, sodass die Wege, je nach Lage des Zimmers, zu Fuß sehr lang werden können. Das Zimmer, das ihr zugewiesen wurde, erstreckte sich über zwei Etagen. „Wenn schon verordneter Zwangsurlaub, dann aber wenigstens so", war mein erster, nicht ganz ernst gemeinter Gedanke, als ich davon erfuhr. Getreu dem Motto „Aus jeder Situation das Beste machen" war ich einfach nur dankbar, dass alles reibungslos verlief.

Die Gesichter von den ja kurz zuvor verabschiedeten Mitarbeitern des Hotels, sollen schon sehr erstaunt gewesen sein. Voller Fragezeichen standen sie vor meiner Süßen und verstanden die Welt nicht mehr.

„Bist du es wirklich?" „Wo ist dein Mann?" „Wo ist André?" „Was ist passiert?" „Was machst du wieder hier?" Fragen über Fragen, auf die wir auch nicht alle Antworten hatten.

Zum Glück ist kein erneutes Herzrasen bei mir aufgetreten, allerdings musste ich noch eine Nacht zur Überwachung im Krankenhaus bleiben, bevor ich zu Carmen ins Hotel durfte.

Nach Absprache mit dem Kardiologen vor Ort musste ich jeden Tag vorbeikommen, um meine Werte überprüfen zu lassen, wenn ich ins Hotel zu Carmen wollte. Erst wenn ich das benötigte „fit to fly"-Zertifikat von den Ärzten erhalten würde, dürften wir wieder fliegen.

Währenddessen kümmerte sich Carmen um die Verlängerung des Aufenthalts im Hotel, dessen Dauer wir noch nicht genau abschätzen konnten, sowie um den notwendigen Austausch mit unseren Versicherungen.

Zum Glück hatten wir uns vor der Reise gründlich informiert und entsprechende Versicherungen abgeschlossen. Andernfalls wäre es neben dem bereits erlebten Horrorszenario auch noch zu einem finanziellen Debakel gekommen. Das, was passiert war, war schon schlimm genug, aber zumindest wurden die dadurch entstehenden Kosten durch die Versicherung vollständig abgedeckt.

Als ich nach der überwachten Nacht im Hospital zu Carmen durfte, war meine Freude riesengroß. Ich machte dann noch Scherze über unsere eingeleitete Urlaubsverlängerung im tollen Zimmer über zwei Etagen. Ich versuche einfach immer, auch im schlimmsten Chaos, etwas Positives an der Geschichte zu finden. Ändern kann man es ja eh nicht, warum dann nicht einfach, so gut es eben in dieser Situation geht, den längeren Aufenthalt genießen. Auch wenn es uns, ehrlich gesagt, zu diesem Zeitpunkt noch sehr schwer fiel. Die erlebten Todesängste waren noch zu präsent. Die Unsicherheit war überall spürbar.

Obwohl das erste Zimmer mit Meerblick schon wirklich großartig war, war es doch irgendwie auch spannend, ein weiteres schönes Zimmer kennenzulernen. Selbst wenn die Umstände an sich alles andere als ideal waren.

Sich an einen so wunderschönen Ausblick, wie den von unserem Bett, zu gewöhnen, fällt nicht schwer. Jeden Morgen die Augen zu öffnen und auf das Meer zu blicken, in seinen unglaublichen Blau- und Türkistönen ist definitiv etwas, das ich am liebsten mit nach Deutschland genommen hätte.

Und dann waren da noch die prächtigen Palmen mit ihren großen, sattgrünen Blättern, die direkt vor unserem Balkon standen und sich im leichten Wind hin und her wiegten – fast wie in einer einstudierten Choreografie. Ich liebe Palmen. Sie wecken in mir sofort ein Gefühl von Urlaub. Es war ein Anblick wie aus dem Bilderbuch.

Die Mitarbeiter, mit denen wir uns bereits während unseres regulären Aufenthalts angefreundet hatten, freuten sich sehr, uns am nächsten Tag wiederzusehen.

Die Gastfreundschaft und Hilfsbereitschaft, die uns damals zuteil wurde, ist bis heute ungebrochen. Auch wenn leider nicht mehr alle Mitarbeiter von damals dort tätig sind, fühlen wir uns dem Hotel und den Menschen nach wie vor emotional sehr verbunden

Auch wenn ich mittlerweile aus dem Krankenhaus entlassen wurde und mit Carmen im Hotel war, fühlte ich mich immer noch sehr verletzlich und angreifbar. Ich kann mich noch genau an das erste Abendessen im Hotel nach dem Herzrasen erinnern. Schon beim Gang zu unserem Tisch war ich vollkommen verunsichert. Obwohl mich die Menschenmenge im Restaurant zuvor nie gestört hatte, war es in diesem Moment zu viel für mich. Es war mir zu hell, zu laut – ich fühlte mich unwohl. Das Erlebte hatte ich definitiv noch nicht verarbeitet, und die Nachwehen waren viel intensiver als sonst. Genauer gesagt, hatte ich bis dahin so etwas noch nie erlebt. Bei jedem leichten Zucken meines Herzens oder bei jedem noch so kleinen Unwohlsein stieg dieses unangenehme Gefühl in mir wieder auf. Insgesamt verging eine ganze Woche. Während der täglichen Besuche im Krankenhaus, die vom Hotel aus organisiert wurden, begleitete uns stets die herzliche Mayada, die zuvor für die Gästebetreuung zuständig war. Leider arbeitet sie nicht mehr dort, da sie sich mit ihrem Mann im Immobilienverkauf selbstständig gemacht hat.

Nach einer Woche erhielten wir endlich das ersehnte und dringend benötigte "Fit to fly" vom Kardiologen. Allerdings war dies nur mit dem Kompromiss verbunden, dass ich mich am Flughafen noch einmal kurzfristig von den dort ansässigen Ärzten durchchecken lassen müsse. Erst nach dieser abschließenden Untersuchung, bei der mein Herz und der Blutdruck im Normalbereich lagen, stand dem Flug nach Hause nichts mehr im Weg.

Rückflug inklusive Kopfkino

Gesagt, getan: Die Abschlussuntersuchung bei den ansässigen Ärzten im Flughafen von Hurghada bestätigte, dass wir den Rückflug antreten durften. Es war nicht nur ein kleiner Stein, der von unseren Schultern fiel; es war das gesamte Himalaya-Gebirge, samt tausend Kilo Übergepäck. Laut den Ärzten war es sicher zu fliegen, aber ehrlich gesagt verspürte ich dennoch ein unangenehmes Gefühl vor dem Flug, trotz der Erleichterung, dass wir wieder fliegen konnten. Normalerweise fliege ich sehr gerne. Das mochte ich schon als kleines Kind, als meine erste Flugreise nach Bulgarien an den Sonnenstrand ging. Doch diesmal war da dieses Unbehagen, das mich vor diesem Flug begleitete. Mein inneres Kopfkino setzte ein. Was, wenn es wieder passiert? Was, wenn es während des Fluges passiert? Ich wollte es weder mir noch meiner Süßen erneut zumuten. Da war sie wieder, die lähmende Angst. Sie schlich sich langsam und stetig heran, wie eine Schlange, die ihre Beute fest im Visier hat. Zweifellos war ich die Beute.

Als wir wieder auf der Wartebank im Abflugbereich saßen, an dem Ort, an dem alles begonnen hatte und auf das erneute Boarding warteten, ergriff uns ein sehr bedrückendes Gefühl. Noch zu frisch war das Erlebte. An dem Ort, an dem wir jetzt unseren Abflug herbeisehnten, hatte vor wenigen Tagen das Horrorszenario stattgefunden.

Je kürzer die Zeit bis zum Abflug wurde, desto größer wuchs die Angst vor einer erneuten Attacke. Schließlich war es so weit: Per Lautsprecher wurde unser Flug nach Hamburg durchgegeben. Ich fühlte eine Erleichterung, dass es nun endlich losging, doch gleichzeitig spürte ich, wie mein Puls anstieg und ein mulmiges Gefühl sich in meiner Magengegend ausbreitete. Ich gestand mir ein, dass ich ein Stück weit Angst hatte, dass wieder etwas passieren könnte. Dieses Herzrasen wollte ich nie wieder erleben.

Die anderen Passagiere, die ebenfalls auf das Boarding warteten, erhoben sich rasch von den Sitzbänken und gingen schnellen Schrittes zum Schalter. Es kam mir ein wenig vor wie bei einem Déjà-vu, nur mit dem entscheidenden Unterschied, dass wir diesmal tatsächlich in den Flieger dürfen. Es wurde regelrecht um die Pole-Position gekämpft, wer ganz vorne in der Reihe steht. Ich hatte den Eindruck, dass einige einfach befürchteten, das Flugzeug könnte ohne sie abheben, obwohl ihre Plätze längst gebucht, reserviert und bezahlt waren.

Kaum wurde zum Boarding aufgerufen, bildete sich auch schon eine lange Schlange. Noch war niemand berechtigt, das Flugzeug zu betreten; stattdessen wurden Carmen und ich namentlich aufgerufen und vom Bodenpersonal in Empfang genommen. Gemeinsam gingen wir an der wartenden Menschenschlange vorbei, immer weiter in Richtung des Flugzeugs. Jeder Schritt wurde von den zahlreichen skeptischen Blicken der wartenden Menge begleitet. Die Blicke und Gedanken der Mitreisenden waren deutlich spürbar, als wir wie VIP-Gäste direkt zum Flieger geführt wurden.

„Wer sind die? Warum dürfen sie schon rein? Sind das etwa Prominente? Und was ist mit uns? Wieso dürfen die schon rein, und wir noch nicht?"

Wir hinterließen die anderen Passagiere mit vielen offenen Fragen. Tatsächlich waren wir die ersten, die das Flugzeug betreten durften. Persönlich wurden wir vom sehr freundlichen Piloten und seiner Crew in Empfang genommen. Es war dieses Gefühl, dass selbst in den unscheinbarsten Situationen auch etwas Gutes stecken muss. Ehrlich gesagt, es fühlte sich gut an, an der langen Schlange vorbeizugehen und direkt in den Flieger einzusteigen, auch wenn das Anstehen mich nie wirklich gestört hatte. Unsere reservierten Sitzplätze warteten ohnehin schon darauf, für die Dauer des Fluges eine intime Beziehung mit unseren knackigen Hintern einzugehen, dicht an dicht gekuschelt.

Es war ein angenehmes Gefühl, ohne Gedränge freundlich von der Bord Crew und dem Piloten begrüßt zu werden, etwas, das man nicht jeden Tag erlebt. Natürlich war der Grund dafür nicht der beste, aber was soll's. Wir versuchten, das Beste aus der Situation zu machen. Der Pilot erkundigte sich später noch einmal bei mir, ob es mir gut gehe und ob ich mich für den Flug nach Hause fit genug fühle, was ich bejahte. Welche Wahl hatte ich auch? Auch wenn ich Angst verspürte, war ich dennoch heilfroh, dass wir auf dem Weg nach Hause waren. In dieser Zeit war es vor allem mein Unterbewusstsein, das mir half, gefüllt mit der mentalen Stärke, die ich zuvor aufgebaut hatte. Auch wenn die Angst noch da war, spürte ich gleichzeitig eine innere Kraft, die mir sagte, dass alles gut ist. Diese Erfahrung hat mir erneut gezeigt, wie wichtig es ist, womit das Unterbewusstsein gefüttert wird. Alle, die an Angststörungen leiden und nicht wissen, wie sie ihre Ängste überwinden können, wissen sicherlich genau, wovon ich spreche. Mein 'Kopfkino', das 2018 in Ägypten seinen ungebetenen Anfang nahm, spielte unbewusst Filme ab, die meine Ängste nur noch verstärkten. Ich musste mich erst einmal daran gewöhnen. Ich nehme an, auch du hast vielleicht schon Erfahrungen mit deinem eigenen Kopfkino gemacht?

Kinos hatte ich schon seit meiner Kindheit mit positiven Erinnerungen verbunden, zu denen selbstverständlich auch der Geruch von frisch geröstetem Popcorn gehörte. Sobald ich die Eingangshalle des Kinos betrat und den lieblichen Duft wahrnahm, der dort in der Luft lag, wurde ich sofort von ihm in seinen Bann gezogen.

Es war wirklich selten, dass ich es mir entgehen ließ, einen Becher Popcorn zu kaufen. Allerdings ist ein Kopfkino etwas anderes als das Kino an der Ecke. Für viele wird es zum Endgegner. Der Duft von frischem Popcorn wird dir dort nur in den seltensten Fällen in die Nase steigen. Auch wird in dir keine Vorfreude auf einen lustigen oder spannenden Film in einem gemütlichen Ambiente aufkommen. Im Kopfkino fühlt sich alles viel enger und ungemütlicher an. Es ist kein Ort, der zum Wohlfühlen einlädt. Die Auswahl der Filme beschränkt sich meist auf ein einziges Genre, bei dem die Handlung im Prinzip immer dieselbe ist: Drama, Drama und nochmals Drama. Mein Motto heute lautet: „No more Drama". Doch 2018, nach dem Horrortrip, war ich noch nicht so weit. Das Erlebnis war so schrecklich, dass es erst einmal verarbeitet werden musste. Sich zum eigenen Programmdirektor zu entwickeln, der bestimmt, welche Filme gezeigt werden und welche nicht, war ein Prozess, den ich erst lernen musste. In der Zeit, als das Erlebte noch nicht verarbeitet war, fühlte ich mich machtlos. Obwohl ich mich in diesem Kino nicht wohlfühlte, schaffte ich es nicht, es zu stoppen. Es war, als ob mir der Film, den ich mir gar nicht ausgesucht hatte, in einer Endlosschleife gezeigt wurde. Anders als im Kino um die Ecke, wo man sich die Filme, die man sehen möchte, nur an bestimmten Tagen zu bestimmten Zeiten ansehen kann und jeder noch so lange Blockbuster irgendwann zu Ende geht, haben die Filme im Kopfkino ihre eigenen Regeln. Sehr gerne werden sie mitten in der Nacht gezeigt, wenn du eigentlich im Land der Träume sein solltest. Wie ein Dieb schleicht sich dein Kopfkino an und flüstert dir ins Ohr:

„Oh, du bist wach? Dann habe ich hier einen Film für dich, den du dir unbedingt ansehen musst."

Die Tragödien in deinem Kopfkino können ohne Probleme stundenlang ablaufen. Besonders gerne werden sie dir gezeigt, wenn es dir gerade am wenigsten passt, in Momenten, in denen du nicht vorhattest, einen Film zu sehen. Der Titel, der fast auf jeden dieser Kopfkino-Filme zutrifft, lautet: Vom Drama zum Supergau. Laufen bei dir auch so schräge Filme? Dann werde ich dir später in einem anderen Kapitel verraten, wie du zum Drehbuchautor deiner eigenen Geschichten wirst. Sobald du dich zum Programmdirektor erhoben hast, entscheidest du, welche Filme gezeigt werden und welche nicht. Dein Kopfkino kann nur dann Probleme verursachen, wenn vorher keine da waren, aber nur, solange du dich selbst nur als inaktiven Zuschauer begreifst.

Kopfkino ist ein bisschen wie ein Spiel von "Stille Post" mit sich selbst. Wenn du es allein spielen würdest, bist du die Person, die das erste Wort in Umlauf bringt, und gleichzeitig auch die letzte, die ausspricht, was sie gehört hat. Und in aller Regel kommt dabei etwas anderes heraus, als das, was du ursprünglich gesagt hast, obwohl du genau weißt, dass du es selbst in die Runde gebracht hast. Manchmal ist es gar nicht so einfach, nicht alles zu glauben, was du denkst.

Normalerweise spielt man Stille Post mit mehreren Personen: Eine Person denkt sich ein Wort aus und flüstert es ihrem Nachbarn ins Ohr. Dieser gibt das Wort dann so weiter, wie er es verstanden hat, und so geht es weiter, bis alle das Wort weitergegeben haben. Am Ende stellt sich heraus, wie sehr sich das ursprüngliche Wort verändert hat.

Bei einem Kopfkino spielt man das Spiel jedoch mit sich selbst. Das Problem dabei ist, dass man den Mist, der am Ende herauskommt, auch noch glaubt, obwohl man weiß, dass es sich um Hirngespinste handelt, die man selbst erschaffen hat. Immer mit der abenteuerlichen Begründung: „Ja, aber es könnte doch sein."

Ja, es könnte sein, aber es könnte auch nicht so sein. Das Universum ist wie deine Gedankenwelt, ein unendliches Meer aus Möglichkeiten.

Es kann passieren, dass du bei einem wichtigen Fußballspiel böse gefoult wirst und dich dabei so schwer verletzt, dass du ins Krankenhaus musst. Es kann auch sein, dass du beim Sprint umknickst und dir den Fuß verstauchst. Oder noch schlimmer: Du könntest dir den Fuß dabei brechen, was dich für eine lange Zeit ausfallen lässt. Die Saison wäre für dich dann gelaufen. Es könnte passieren, dass du den entscheidenden Elfmeter weit über das Tor schießt und zur tragischen Figur des Spiels wirst. Kopfkino hat eine selbstzerstörerische Kraft, wenn es ungefiltert in dir tobt, kannst du dir die schlimmsten Szenarien vorstellen. Aber die Wahrheit ist: Es sind einfach nur Möglichkeiten, nicht mehr und nicht weniger. Denn es kann auch anders kommen. Es kann sein, dass du mit deinem Team und deinen Freunden ein unglaubliches, unvergessliches Fußballspiel erlebst, indem du den entscheidenden Elfmeter zum Siegtor verwandelst und als Held gefeiert wirst. Auch das ist eine Möglichkeit, die eintreffen kann.

Alles kann passieren, auch das Gute. Es hängt davon ab, welche Filme du dir in deinem Kopf kreierst. Machen sie dich zum Gewinner oder zum Verlierer?

Immer wieder spielen sich in unserem Kopf die skurrilsten Szenarien ab. Wenn wir nicht bewusst gegensteuern, erschaffen wir uns all die möglichen Katastrophen, die schiefgehen könnten. Manchmal spinnt man diese Gedanken so lange weiter, bis man wirklich glaubt, dass das Schlimmste passieren wird. Plötzlich merkt man, dass Sorgen auftauchen, wo zuvor keine waren. Selbst der ganze unnötige Kram aus diesem 'Kopfkino' wandert ungefiltert ins Unterbewusstsein. Und je mehr Ängste und Sorgen sich dort ansammeln, desto stärker werden sie unser Leben beeinflussen, oft ohne dass wir es überhaupt bemerken. Denn das Unterbewusstsein filtert nicht, was unnötig oder unbegründet ist. Es kann nicht unterscheiden, was real ist und was nicht, genauso wenig, ob etwas gut oder schlecht für uns ist. Wenn wir also unreflektiert Ängste in unser Unterbewusstsein lassen, werden wir irgendwann genau von ihnen beherrscht.

Ich bin froh, heute mein eigener Programmdirektor zu sein und bewusst zu entscheiden, welche Filme gezeigt werden und welche nicht. Doch 2018, nach dem Vorfall, war ich noch ein Zuschauer, der nicht wusste, wo die Notausgänge des Kopfkinos zu finden waren, und oft gezwungen war, mir den ganzen Mist anzusehen.

So saßen wir nun im Flugzeug Richtung Hamburg, in unseren Sitzen, und warteten darauf, dass die anderen Passagiere einsteigen durften. Im Hintergrund begann bereits mein Kopfkino zu laufen. Dass wir tatsächlich im Flugzeug Richtung Heimat waren, war gleichzeitig fantastisch und beängstigend. Immer mit der Hoffnung, dass alles gut gehen würde, dass eine solche angsteinflößende Attacke nicht noch einmal kommen würde. Schon gar nicht in so großer Höhe, über den Wolken. In meinem Kopfkino spielte sich mein eigener, angstmachender Film ab. Gleichzeitig spürte ich die Kraft meines Unterbewusstseins, das ich über Jahre hinweg mit positiven und motivierenden Gedanken gestärkt hatte, die Gewissheit, dass alles gut ist. Es war ein intensives Battle zwischen Bewusstsein und Unterbewusstsein. Noch war mein Unterbewusstsein voller positiver Gedanken, wodurch es als unterstützender Freund agierte. Doch obwohl ich wusste, dass mein Unterbewusstsein mir beistehen würde, gelang es mir in diesem Moment nicht, das Kopfkino mit all seinen Dramen abzuschalten. Der Vorfall am Flughafen in Hurghada hatte etwas in mir ausgelöst, das erst noch verarbeitet werden musste. Meine mentale Stärke, die mich jahrelang treu begleitet hatte, war noch da, doch nun war auch eine Angst präsent, die ich so zuvor nicht gekannt hatte.

Nun wurden auch die Türen für die anderen Passagiere geöffnet und wohl jeder, der schon mal geflogen ist, kennt das bekannte Gedrängel um die besten Handgepäckplätze, welches uns auch hier umgab. Irgendwann ist aber jedes "Flugzeug-Oberklappen-Handgepäck-Tetris" auch wieder vorbei und alle sitzen in ihren Sitzen, bevor der Flieger abhebt und alle sicher nach Hause befördert.

Um es gleich vorwegzunehmen: Der Flug verlief ohne Zwischenfälle, und wir landeten sicher in Hamburg. Mein Kopfkino hatte mir unnötigerweise angstmachende Szenarien vorgespielt. Von Hamburg aus ging es dann weiter, zurück auf unsere kleine Insel.

Zurück auf Sylt

Wir waren sehr glücklich, dass wir wieder ohne Zwischenfälle zu Hause angekommen sind.

Sylt eignet sich hervorragend für lange Strandspaziergänge, um den Kopf freizubekommen. Das haben wir auch ausgiebig getan, doch das allein hat nicht ausgereicht, das Kopfkino auszuschalten und die mitgebrachten Ängste zu besiegen

2018 war das Jahr, in dem bei uns echte Todesangst herrschte. Es dauerte ein ganzes weiteres Jahr, bis die ständige Angst, die uns seit diesem Vorfall begleitet hatte, allmählich nachließ

Heutzutage habe ich großen Respekt vor Angstpatienten, die mit ihren Sorgen und Problemen oft jahrzehntelang kämpfen und sich dabei häufig hilflos und allein fühlen. Dieses Verständnis habe ich jedoch erst nach meiner zweiten Reha wirklich entwickelt, dazu später mehr. Zwar hatte ich schon vorher einen gewissen Respekt, doch ein Teil von mir hatte die aktuelle Situation nicht vollständig akzeptiert. Meine Devise war immer, keine Schwäche zu zeigen. Leider trifft das immer noch auf viele Angstpatienten zu: Sie stoßen bei einem großen Teil der Bevölkerung auf wenig Verständnis. Ängste werden nach wie vor häufig als Schwäche angesehen. Das gleiche gilt für Menschen, die Gefühle offen zeigen. Gibst du zu, dass es dir mental schlecht geht, kann das schnell als Schwäche interpretiert werden. Manche Menschen nutzen das dann aus. Für mich jedoch ist es das Gegenteil von Schwäche, offen über seine Gefühle sprechen zu können. Ich bewundere Menschen, die ihre Gefühle ehrlich zeigen. Auch ich musste erst lernen, das zu tun. Vor dem Vorfall 2018 hätte ich mich dir gegenüber so nicht geöffnet. Ich hätte nicht gewollt, dass meine verletzliche Seite zum Vorschein kommt.

Dabei spielt es keine Rolle, ob es sich um echte Angst vor etwas oder um eingebildete Befürchtungen handelt. Der einzige Unterschied für mich liegt möglicherweise in der unterschiedlichen Herangehensweise für die benötigte Heilung.

Für mich ging es, als ich wieder zu Hause war, sowohl auf Sylt, aber auch in Hamburg zu allerlei Ärzten, darunter auch zur Kardiologin. Das Problem, das ich hatte, war mein nicht vorhandenes EKG vom Vorfall in Hurghada. Die Ärztin meinte nur: "Ja, sehr schade, dass es das nicht gibt". So konnte nicht einwandfrei lokalisiert werden, von wo aus meine Herzattacke gestartet ist. Es wurde dann ein Langzeit EKG über vierundzwanzig Stunden verordnet, aber wie es nun mal bei Murphys Gesetz fast immer der Fall ist, wurde nichts entdeckt, da sich mein Herz während dieser Zeit - in sehr rhythmischen Schlägen- bewegte.

In meinem Leben hatte ich bereits mehrere Langzeit-EKGs bekommen, um meine fehlgeleitete Leitbahn im Herzen zu diagnostizieren, jedoch ohne Erfolg. Ich bemerkte auch, dass ich bei meiner bis dahin behandelnden Kardiologin, auf taube Ohren stieß, als ich ihr von meiner Todesangst erzählte. Ihre Antwort lautete etwa:

„Machen Sie sich keine Sorgen, in der Regel ist das nur sehr unangenehm, aber nicht gefährlich." Sie wollte mich damit beruhigen, und ich denke, sie war auch überzeugt davon, dass ich mir keine Sorgen machen müsste. Das war ja auch viele Jahre lang meine Sichtweise. Schließlich war das der Grund, warum ich bis zu diesem Erlebnis nie wirklich Angst hatte, geschweige denn Todesangst. Doch dieses Mal war alles anders. Es war nicht wie all die Male zuvor. Es war eben genau dieser kleine Prozentsatz, bei dem es leider doch zu Todesfällen kommen kann. Ich wusste einfach, ganz tief in mir drin, dass es auf dem Flughafen von Hurghada, mein letzter Tag hier auf Erden hätte sein können. Nur die Ärzte schenkten mir nicht den Glauben,

den ich mir gewünscht hätte. Sie sind davon ausgegangen, dass der Verlauf doch nur so war, wie all die Jahre zuvor. Wirklich verübeln konnte ich es ihnen nicht, da sie nicht bei dieser wirklich schlimmen Attacke anwesend waren. Sie handelten nach ihren Erfahrungen und dem Wissen, dass es in der Regel eher nicht gefährlich ist.

Ich wurde dann vorsorglich dennoch nach Husum zur Kardiologischen Abteilung gebracht, um einen Herzkatheter zu machen. Ich wusste bis zu diesem Zeitpunkt noch nicht einmal, was ein Herzkatheter überhaupt ist.

Es handelt sich um einen medizinischen Eingriff, bei dem die Ärzte, entweder über die Leiste oder das Handgelenk, einen kleinen Schlauch einführen, der mit einer Kamera ausgestattet ist. Dieser Schlauch wird durch die Arterien bis zum Herzen geführt. So können die Ärzte in Echtzeit feststellen, was dort nicht in Ordnung ist. Im besten Fall können sie den Schaden sogar direkt während des Eingriffs beheben. Ich habe das jetzt mit einfachen Worten beschrieben, aber medizinisches Fachpersonal hätte es sicherlich präziser ausdrücken können. Trotzdem hoffe ich, dass du dir so eine ungefähre Vorstellung von dem Eingriff machen kannst

Dass ich während der Behandlung wach bleiben musste, löste in mir schon ein großes Unbehagen aus. Es tat nicht weh, es fühlte sich eher so an, als ob jemand in meinem Herzen mit seinem Finger alles abtastet. Irgendwie war das ein sehr merkwürdiges und unangenehmes Gefühl. Ich fühlte mich ein bisschen wie eine Handpuppe. Was hingegen echt toll war, war das gesamte Team, was mich vor, währenddessen und hinterher begleitet hatte. Mit lockeren Sprüchen heiterten sie den Augenblick auf.

Sie gaben mir auch die gesamte Zeit über das Gefühl, dass ich bei ihnen sicher aufgehoben bin. Gerade weil das ja meine erste Herzkatheter-Untersuchung gewesen ist, bin ich dankbar, dass die Menschen, die mich behandelt haben, großartig waren. Das fing sogar schon im Vorbereitungsraum an. Da waren absolut die richtigen Menschen am Werk.

Das Ergebnis der Untersuchung war aus meiner Sicht leider nicht zufriedenstellend. Also auf der einen Seite schon, es wurde nichts gefunden. Meine Arterien waren frei, was ja eigentlich, rein vom Befund her, eine gute Sache war. Dass jedoch der eigentliche Auslöser meines Herzrasens nicht gefunden wurde, gefiel mir gar nicht, da ich so wieder die Angst vor einer erneuten möglichen Attacke verspürte. Ich hatte Sorge, dass ich diese schreckliche Erfahrung vom Flughafen in Hurghada noch einmal erleben würde. Alleine schon die Vorstellung, dass ich so einer Attacke erneut ausgesetzt sein könnte, löste Angst in mir aus. Ich hätte mich definitiv besser gefühlt, wenn der Auslöser für mein Herzrasen gefunden worden wäre, da man dann sicherlich auch die Ursache hätte beheben können. Ein solches Ergebnis hätte mich beruhigt und zufrieden gestellt. Doch da nichts entdeckt wurde, was mein Herzrasen ausgelöst hat, fühlte ich mich ehrlich gesagt eher schlecht. Es machte mir Sorgen, und ich hatte das Gefühl, mit diesen Sorgen ein Stück weit alleine gelassen zu werden.

Als ich zurückkam und das Ergebnis meinen bis dahin behandelnden Ärzten vorlegte, fühlte ich mich leider nicht wirklich verstanden. Da nichts Auffälliges gefunden wurde und es vom Flughafen in Hurghada auch keine EKG-Aufzeichnungen meiner schweren Attacke gab, wurde meine Situation heruntergespielt. Ich weiß nicht, ob sie mir einfach nicht wirklich glaubten oder ob sie versuchten, mich zu beruhigen – aber egal, was es war, es hatte bei mir keinen Erfolg.

Im Gegenteil, ich war noch verunsicherter als zuvor. Aus meiner eigenen Erfahrung wusste ich, dass dieses Herzrasen jederzeit ohne Vorwarnung auftreten kann, und genau davor hatte ich seit der letzten Attacke große Angst. Ich wollte dieses Erlebnis nie wieder durchmachen müssen.

Das Erlebte hat etwas mit mir, mit uns gemacht. Es hat lähmende Ängste ausgelöst, die wir zuvor nicht gekannt haben. Es hat mich verunsichert und mir die Zuversicht auf die Zukunft genommen. Was soll ich sagen, das Kopfkino war wieder da.

Unser Unterbewusstsein Teil 1

Egal, was ich unternahm, um mich besser zu fühlen, blieb die Angst stets ein unterschwelliger Begleiter. Sie hinderte mich daran, die benötigte Zeit zur Verarbeitung unbeschwert zu gestalten. Durch die intensiven Emotionen, die wir am Flughafen von Hurghada erlebten, fütterten wir unser Unterbewusstsein mit vielen Ängsten. Das Problem war jedoch, dass uns das zu dieser Zeit völlig unbewusst war. Und solange uns etwas nicht wirklich bewusst ist, ist es nahezu unmöglich, es zu verändern. Unser tägliches Handeln wird zu etwa 90 Prozent vom Unterbewusstsein gesteuert, während nur die restlichen 10 Prozent auf bewussten Entscheidungen beruhen. Allein diese Zahlen verdeutlichen, wie wichtig es ist, darauf zu achten, womit wir unser Unterbewusstsein füttern.

Unser Unterbewusstsein kann eine riesige Schatztruhe sein, die dich mit allem versorgt, was du für ein glückliches und erfülltes Leben benötigst. Lass nicht zu, dass aus deiner Schatztruhe eine Jauchegrube wird.

Ich hatte viele Jahre bewusst daran gearbeitet, meine Schatztruhe mit wunderbaren Dingen zu füllen. Der schlimme Vorfall in Hurghada jedoch schränkte mein bewusstes Handeln so stark ein, dass ich mich zunehmend mit Dingen beschäftigte, die mir mehr schadeten, als mich positiv zu unterstützen. Die Angst konnte sich ungefiltert ausbreiten und verdrängte die eigentlichen Schätze. Es gab Zeiten in meinem Leben, da war meine Truhe mit wertvollen Inhalten gefüllt, vor allem mit mutmachenden Überzeugungen. Doch nach und nach sind mir, aus unterschiedlichen Gründen, immer mehr wertvolle Dinge abhandengekommen. Seit dem Horrorszenario am Flughafen habe ich unaufhörlich noch mehr aus meiner geliebten Truhe verloren.

Ich weiß nicht genau, wie viel davon noch übrig ist, aber es waren auf jeden Fall nicht mehr viele Schätze. Das Vakuum, das durch den Verlust dieser Schätze entstanden ist, wurde durch Ängste und Sorgen ausgefüllt.

Das war vergleichbar mit einem hungrigen Gast im Fastfood Restaurant. Stelle dir vor, du wärst dieser Gast.

Du bist körperlich und geistig, in einem sehr guten Zustand. Du besitzt eine hohe Leistungsfähigkeit. Dein Körper stellt in diesem Beispiel, sinnbildlich gesehen, dein Unterbewusstsein dar. Dein Unterbewusstsein, das all das aufnimmt, was du ihm bewusst, aber in der Regel noch viel mehr unbewusst, zuführst. Bis jetzt hast du es meistens mit guten, dir dienlichen Dingen gefüttert, die dich stark machen und gesund halten. An diesem Tag hast du jedoch Heißhunger auf Fastfood bekommen, dem du nicht widerstehen kannst. Ich schätze, dass das wohl jedem mal passieren kann, mir auf alle Fälle.

Wenn solche Heißhungerattacken gelegentlich auftreten, richtet das in deinem Körper keinen großen Schaden an. Du wirst dadurch nicht sofort an Gewicht zunehmen, und auch deine Blutfettwerte werden nicht, durch die eher nährstoffarmen Lebensmittel, negativ beeinflusst. Problematisch wird es, wenn der Heißhunger nicht nur gestillt wird, sondern du plötzlich sogar Lust hast, öfter zu essen. Dein Körper, der zuvor trainiert war, wird so nach und nach ein paar „extra Röllchen" ansetzen. Durch deine neuen Essgewohnheiten verschlechtert sich deine Leistungsfähigkeit erheblich. Dramatisch wird es dann, wenn du vom gelegentlichen Fastfood-Esser zu einem echten Fastfood-Junkie wirst, für den es zur Gewohnheit wird, sich täglich mit nährstoffarmen, ungesunden Lebensmitteln vollzustopfen.

Ab jetzt wäre es nur noch eine Frage der Zeit, bis sich deine Blutfettwerte verschlechtern. Zudem müsstest du dich mit den

Folgen auseinandersetzen, die sich aus den damit verbundenen gesundheitlichen Risiken ergeben. Auch äußerlich wäre die Veränderung nicht mehr zu verbergen. Die ehemals kleinen Pölsterchen, die du noch mit weiten Klamotten gut kaschieren konntest, würden sich unaufhaltsam zu einem massiven Rettungsring entwickeln. Vom früher durchtrainierten Körper bliebe kaum noch etwas übrig.

Genauso verhält es sich mit deinem Unterbewusstsein. Die Menge produziert das Gift. Mal falsches Essen, mal schlechte Informationen, werden in der Regel nicht gleich zur Katastrophe ausarten. Aber wenn du deinen Körper über einen langen Zeitraum vernachlässigst, wenn du dein Unterbewusstsein mit allem möglichen Mist vollgestopft hast, wirst du einen großen Unterschied bemerken. Du wirst nicht mehr dieselbe Person wie vorher sein. Du wirst zu der Person, die du dir bewusst freiwillig nie ausgesucht hättest.

Im Nachhinein fehlt es uns an einer gründlichen Auseinandersetzung mit dem Erlebten am Flughafen. Statt die Zeit sinnvoll zur Reflexion zu nutzen, haben wir sie eher abgesessen. Dadurch wurde die Situation zwar erträglicher, doch es fehlte uns an echter Heilung, die mehr ist, als nur eine Linderung der Symptome. Wir wussten einfach nicht, wie wir es anders angehen sollten. Zunächst schien es, als ginge es uns wieder besser, doch die bittere Wahrheit war eine andere. Ein Jahr lang hatte die Angst Zeit, sich in unserem Unterbewusstsein festzusetzen. Wir fütterten es täglich mit „Fastfood", also mit Dingen, die uns eher schadeten, anstatt uns positiv zu unterstützen. In diesem Fall war es die Angst, die wir immer wieder nährten. Da Angst unser Handeln maßgeblich bestimmt, bleibt sie leider ein schlechter Ratgeber. Ohne es zu merken, hatten wir uns so einen unbewussten, von der Angst geleiteten „Ratgeber" geschaffen. Plötzlich mischte sich die Angst in jedes Handeln und jede Entscheidung ein.

Sie hatte sich ausgebreitet, die Unbeschwertheit verdrängt und in ein winziges Kämmerchen tief im Inneren eingeschlossen. Alles schien schwerer zu werden als zuvor. In dieser Intensität hielt der Zustand fast ein Jahr an. Ein ganzes Jahr lebten wir in ständiger Furcht, dass sich der Vorfall am Flughafen wiederholen könnte.

Je länger der Vorfall in Hurghada zurücklag, desto leichter fiel es uns, einigermaßen sorgenfrei am Leben teilzunehmen. Die Zeit war dabei unser Verbündeter. Wir trafen uns mit Freunden und lebten zunehmend wieder wie ein Paar, das immer weniger von Angst bestimmt wird. Wir gingen unserer Arbeit nach, lachten und feierten, wenn auch manchmal noch mit angezogener Handbremse. Die Angst war nie ganz verschwunden, aber das Leben rückte wieder in den Vordergrund und gewann an Bedeutung. Unser Lebenswille, unsere meist positive Einstellung, unser Freundeskreis und unsere Familie halfen uns dabei, Schritt für Schritt ins Leben zurückzufinden.

Früh in meinem Leben habe ich gelernt, wie wichtig es ist, sich seinen Ängsten zu stellen, um einer möglichen Angststörung vorzubeugen. Es hätte leicht passieren können, dass ich aus Angst vor Fernreisen nie wieder ein Flugzeug betrete. Um genau das zu vermeiden, beschlossen wir noch im November desselben Jahres, erneut nach El Gouna zu reisen. Wir wollten unsere Ängste überwinden und uns vor Ort bei den wunderbaren Menschen bedanken, die uns während unseres letzten Aufenthalts in El Gouna so herzlich unterstützt hatten.

Diesmal wollten wir jedoch nicht alleine fliegen. Stattdessen reisten wir mit Sven und Jana, zwei Freunden, die uns seit vielen Jahren begleiten und uns sehr ans Herz gewachsen sind. Uns verbindet eine außergewöhnlich intensive Freundschaft, wie man sie nur selten findet. Ihre Hilfsbereitschaft zeigte sich schon vor vielen Jahren, als sie uns mit unserem kleinen Sohn, bei sich aufnahmen, weil unsere neue Wohnung nicht rechtzeitig fertig wurde. Solche Freundschaften sind wahre Perlen in einem Meer von Muscheln, ein Glück, das man nicht oft findet.

Am Flughafen zu stehen und erneut auf den Flug nach Hurghada zu warten, löste ein seltsames Gefühl in uns aus, eine Mischung aus Nervosität und Vorfreude. Von dort aus würden wir weiter ins Mövenpick Hotel in El Gouna fahren, mit dem Ziel, uns erneut dieser Herausforderung zu stellen.

Um es gleich schon einmal vorweg zu nehmen, es war die richtige Entscheidung. Es hat sich keine Flugangst entwickelt, obwohl unterschwellig ein leichtes Unbehagen während des Hin- und auch Rückflugs mein ständiger Begleiter gewesen ist. Aber das Wichtigste für mich war die Tatsache, dass nichts erneut Schlimmes aufgetreten ist und dass ich mich meinen Ängsten gestellt hatte, bevor sich da eventuell etwas Blödes wie Flugangst entwickeln würde.

Die Reise hat uns geholfen, mutiger zu werden und neue Erfahrungen zu sammeln. Einen entscheidenden Einfluss hatte dabei auch meine Ausbildung zum Kampfsporttrainer, die ich im Alter von 27 Jahren absolvierte. Bereits mit zwölf Jahren begann ich, mich dem Kampfsport zu widmen, eine Leidenschaft, die nicht nur meine körperliche Fitness stärkte, sondern auch mein Kämpferherz formte.

Durch das Training lernte ich außerdem, zu meditieren. Diese Praxis half mir, mich auf das Hier und Jetzt zu konzentrieren und bewusst zu atmen. In einem anderen Kapitel werde ich noch genauer darauf eingehen.

2019 geht die „Party" weiter und endet in der Dankbarkeit

Jetzt - wo wir ungefähr ein Jahr benötigt haben, um dieses alptraumhafte Erlebnis irgendwie zu verarbeiten, ging für uns die "Negativparty" weiter. Das kam zu einem Zeitpunkt, als wir dachten, wir hätten jetzt das meiste überstanden.

Plötzlich bekam ich starke Schmerzen im linken Bauchbereich, die sich zunehmend verschlimmerten. Als die Beschwerden immer mehr wurden, entschied ich mich, vorsichtshalber unseren damaligen Hausarzt aufzusuchen. Nach einer kurzen Untersuchung stellte er fest, dass es sich um eine Divertikulitis handelte, eine Erkrankung, von der ich zuvor noch nie gehört hatte. Dabei kommt es zu einer Entzündung einer oder mehrerer Ausstülpungen der Darmwand (sogenannte Divertikel). Aufgrund dieser Diagnose erhielt ich eine Einweisung ins Krankenhaus.

In der Nordseeklinik musste ich die ersten Tage vollständig auf Nahrung verzichten, damit sich mein Darm beruhigen konnte. Ich bewundere Menschen, denen Hungern nichts ausmacht. Leider gehöre ich nicht dazu und schon nach wenigen Stunden hatte ich einen solchen Hunger, dass es sich anfühlte, als hätte ich eine Zeitreise in das Steinzeitalter gemacht. In meiner Vorstellung saß ich in einer Höhle, kurz davor, auf die Jagd zu gehen, damit unser Clan etwas zu essen hat.

Jeder einzelne Gedanke in meinem Kopf kreiste nur noch um Essen. Man sagte mir, dass es mit jedem weiteren Tag ohne feste Nahrung leichter werden würde. Doch das kann ich nicht bestätigen; ganz im Gegenteil. Stattdessen fühlte ich mich wie ein Raubtier, das auf Beute lauert.

Ich habe selten schlechte Laune, doch wenn es vorkommt, ist Hunger oft die Ursache. Während meines

Krankenhausaufenthalts fiel mir der notwendige Essensverzicht besonders schwer. Zusätzlich wurden mir Medikamente verabreicht, die jedoch rasch zu einer Linderung der Entzündung führten. Bei meiner Entlassung einige Tage später, empfahl man mir eine Darmspiegelung. Themen, die den Darm betreffen, waren mir bis dahin völlig fremd und, ehrlich gesagt, auch etwas unangenehm.

Es wird wirklich verrückt: Eine Woche später klagte meine Süße über Schmerzen. Weißt du, wo sie die hatte? Ja, genau im Bauchbereich. Gleiche Vorhergehensweise wie eine Woche zuvor bei mir. Carmen suchte ebenfalls unseren Hausarzt auf. Dieselbe Diagnose und das bei einer nicht ansteckenden Krankheit. Ich weiß nicht, wie hoch die Wahrscheinlichkeit ist, dass so eine Krankheit innerhalb einer Woche zwei Menschen, die gemeinsam wohnen, treffen kann, aber ich vermute nicht sehr hoch. Selbstverständlich kam auch Carmen in den "Genuss", das Krankenhaus aufzusuchen. Mit Medikamenten und Essensentzug konnte ihr ebenfalls geholfen werden. Und wie nicht anders zu erwarten, wurde auch Carmen geraten, vorsorglich eine Darmspiegelung machen zu lassen. Wir beide mussten dafür ein halbes Jahr warten, da man nach so einer Entzündung nicht direkt eine Spiegelung machen sollte. So hatten wir schließlich genug Zeit, unsere erste ‚Darm-Party' zu planen. Für diese "Magen- und Darm-Party" wählten wir den Facharzt für Innere Medizin und Gastroenterologie, Dr. Hilbert aus Bredstedt, der uns wärmstens empfohlen wurde. Carmen hatte den ersten Termin und war anschließend völlig begeistert. Nach meinem Erstkontakt kann ich nur sagen: Das war definitiv die richtige Wahl! Was für ein cooler Typ! Super sympathisch und fachlich eine echte absolute Granate.

Ich hätte nie gedacht, dass Magen- und Darmspiegelungen so unproblematisch und entspannt ablaufen können. Nachdem mein anfängliches Unbehagen vor der Untersuchung verflogen war, merkte ich, dass ich hier in der richtigen Praxis gelandet war. Hier arbeitet ein tolles Team. Ich konnte Carmens Begeisterung jetzt vollkommen nachvollziehen.

Die Untersuchung verlief so gut, dass ich nichts davon mitbekommen habe, nicht einmal die Betäubung, die mich fast sofort ins Land der Träume katapultierte. Die gesamte Untersuchung war, ohne zu übertreiben, ganz klar eine Eins mit Sternchen.

Nach gefühlt nur einem Wimpernschlag - kam ich auch schon wieder im Aufwachraum zu mir. Ich rede hier fast so, als wäre es ein Aufenthalt in einem Fünf-Sterne-Hotel, aber ehrlich gesagt, fühlte es sich in gewisser Weise tatsächlich so an. So skurril das auch klingen mag, hier passte einfach alles zusammen: Ein tolles Team, eine ausgezeichnete Untersuchung und ein absolut großartiger Arzt, der mich nicht nur fachlich, sondern auch menschlich komplett überzeugte.

Jetzt wird es noch verrückter. Was sich zunächst als negativ herausgestellt hat, damit meine ich unsere Erkrankung, die Divertikulitis, hat sich im Nachhinein jedoch als wahrer Glücksfall erwiesen. Hätten wir die Divertikulitis nicht bekommen, wären wir nicht ins Krankenhaus eingewiesen worden und hätten nicht die Empfehlung für die Darmspiegelung erhalten

Bei Carmen wurde durch den Krankenhausaufenthalt entdeckt, dass ihre Eierstöcke entfernt werden müssen. Es hatte sich schon etwas Franzbrotgroßes daran gebildet. Bäämm, da war sie wieder, die Angst, die uns wie mit einer Baseballkeule voll auf die Zwölf getroffen hat. Die Angst schnürte meine Kehle zu. Gleichzeitig hatte mich das Kopfkino auch wieder gefunden. Meine große Liebe hatte einen riesigen Tumor. Ich hatte unglaublich große Sorge um sie! Mir fiel das Atmen schwer. Die Angst um seinen geliebten Menschen, um meine große Liebe, machte mich noch fertiger als die Angst, die ich wegen meiner Attacke um mich selbst erlebt hatte. Ich fühlte mich so unglaublich hilflos.

Es half alles nichts, es war mindestens fünf vor zwölf. Jetzt musste schnell gehandelt werden. Die Eierstöcke wurden zeitnah in einer anderen Klinik erfolgreich entfernt. Ich fühlte eine riesige Erleichterung und tiefe Dankbarkeit, dass alles gut ausgegangen war. Meine Augen hätten eine Regenrinne gebrauchen können, um das ganze Pipi, das sich darin gesammelt hatte, abfließen zu lassen. Die Vorstellung, dass du deinen absoluten Lieblingsmenschen hättest verlieren können, ist wirklich brutal und mit Worten kaum zu beschreiben. Und da es in Carmens Familie leider schon häufiger schwere Erkrankungen mit bösartigem Krebs gegeben hatte, war es umso schwerer, damit umzugehen. Jetzt wusste ich auch, wie sich Carmen am Flughafen von Hurghada gefühlt haben musste. Ab sofort werden regelmäßige Kontrollen durchgeführt, um sicherzustellen, dass sich so etwas nie wiederholt. Beim Schreiben dieser Zeilen spüre ich erneut die tiefe Liebe zu meiner Süßen und eine immense Dankbarkeit, dass das Problem rechtzeitig erkannt und entfernt wurde.

In der Praxis von Dr. Hilbert wurde bei meiner Spiegelung ebenfalls etwas entdeckt, das dort nicht hingehört. Ein fünf Zentimeter großer Tumor, der glücklicherweise gleich während der Untersuchung entfernt werden konnte, sowie einige Polypen, die ebenfalls entfernt wurden. Es handelte sich um einen fünf Zentimeter großen Tumor, der nach einigen Jahren bösartig wird, und es dauert ja schon eine Weile, bis er diese Größe erreicht. Daher konnte man nicht genau sagen, wann er sich verändert hätte. Aber es war klar, dass ich viel Glück hatte, dass er noch rechtzeitig entdeckt wurde. Das hat hinterher auch das Labor bestätigt, wo das Ganze zum Abklären hingeschickt wurde. Ich wusste in diesem Augenblick einfach, dass ich, wie auch meine Süße, wirklich großes Glück hatte. Ich wusste, es war wieder Zeit für eine extra Portion Dankbarkeit.

So schrecklich das Ganze auch wieder war, so unglaublich wertvoll war es auch. Dass die Angst ein mächtiges Wesen ist, welches uns in seiner Handlung komplett lähmen kann, haben wir ja schon 2018 am eigenen Leib erfahren, aber das Gefühl der echten Dankbarkeit, als Gegenspieler zur Angst, fühlte sich ebenfalls auf eine andere, sehr besondere Art, mächtig an.

Es war so, als ob sie die Angst verdrängt. Unsere Dankbarkeit kam vom Herzen, dass wir noch hier sind, dass dieser Mist rechtzeitig gefunden wurde, dass wir uns noch haben. Das wir uns weiter lieben, auch mal streiten, dass wir gemeinsam so viel lachen wie bisher, dass wir uns auch mal auf den Keks gehen können, dass wir das Wichtigste auf Erden noch gemeinsam haben, die ZEIT.

Zeit ist das wertvollste Geschenk, das wir einander schenken können. Oft merkt man dies erst, wenn man älter wird oder bei schweren Schicksaalschlägen. Wenn dir also jemand seine Zeit schenkt, sei dankbar. Denn das ist nicht selbstverständlich!

Auch wenn Dankbarkeit natürlich viel mehr umfasst, war sie für uns auch ein wenig wie eine Wunderwaffe gegen die Angst und das immer wiederkehrende Kopfkino. Ich finde, es lässt sich gut mit dem Prinzip einer Kopfschmerztablette vergleichen: Wenn man starke Kopfschmerzen hat und sie auf andere Weise nicht in den Griff bekommt, greift man oft zur Schmerztablette. Nach kurzer Zeit lassen die Symptome bestenfalls nach oder verbessern sich zumindest.

Tiefe Dankbarkeit hat die Symptome der Angst bekämpft und kurzfristig komplett verdrängt. Aber wie auch bei der Einnahme von Schmerzmitteln kann es passieren, wenn nicht nach der Ursache geschaut wird, dass die Schmerzen zurückkommen und dann wieder die nächste Tablette eingenommen wird.

Das Prinzip hilft eben nur zeitlich begrenzt. Dankbarkeit wirkt beim Thema Angst ähnlich wie die Schmerztablette. Es ist eine starke Kraft, die von ihr ausgeht. Sie wirkt wie ein Positiv-Booster, der seitdem ein ständiger Begleiter in unserem Leben geworden ist. Sie zaubert gute Gefühle, wie Zufriedenheit, Liebe und Glück. Durch sie wird Liebe noch inniger, noch tiefer und größer. Sie lässt uns höher, auf einer für uns besseren Frequenz, schwingen. Dankbarkeit dient der Heilung. Aber aus unserer Erfahrung kann ich nur die Schlüsse ziehen, dass Dankbarkeit zu fühlen enorm wichtig ist, aber bei Ängsten alleine oft nicht ausreicht, um diese erfolgreich zu besiegen. Selbstverständlich ist es nicht alleine auf Ängste bezogen. Es gibt eine unendlich große Bandbreite an wundervollen Möglichkeiten, weswegen jeder von uns dankbar sein sollte. Und wenn man die Selbstverständlichkeit nicht als selbstverständlich hinnimmt, kommen noch viel mehr Dinge dazu, für die wir alle dankbar sein können.

Um Ängste zu besiegen, ist sie hilfreich; allerdings benötigt selbst die mächtige Dankbarkeit Hilfe dabei, um auch langfristig die Oberhand zu behalten. Kommen noch ein paar weitere Strategien dazu, entsteht ein sehr mächtiges Rüstzeug, um Lebensfreude zurückzugewinnen und um Ängsten "Bye Bye" zu sagen.

Nach diesem erneut intensiven Erlebnis beschlossen wir, uns mit einer Reise zu belohnen und unser gemeinsames Leben zu feiern. Normalerweise lieben wir es, neue Reiseziele zu entdecken, aber ohne lange zu überlegen, war uns sofort klar, dass wir wieder nach El Gouna wollten. Wir sehnten uns nach den Menschen, die uns dort so herzlich aufgenommen und unterstützt hatten. Zudem eignet sich El Gouna einfach perfekt, um dem Alltag zu entfliehen und den Körper zur Ruhe kommen zu lassen.

Diesmal kamen auch unsere guten Freunde Dirk und Lydia mit, die auf Sylt das schöne Hotel Strandhörn und das exquisite Golfhouse betreiben.

Auch diese Reise war wieder großartig und verlief völlig komplikationslos. Zusammen haben wir viel gelacht und tolle Erlebnisse geteilt. Den Urlaub mit den beiden zu verbringen, war einfach super unkompliziert.

Ansonsten gab es ja für die gesamte Menschheit noch ein wirklich einschneidendes Erlebnis, was uns alle vor wirklich schweren Aufgaben gestellt hat.

Corona ist Ende des Jahres in China ausgebrochen.

2020 freudige Geburt, Corona in Deutschland inklusive Dauerstress

Und ein wundervolles, absolut fantastisches Ereignis, das uns beflügelt hat, möchte ich dir natürlich hier nicht vorenthalten. Im Jahr 2020 wurden wir zu jungen und stolzen Großeltern gemacht- unser erstes Enkelkind wurde geboren. Und was soll ich sagen, es fühlt sich bis heute wundervoll an.

In diesem Moment dieser unbeschreiblichen Freude, waren Ängste und Sorgen wie weggeblasen. Es war, als hätte der Himmel uns dieses Gefühl geschickt. Es ist Liebe in ihrer reinsten Form.

In der Funktion als autorisierter Opa fielen mir schlagartig all die grandiosen Dinge ein, die, außer Quatsch mit dem Enkel zu machen, nicht viel mehr auf meiner Synapsen-Autobahn mit im Gepäck hatten. Oh ja, die Vorfreude darauf, gemeinsamen Blödsinn zu machen, erfüllte meinen gesamten Körper mit lauter Glücksgefühlen.

Über all das, was wir in der Zeit als Oma und Opa erlebt und gefühlt haben, könnte ich dir so viel erzählen, dass es den Rahmen für dieses Buch sprengen würde. Deswegen wollte ich dir einfach nur von diesem absolut wundervollen Ereignis erzählen, ohne zu tief abzutauchen. Aber ein ganz wenig muss ich dir doch erzählen. Inzwischen ist der Kleine, ich nenne ihn mal Mister Bullallon - vier Jahre jung und es gibt einiges, was der kleine Mann gemacht oder gesagt hat, was das Herz, wie Butter in der Sonne, zum Schmelzen bringt.

Als er zum Beispiel süße drei Jahre jung war und eine Woche hier auf Sylt verbracht hatte, sagte er wortwörtlich nur ganz cool zu seiner Mama:

„Oma und Opa haben kein Zuhause, die haben ein Urlaub. Mit ganz viel Wasser."

Ich finde das einfach nur Zucker! Solche Sachen berühren mein Herz im Flug. Während dieser einen Woche hat der kleine Mann auch immer wieder zum Luftballon Bullallon gesagt. Meine Mundwinkel gehen jetzt schon wieder von einem Ohr zum anderen. Es ist unmöglich, sich dieser großen Liebe zu entziehen. Daher auch der Name Mister Bullallon.

2020 war leider nicht nur das Jahr, wo unser erster Enkel geboren wurde und somit zuckersüße Geschichten geschrieben wurden, sondern es wurde auch weltweit zum Sinnbild der Angst.

Wie du weißt, wurden wir während der Pandemie mit Ängsten konfrontiert, wie wir sie bis dahin nicht kannten. Als das Coronavirus auch in Deutschland ausbrach, war die Medienpräsenz enorm. Rund um die Uhr gab es nur noch dieses eine Thema.

Unabhängig davon, wie jeder Einzelne von uns darauf reagierte oder darüber dachte, war die durch Angst geschürte Druckkulisse ein ständiger Begleiter. Diese Situation hatte Einfluss auf uns alle und hinterließ Spuren, bei jedem auf unterschiedliche Weise. Sie veränderte das Leben vieler Menschen nachhaltig, und bei einigen halten diese Veränderungen bis heute an. Das Leben in dauerhafter Angst führt zu anhaltendem Stress. Wenn dieser Stress nicht abgebaut wird, kann er chronisch werden, mit weitreichenden und oft unerwarteten Folgen. Der Rattenschwanz, der in Form der eingeleiteten Maßnahmen immer präsenter wurde, hatte allerlei neue Sorgen im Gepäck.

Depressionen, Vereinsamung, Sorgen, Ängste, Todesfälle, Denunzierungen, Atemwegserkrankungen, soziale Entfremdungen, gesellschaftliche Spaltungen, finanzielle Nöte, soziale Abstiege, Firmenpleiten, Zerwürfnisse mit Freunden, Bekannten und Familie, Streitereien, Anzeigen und Verdächtigungen. Diese und viele weitere Herausforderungen prägten das Jahr. Die Vielzahl und Intensität dieser Erfahrungen verdeutlichen, wie sehr unser Alltag von negativen Emotionen überschattet wurde. Viele von uns standen täglich vor Ängsten, deren Ausmaße kaum vorstellbar waren.

2018 haben Carmen und ich ja schon festgestellt, was Ängste und Stress mit einem machen, wenn man ihnen permanent ausgesetzt ist. Bei kurzfristigen Stressphasen bei Mensch und Tier entsteht kein Schaden. Es ist gesunder Stress, der aus der Zeit stammt, als uns noch die Säbelzahntiger entgegenkamen.

Es macht einen großen Unterschied, ob dir morgens, wenn dich der Hunger weckt und du Brötchen holen möchtest, ein mürrischer Nachbar begegnet, ein Ereignis, das kaum Adrenalinschübe erfordert oder ob du plötzlich einem hungrigen, furchteinflößenden Säbelzahntiger gegenüberstehst, der nicht auf Brötchen, sondern auf dich als Frühstück aus ist. Wenn dir ein Säbelzahntiger beim Brötchenholen begegnet, ist das Adrenalin, das dein Körper ausschüttet, überlebenswichtig. Innerhalb eines Wimpernschlags musst du entscheiden, ob du kämpfen, dich verstecken oder in eine Schockstarre verfallen willst.

Adrenalin wird ausgeschüttet, wenn wir Angst oder Stress empfinden. Sobald diese Zustände vorüber sind, regulieren sich die Werte im Körper meist schnell wieder. Die Ausschüttung von Adrenalin versetzt uns in den Überlebensmodus und ermöglicht eine schnelle Reaktion. Ein gutes Beispiel dafür ist ein Reh, das von einem Hund gejagt wird: Sobald die Verfolgung endet, entspannt sich das Reh schon nach kurzer Zeit wieder und beginnt zu grasen. Es beschäftigt sich nicht mit hypothetischen Gedanken darüber, was hätte passieren können, wenn der Hund es erwischt hätte. Durch diese Fähigkeit, Stress schnell loszulassen, beruhigt sich der Körper des Rehs rasch, und die Stresshormone werden genauso schnell abgebaut, wie sie ausgeschüttet wurden.

Es gibt sowohl positiven Stress, den Eustress, als auch negativen Stress, den Distress. Rückblickend habe ich mir zu wenige Erholungsphasen gegönnt, wodurch ich in die Distress-Falle geraten bin, besonders während meiner Tätigkeit in der Küche, die ich bis Ende 2019 ausübte. Eine wichtige Lektion, die ich daraus gelernt habe, ist: Achte auf deine Grenzen, bevor das Kind in den Brunnen gefallen ist. Vergiss nie, dass niemand unersetzbar ist. Es ist entscheidend - auf dich selbst zu achten und dir ausreichend Erholungsphasen zu gönnen, um langfristig gesund zu bleiben. Mir war bisher nicht bewusst, welche weitreichenden Auswirkungen Stress auf den Körper haben kann, insbesondere, wenn er chronisch wird. Chronischer Stress kann eine Vielzahl von gesundheitlichen Problemen auslösen, darunter Bluthochdruck, Muskelverspannungen, Verdauungsprobleme und Herzbeschwerden. Außerdem können Magenschmerzen, Kopfschmerzen, ein erhöhter Cholesterinspiegel sowie Schlafstörungen auftreten. Auch Leistungseinbrüche, sozialer Rückzug, Ängste und Gereiztheit gehören zu den möglichen Folgen. Diese Aufzählung zeigt, wie wichtig es ist, Stress frühzeitig zu erkennen und zu bewältigen.

Wenn du in einer Stressfalle steckst, kann es dir helfen, dein Verhalten zu überdenken, das dazu geführt hat, dass du darunter leidest.

Einfach mal Nein zu sagen, kann wahre Wunder bewirken. Du musst lernen, auf deine eigenen Bedürfnisse zu achten und für sie einzustehen.

Dazu gehört auch der Mut, klare Grenzen zu setzen. Vielleicht wird dein Umfeld zunächst überrascht reagieren, besonders, wenn es dich bisher immer als jemanden kannte, der alles mit sich machen ließ, oft auf Kosten seiner Freunde und Gesundheit. Doch es geht nicht darum, anderen zu gefallen, sondern dir selbst und deinem Wohlbefinden gerecht zu werden. Dein Umfeld ist es möglicherweise nicht gewohnt, ein Nein von dir zu hören, aber das ist nicht das Wichtigste. Es geht darum, auf deine eigenen Bedürfnisse zu hören und deine Gesundheit zu schützen und dass du deinem inneren Kind mal wieder Zeit zum Spielen freiräumst.

Wenn du glaubst, dass du das nicht kannst, dann schreibe dir dein eigenes Buch, mit dem Buchtitel, welches nur zwei Wörter benötigt. "Ich kann!" und das ist dann auch schon das Ende der Geschichte. Du kannst! Danach kannst du ein Folgebuch schreiben, welches ebenfalls nur zwei Wörter benötigt. Das Buch würde dann den Titel tragen: „Einfach machen!"

Das sind jeweils zwei Wörter, mit enormem Kraftpotential, die auf magische Art dein Leben verändern können, auf eine Weise, wie du es nicht für möglich gehalten hast. Das Verhalten, welches dann dein eigenes Buch in dir erzeugt, stärkt nebenbei sogar noch dein Selbstbewusstsein, was sich ebenfalls positiv auf deine Gesundheit auswirkt.

Wenn du dich überfordert fühlst, sei es beruflich oder privat, sprich auch darüber offen und ehrlich. Nicht jeder hat die nötige Sensibilität oder die Fähigkeit, zu erkennen, wie es dir wirklich geht und wie viel du noch tragen kannst. Wenn es dir zu viel wird, ist es wichtig, deine Gedanken und die Belastung, die du empfindest, anzusprechen, besonders wenn du Veränderungen in deinem Umfeld herbeiführen möchtest. Überprüfe dein persönliches Zeitmanagement: Bist du vollständig durchgetaktet? Hast du so viel zu tun, dass du von einem Termin zum nächsten hetzen musst?

Hast du genug Zeit für Erholungsphasen eingeplant? Achte auf dich!

Ich neige auch oft dazu, sehr perfektionistisch zu sein. Aber aus eigener Erfahrung kann ich dir nur raten, deinen Perfektionismus bewusst zu begrenzen. Oft liegt dieser Drang schon in der Kindheit begründet. Du willst dir selbst und anderen beweisen, dass du etwas kannst, sei es, was du von dir selbst erwartest oder was andere von dir erwarten. Im Grunde ist das, was du von dir selbst erwartest, erst einmal eine gute Eigenschaft, wenn du Höchstleistungen, wie z.B. auch auf sportlicher Ebene, abrufen willst. Allerdings ist das nur ein kleiner und schmaler Grad zur Überforderung und zur Unzufriedenheit, wenn die Dinge dann nicht so laufen, wie du es dir vorgestellt hast. Pass auf, dass du nicht zu sehr mit dir selbst ins Gericht gehst, wenn du in deinen eigenen Augen nicht perfekt ablieferst. Nur du selbst, erwartest das von dir. Wenn andere von dir erwarten, dass du funktionieren sollst wie das Schweizer Uhrwerk, dann hast du es zugelassen, dass sie diese Erwartungshaltung dir gegenüber aufgebaut haben.

Erwartungshaltungen gehen in der Regel auch immer Hand in Hand mit Enttäuschungen. Wenn du deinen eigenen Erwartungen nicht gerecht wirst oder wenn andere Menschen dir klarmachen wollen, was sie von dir erwarten, und du es in ihren Augen nicht erfüllst, ist das Drama schon vorprogrammiert.

Wenn du von dir selbst enttäuscht bist, erzeugt das eine Menge an krankmachendem Stress. Wenn dich belastet, was andere über dich denken, kann sich das ebenfalls sehr stressen und negativ auf deine Gesundheit auswirken. Entwickle eine Portion Gelassenheit, die als Gegenspieler zum Perfektionismus agieren kann.

Genauso wichtig ist, dass du dir die Fähigkeit bewahrst, auch über dich selbst lachen zu können. Menschen, die sich selbst so ernst nehmen, dass sie nicht über sich selbst lachen können, sind mir irgendwie auch immer sehr suspekt. Über sich selbst lachen können, unterstützt die Gelassenheit bei ihrem Vorhaben, deinen Perfektionismus in den Griff zu bekommen.

Jetzt waren aber auf einmal, ausgelöst durch die weltweite Corona-Pandemie, Millionen, wenn nicht sogar Milliarden von Menschen dieser permanenten Angst und somit auch verstecktem Stress ausgesetzt. Es baute sich ein Unterbewusstsein auf, was außer Ängsten, kaum noch Platz für schöne Dinge im Leben hatte. Das ist ein sehr gefährliches Stadium.

2020 wurde in Deutschland auch der erste Lockdown verhängt.

Rückblickend sind wir heute noch viel dankbarer, dass in diesem Katastrophenjahr 2020 unser erster Enkel Mister Bullallon geboren wurde. Wie eine Sternschnuppe am Abendhimmel, die nicht verglüht. Inmitten all des Dunkels hat unser Kleiner das Licht der Nacht gebracht.

Wie eine Sternschnuppe am

Abendhimmel,

die nicht verglüht.

Inmitten all des Dunkels

hat unser Kleiner das Licht der

Nacht gebracht.

2021 immer noch Corona, Impfungen, Anfeindungen und Depressionen!

Leider ging 2021 da weiter, wo das Jahr 2020 aufgehört hat. Im Corona-Chaos. Es wurden Maßnahmen erlassen, die gut und nützlich waren und es wurden Maßnahmen erlassen, bei denen schon der gesunde Menschenverstand einem gesagt hat, dass sie komplett sinnbefreit sind.

Es gibt Dinge, die leider nicht mehr zu ändern sind, wohl aber die Art, wie du mit diesen Dingen umgehst und das wiederum ändert alles! Je mehr Macht du den Dingen gibst, die dich auf welche Art auch immer verletzt haben, desto mächtiger werden diese, und im gleichen Atemzug wirst du dich immer schlechter fühlen.

Das, worauf du deine Aufmerksamkeit richtest, wird dir entweder dienlich sein können oder aber es wird dich weiter schwächen. Du ganz allein entscheidest, worauf du deinen Blick richtest. Entziehe dem Negativen deine Aufmerksamkeit und es wird immer kleiner werden. Das ist das Gesetz der Anziehung. Ich möchte dir zwei Beispiele geben.

Was glaubst du, wie du dich in folgender Situation fühlen würdest?

Und was ebenso wichtig ist: Womit würdest du dich besser fühlen?

Was würde deiner Heilung nützlich sein und was nicht?

Situation A und B:

Stell dir vor, Tanzen wäre deine größte Leidenschaft. Im Rausch der Musik und den dazu passenden rhythmischen Bewegungen fühlst du, wie jede Zelle deines Körpers von Energie durchflutet wird. Wenn du tanzt, bist du vollkommen lebendig. Je freier und ausgelassener du dich bewegst, desto stärker leuchtet dein inneres Kind auf. Tanzen ist für dich mehr als nur eine Tätigkeit. Es fühlt sich an wie deine wahre Berufung. Es ist dein Ausgleich zu einem ansonsten hektischen und stressigen Leben. Du bist so talentiert, dass du kurz davor stehst, davon leben zu können.

Doch dann passiert das Unglück: Ein Moment der Unachtsamkeit führt zu einem schlimmen Unfall. Beim Treppensteigen übersiehst du die letzte Stufe, und als du mit dem Fuß aufsetzt, bricht er unter deinem Gewicht zur Seite, mit der Folge eines komplizierten Bruches.

Jetzt stehst du da, unsicher, wie es mit deinem geliebten Tanzen weitergehen soll. Die Zukunft ist ungewiss. Um dir die Situation zu verdeutlichen, möchte ich dir zwei unterschiedliche Szenarien vorstellen. Je nachdem, wie du dich entscheidest, könnten die Wege völlig unterschiedlich verlaufen.

Situation A

Die Situation rund um deinen Unfall belastet dich mental sehr. Deine Gedanken kreisen dabei ständig um folgendes:

Fuck, gerade jetzt, wo ich doch kurz vor dem Durchbruch stehe. Was ist, wenn mein Fuß bleibende Schäden davonträgt und ich dann doch nicht als Profi arbeiten kann? Wieso muss sowas immer mir passieren? Oh nein, das kann ja wohl nicht wahr sein. Ich bin so ein Idiot. Das war ja klar, dass mir so eine Scheiße passiert. Vielleicht kann ich nie wieder richtig laufen.

Ziemlich sicher ist, dass ich mir meine Karriere abschminken kann. Ich liebe doch das Tanzen, aber jetzt wurde mir auch das noch genommen. Ich habe einfach immer Pech. Wegen meiner Dummheit ist alles vorbei. Vielleicht kann ich jetzt nie mehr meiner großen Leidenschaft nachgehen. Mein Leben ist am Ende. Was sollen jetzt bloß die anderen denken?

Mit diesem Verhalten bleibst du in deiner Wut, Verzweiflung und Trauer gefangen. Deine Unzufriedenheit entwickelt sich allmählich zu einer Depression, die dich immer tiefer in eine dunkle Welt zieht. Deine Lebensfreude ist durch deine Gedanken und Handlungen auf ein Minimum reduziert. Je länger dieser Zustand anhält, desto leerer fühlst du dich innerlich. Körperlich hast du zwar nur ein Problem mit deinem Fuß, aber seelisch zerstören deine Gedanken den Rest deines Körpers. Deine mächtigen Gedanken können gravierende Auswirkungen auf dein gesamtes Wohlbefinden haben.

Situation B

Nachdem du anfangs mit der Situation deines Missgeschicks gehadert hast, hast du deine Wut und Trauerphase erstaunlich schnell überwunden. Du weißt genau, was zu tun ist, um eine effektive Heilung zu fördern. Dir ist bewusst, dass Physiotherapie ein wichtiger Bestandteil deiner Genesung sein wird, und du bist entschlossen, diese Maßnahme konsequent umzusetzen.Zusätzlich helfen dir gezielte Meditationen und fokussierte Gedanken, dein Ziel zu erreichen: Du möchtest, dass dein Fuß vollständig heilt. Vor deinem inneren Auge siehst du dich schon wieder voller Freude und Leben tanzen. Du bist überzeugt, stärker zurückzukommen als zuvor. In deinen Vorstellungen feierst du berufliche Erfolge, die dir nicht nur Erfüllung, sondern auch finanzielle Sicherheit bringen. Dein Bankkonto füllt sich, während du wieder das tun kannst, was du liebst. Indem du das tust, was du liebst, musst du dem Geld nicht hinterherlaufen, es findet seinen Weg zu dir.

Mit voller Zuversicht weißt du, dass du wieder vollständig gesund wirst, weil du es klar vor deinem inneren Auge siehst. Du bist fest davon überzeugt, stärker als je zuvor zurückzukehren. Das Leben fühlt sich wieder fantastisch an, voller Energie, Freude und großartigen Möglichkeiten.

Jetzt frage ich dich: Wie unterschiedlich fühlen sich diese beiden Situationen für dich an? Wo findest du dich wieder? Welche der beiden Varianten empfindest du als hilfreich und welche eher als hinderlich? Hast du schon eine Vorstellung, welche Situation du wählen würdest?

Zu verstehen, wie du dich entscheiden würdest, ist eine sehr wichtige Frage. Denn im Leben geht es stets darum, die richtigen Entscheidungen zu treffen. Ich hoffe, du hast dich voller Überzeugung für die zweite Variante entschieden –das zeigt, dass du aus deinen und den Erfahrungen anderer lernst. Damit wärst du schon einen Schritt weiter, als ich es damals war.

Nach meinen Schicksalsschlägen habe ich mich nicht bewusst für die erste Variante entschieden. Doch durch falsch getroffene Entscheidungen geriet ich immer tiefer in diese Richtung. Mit der Zeit wuchs mein Krankheitsbild und mit ihm die Sorgen und Ängste. Dieser Teufelskreis beschleunigte den Verlust meiner Lebensfreude. Sie war zwar nicht vollständig verschwunden, aber stark reduziert.

In solch schwierigen Lebensphasen kann eine Depression relativ leicht entstehen. Wenn du nicht achtsam bist und nicht erkennst, was gerade vor sich geht, kann es passieren, dass du durch unbewusste oder falsche Entscheidungen immer tiefer in eine Depression rutscht. Genau das ist mir passiert.

Es mag manchmal schwer zu verstehen sein, wie Depressionen entstehen. Sie sind oft das Ergebnis eines komplexen Zusammenspiels aus biologischen, psychischen und sozialen

Faktoren. Dennoch können bewusste Entscheidungen, wie das Aufsuchen von Unterstützung oder das Annehmen von Hilfsangeboten, ein wichtiger Schritt auf dem Weg zur Besserung sein. Durch richtig gewählte Entscheidungen kannst du deinen Weg wieder aus der Depression zurückfinden.

Genauso können dich hingegen auch falsch getroffene Entscheidungen überhaupt erst in eine Depression bringen.

Lass das bitte einfach mal kurz auf dich wirken.

„Durch falsch getroffene Entscheidungen, kannst du in eine Depression rutschen." Mir ist ja genau das so passiert.

Ich kann mir durchaus vorstellen, dass ein Teil von dir gerade dabei ist, gegen diese Behauptung zu rebellieren. Hand aufs Herz, dann sage mir mal bitte, wie viele Menschen du kennst, die sich bei anderen Menschen, die unter einer Depression litten oder immer noch leiden, angesteckt haben?

Depression ist keine ansteckende Krankheit. Du bekommst keine Depression, weil dich irgendjemand angehustet hat, es wird auch nicht über eine Tröpfcheninfektion übertragen. Du kannst dich damit über keine der uns bekannten Übertragungswege anstecken. Ich spreche dabei keinesfalls von einer genetischen Veranlagung, die dir möglicherweise bereits in die Wiege gelegt wurde. Vielmehr meine ich die Art von Depressionen, die häufig durch belastende, traumatische Erlebnisse entstehen und durch daraus resultierende falsche Entscheidungen verstärkt oder sogar erst entstehen können. Depressionen können auch als Folge schwerwiegender Erkrankungen entstehen. So war es auch bei mir der Fall. Aus eigener Erfahrung kann ich jedoch sagen, dass sich die Situation in der Regel verändert, je nachdem, welche Entscheidungen man trifft.Es kann sich sowohl zum Besseren als auch zum Schlechteren wenden.

Wenn ich mich zum Beispiel gehen lasse oder denke, mein Leben sei nicht mehr lebenswert, dann sind das Entscheidungen, die ich als falsch bezeichnen würde. Diese Art von Entscheidungen kann dein Leben nachhaltig und negativ beeinflussen.

Ich denke, wir sind uns einig, dass Gedanken, unabhängig davon, ob sie positiv oder negativ sind, einen erheblichen Einfluss auf den Körper haben können. Wenn du ständig denkst, dass es dir schlecht geht oder dass du immer nur Pech hast, dann wirst du, wenn du in dieser gedanklichen Haltung verharrst, irgendwann auch wirklich anfangen, dich schlecht zu fühlen, sowohl mental als auch körperlich. Du wirst schlapp und ausgelaugt sein. Deine Körpersprache wird dir unmissverständlich verraten, dass es dir nicht gut geht. Deine Schultern hängen herab, dein Kopf neigt sich nach unten, dein Blick richtet sich auf den Boden. Auch deine Mundwinkel zeigen nach unten, und deine Atmung wird flacher. Je mehr du diese Gedanken denkst und diese Signale aussendest, desto schlechter wirst du dich tatsächlich fühlen.

Deine Gedanken und dein Körper sind untrennbar miteinander verbunden und spiegeln sich in deiner Körpersprache wider. Kurz gesagt: Man kann deine Gedankenwelt deutlich an deiner Körpersprache ablesen. Probiere es selbst aus: Lass deine Schultern sinken und kippe deinen Kopf leicht nach vorne. Senke deinen Blick in Richtung Boden und sage dir: „Die Welt ist ein schrecklicher Ort" und „Ich kann sowieso nichts daran ändern." Wie fühlt sich das an? Ich finde, es hat sofort eine Wirkung auf uns. Ein Gefühl der Machtlosigkeit entsteht schnell, und je länger dieses Gefühl anhält, desto stärker wirkt es sich auf deinen Körper aus.

Aber wie ist es eigentlich umgekehrt? Kann dein Körper auch deine Gedanken beeinflussen? Ja, auch das funktioniert, wird jedoch viel seltener genutzt als die andere Variante, bei der sich deine negativen Gedanken in einem Körpergefühl widerspiegeln. Versuch doch auch mal diese Methode. Egal, wie deine Gedanken gerade sind, bestenfalls sind sie noch von dem Beispiel zuvor negativ beeinflusst. Versuch in diesem Experiment jedoch nicht, deine Gedanken bewusst positiv zu stimmen. Ändere stattdessen deine Körperhaltung und zeige deinem Körper, wie er sich fühlen soll. Stell dich aufrecht hin, richte dich bewusst auf. Zieh deine Schultern zurück und hebe den Kopf. Dein Blick ist geradeaus gerichtet, und du atmest tief ein und aus. Deine Mundwinkel gehen nach oben. Durch diese neue Körpersprache werden sich auch deine Gedanken anpassen. Du wirst dich selbstbewusst, zufrieden und kraftvoll fühlen. Es ist also möglich, durch die Kraft deiner Gedanken deinen Körper zu beeinflussen und durch deine Körpersprache kannst du deine Gedankenwelt steuern. Ich hoffe, du kannst nun erahnen, welchen Einfluss du auf dich selbst und deinen Körper nehmen kannst, wenn du diese Erkenntnis ab sofort gezielt für positive Veränderungen nutzt. Entscheide dich einfach dafür. Nicht lange nachdenken, sondern einfach machen!

Depression ist ein Zustand, der durch Entscheidungen stark beeinflusst wird. Sie bleibt so lange bestehen, wie du die getroffenen Entscheidungen überdenkst und entweder änderst oder sie so akzeptierst, wie sie getroffen wurden. So habe ich es zumindest bei mir erlebt. Meine Gedanken haben diesen Zustand erschaffen, und es waren auch meine Gedanken, die ihn wieder aufgelöst haben

Depressionen sind wirklich schwer, sie können das Leben zur Qual machen. Aber du hast die Kraft, etwas daran zu ändern. Der erste Schritt ist, zu verstehen, dass du selbst die Kontrolle hast, um aus der Depression herauszukommen. Indem du bewusst neue Entscheidungen triffst, kannst du beginnen, dein Leben wieder in eine positive Richtung zu lenken. Diese Entscheidung ist bereits der wichtigste Schritt, den du machen kannst. Du musst nicht mehr auf den richtigen Moment warten, du kannst dich jederzeit dafür entscheiden, etwas zu verändern. Vertraue darauf, dass deine Gedanken, dein Glaube und dein Wille unglaublich starke Werkzeuge sind. Sie können mehr bewirken, als du dir vielleicht vorstellst. Du hast die Macht, dein Leben aktiv zu gestalten.

Verstehe mich bitte bei all dem hier nicht falsch, niemand entschließt sich, BEWUSST eine Depression zu bekommen! Es ist keinesfalls so, dass du dir denkst, oh, heute hätte ich mal Lust darauf, eine Depression zu bekommen. Sie wird durch eine Kette von falsch getroffenen Entscheidungen verursacht. Die Auswirkungen, die dann daraus konsultieren, wirken wie ein Gift, das dich mental immer mehr in die Knie zwingt. Erst durch die Auswirkungen deiner gewählten Handlungen und Gedanken, kommst du in diese schwierige Lebenssituation.

Du entscheidest dich also nicht BEWUSST dazu, eine Depression zu bekommen, aber du kannst dich BEWUSST dazu entschließen, sie wieder loszuwerden.

Genau so habe ich es getan.

Vermeide es jetzt, dass dein Ego gegen diese Wahrheit ankämpft. Falls du mit einem 'Ja, aber' reagieren willst, bedeutet das nur, dass dein Ego nach Ausreden sucht, um in einer für dich nachteiligen Phase zu verharren. Das Ego besitzt eine enorme Kraft. Wenn es seine Existenz bedroht sieht, wird es alles tun, um das alte, gewohnte Leben fortzusetzen. Triff eine kluge Entscheidung und entscheide dich für Lebensfreude.

Die Gefahr bei einer Depression liegt auch im unbewussten Bedürfnis nach Aufmerksamkeit. Dieses Bedürfnis stellt eine Gefahr dar, weil es nicht im Bewusstsein, sondern im Unbewussten stattfindet. Jeder Mensch strebt in irgendeiner

Form nach Aufmerksamkeit: Künstler benötigen die Bühne und den Applaus, Maler die Leinwand, Köche das Lob der Gäste, Sportler die Unterstützung der Fans, Kinder das Lob der Eltern und so weiter. Auch das Ego erhält Aufmerksamkeit, wenn es dir schlecht geht und die Welt sich um dich kümmert.

Natürlich wirst du nicht aktiv danach streben, krank zu sein, nur um Aufmerksamkeit zu erhalten. Doch die unbewussten Muster, die daraus entstehen, beeinflussen dein Verhalten und wirken sich auf dein Handeln aus. Diese Dynamik kann leider den Heilungsprozess verlangsamen, da dein bewusster Teil sich nach Heilung sehnt, während dein unbewusster Teil versucht, durch diese Krankheit weiterhin Aufmerksamkeit zu erhalten.

Das erklärt auch, warum sich manche Menschen über ihre Krankheiten definieren. Unbewusst erhalten sie die gewünschte Aufmerksamkeit. Solange dieses Muster nicht bewusst unterbrochen wird, ist eine vollständige Heilung schwer erreichbar. Um es zu durchbrechen, muss dir dieses Muster zunächst klar und sichtbar werden. Anschließend ist es wichtig, dass du ganz bewusst neue Entscheidungen triffst, die dir wirklich zugutekommen.

Bei den nächsten Schicksalsschlägen, die mich trafen, von denen ich dir gleich noch berichten werde, traf ich ebenfalls eine Vielzahl von falschen Entscheidungen, die mir nach und nach immer mehr die Lebensfreude raubten. Ich fühlte mich wie das Opfer einer kräftigen Würgeschlange, die mich fest im Griff hatte. Ich fühlte mich innerlich leer. Manchmal spürte ich einfach gar nichts mehr: keinen Schmerz, keine Traurigkeit, keine Wut und auch keine Liebe. Ich fühlte mich einfach nur noch leer. Ich glaube, dass diese Phase für alle betroffenen Menschen eine der schlimmsten ist. Wenn Menschen aufhören zu kämpfen und keinen Ausweg mehr sehen, können fatale Fehlentscheidungen getroffen werden, die nicht mehr rückgängig zu machen sind. Die Depression legte sich um mich wie ein schwerer, durchnässter Mantel.

Um aus dieser lebensfeindlichen Situation wieder herauszukommen, brauchte ich keine Medikamente, sondern neue Glaubensmuster, auf denen ich meine Entscheidungen aufbauen konnte. Und genau das habe ich getan und es hat zu 100 Prozent funktioniert.

Diese Phase in meinem Leben hielt zum Glück nicht lange an, auch wenn sie in diesem Ausmaß erschreckend war. Sogar in der Zeit, in der ich nichts mehr richtig spürte, wurde mir tief aus meinem Inneren bewusst, dass ich handeln musste, um nicht vollständig in der Leere zu verschwinden. Was ich unternommen habe, um aus dieser Situation herauszukommen, werde ich dir im Laufe unseres Gesprächs verraten.

Doch jetzt möchte ich dir erst einmal erzählen, wie ich meine erste Corona-Impfung vertragen habe. Im August 2021 war es dann auch bei mir soweit und ich bekam meine erste Corona-Impfung.

Mir persönlich ist es egal, ob du ein Impfbefürworter oder ein kritischer Zeitgeist warst, der sich dagegen ausgesprochen hat, sich impfen zu lassen. Ich finde, bei solch schwerwiegenden Entscheidungen sollte jeder selbst darüber entscheiden dürfen. Jeder sollte sich in Ruhe und Bedacht darüber Gedanken machen dürfen, ob die Impfung nötig ist oder aus welchen Gründen auch immer, nicht nötig oder nicht ratsam ist. Ich war weder Leugner noch Befürworter der Impfung. Obwohl mir bewusst war, dass etwas unternommen werden muss, stand ich der Impfung skeptisch gegenüber, besonders, weil ich bereits viele gesundheitliche Probleme mit meinem Herzen hinter mir hatte. Ich war schon immer ein Gefühlsmensch und mein Gefühl sagte mir deutlich, ich solle die Finger von der Impfung lassen. Auch wenn ich nicht genau sagen konnte, warum, war es ein starkes und deutliches Gefühl. Mir war selbstverständlich bewusst, dass unterschiedliche Impfungen im Laufe der Jahrzehnte schon unzähligen Menschen das Leben gerettet haben. In meinem Leben habe ich ja auch schon einige Impfungen erhalten. Somit bin ich also definitiv keineswegs ein genereller Impfgegner.

Ehrlich gesagt war mein Gefühl, mich lieber nicht gegen Corona impfen lassen zu wollen, so stark, dass ich deshalb mehr Angst vor der Impfung als solches hatte, als an Corona zu erkranken. All die Beteuerungen, es sei nebenwirkungsfrei, haben mir nicht wirklich die Sorge und den Respekt vor der Impfung genommen. Eher im Gegenteil, denn ich fragte mich, wie diejenigen, die das behaupten, das so genau wissen wollen, wenn der Impfstoff doch erst vor kurzem entwickelt wurde?

Wie kann man sicher davon ausgehen, dass es keine oder nur minimale Langzeitfolgen geben wird? Die tatsächlichen Nebenwirkungen von Impfungen kann man in der Regel erst nach einer längeren Beobachtungszeit feststellen, nicht sofort. Mir war das Ganze daher suspekt, und die wiederholt getätigte Aussage, die immer wieder untermauert wurde, wirkte auf mich wenig glaubwürdig. Es erinnerte mich an diese Verkaufsveranstaltungen im Fernsehen, bei denen bestimmte Produkte auf alle erdenklichen Weisen angepriesen werden. Dort wird solange über ein Produkt gesprochen, bis der Konsument so überzeugt ist, dass er es sofort kauft.

Mein Verstand sprang hin und her, und ich suchte nach Punkten für pro und contra, für meine Entscheidungsfindung. Generell halte ich ja zumindest die meisten Impfungen für wichtig. Aber die hier waren ja logischerweise aus Zeitgründen noch überhaupt nicht richtig erforscht. Das änderte sich für mich auch nicht durch die schon fast gebetsmühlenartige Berichterstattung, die den Eindruck erwecken sollte, dass die Corona-Impfungen nebenwirkungsfrei wären.

Immer wenn ich auf mein Gefühl gehört habe, hat es mich nie enttäuscht. Das Problem lag nicht in meinem Gefühl, sondern darin, dass ich nicht immer darauf gehört habe. Jedes Mal, wenn ich es ignorierte, traf ich falsche Entscheidungen. Es mag vielleicht ungewöhnlich klingen, aber wenn mein Gefühl zu mir spricht, habe ich oft den Eindruck, nicht nur mein eigenes Empfinden wahrzunehmen. Stattdessen spüre ich in solchen Momenten etwas, das wie ein universelles, alles verbindendes Gefühl erscheint. Es ist, als könnte ich in diesen Augenblicken ganz klar fühlen, dass wir alle miteinander verbunden sind, als wäre ich eins mit dem gesamten Universum. Ich bin eh davon überzeugt, dass wir alle auf eine ganz bestimmte Art und Weise miteinander verbunden sind.

Dieses Gefühl vermittelt eine ungeheure Klarheit, in der keinerlei Zweifel bestehen. Egal, wie du darüber denkst, es fühlt sich genauso an. Eine bessere Erklärung dafür, wie es sich anfühlt, kann ich dir leider nicht geben. Wie dem auch sei, innerlich schwankte ich noch immer und tendierte gegen meinen Verstand, dazu, auf mein Gefühl zu hören und es nicht machen zu lassen. Im Nachhinein muss ich jedoch feststellen, dass ich in meiner Haltung nicht so gefestigt war, wie es für mich besser gewesen wäre. Die Tatsache, dass ich nicht auf meinen klaren Impuls gehört hatte, bereute ich später bitter. Ich konnte dem öffentlichen Druck, der aufgebaut wurde, nicht standhalten.

In meiner persönlichen Wahrnehmung, mangelte es in dieser Zeit an echter Meinungsfreiheit und gelebter Demokratie. Zwar wird oft von Meinungsfreiheit gesprochen, doch wehe, du vertrittst eine andere Meinung. Wer sich nicht der vorherrschenden Haltung anschloss, geriet schnell in Bedrängnis. Ich finde, das ist keine wirkliche Meinungsfreiheit. Natürlich kann man hier seine Meinung äußern, ohne dafür ins Gefängnis zu kommen, aber wer von der erwarteten Meinung abwich, wurde gesellschaftlich ausgegrenzt.

Entweder man machte mit, oder man wurde in vielen Bereichen ausgeschlossen. Für mich wirkte es wie eine gezielte Kampagne gegen alle, die sich nicht impfen lassen wollten oder, wie in meinem Fall, Bedenken äußerten. Die Debatte war stark polarisiert: Schwarz oder Weiß, Dazwischen gab es kaum etwas. Diese Spaltung führte sogar dazu, dass Freundschaften und Familien darunter litten und sich teilweise sogar bis heute zerstritten haben. Alles nur wegen einer unterschiedlichen Meinung.

Die Corona-Pandemie stellte Regierungen und Gesellschaften weltweit vor ungeahnte Herausforderungen. Es war eine Zeit, in der wohl niemand gerne die Verantwortung getragen hätte, richtungsweisende Entscheidungen treffen zu müssen. Natürlich lief in dieser Ausnahmesituation nicht alles glatt, und es wurden auch Fehler gemacht. Dennoch empfand ich die Polarisierung und die problematische Kommunikation über den nahezu nebenwirkungsfreien Impfstoff kritisch.

Ich konnte die extremen Positionen beider Seiten nur schwer nachvollziehen: Zum einen einige der Corona-Leugner, die pauschal alle Berichte als Lügen abtaten, und zum anderen Impfbefürworter, die bereits bei kritischen Nachfragen Feindbilder sahen. Es schien, als gebe es nur Schwarz und Weiß, doch beide Extreme waren nicht meine Perspektive. Für mich war das Virus zweifellos gefährlich, mit unabsehbaren Folgen. Gleichzeitig fand ich es problematisch, dass Menschen mit kritischen Fragen kein Gehör bekamen.

Die gegenseitige Abwertung verstärkte die Spaltung: Impfgegner wurden schnell zu dümmlichen, rechtsradikalen oder verschwörungstheoretischen Menschen abgestempelt, während Impfbefürworter als blind und naiv bezeichnet wurden, die nicht sehen, dass alles nur eine riesige Verschwörung sei. Menschen, die sich nicht impfen ließen, aus welchen Gründen auch immer, erlebten starke gesellschaftliche Einschränkungen. Diese Radikalität empfand ich als sehr bedenklich.

Ich hatte große Befürchtungen, dass durch die Spaltung, die die Corona-Pandemie mit sich brachte, Menschen zusätzlich andere Erkrankungen ausbilden könnten. Leider hat sich diese Sorge bewahrheitet. Die Zahl psychischer Erkrankungen ist, während und auch nach der Pandemie, stark gestiegen. Wer heute versucht, kurzfristig psychologische Hilfe zu erhalten, weiß genau, wovon ich spreche. Der Bedarf ist enorm.Doch es sind längst nicht nur Erwachsene, die diese Unterstützung benötigen. Auch Kinder und Jugendliche sind betroffen. Die Folge: Die Wartezeiten für Beratungstermine sind oft sehr lang, manchmal tragischerweise zu lang. Diese Überlastung des Systems hat in einigen Fällen zu dramatischen Fehlentscheidungen bei den Betroffenen geführt.

Das ist einer der Gründe, warum ich dieses Buch geschrieben habe. Ich möchte meine Geschichte mit dir teilen, in der Hoffnung, dass ich Menschen erreichen kann, bevor sie vorschnelle oder falsche Entscheidungen treffen. Wenn auch nur ein Mensch durch meine Worte innehalten und neu nachdenken kann, erfüllt mich das mit großer Freude. Denn so kann auch das Herz der betroffenen Person wieder Hoffnung schöpfen und neu zu strahlen beginnen. Wenn ich nur daran denke, fängt mein Herz schon damit an.

Es gibt leider genügend Menschen da draußen, die dir zeigen, wie es nicht geht. Die sich an dem Unglück anderer Menschen erfreuen, weil sie das von ihrem eigenen unerfüllten Leben ablenkt. Aber nur, weil diese Menschen falsche Entscheidungen treffen, musst du dich dem Verhalten ja nicht anschließen. Jeder von uns kann etwas ändern, und die Welt so ein Stückchen besser machen, als man sie vorgefunden hat. Sei du der Grund dafür, dass die Menschen wieder anfangen, an das Gute zu glauben.

Eine echte Demokratie und Meinungsfreiheit setzen voraus, dass jeder seine eigene Meinung haben darf, und das ist wichtig. Auch gegensätzliche Ansichten sind wertvoll, denn ohne sie würde eine Demokratie zur Farce werden. Statt pluralistischer Diskussionen gäbe es nur eine vorherrschende Meinung, was eher einer versteckten Diktatur gleichen würde. Jeder sollte auch respektvoll seinem Gegenüber oder auch offen in einer Diskussion seine Meinung vertreten dürfen, gegenüber anders Denkenden.

All dies ist wichtig und notwendig, um das Fundament der Demokratie zu erhalten. Doch was während der Corona-Pandemie geschah, schien mir in vielen Fällen wenig mit den genannten Prinzipien zu tun zu haben. Bei einigen der ergriffenen Maßnahmen hatte ich den Eindruck, dass wirtschaftliche Interessen mehr im Vordergrund standen als die tatsächliche Hilfe für die Bevölkerung.

Ich wünsche mir, dass wir alle daraus lernen, wie wir es in der Zukunft anders machen können. Fehler wurden in allen Lagern und auch bei allen Skeptikern, zu denen ich mich zähle, gemacht. Wir sollten alle gemeinsam versuchen, die Spaltung, die in unserem Land immer noch spürbar ist, wieder zu kitten. Nicht durch Verbote, Ausgrenzungen, Lügen, Denunzierungen und Anfeindungen, sondern durch ernst gemeinte Gespräche. Durch das Zuhören und durch gemeinsam gefundene und ausgearbeitete Lösungen. Wenn man sich öffnet, merkt man mitunter, dass es auch Gemeinsamkeiten gibt, auf die man aufbauen kann.

Manchmal sind wir gar nicht so verschieden, wie wir vielleicht annehmen. Ich wünsche mir, dass wir wieder offen unsere Meinung äußern können, ohne sofort als Feind abgestempelt zu werden. Es wäre schön, wenn wir alle den Mut hätten, einen Schritt aufeinander zuzugehen. Was in der Vergangenheit war, ist geschehen, und das können wir nicht mehr ändern.

Aber was wir ändern können, ist, wie wir in Zukunft miteinander umgehen werden. Gemeinsam entscheiden wir über sie.

Das ist der Grund, warum ich an dieser Stelle noch einmal etwas ausführlicher geworden bin. Nicht um alte Wunden zu lecken, nicht um Schuldige für eventuelles Fehlverhalten zu finden und auch nicht, um einer der Konfliktparteien Recht und der anderen Unrecht zu geben, sondern ausschließlich, um Heilung zu ermöglichen. Es geht darum, solche Fehler zu vermeiden, die zu schweren psychischen Erkrankungen führen können, die sich oft auch körperlich manifestieren. Wenn wir alles Positive ausblenden und uns stattdessen nur mit Ängsten, Wut und Sorgen beschäftigen, füllen wir unser Unterbewusstsein mit genau diesen negativen Gefühlen. Kurz- oder langfristig, werden uns genau diese Gefühle zum Verhängnis. Schwere Krankheiten haben es dann deutlich leichter, uns zu treffen. Wenn du ein sorgenfreies Leben führen möchtest, musst du alles daran setzen, dass solche negativen Gedanken nicht dein Unterbewusstsein beherrschen. Denn wie du weißt, werden etwa neunzig Prozent unseres Handelns von unserem Unterbewusstsein bestimmt. Du kannst dir sicher vorstellen, wie sich das auf unser Verhalten auswirkt, je nachdem, mit welchen Gedanken und Gefühlen wir es hauptsächlich füttern.

Zusätzlich zu den vielen bereits vorhandenen Überlegungen, ob wir uns impfen lassen sollten oder nicht, hatten wir auch noch einen Urlaub gebucht. Wir wollten wieder nach El Gouna ins Mövenpick Hotel fliegen, um erneut Zeit mit den Menschen zu verbringen, die uns so herzlich aufgenommen hatten. Ohne die Impfung hätten wir die Reise jedoch nicht antreten dürfen. Inzwischen kannte man viele Menschen, die sich haben impfen lassen, ohne irgendwelche Beschwerden zu erfahren. Diese Erkenntnis half selbstverständlich auch bei der Entscheidung, die wir treffen mussten.

So kam es, dass ich mich trotz meiner Bedenken impfen ließ. Meine Frau hatte bereits vor einiger Zeit ihre erste Impfung erhalten, ohne dass es zu Problemen kam. Carmen hatte sich schon früher entschieden, sich impfen zu lassen. Ich war zu diesem Zeitpunkt noch nicht so weit. Wir hatten jedoch gegenseitig zu hundert Prozent Verständnis für die Entscheidungen des anderen, ohne dem Partner Vorwürfe zu machen.

In der Zeit, als ich mich zum ersten Mal impfen ließ, arbeitete ich in der Ferienwohnungsvermietung. Von der Arbeit aus ging ich zum Hausarzt, um mir den erforderlichen ersten Pieks abzuholen. Ich erinnere mich noch genau, wie ich vor der Eingangstür des Arztes kurz inne hielt und ernsthaft darüber nachdachte, wieder umzukehren. Das Gefühl, die Impfung nicht zu machen, das Gefühl, dass es für mich nicht gut wäre, sie zu erhalten, war in diesem Moment erneut sehr präsent, aber ich ignorierte es. Mich nervte einfach die Situation: Überall wurde man ausgeschlossen. Es wurde nicht mehr danach gefragt, wie es einem geht, sondern nur noch, ob man geimpft war oder nicht. Ich wollte nicht mehr wie ein Aussätziger behandelt werden. Dass ich mich gegen mein Bauchgefühl entschied, würde ich, wie bereits erwähnt, später bitter bereuen.

Zuerst musste ich, wie alle anderen auch, ein Formular unterschreiben, in dem ich erklärte, dass ich im Falle von Nebenwirkungen nicht gegen den Hersteller vorgehen würde. Spätestens an diesem Punkt hätte ich meinen Schritt noch einmal überdenken sollen. Warum muss ich so etwas unterschreiben, wenn die Impfung doch angeblich nebenwirkungsfrei sein sollte? Das erschien mir wie ein klarer Widerspruch.

Trotz aller Bedenken blieb ich also bei der Entscheidung, mich impfen zu lassen. Ich erläuterte meinem Hausarzt dennoch meine Sorgen - bezüglich meines Herzens.

"Gerade dann, mit meinen Herzproblemen, sei dann die Impfung eine gute und die einzig sinnvolle Wahl", wurde mir gesagt.

Gleich nach dem Hineindrücken des Impfstoffes, spürte ich, dass in meinem Kopf irgendetwas merkwürdiges passiert. Es fühlte sich so an, als ob der Impfstoff direkt ins Gehirn gespritzt wurde. Wie eine Welle, die sich in meinem Kopf von innen nach außen ausbreitet. Ich kann nicht behaupten, dass es weh tat, es fühlte sich nur absolut unnatürlich an. Aber auch da wurde ich, als ich es mitgeteilt hatte, sofort beruhigt. Das sei eine völlig normale Reaktion des Körpers auf die Impfung und dass dies schnell wieder verschwinden würde.

Nach circa fünf Minuten bekam ich feuerrote Augen und es stieg eine Müdigkeit auf, wie ich sie so noch nicht erlebt hatte. Ich bekam sehr starke Kopfschmerzen aber auch das sollte, wie mir gesagt wurde, völlig normal sein und ebenfalls schnell wieder abklingen. Ich solle vorsichtshalber, ich glaube wie jeder andere auch, noch circa zwanzig Minuten in der Praxis verweilen und wenn ich dann keine weiteren Probleme bekommen würde, könnte ich zurück zur Arbeit gehen.

Gesagt, getan. Nach den zwanzig Minuten ging ich wieder zur Arbeit, da die Symptome, die bei mir auftraten, zwar nicht weg waren, aber ja normal sein sollten. Mit meinen roten Augen habe ich allen Klischees eines Holländers entsprochen.

„Na, hast du dir deine Drogen abgeholt?" So in etwa wurde ich bei der Arbeit begrüßt. Ich sah aus, als hätte ich eine Woche lang in holländischen Kräutern gebadet. Dicke rote Augen und ein von Müdigkeit zerknautschtes Gesicht. Die Kopfschmerzen waren eher die von einer feuchtfröhlichen Nacht, mit dem am nächsten Morgen ungeliebten Kater.

Ich muss dir wirklich sagen, dass es echt krass war, so weiterzuarbeiten. Ich saß stundenlang vor meinem PC und gähnte immer wieder. Meine Augen fielen mir ständig zu, und ich hätte nie gedacht, dass man so oft gähnen kann. Es war wirklich unglaublich. Ich wusste kaum, ob mir versehentlich eine starke Dosis Schlaftabletten verabreicht wurde, zumindest fühlte es sich so an. Eine ganze Woche lang ging das so. Es war, als hätte ich jeden Morgen, Mittag und Abend Unmengen von speziellen holländischen Keksen gegessen. Eine Woche lang war ich einfach nur hundemüde und ununterbrochen am Gähnen, so etwas hatte ich in meinem ganzen Leben noch nie erlebt. In der vergangenen Woche konnte ich schlafen, wann immer ich wollte, doch die Müdigkeit ließ nicht nach. Meine Arbeitskolleginnen mussten schon lachen, wenn sie mich wieder gähnen hörten. Mittlerweile musste ich selbst darüber schmunzeln. Nach der ersten Woche gingen die genannten Symptome zwar auf ein Minimum zurück, ganz verschwunden sind sie jedoch nicht.

Es wurde erklärt, dass eine zweite Impfung unbedingt erforderlich sei, um den vollen Schutz zu gewährleisten. Wahrscheinlich würden dann auch die verbleibenden Symptome verschwinden. Ich hatte den Gedanken, dass ich, da ich nun den Anfang gemacht hatte, einfach weitermachen müsse. Schließlich wollte auch ich den Schutz erhalten, von dem immer wieder die Rede war. Offen gesagt, war ich nach der intensiven Berichterstattung über Corona und seine Folgen zunehmend verunsichert.

Im September bekam ich dann die zweite Impfung mit einem sehr ähnlichen Verlauf wie bei der ersten. Die Symptome, die ich seit der ersten Impfung hatte, sind leider nicht, wie erhofft, dadurch verschwunden.

Kurz danach begannen die nächsten Kampagnen, die ich so für nicht tragbar hielt. Es wurde unter anderem immer und immer wieder davon berichtet, dass es sich inzwischen um eine Pandemie der Ungeimpften handelt. Auch wenn ich zu diesem Zeitpunkt ja schon zwei mal geimpft war, und ich mich diesbezüglich nicht angesprochen fühlen musste, fühlte sich diese Behauptung absolut falsch an.

Den Kindern wurde Angst gemacht, dass sie als Überträger des Coronavirus älteren Menschen, wie beispielsweise ihren Großeltern, großen Schaden zufügen könnten, wenn sie sich nicht impfen ließen. Aus meiner Sicht wurden hier gezielt Ängste geschürt.

Vielleicht war die Absicht dahinter gut gemeint, doch selbst wenn das der Fall war, wurde die Tragweite solcher Äußerungen nicht ausreichend berücksichtigt. Es sollte kurzfristig Schutz vor dem Virus gewährt werden, doch gleichzeitig wurden Ängste gezielt als Mittel eingesetzt, um das Vorhaben besser zu rechtfertigen. Langfristig führte es jedoch bei vielen Menschen, die betroffen waren, zu neuen Krankheitsbildern. Im Endeffekt wurde eine Krankheit gegen eine andere eingetauscht. Es ist kein Geheimnis mehr, dass systematisch geschürte Ängste als Druckmittel genutzt werden können, um Menschen in eine bestimmte Richtung zu lenken. Dies geschieht weltweit in verschiedenen Kontexten, etwa in Kriegen oder bei wirtschaftlichen Krisen wie Inflationen. Menschen, die in Angst versetzt werden, lassen sich oft dahin steuern, wo es nicht in ihrem, sondern im Interesse derer ist, die sie lenken. Leider gibt es immer wieder Menschen, die dieses Wissen für eigene Zwecke ausnutzen.

Das Problem dabei ist, dass durch solche Handlungen und angstmachende Äußerungen neue gravierende Probleme entstehen können.

OK, jetzt, nachdem ich mir nun auch, wie die meisten Menschen, die zweite Impfung abgeholt habe, dachte ich, dass ich jetzt alles überstanden hätte. Doch wie sagt man so schön, erstens kommt es anders, und zweitens als man denkt.

Hotel Strandhörn in der Corona- Zeit, sowie weitere Hotspots.

Jeder hat Corona auf seine eigene Art erlebt und wahrgenommen. Rückwirkend war es für viele gesundheitlich dramatisch und wirtschaftlich katastrophal. Es gab Einschränkungen hinsichtlich der Anzahl der Personen, die sich treffen durften und zusätzlich war es relevant, wie viele verschiedene Haushalte anwesend waren.

Die besinnliche Weihnachtszeit, mit seinen vielen Familienzusammentreffen, wurde durch die Maßnahmen zunichte gemacht. Auch das haben wir, wie sicherlich viele andere auch, am eigenen Leib erfahren müssen. In der Weihnachtszeit waren, bei Familienzusammenkünften, fünf Personen aus zwei Haushalten erlaubt.

Jeder hat zu diesem Thema eine andere Meinung und fühlt unterschiedlich, aber für mich war und ist die Weihnachtszeit immer die wichtigste Zeit im Jahr. Schon als Kind wurde immer am 24. Dezember groß gefeiert, bei meinem Adoptivpapa und meiner Mama. Zu diesen Feierlichkeiten kamen stets alle engen Verwandten. Durch Corona und die damit verbundenen Maßnahmen war es jedoch nahezu unmöglich, soziale Kontakte auf die gewohnte Weise zu pflegen. Innerhalb der einzelnen Bundesländer gab es dann ja auch noch unterschiedliche Richtlinien, die es noch schwerer gemacht haben, sich mit seinen Liebsten zu treffen. In dieser Zeit gab es sehr viele einsame Menschen. So schrecklich die Corona-Zeit auch war, so viel Glück hatten wir, diese Zeit auf Sylt zu verbringen. Tatsächlich war es für uns eine ganz besondere Zeit, die vermutlich so einmalig bleiben wird.

Dirk und Lydia, von denen ich dir ja schon erzählt habe, und mit denen wir unseren gemeinsamen Urlaub in El Gouna verbrachten, betreiben das Hotel Strandhörn in Wenningstedt sowie das Golfhouse in Wenningstedt-Braderup.

Die Ortschaft Wenningstedt liegt etwas weiter im Norden als das bekannte Westerland, wo wir unser Zuhause haben. Vielleicht kennst du es ja sogar. Wenningstedt ist ein wirklich schöner Ort, mit einer eigenen kleinen Promenade und einem idyllischen Dorfteich, der zum Entspannen einlädt. Obwohl wir in Westerland wohnen, ist mein persönlicher Lieblingsort auf Sylt das wunderschöne, an der Wattseite gelegene Kapitänsdorf Keitum. Ich empfinde diesen Ort, mit seinen kleinen Gassen und den historischen Kapitänshäusern, als besonders magisch. Keitum hat eine ganz besondere Energie.

Auch in Hörnum habe ich einige Lieblingsplätze. Einer davon ist das Restaurant STRAEND, in dem ich unter anderem als Küchenchef, bereits vor der eigentlichen Eröffnung, tätig war. Bevor das Restaurant, aufgrund notwendiger Modernisierungsarbeiten, seine Türen für die Gäste zum allererersten Mal öffnen konnte, haben wir aus einem Food Hänger heraus die ersten Speisen kreiert und verkauft. Zuvor war an dieser Stelle ein anderes Restaurant ansässig. Das Restaurant machte sich schnell über die Grenzen Sylts hinaus einen Namen. Mittlerweile haben die beiden Besitzer Jan und John (Denjo), zusammen mit ihren Partnerinnen Saskia und Anne, im Ortskern von Hörnum sogar noch ein weiteres Lokal eröffnet.

Dass ich dort nicht mehr tätig bin, liegt ausschließlich daran, dass ich aus gesundheitlichen Gründen diesen Beruf aufgeben musste. Es fiel mir schwer, mir das einzugestehen. Diese Zeit war jedoch nicht nur für mich, sondern auch für die gesamte Crew vom STRAEND eine schwierige Phase. Das war somit meine letzte Station in der Küche und auch meine letzte Position als Küchenchef.

Diese Rolle habe ich gemeinsam mit einem wirklich unglaublich tollen Team, mit viel Herzblut ausgefüllt, bis ich krank wurde und es leider nicht mehr weiterging. Das Restaurant liegt direkt neben dem angrenzenden Campingplatz und ist einfach ein Ort, um Zeit zu verbringen, umgeben von großartigen Menschen. Hier kannst du noch mit echten jungen Syltern in Kontakt kommen und die herzliche Atmosphäre auf dich wirken lassen. Nur einen Katzensprung hinter der Düne befindet sich der wunderschöne Strand. Ich erinnere mich noch genau, wie ich oft vor der Arbeit noch schnell eine Runde im Meer schwimmen ging.

Ein weiterer Ort, den ich im Gedenken an Oke Boysen gerne mal aufsuche, ist die Lügenbrücke zwischen Munkmarsch und Keitum, die nach seinem Tod inoffiziell in ‚Oke-Boysen-Brücke' umbenannt wurde. Unser allseits beliebter Sonnenaufgangsfotograf Oke stand wirklich jeden Morgen früh auf, um Fotos von den wunderschönen Sonnenaufgängen zu machen. Die Sonne nannte er liebevoll 'Clärchen'. Durch seine Leidenschaft, täglich Fotos von Clärchen mit uns zu teilen, wurde er über die Jahre hinweg weit über Sylt hinaus bekannt. Die Oke-Boysen-Brücke ist ein wunderbarer Ort, den man bei einem Spaziergang von der Keitumer Wattseite aus erreichen kann.Ich denke, es ist wichtig, dass du dir ebenfalls Orte suchst, an denen du dich wohlfühlst und an denen du zur Ruhe kommen kannst. Diese Orte können überall sein. Manche Menschen lieben den Strand, andere bevorzugen den Wald. Manchmal reicht auch eine Parkbank mit einem schönen Ausblick, um sich zu erden. Finde deinen persönlichen Rückzugsort, an dem du neue Kraft schöpfen kannst.

Natürlich gibt es noch viele weitere wunderbare Orte auf der Insel, aber nun möchte ich dir gerne mehr über das schöne Hotel Strandhörn, sowie Dirk und Lydia erzählen. Mit den beiden verbindet uns eine sehr enge Freundschaft. Ihr Hotel Strandhörn, das mittlerweile auch von vielen prominenten Gästen geschätzt wird, befindet sich nur wenige Schritte vom feinsandigen Strand entfernt. Zwischen dem Hotel und den malerischen Dünen, hinter denen sich die oft stürmische Nordsee verbirgt, verläuft nur eine schmale Straße.

Keiner von uns konnte ja an dieser beklemmenden Situation bezüglich Corona und den Maßnahmen etwas ändern, aber wir konnten das Beste aus dieser Situation machen. Und genau das haben wir definitiv gemacht.

Selbst wenn das Hotel nur wenige Kilometer von unserem Zuhause entfernt liegt, haben Dirk und Lydia uns angeboten, während dieser bedrückenden Zeit bei ihnen im Hotel zu wohnen. Dieses großzügige Angebot haben wir dankend angenommen. Zusammen ist niemand allein.

Wir erhielten ein wunderschönes Zimmer mit Blick auf die atemberaubende Dünenlandschaft. Von dort aus kann man, was sonst aufgrund des Küstenschutzes nicht erlaubt ist, zwischen den Dünen bis nach Kampen wandern. Diese Strecke ist einfach fantastisch. Ich liebe die raue Natur von Sylt, die Schönheit der Landschaft und den betörenden Duft der Sylter Rose, der in der Blütezeit nahezu die gesamte Insel durchzieht und mit seinem unverwechselbar süßlichen Aroma jeder Parfümerie ernsthafte Konkurrenz macht. Besonders im August fasziniert mich das einmalige Farbenspiel, wenn die Heide blüht und die weite Landschaft sich in ein riesiges Freiluftgemälde verwandelt. Sylt ist wirklich ein ganz besonderer Ort, ein wahres Paradies auf Erden.

In der Einladung war auch die Nutzung des hoteleigenen Schwimmbads, genauso wie der wohltuende Saunabereich, inklusive Hydrojet-Massage inbegriffen. Also ehrlich gesagt, man kann schlechter leben, aber will man das? Für mich gibt es hier ein ganz klares Nein.

Da aufgrund der beschlossenen Maßnahmen keine anderen Gäste im Hotel waren, hatten wir es ganz für uns allein. Niemand kam uns entgegen, wenn wir die Treppe zum Restaurant oder zur Saunalandschaft hinunter gingen. Es war sowohl großartig als auch beängstigend zugleich. Über den wirtschaftlichen Verlust möchte ich nicht sprechen, auch wenn die Regierung Unterstützung geleistet hat, die gesamte Situation war ohnehin schon schwer genug. Vielmehr möchte ich unsere Dankbarkeit ausdrücken, dass wir in dieser schwierigen Zeit etwas wie Normalität erfahren durften, was nicht vielen Menschen vergönnt war. Doch in Wahrheit war es viel mehr als nur Normalität. Es hatte eine Intensität, die in ihrer Gesamtheit schwer in Worte zu fassen ist. Eine Zeit, die man nie vergisst.

Bundesweit wurden öffentliche Schwimmbäder geschlossen und wir hatten inmitten dieser verrückten Zeit, mit all ihren Horrornachrichten im Gepäck, eine Oase der Glückseligkeit gefunden. Wir waren wie die vier Musketiere.

Wir verbrachten eine unglaublich intensive Zeit miteinander. Auch auf kulinarischer Ebene war es im wahrsten Sinne des Wortes ein Genuss, diese Zeit gemeinsam zu erleben. Dirk, ein ehemaliger Sternekoch, Lydia, die ebenfalls eine Ausbildung zur Köchin gemacht hat und einiges auf dem Kasten hat, und ich, der lange in dieser Branche gearbeitet und zuhause das Kochen übernommen hat, diese Kombination war die perfekte Voraussetzung für eine kulinarische Entdeckungsreise. Ich muss dir wirklich sagen, wir haben uns gegenseitig mit vielen fantastischen Leckereien verwöhnt. An so etwas kann man sich wirklich schnell gewöhnen.

Auch abseits des Hotels war es faszinierend zu beobachten, wie die Tierwelt auf die Tatsache reagierte, dass während des Lockdowns auf Sylt insgesamt so wenige Menschen anzutreffen waren.

In dieser Zeit durften weder Gäste noch Zweitwohnungsbesitzer die Insel betreten, und auch das Personal war nur in sehr begrenztem Umfang vor Ort, da die meisten zu ihren Familien nach Hause gegangen waren. So leer wird man Sylt vermutlich nie wieder erleben. Die Tiere passten sich schnell den veränderten Bedingungen an. Vögel spazierten völlig ungestört über die Straßen, da nur selten Autos vorbei fuhren. Ein besonderes Highlight für uns war, als wir eines Morgens aus unserem Hotelfenster schauten und tatsächlich Rehe mitten in den Dünen entdeckten. Dieser fast unwirkliche Moment hätte glatt als Kulisse für einen neuen Walt-Disney-Film durchgehen können. Es war einfach zu schön, um wahr zu sein. Die ansonsten eher scheuen Tiere schienen in der Weite der Wenningstedter Dünenlandschaft vollkommen entspannt und angstfrei. Ein atemberaubender Anblick.

Langsam, aber sicher neigte sich das Jahr dem Ende zu, einem Jahr, das alles andere als normal schien. Im kommenden Jahr stand für Carmen ein runder Geburtstag an. Da wir in letzter Zeit ohnehin viel gemeinsam unternommen hatten, kamen wir auf die Idee, diesen besonderen Anlass zusammen mit unseren Freunden und der Familie im Hotel Strandhörn zu feiern. Dirk heißt mit Nachnamen "Lässig" und dieser Name ist Programm. Kein Wunder also, dass die hoteleigene Bar seinen Namen trägt: die "Lässig Bar". Hier wird der Name durch und durch gelebt. Eine erstklassige Musikanlage und eine beeindruckende Lichtshow sorgen für die perfekte Atmosphäre. Wir hatten bereits durchgespielt, wer alles kommen sollte, aber die Einladungen waren noch nicht verschickt. Es konnte jederzeit passieren, dass sich die Bestimmungen zur maximalen Teilnehmerzahl für Zusammenkünfte änderten.

Trotzdem wussten wir, dass die Zusammenstellung dieser Freundes- und Familienliste ein absoluter Glücksgriff war, alles passte perfekt zusammen. Die Vorfreude auf das Ereignis war riesig

Was jedoch nicht perfekt war, war meine angeschlagene Kondition und mein allgemeines Wohlbefinden. Dennoch hatte ich mir nicht allzu viele Gedanken darüber gemacht. Obwohl es mir seit den Impfungen nicht gut ging, hatte ich es irgendwie geschafft, diese Tatsache geschickt zu verdrängen. Es war, als wollte mein Inneres einfach nicht wahrhaben, wie schlecht es mir wirklich ging. Je näher der Termin für die große Party kam, desto stärker wuchs die Vorfreude darauf. Das Kuriose daran war aber auch die Tatsache, dass immer neue Maßnahmen erlassen wurden, die es der angedachten Geburtstagsfeier immer schwerer machten, sie in die Tat umzusetzen. Selbstverständlich haben wir uns auch darüber Gedanken gemacht, ob man im Angesicht der Corona-Pandemie so ein Fest überhaupt veranstalten sollte. Aber in Anbetracht dessen, was wir gesundheitlich schon hinter uns gebracht hatten, waren wir entschlossen, unter allen möglichen Vorsichtsmaßnahmen den Geburtstag gemeinsam zu feiern. Denn wir haben durch Erfahrung gelernt, dass niemand mit Bestimmtheit sagen kann, was morgen ist.

Immer wenn wir uns auf die neuen, erlassenen Maßnahmen eingestellt hatten und dachten, jetzt sei alles geregelt, kamen neue hinzu. Es gab ständig neue Richtlinien zur erlaubten Anzahl von Personen bei Zusammenkünften. Es war wie ein Katz-und-Maus-Spiel. Die immer ständig neuen Maßnahmen begannen, uns zu zermürben. Langsam machte es keinen Sinn mehr, die Feier gedanklich aufrechtzuerhalten. Es schien, als sollte sie einfach nicht stattfinden. So seltsam es vielleicht auch für dich klingen mag, es war, als ob eine höhere Macht alles unternommen hätte, um die geplante Party zu sabotieren. Ich kannte nur den Grund bis dahin noch nicht.

Als dann auch noch die Maßnahme verkündet wurde, dass nur noch mit einer FFP2-Maske getanzt werden dürfe, haben wir uns schweren Herzens entschieden, alles abzusagen. Es machte einfach keinen Sinn mehr. Die Dinge,die nun nicht mehr erlaubt waren, wurden einfach zu gravierend und insgesamt viel zu viel. Ich war sehr traurig und enttäuscht. Ich hätte meiner Süßen so gerne diesen Tag ermöglicht. Die Vorfreude verpuffte wie eine Seifenblase.

Diese Enttäuschung nahmen wir dann mit in den nicht mehr allzu weit entfernten Jahreswechsel.

2022 ein weiteres Jahr voller Ängste

2022 war ein in wirklich vielerlei Hinsicht absolut unfassbares Jahr. Es war mir vorher klar, dass es bei dieser tollen Jahreszahl ein besonderes Jahr werden würde. Ich sollte Recht behalten, allerdings nicht so, wie ich es mir erhofft hatte.

Die Diskussion über die dritte Corona-Impfung war plötzlich allgegenwärtig. Ich dachte mir nur: Wenn ich schon zwei Impfungen habe, macht eine dritte auch keinen großen Unterschied mehr. Begeisterung empfand ich dabei jedoch nicht, im Gegensatz zu vielen anderen, die die dritte Spritze regelrecht feierten. Ihr Verhalten war für mich in Ordnung, jeder sollte so handeln, wie er es für richtig hält. Solange es nicht radikal wurde, störte es mich nicht. Radikalismus ist mir in jedem Bereich, egal aus welcher Richtung, befremdlich. Die Begeisterung über die dritte Impfung kam mir zwar etwas ungewöhnlich vor, aber wenn sie den Menschen ein Gefühl von Sicherheit gab, war das ja auch etwas Gutes.

Ich hatte den Eindruck, dass die Impfungen, aus welchem Grund auch immer, meine Kondition beeinträchtigt haben, ohne dies genauer überprüft zu haben. Ob das nun sinnvoll war oder nicht, spielte für mich damals keine Rolle. Da meine Symptome ohnehin nur noch in abgeschwächter Form vorhanden waren, habe ich mich, wie viele andere auch, ein drittes Mal impfen lassen.

Und zwar am 02.02.2022, was für ein krasses Datum.

Um es gleich vorweg zu nehmen, das mit der dritten Impfung war leider keine gute Idee. Die Symptome kamen jetzt noch mal so richtig in Fahrt. Ich lag eine Woche flach mit Fieber, starken Kopf-und Gelenkschmerzen, Schüttelfrost, extremer Müdigkeit und einem Gedächtnis, das sich anfühlte, als wären alle verfügbaren Areale zur Speicherung von Daten gelöscht worden. Das war ein Kurzzeitgedächtnis par excellence.

Für mich stand fest, dass ich mir keine weitere Corona-Impfung geben lassen würde, unabhängig davon, was noch kommen könnte. Dies entschied ich, weil ich zunehmend an Kondition verlor. Irgendwie musste es doch einen Zusammenhang geben. Meine Atemlosigkeit führte ich darauf zurück, dass etwas mit meiner Kondition nicht stimmte. Das war merkwürdig, da ich mein Leben lang sportlich aktiv gewesen war. Trotzdem schien mir diese Erklärung am plausibelsten.

Nach der dritten Impfung jedoch verschlechterte sich mein Zustand drastisch. Jede Bewegung wurde zur Anstrengung, selbst das Anziehen der Schuhe fiel mir schwer, da ich kaum noch Luft bekam. Ich fühlte mich wie ein Hundertjähriger, obwohl ich immer ein sportbegeisterter Mensch gewesen war. Schließlich vermutete ich, dass die Impfung der Grund dafür sein könnte, auch wenn mir die genaue Ursache unklar blieb.

Die Probleme mit der Kondition fingen rückblickend schon nach der ersten Impfung an. Ich hatte es nur zu diesem Zeitpunkt noch nicht in Verbindung gebracht. Ich hatte mich nur gewundert, dass ich ab da immer schnell schlapp wurde und mir das tiefe Einatmen schwerfiel. Zum Glück gingen auch diesmal einige Symptome nach etwa zehn Tagen zurück. Es fühlte sich endlich wieder erträglicher an. Die Kopfschmerzen waren fast vollständig verschwunden, und auch Fieber und Schüttelfrost hatte ich überhaupt nicht mehr. Leider blieben andere Beschwerden bestehen. Das tiefe Luftholen fiel mir zunehmend schwer. Bei jeder Tätigkeit war ich unglaublich schnell außer Atem. Wenn ich mit meiner Süßen spazieren ging, musste ich sie ständig bitten, langsamer zu gehen. Dabei war „schnell" relativ, denn selbst ältere Menschen mit Rollatoren überholten uns mühelos.

Für mich als Kampfsportler war das eine regelrechte Katastrophe.Auch mein Kurzzeitgedächtnis machte mir weiterhin Probleme, es war so löchrig wie ein Schweizer Käse. Psychisch war ich ebenfalls angeschlagen, denn ich machte mir ständig Vorwürfe, warum ich mich überhaupt habe weiter impfen lassen. Sowohl körperlich als auch mental ging es mir wirklich schlecht.

Im Rahmen meiner regelmäßigen Magen- und Darmkontrollen wurden 2021 Hämorrhoiden festgestellt, die bereits so groß waren, dass sie während der Kontrolluntersuchung nicht entfernt werden konnten. Es war geplant, das Gewebe nach der Entfernung einzuschicken, um aufgrund meiner Vorerkrankung sicherzustellen, dass sich keine problematischen Veränderungen entwickelt haben. Doch zu diesem Zeitpunkt war die Corona-Pandemie in vollem Gange, und viele nicht akut lebensnotwendige Operationen wurden verschoben.

Das führte zu einem Dilemma: Erst nach einer Operation und der anschließenden Untersuchung des Gewebes hätte mit Sicherheit festgestellt werden können, ob eine Gefahr bestand oder nicht. Deshalb wurde ich zunächst auf die Warteliste für später geplante Eingriffe gesetzt. Diese Ungewissheit machte es mir mental sehr schwer, in dieser Situation stark zu bleiben.

Somit hatte ich dann endlich, nach langer Wartezeit, einen Termin für die Operation für den 22.02.2022 bekommen. Wow, das nächste krasse Datum innerhalb eines Monats.

Ich sollte einige Tage vor dem Termin bei meinem Hausarzt ein EKG machen und ein aktuelles Blutbild erstellen lassen, um meinen Blutgerinnungswert zu überprüfen.

Am Mittwoch, den 16. Februar 2022, begann ich mich unwohl zu fühlen, ohne genau sagen zu können, warum.

Gelegentlich verspürte ich Schmerzen in der Brust, als hätte ich einen Schlag dagegen bekommen. Allerdings belastete mich das allgemeine Unwohlsein noch mehr. Ich fühlte mich nervös und aufgewühlt, gleichzeitig aber so erschöpft, dass ich am liebsten nur geschlafen hätte.

Am Donnerstag, den 17. Februar 2022, verschlechterte sich mein Zustand. Ich fühlte mich noch unwohler als am Vortag und insgesamt sehr schlecht. Da ich ohnehin einen Termin bei meinem Hausarzt hatte, um das erforderliche EKG und Blutbild durchführen zu lassen, beschloss ich, die Symptome direkt anzusprechen und abklären zu lassen, warum es mir so seltsam ging.

Jetzt wird es skurril: Obwohl mein EKG eindeutig zeigte, dass etwas überhaupt nicht stimmt, was mir mein Hausarzt auch bestätigte, wurden weder eine Einweisung ins Krankenhaus ausgestellt noch ein Rettungswagen gerufen. Mein Hausarzt erklärte lediglich, dass das EKG nicht gut aussieht. Auf meinem Blutbild hingegen war nichts Auffälliges zu erkennen.

Deshalb hielt er es für ausreichend, dass ich am kommenden Dienstag, dem 22.02.2022, zu meinem geplanten OP-Termin regulär ins Krankenhaus ginge, um den Rest vor Ort abklären zu lassen.
Für mich war diese Einschätzung zwar merkwürdig, aber dennoch akzeptabel, da ich mir der potenziellen Lebensgefahr, die in mir schlummerte, nicht bewusst war.

Bis zu diesem Zeitpunkt hatte ich noch fast blindes Vertrauen in Ärzte, obwohl ich, kardiologisch gesehen, ja auch schon meine Diskrepanzen hatte.

Obwohl es mir wirklich schlecht ging und ich immer noch Schmerzen hatte, arbeitete ich an diesem Tag weiter. Ich wusste, dass ich bald ausfallen würde und wollte das kleine Team nicht im Stich lassen.

Bis zu diesem Zeitpunkt hatte ich mein Pflichtbewusstsein über meine eigene Gesundheit gestellt, weil es irgendwie noch ging. Ob das wirklich klug war, sei dahingestellt. Ehrlich gesagt, war definitiv nicht alles schlau, was ich bisher in meinem Leben gemacht habe. Aber genau diese Erfahrungen haben mich zu dem Menschen gemacht, der ich heute bin. Sie haben mein inneres Wachstum entscheidend geprägt.

Fakt ist: Auch aus Fehlern kannst du wachsen.

Am Freitag, den 18.02.2022, fühlte ich mich immer noch so schlecht, dass ich vorsichtshalber gegen elf erneut meinen Arzt aufsuchte. Vielleicht war diese Uhrzeit nicht klug gewählt, da sie kurz vor dem wohlverdienten Wochenendbeginn lag. Die Ereignisse, die daraufhin folgten, werde ich nie vergessen. Auf Sylt ist es üblich, dass man sich duzt, etwas, das ich persönlich sehr sympathisch finde. Am Empfangstresen erklärte ich, dass es mir immer noch nicht besser ginge und ich deshalb vorsichtshalber erneut zum Arzt wollte. Die Antwort darauf lautete:

„Das brauchst du nicht, wenn da was Schlimmes wäre, hätte der Arzt schon für heute einen Termin für dich gemacht."

Irgendwie kam in mir das Gefühl auf, dass ich mit meinem Anliegen kurz vor dem Wochenende gestört hatte. Die Antwort, die mir gegeben wurde, fühlte sich gleichgültig an, aber dann dachte ich mir, dass ich einfach nur ein bisschen Schlaf brauchte, und es dann wieder besser geht. Es war zwar etwas merkwürdig, dass nicht einmal vorsichtshalber ein EKG gemacht, oder zumindest der Blutdruck gemessen wurde, aber gleichzeitig dachte ich, dass die schon wissen, was sie tun. Schließlich handelt es sich um eine Praxis, die auch den Fokus auf die Herzgesundheit legt.

Mit diesen Gedanken verließ ich die Praxis und kehrte zurück zur Arbeit. Doch als ich dort ankam, schickten mich meine Kollegen nach kurzer Zeit nach Hause, da sie bemerkten, dass es mir nicht gut ging. Zu dieser Zeit arbeitete ich bei GB-Sylt Mitza Ferienobjekte, was mir sehr gefiel. Das Team um Geschäftsführer Ulli Mitza bestand aus verständnisvollen und hilfsbereiten Menschen. Zu dem kleinen, aber feinen Team gehörten Monia, Janina, Lena und Deniz, mit denen ich sehr gerne zusammenarbeitete. Später kamen auch noch Malte und Timm hinzu. Ich nahm das Angebot dankend an.

Auf dem Weg nach Hause zog ein starker Sturm auf, was für den Februar selbstverständlich nichts Ungewöhnliches ist. Die Böen hatten ordentlich Power, wenn sie einen trafen. Hier im Norden sagt man ja, dass es erst dann wirklich stürmisch ist, wenn die Schafe keine Locken mehr haben. Damals war so ein Tag, an dem es sich anfühlte, als könnten die Schafe ihre Locken verlieren. Es war pure Energie, die da draußen wirbelte.

Ab in die Nordseeklinik

Meine Süße kam gleichzeitig mit mir zu Hause an. Ich erzählte ihr, dass ich mich immer noch komisch fühlte und jetzt gerne einfach ins Bett gehen würde. Ich wollte nur schlafen. Carmen hatte jedoch irgendwie das Gefühl, dass Schlaf in diesem Fall nicht die beste Entscheidung war. Kurz entschlossen beschloss sie, zunächst meinen Blutdruck zu messen. Er lag bei 195 zu 100, was definitiv kein optimaler Wert war. Mein Blutdruck war eindeutig viel zu hoch. Dann hatte sie einen weiteren guten Einfall: Sie schickte die Blutdruckwerte, zusammen mit dem EKG vom Vortag, an unseren Sohn.

Unser Sohn, der mit voller Überzeugung im Rettungsdienst arbeitet, kümmerte sich um die Angelegenheit aus der Ferne. Tim besprach die Werte mit dem Notarzt aus seiner Schicht. Beide waren mehr als erstaunt, dass mein Hausarzt mich nicht sofort ins Krankenhaus geschickt hatte, schließlich hätte ich genau dort hingehört!

Nachdem mir das meine Süße gesagt hatte, fühlte ich mich innerlich sehr hibbelig, fast so, als würden tausend Ameisen meinen Körper hinauf krabbeln. Als ich sie dabei sah, wurde mir klar, dass es ihr mit dieser Aussage auch nicht gut ging. In diesem Moment wusste ich intuitiv, dass unser Sohn mit seiner Bemerkung richtig lag. Ich spürte, dass ich jetzt ins Krankenhaus musste. Ehrlich gesagt, überkam mich ein wirklich mulmiges Gefühl in der Magengegend. Zu allem Überfluss war es auch noch mitten in der Corona-Zeit, mit all ihren sinnvollen und weniger sinnvollen Maßnahmen. Schlagartig wurde mir bewusst, dass mein absoluter Lieblingsmensch nicht mit mir in die Nordseeklinik durfte. Dieses Wissen verstärkte mein mulmiges Gefühl noch weiter. Damit Carmen nach dieser unangenehmen Situation nicht alleine dastand, haben wir unsere liebe Freundin Anna gefragt, die zu diesem Zeitpunkt noch auf Sylt lebte, ob sie uns besuchen und uns herumfahren könnte. So wusste ich, dass mein Schatz nicht allein sein würde, ein Gedanke, der mich noch unruhiger gemacht hätte.

Kaum hatten wir Anna angerufen, stand sie auch schon vor unserer Tür, bereit, loszufahren. Mit Anna habe ich ein halbes Jahr im dänischen Möbelhaus FASMAS gearbeitet, wo sie Filialleiterin war. Dort habe ich sie kennengelernt. Wir bildeten wohl das beste Zweier-Team, das man sich nur wünschen kann, sowohl zwischenmenschlich als auch beruflich. Wir hatten eine Menge Spaß, erzielten hervorragende Umsätze und sorgten dafür, dass sich unsere Kunden bei uns wie zu Hause fühlten. Annas liebe Art hat mein Herz schnell erobert. Daraus ist eine wunderbare, tiefe Freundschaft entstanden. Ich bin froh, dass ich ein großes Herz habe und es mir leichtfällt, wunderbaren Menschen einen Platz in meinem Leben anzubieten. Natürlich besteht dabei auch die Gefahr, dass man schneller verletzt wird, wenn man sich so offen zeigt. Glücklicherweise passiert das jedoch nur sehr selten. Die Alternative, mein Herz zu verschließen und mich aus Angst vor Verletzungen abzuschotten, kommt für mich jedoch nicht in Frage. Denn wenn ich mich vor dem Leben verschließen würde, würde ich mich ja selbst isolieren.

Ich muss dir wirklich sagen, dass ich unserem jungen Küken Anna bis heute sehr dankbar bin, dass sie uns besonders in dieser schweren Lebensphase unterstützt hat. Denn erst in schwierigen Zeiten zeigt sich der wahre Charakter eines Menschen. Wenn die Sonne scheint, ist alles leicht. Doch erst wenn der Regen stark fällt, siehst du, wer dir den Schirm reicht. Bei unseren Freunden weiß ich mit hundertprozentiger Sicherheit, dass, egal wie heftig der Wolkenbruch draußen ist, niemand von uns nass werden muss. Wir alle haben Schirme, mit denen wir uns gegenseitig schützen, wenn es nötig wird.

Anhand all dessen, was ich dir bisher erzählt habe, siehst du, wie oft ich für verschiedene Dinge dankbar bin. Dankbarkeit ist zu einem festen Bestandteil meines Lebens geworden. Und auch dir bin ich dankbar, dass du dir die Zeit nimmst, meine Geschichte zu hören, auch wenn ich dir das schon einmal gesagt habe.

Wir wohnten nicht weit von der Nordseeklinik entfernt, sodass die Autofahrt dorthin nicht lange dauerte. Der Sturm, der schon zuvor begonnen hatte, war inzwischen noch stärker geworden. Draußen fegten heftige Böen, die für große Unruhe sorgten.

Vor der Eingangstür verabschiedete ich mich von meiner großen Liebe und von Anna, da ich nur nun alleine in die Klinik musste. In diesem Moment herrschte eine bedrückende Stimmung. Ich wollte meinen Schatz gar nicht mehr loslassen, doch ich wusste, dass ich nun durch die Tür gehen musste. Es fühlte sich völlig falsch an, in einer so außergewöhnlichen Situation getrennt zu werden und nicht zu wissen, ob und wann wir uns wiedersehen würden. Aber so war es nun einmal in dieser verrückten Corona-Zeit.

Nach der ersten Untersuchung und meinem mitgebrachten EKG vom Hausarzt, wurde ich erneut gefragt, warum ich nicht direkt eine Einweisung ins Krankenhaus bekommen habe?

Mir wurde mitgeteilt, dass ich, sichtbar anhand des EKG-Bildes und weiterer Untersuchungen, einen Herzinfarkt erlitten habe. Bääääimmm, das war ein gewaltiger Schlag in die Magengrube. Nach dieser Diagnose wurde ich auf die Intensivstation gebracht, von wo aus ich meine Süße anrufen durfte, um ihr diese schlimme Nachricht zu übermitteln. Zu diesem Zeitpunkt bekam ich bereits sehr starke Medikamente wie Morphium, die mich ziemlich benommen gemacht haben.

Erst in schwierigen Zeiten -

zeigt sich der wahre Charakter

eines Menschen.

Wenn die Sonne scheint,

ist alles leicht.

Doch erst wenn der Regen stark

fällt,

siehst du, wer dir den Schirm

reicht.

Mein Anruf, während ich bereits von Medikamenten benommen war, traf sie wie ein vergifteter Pfeil. Ich hätte so gerne zu ihr gehen wollen, um sie zu trösten und ihr zu sagen, dass alles gut wird. Dabei muss ich ehrlich zugeben, dass ich zu diesem Zeitpunkt selbst noch nicht wusste, ob wirklich alles wieder gut werden würde. Ich wusste nicht einmal, ob ich die Nacht überleben und meinen Schatz wiedersehen würde. Was ich jedoch wusste, war, dass mein Schatz und unser Sohn höchstwahrscheinlich mein Leben gerettet hatten. Durch ihre Entscheidungen hatten sie mich dazu gebracht, ins Krankenhaus zu gehen.

Als ich von der Arbeit nach Hause geschickt wurde, dachte ich zunächst nur daran, mich hinzulegen, um zu schlafen. Ein Krankenhausbesuch war nicht in meinen Plänen. Ich wollte mich einfach nur ausruhen. In mir tauchte das bedrückende Gefühl auf, dass ich dann wohl nicht mehr aufgewacht wäre. Gruselige Vorstellung, aber das war eindeutig mein Gefühl dazu.

Bis zu diesem Zeitpunkt hatte ich keine Medikamente, wie Blutverdünner oder Blutdrucksenker, eingenommen, um schwerwiegendere Folgen zu verhindern. Später erklärten mir die Ärzte, dass ich ohne die Medikamente, die mir im Krankenhaus verabreicht wurden, die Nacht wahrscheinlich nicht überlebt hätte. Ich bin allen, die an diesem Abend in der Nordseeklinik Nachtschicht hatten, unendlich dankbar. Sie haben einfach einen herausragenden Job gemacht. Punkt.

Ich durfte und konnte natürlich nicht raus, um Carmen Mut zuzusprechen, aber zum Glück war Anna bei ihr. Das beruhigte mich wenigstens ein bisschen. Ich wusste, dass mein Schatz nicht allein und in guten Händen war.

An diesem Abend war es auf der Intensivstation sehr ruhig, sodass ich alles mitbekam, was die Pfleger unternahmen. Ihr Tresen war nicht weit von meinem Bett entfernt. Ich hörte, wie sie mit der Kardiologie in Husum telefonierten, um über meinen Fall zu berichten. Der Pfleger, der mich betreute, war ein ausgesprochen hilfsbereiter Mensch. So gut es unter den Umständen möglich war, fühlte ich mich bei ihm und der Nordseeklinik sehr sicher und gut aufgehoben. Besonders nett war es von ihm, mir ein Verlängerungskabel für mein Handy zu besorgen, damit ich jederzeit und so lange wie gewünscht mit meiner Süßen telefonieren konnte. Ich glaube, dass uns das im Nachhinein sehr viel Kraft gegeben hat. Wir haben lange gesprochen und zwischendurch hat Carmen unsere Familie über den unschönen Vorfall informiert .

Zu diesem Problem, das ich bereits als schlimm genug empfand, kam nun noch ein weiteres, gravierendes hinzu. Ich sollte per Hubschrauber nach Husum in die Kardiologie ausgeflogen werden. Ich hatte doch schon mitgeteilt, dass wir ausgerechnet an diesem Tag einen starken Sturm auf Sylt hatten, der es unmöglich machte, den Hubschrauber fliegen zu lassen. Verdammt, als ich das erfuhr, fühlte ich mich wie eine Maus in der Mausefalle. Denn die Nordseeklinik verfügt leider nicht über eine Kardiologie. Aber die Ärzte und Pflegekräfte, die vor Ort waren, haben mir, wie bereits erwähnt, ein sehr gutes Gefühl der Sicherheit vermittelt.

Ok, dachte ich mir, jetzt mit dem Verlängerungskabel habe ich wenigstens mehr Zeit, meiner Süßen per Telefon auf den Keks zu gehen. Mein Schatz war inzwischen zu Hause. Wir haben lange telefoniert, was wir dabei besprochen haben, weiß ich aber durch die starke Medikamenteneinnahme nicht mehr alles.

Der Monitor, an den ich zur Überwachung angeschlossen war, machte sich in dieser Nacht, die sich endlos anfühlte, immer wieder bemerkbar und signalisierte laut mit einem Alarm, der für jeden hörbar war. Das war jedes Mal meine Zeit für die Einnahme von Nitroglycerin. Zusätzlich erhielt ich weitere Blutverdünner, in der Hoffnung, dass so nichts Schlimmeres passieren würde. Trotz der schwierigen Umstände war ich dankbar, mich in den Händen meines Intensivpflegers gut aufgehoben zu fühlen. Gleichzeitig war es jedoch eine absolute Katastrophe, nicht zu wissen, ob ich meine große Liebe je wiedersehen würde.

Das war ein Gefühl, welches ich nicht in Worte packen kann. Es war zu traurig, zu ängstlich, zu groß, zu schwer, zu mächtig, zu verletzend, es war von allem viel zu viel, als das mir bekannte Wörter ausreichen würden, welche diesen möglichen Verlust unserer gemeinsamen Liebe hätten ausreichend beschreiben können. Mir gingen all die Menschen durch den Kopf, die ich liebe: unser Sohn, unsere Schwiegertochter, unser Enkel, unsere Familie, unsere Freunde. Ich hatte doch noch so viele Erlebnisse mit ihnen vor mir. Im Leben schiebt man oft vieles auf die lange Bank. Doch in einer solchen Ausnahmesituation wird einem bewusst, dass niemand von uns wirklich weiß, was der morgige Tag mit sich bringt. Auch heute, fast drei Jahre später, fühle ich beim Schreiben dieser Geschichte erneut diesen Schmerz. Ich glaube, dass du mir mit deiner Zeit und deinem Zuhören dabei hilfst, diesen Schmerz endlich vollständig aufzuarbeiten.

Während dieser Nacht hatte mich wieder das bekannte Kopfkino erfasst, und ich denke, du kannst dir vorstellen, dass die Filme, die ich zur Auswahl bekam, nicht gerade die Art von Unterhaltung waren, die mich auf eine lockere Weise ablenkten und mir Mut zusprachen. Nein, im Gegenteil, da war er wieder, der Hauptfilm, den wohl jeder in seiner ganz eigenen Version kennt, vom Drama zum Supergau.

Obwohl ich durch das Erlebte und die Medikamente ziemlich angeschlagen war, wusste ich intuitiv, dass ich die Initiative ergreifen und vom machtlosen Zuschauer zum Programmdirektor werden musste, wenn ich hier heil rauskommen wollte. Ich spürte zu hundert Prozent, dass die angstmachenden Dramen mir überhaupt nicht gut taten.

Sie brachten mich auf die Verliererstraße. Sie blähten meine Ängste auf, wie ein Luftballon, der durch immer mehr hineingepumpte Luft immer größer wird, bis er schließlich durch den immensen inneren Druck platzen würde. Und genau das war der Supergau, den ich mit aller Macht vermeiden wollte. Ich wusste, dass ich in der Rolle des Programmdirektors auch mein eigener Drehbuchautor werden musste, einer, der nur die Filme schreibt, die mich auf meinem Weg unterstützen, hier heil herauszukommen. Meine erste Amtshandlung in dieser Position war es, mit sofortiger Wirkung sämtliche Dramen abzusetzen. Das Team des Drehbuchautors und Programmdirektors begann sofort, sehr harmonisch zusammenzuarbeiten. Kaum hatten sie mit der Arbeit begonnen, war der erste Film bereits fertig. Unglaublich, wie schnell das ging! Nun hieß es: Vorhang auf, Film ab. Der Film erzählte von mir, wie ich mit erhobenem Haupt die Klinik, zu der ich gebracht werden soll, verlasse.

Ich werde das hier überleben, und ich werde meinen absoluten Lieblingsmenschen und alle anderen, die mir ebenfalls wichtig sind, wieder in meine Arme schließen. Ich bin noch lange nicht fertig hier. Der Himmel muss noch warten.

Ich habe eine Frau, die ich unendlich liebe, einen Sohn, eine Schwiegertochter und einen Enkelsohn, die ich ebenso über alles liebe. Zu diesem Zeitpunkt gab es nur unseren kleinen Sonnenschein Deluca. Ich habe eine Menge wunderbarer Freunde und eine Familie, die ich ebenfalls liebe. Ich liebe mein Leben und möchte noch viele wunderschöne Abenteuer erleben.Ich werde aufrecht, auf meinen Füßen stehend, das Krankenhaus verlassen. Das war nun mein Film, den ich sah und der mir von Anfang an sehr gefiel. Ich spürte die Kraft, die in mir aufkam, als der Film vor meinem geistigen Auge ablief. Er war unglaublich machtvoll. Das war unbeschreiblich! Diesen Film habe ich mir freiwillig fast die halbe Nacht angesehen und für mich gab es nun keine Zweifel mehr. Ich werde es schaffen! Ich werde leben!

Per Hubschrauber nach Husum

Am nächsten Morgen hatte der starke Sturm endlich nachgelassen, so dass der Hubschrauber, der mich sicher nach Husum bringen sollte, starten konnte. Ich muss gestehen, dass ich dafür wirklich dankbar war. Schon aus der Ferne hörte ich die lauten Rotorblätter. Ich hörte, wie er landete und die Rotorblätter noch eine ganze Weile weiter rotierten. Dann ging alles schnell: Ich wurde in den Hubschrauber gebracht und kurz darauf hoben wir ab. Bevor es losging, konnte ich noch meine Süße per Telefon informieren, dass ich nun zur Kardiologie nach Husum geflogen werde.

Ich lag festgeschnallt auf der Trage, als ich, neugierig wie ich nunmal bin, ein kleines Fenster erblickte. In diesem Moment war mein inneres Kind plötzlich wieder hellwach. Um aus diesem kleinen Fenster ein wenig rauszuschauen, musste ich einen Giraffenhals bekommen.

Da war er wieder, dieser magische Moment, in dem ich selbst in negativen Situationen versuche, etwas Positives zu finden. Ich dachte mir nur: Wenn ich schon wegen meines Herzens per Hubschrauber ausgeflogen werde, dann sollte ich wenigstens versuchen, den Flug so gut wie möglich zu genießen.

Über Sylt und die Nordsee zu fliegen, ist immer ein besonderes Erlebnis. Ich kann dir verraten, dass es sich absolut gelohnt hat. Wir sind tatsächlich über unser eigenes Wohnhaus geflogen, ein unvergesslicher Moment, inmitten schwieriger Umstände. Hätte ich mir nicht diese Freude gegönnt, wenigstens ein bisschen rauszuschauen, hätte ich einen wunderbaren Moment verpasst. In diesem Augenblick dachte ich an meine wundervolle Frau, die sich nur ein paar Meter unter mir befand und wie ich voller Gedanken und Fragezeichen war.

In dem Moment, als wir über unsere Wohnung flogen, habe ich ihr all meine Liebe geschickt. Auch wenn das vielleicht kitschig klingt, hätte ich die Möglichkeit gehabt, dann hätte ich rote Rosen von oben herabregnen lassen. Der Himmel über meiner Süßen hätte sich in ein leuchtendes Meer aus wunderbar duftenden Blumen verwandelt. Meine Botschaft an sie wäre gewesen, dass meine Liebe zu ihr keine Grenzen kennt, egal was passiert. Dieser Moment hat mir unheimlich viel Kraft und Frieden gegeben, genau das wollte ich auch meiner Süßen vermitteln.

Ich kann rückblickend gar nicht mehr genau sagen, wie lange der Flug gedauert hat, aber ich denke, es ging relativ schnell. Wir sind jedoch nicht direkt auf dem Klinikgelände gelandet, sondern nur in der Nähe. Dort wartete aber bereits ein Krankenwagen auf uns, um mich in Empfang zu nehmen. Vom Übergabepunkt aus ging die Fahrt ohne besondere Vorkommnisse, direkt zur Kardiologie nach Husum weiter.

Nach den ersten Untersuchungen, zu denen selbstverständlich auch ein PCR-Test auf Corona gehörte, wurde ich zunächst in ein Zimmer gebracht, in dem bereits mein Zimmernachbar auf mich wartete. Na ja, ob er wirklich auf mich gewartet hat, lässt sich schwer sagen, jedenfalls lag er schon im Bett.
Wenn ich das richtig verstanden habe, was mir die Ärzte mitteilten, sollte ich am Montag operiert werden. Sie mussten jedoch zunächst den sehr starken Blutverdünner absetzen, den man mir in der Nordseeklinik verabreicht hatte, bevor sie mit der Operation beginnen konnten. Zumindest habe ich es so verstanden, da ich zu diesem Zeitpunkt noch unter der Auswirkung der starken Medikamente stand.

Wie es nunmal so ist, kommt es oft anders als man denkt. Der Termin für Montag wurde verschoben, da die Schwester, die mir auf der Intensivstation in der Nordseeklinik mein Dessert gebracht hatte, coronainfiziert war.

Auch wenn es zwischen ihr und mir nur einen klitzekleinen Übergabekontakt gab, wollten sie auf Nummer sicher gehen und haben meine geplante OP am Montag auf Dienstag verschoben. Sie wollten erst einmal weitere PCR-Tests mit genügend Abstand machen, bevor ich operiert werden könnte. Somit hatte ich wieder mein außergewöhnliches Datum, Dienstag, den 22.02.2022.

Es gibt keine Zufälle.

Am 22.02.2022 war es schließlich soweit: Ich lag auf dem Operationstisch, bereit für die dringend benötigte Herzkatheteruntersuchung. Es war derselbe Ort wie schon 2018, und sogar einige der Mitarbeiter von damals waren wieder dabei. Das beruhigte mich, denn ich wusste, dass sie auch damals eine hervorragende Arbeit geleistet hatten. Während der Untersuchung stellte sich heraus, dass eine meiner drei Hauptarterien, die das Herz versorgen, zu 100 Prozent blockiert war. Noch vor Ort, im Zuge der Untersuchung, wurde mir ein Stent gesetzt, um dieses Problem zu beheben.

Für mich war die Entdeckung der verstopften Arterie ein Schock!

Man sagte mir, dass ich unbeschreibliches Glück gehabt habe, noch am Leben zu sein. Meine Blutwerte ließen eine solche Situation nicht vermuten, und auch im Blutbild war nichts Auffälliges zu sehen. Allerdings war es deutlich im EKG erkennbar.

Was absolut großartig war, ist die Tatsache, dass bei der Untersuchung festgestellt wurde, dass ich keinen Herzinfarkt hatte. Da ich nun auch wieder besser Luft bekam, konnte man wohl davon ausgehen, dass mein Problem mit dem schweren Luftholen dadurch behoben wurde.

Auch wenn das vielleicht kitschig klingt,

hätte ich die Möglichkeit gehabt,

dann hätte ich rote Rosen von oben herabregnen lassen.

Der Himmel über meiner Süßen hätte sich in ein leuchtendes Meer

aus wunderbar duftenden Blumen verwandelt.

Meine Botschaft an sie wäre gewesen,

dass meine Liebe zu ihr keine Grenzen kennt,

egal was passiert.

Anscheinend hatte es nichts mit meiner Kondition zu tun, sondern damit, dass eine meiner Hauptarterien komplett verstopft war.

Wie es so schnell dazu kommen konnte, konnten sich die Ärzte jedoch nicht erklären. Mein erster Impuls war, dass es vielleicht mit der Impfung zu tun haben könnte, da ich vor der Impfung keinerlei Probleme hatte. Offiziell wollte dies jedoch niemand bestätigen, doch hinter vorgehaltener Hand wurde schon angemerkt, dass es nicht ausgeschlossen sei. Letztlich bleibt dies jedoch spekulativ. Ich musste eine weitere Nacht im Krankenhaus verbringen und wurde gebeten, in sechs Wochen zu einem Kontrolltermin wiederzukommen. Puh, ich fühlte mich erleichtert. Ich hatte großes Glück. Selbstverständlich musste ich in den nächsten Tagen alles ruhig und besonnen angehen. Aber abgesehen davon konnte ich morgen schon gehen. Yes, Sylt, ich komme bald zurück!

Mein Ziel für den nächsten Tag war klar: Ich wollte das Krankenhaus auf meinen eigenen Füßen, mit erhobenem Haupt, verlassen, genauso, wie ich es mir in der Nacht auf der Intensivstation vorgestellt hatte.

Familie, Freundschaft und faule Früchte

Inzwischen wurde mir wiederholt gesagt, dass ich viel Glück im Unglück hatte. Dabei musste ich mit einem tiefen Gefühl von Dankbarkeit und Freude, aber auch ein wenig Traurigkeit, an meine Freunde und Familie denken. Ich saß alleine auf der Couch und ließ in Ruhe die letzten Ereignisse Revue passieren. All die Dinge, über die ich mir zuvor keine Gedanken gemacht hatte, waren plötzlich viel wertvoller geworden. Jedes Treffen, jedes Umarmen, jedes liebevolle und aufmunternde Wort - bekam eine ganz andere Bedeutung. In diesem Moment spürte ich tiefe Liebe, sowohl in mir als auch um mich herum. Es war, als wäre der gesamte Raum von ihr durchzogen. Am liebsten hätte ich diesen Moment konserviert, so magisch fühlte er sich an. Aber auch so werde ich ihn für immer in meinem Herzen tragen. In diesem Moment nahm ich ganz unterschiedliche Dinge wahr. Es war wie ein Karussell voller verschiedener Gefühle.

Deine große Liebe, deine Familie und Freunde sind es, die dein Leben zu etwas ganz Besonderem machen. Sie bringen die Farbe in dein Leben. Durch sie wird dein Lachen lauter, deine Freude größer und jeder Augenblick mit ihnen reicher.

Wenn dir bewusst wird, unabhängig von deinem Alter, dass dein Leben von jetzt auf gleich vorbei sein kann und du all deine lieben Menschen nicht mehr in deine Arme schließen kannst, wie du es bis dahin gewohnt warst, dann wächst die Dankbarkeit in deinem Leben. Mit diesem Bewusstsein siehst du nichts mehr als selbstverständlich an. Nichts auf der Welt sollte als selbstverständlich betrachtet werden. Weder dass sich jemand die Zeit nimmt, dich anzurufen, um zu erfahren, wie es dir geht, noch dass jemand zu dir kommt, um gemeinsam mit dir neue Erinnerungen zu schaffen.

Dass jemand dir sagt, wie wichtig du ihm oder ihr bist, dass du geliebt wirst, dass du ein sicheres Zuhause hast und genug zu trinken und zu essen, dass deine Freunde dich schätzen, dass du eine gute Familie hast oder was auch immer es ist. Nichts davon solltest du als selbstverständlich ansehen.

Mit dieser veränderten Sichtweise kannst du sowohl in dir selbst als auch in deiner Umgebung viel bewirken. Du änderst nicht nur deinen Blick auf die Dinge, sondern auch deine Gefühle und Wertschätzung gegenüber den Dingen und den Menschen, die davon betroffen sind. Menschen, die dich kennen, wird deine neue Betrachtungsweise schnell positiv auffallen. Auch du selbst wirst merken, dass du viel gelassener mit Menschen und unterschiedlichen Situationen umgehst und mehr Liebe empfindest. Deine neu gewonnene Dankbarkeit unterstützt dieses Gefühl. Es gibt nichts zu verlieren, sondern nur zu gewinnen. Probiere es aus und staune über eine neue Welt, die sich dir eröffnet

Wenn du aufhörst, Dinge oder Situationen als selbstverständlich zu betrachten, wirst du viel mehr Augenblicke entdecken, in denen du einfach nur dankbar und glücklich über die erlebten Momente bist. Dadurch gibst du auch der Liebe die Möglichkeit, weiter zu wachsen. Wenn die Liebe in dir wächst, hast du mehr zu geben, und je mehr du gibst, desto mehr Liebe wirst du auch zurückbekommen. Das ist ein wunderbarer Kreislauf, den du durch deine richtig getroffenen Entscheidungen in Gang gesetzt hast.

Und wenn es wirklich mal Menschen geben sollte, die diese Liebe nicht zu schätzen wissen, dann halte dich nicht länger daran auf. Denn die, die es zu schätzen wissen, sind da - um genau diese Erfahrungen mit dir zu erleben. Entscheide dich dafür, dein Leben mit den richtigen Menschen zu teilen. Wenn das eine von dir bewusst getroffene Entscheidung ist, fühlst du einfach, welche Menschen dir guttun und welche nicht. Menschen, die versuchen, dich kleinzumachen, die sich über dein Leid freuen, weil es ihr eigenes Ego stärkt, oder die schlecht über dich sprechen, anstatt mit dir zu reden, sind nicht die Menschen, die du brauchst, um glücklich zu sein.

Wenn du Dinge als selbstverständlich ansiehst, verminderst du ihren wahren Wert. Dankbarkeit zu empfinden fällt viel schwerer, wenn der Moment nicht als etwas Besonderes erkannt wird. Wenn dir all das wirklich klar geworden ist, spürst du plötzlich ganz tief in dir, dass all die wunderbaren Momente, die du bisher mit deinen Freunden und deiner Familie geteilt hast und all die, die du noch erleben möchtest, von einem Moment auf den anderen, wie eine zarte Bleistiftzeichnung, einfach wegradiert werden könnten.

Das ist ein erdrückendes Gefühl. Deine Bucket List mit all den ganzen aufgeschobenen Wünschen, die du noch unbedingt erleben wolltest, aber aus welchen Gründen auch immer, bisher nicht die Zeit dafür gefunden oder genommen hast, könnte für immer in den Weiten der ungenutzten Zeit verloren gehen. Deswegen ist es so wichtig, im Hier und Jetzt zu sein und nicht alles in die Zukunft verschieben zu wollen. Jeder tolle Moment, den du bisher erlebt hast und jeden weiteren, den du noch erleben willst, wird dir so noch größer, heller, großartiger und fantastischer vorkommen.

Ich bin so glücklich und dankbar, dass ich so unglaublich wundervolle Menschen als meine Freunde betiteln darf. Ich kann voller Dankbarkeit sagen, dass ich einige meiner Freunde zur Familie zähle. Sie waren einfach immer für einen da, auch in den schlimmsten Stunden. Das sind Freundschaften für die Ewigkeit. Einige meiner Freundschaften begleiten mich schon seit der Sandkastenzeit. Andere stammen aus einer schwierigen Phase in meiner Jugend, die nach dem Tod meiner geliebten Oma begann. In dieser Zeit habe ich für ein paar Jahre ziemlich viel Mist gebaut. Es existieren aus dieser Phase Freundschaften, die mir bis heute viel bedeuten. Zum Beispiel die mit Boxer von Respect Hamburg, mit dem ich noch immer sehr verbunden bin. Oder die mit Thorsten, der einige Jahre in Südafrika gelebt hat und inzwischen auf Mallorca zu Hause ist. Britta Kuschel gehört seit der Jugendzeit ebenfalls dazu. Andere Freunde sind mit der Zeit dazugekommen. Und wenn man, wie ich, mit offenem Herzen durchs Leben geht, kommen auch immer noch neue Menschen dazu. Und ja, es kann auch passieren, dass wieder welche gehen. Manchmal kann es passieren, dass du selbst mit einer großen Menschenkenntnis Zucker mit Salz verwechselst. Auch wenn sie im ersten Augenblick sehr ähnlich aussehen, merkst du, dass da irgendetwas nicht stimmt, trotzdem schnell. Spätestens dann, kannst du ja auch die Verwechslung wieder in Ordnung bringen.

Man sucht nicht, man findet sich. Ich weiß, dass es viele Menschen auf dieser Welt gibt, die sich wie große Arschlöcher benehmen.

Aber ich weiß auch, dass es da draußen unglaublich wundervolle Menschen gibt, mit denen man gerne Zeit verbringt. Genau diese Menschen braucht man an seiner Seite, um das Leben zu führen, das man sich wirklich wünscht und erträumt. Und genau darum geht es auch bei einem starken Netzwerk.

Unser Freundeskreis ist kunterbunt. Er wird geprägt durch die Vielfalt an unterschiedlichen Charakteren und Nationalitäten. Der Wohnort und der Status spielen dabei keine Rolle. Es ist aber nicht nur das, was es auszeichnet, es ist auch ein kompletter Mix aus religiösen, nicht religiösen, und beruflichen Werdegängen.

Wären unsere Freunde die Zutaten für einen exquisiten Hauptgang, wäre das Ergebnis ein ziemliches Durcheinander. Das Gericht würde die unterschiedlichsten und zum Teil gegensätzlichsten Geschmacksrichtungen auf deinen Teller zaubern: exotisch mit dem Duft von Curry und Rosmarin.

Wenn du Dinge als
selbstverständlich ansiehst,
verminderst du ihren wahren
Wert.
Dankbarkeit zu empfinden fällt
viel schwerer,
wenn der Moment nicht
als etwas Besonderes erkannt
wird.

Scharf und feurig, raffiniert und meisterhaft, aber auch einfach, klassisch und modern. Es wäre mal leicht, mal schwer, süß und sauer, mit Einflüssen von Wein, Bier, Rum, Chips, Schokolade, Kuchen, Eis und Brezeln. Was ich damit sagen möchte: Es würde eigentlich wenig stimmig wirken, aber trotzdem alle Zutaten haben, die ein gutes Gericht braucht.

Manchmal passen Menschen so gut zusammen, dass man es in ihrer Kombination zunächst nicht vermuten würde. Ihre Berufe könnten unterschiedlicher nicht sein: vom Kioskbesitzer über die Jungs vom Hamburger Kiez, Fotografen und Handwerker bis hin zu Experten aus der Modebranche, Akademikern, Boxtrainern, Gastronomen und Hoteliers. Dazu kommen Streetworker, Kampfsporttrainer, Türsteher, Verkäufer, Ärzte, Personenschützer, Künstler, Autoschrauber, Musiker, Filmemacher sowie Fachleute aus verschiedenen Bereichen des Gesundheitswesens und Immobilienmakler und noch viele mehr.

Für mich spielt es keine Rolle, wer du bist, woher du kommst, was du tust, wie alt du bist, an wen oder was du glaubst, ob du arm oder reich bist, solange dein Herz am richtigen Fleck ist und du nicht in irgendeiner Form fanatisch oder radikal wirst. Radikalismus, egal in welcher politischen Richtung oder in Bezug auf den Glauben, bringt stets unnötige und gravierende Probleme mit sich. Solche Probleme meide ich, soweit es mir möglich ist, und versuche, sie nicht zu meinen eigenen zu machen. Ich betrachte Radikalismus als das genaue Gegenteil von Meinungsfreiheit, da Radikale, unabhängig von ihrer Herkunft, in der Regel die Ansichten anderer ablehnen, wenn sie nicht mit ihrer eigenen Überzeugung übereinstimmen.

In den meisten Fällen geht es jedoch weit über ein einfaches Ablehnen hinaus. Dass es dabei zu schweren Straftaten kommen kann, bei denen das Leben eines Menschen oft keinen Wert mehr hat, ist leider keine Seltenheit. Solche Menschen haben in unserem Freundeskreis keinen Platz, denn dies

107

entspricht nicht unserer Lebensphilosophie. Jeder, der einen respektvollen Umgang pflegt, ist bei uns jedoch herzlich willkommen.

Einen völlig friedlich lebenden, bunten Mix aus verschiedenen Kulturen und Glaubensrichtungen haben wir einmal während eines Urlaubs auf Mauritius erlebt. Unabhängig davon, wer dort lebte oder woher jemand ursprünglich kam, sahen sich die Menschen nicht als getrennt, sondern als ein Volk. Diese Erfahrung hat uns so beeindruckt, dass wir uns fragten, warum das nicht auch anderswo möglich sein sollte. Ein guter Freund von uns, Kevin, ist gebürtiger Maurizianer. Als er als junger Mann das erste Mal nach Deutschland kam, um im Atlantic Hotel in Hamburg an der Alster seine Ausbildung zu machen, war er erschrocken über die spürbare Feindseligkeit. Damit meine ich nicht das Hotel, in dem er sich sehr wohl fühlte, sondern die Menschen im Allgemeinen, die außerhalb von Mauritius leben. Besonders der Glaubenskonflikt und andere Unterschiede führten immer wieder zu Spannungen. Kevin sagte einmal zu uns, dass er, bevor er nach Deutschland kam, wirklich dachte, dass es überall auf der Welt so friedlich wäre wie auf Mauritius. Ein schöner Gedanke.

Ich bin davon überzeugt, dass wir, wenn jeder von uns bestrebt ist, die Welt ein Stückchen heller zu hinterlassen, als wir sie vorgefunden haben, vielleicht nicht die gesamte Welt, aber zumindest große Teile von ihr heilen können.

Ich werde auch nie vergessen, als wir mit Kevin und seiner Frau Kaja zusammen auf Mauritius Urlaub gemacht haben und Udo Lindenberg Kevin seine Sonnenbrille für genau diesen Urlaub mitgegeben hat. Bis zu diesem Zeitpunkt hatte Kevin noch nie eine Sonnenbrille getragen, geschweige denn eine besessen. Als Udo Lindenberg, die beiden hatten sich ja während der Zeit im Hotel Atlantic angefreundet, davon hörte, überlegte er nicht lange und gab ihm einfach seine eigene Brille. So war Kevin plötzlich im Besitz seiner Sonnenbrille, und die war von Udo Lindenberg! Ich fand das wirklich großartig von Udo, und tatsächlich sah Kevin damit auch noch richtig cool aus. Eine Brille mit großer Wirkung. Seitdem weiß auch Kevin die Vorzüge einer Sonnenbrille zu schätzen. Ich hatte sowieso nie verstanden, wie man ohne eine herumlaufen kann.

Echte Freundschaften sind einfach großartig. Wir haben das große Glück, wundervolle Freundschaften zu pflegen. Allerdings ist es eigentlich weniger Glück als vielmehr das Ergebnis von gegenseitigem Respekt und der Bereitschaft, in diese Beziehungen zu investieren.

Was ich dir jetzt sage, ist auch an unsere Freunde und Familie gerichtet, damit da bloß kein unnötiges Missverständnis aufkommt. Wenn in diesem Buch einige Freunde und Familienangehörige namentlich erwähnt werden, andere wiederum nicht, hat das nichts mit eurer Person, sondern nur mit der Geschichte zu tun. Ich schreibe ja kein Freundschafts- und auch kein Familienbuch, in dem alle mir wichtigen Menschen selbstverständlich vorkommen würden, sondern es ist ein Buch zur Selbsthilfe, in dem ausgesuchte Freunde und Familienmitglieder situationsbedingt einen Platz finden. Über diese Menschen erzähle ich dir in meiner Geschichte. Mir ist es wichtig, dass keiner von euch deswegen sein eigenes Kopfkino in Gang bringt. Denn das wäre ja komplett das Gegenteil von dem, was ich mit diesem Buch, mit meiner Geschichte erreichen möchte.

Jeder Freund, jede Freundin, jedes Familienmitglied, das hier nicht erwähnt wird, hat ja einen Platz in meinem Herzen. Zum Glück haben meine Herzprobleme ja nichts mit der Größe meines Herzens zu tun.

Wie du sicher schon herausgehört hast, sind mir Freundschaften und Familie enorm wichtig. Doch es ist ebenso entscheidend, dass du nie vergisst, dass du auch dein eigener

Gärtner bist; ein Gärtner, der seine prächtigen Blumen stets von faulen Früchten und Unkraut befreien muss. Alles, was toxisch ist und nicht heilen will, kann dir langfristig schaden.

Das Leben hat mich gelehrt, dass es sich lohnt, nicht vorschnell zu handeln, sondern um Menschen zu kämpfen, vorausgesetzt, sie tun dir gut. Solange es eine gegenseitige Unterstützung gibt, ist alles gut. Doch wenn es einseitig wird, du darunter leidest und es schmerzhaft wird, wenn du Bauchschmerzen bekommst oder nicht mehr richtig schlafen kannst, dann sprich es an. Sag dem anderen ganz offen, was du nicht gut findest und warum du dich verletzt fühlst. Jeder sollte die Chance bekommen, sein Verhalten zu überdenken und gegebenenfalls zu ändern. Dies gilt für Freunde, die Familie, die Arbeit und Partnerschaften. Sprich an, was dich belastet. Andernfalls kann es sowohl deine körperliche als auch deine psychische Gesundheit gefährden.

Gefühle, die durch solches Verhalten ausgelöst werden, solltest du nicht einfach hinunterschlucken. Andernfalls landen diese Emotionen in deinem Unterbewusstsein. So entstehen unnötige neue Triggerpunkte oder bestehende Triggerpunkte erhalten neues "Futter", wodurch sie immer weiter wachsen können.

Wenn du merkst, dass die Person nicht bereit dazu ist, dass sich die Situation für beide Seiten verbessert, dann überlege dir bitte ganz genau, wie es sich für dich anfühlen würde, wenn du so wie bisher weitermachen würdest. Fühlt es sich noch gut an? Dann ist alles in Ordnung. Aber wenn es sich schlecht anfühlt, überlege dir, ob dir die Beziehung, die Freundschaft oder was auch immer es ist, es trotzdem wert ist, daran festzuhalten, obwohl es dir nicht guttut und du im schlimmsten Fall sogar krank davon werden könntest.

Manchmal ist es besser, getrennte Wege zu gehen, insbesondere aus Gründen des Selbstschutzes.

Achte auf dich selbst. Du bist es wert, glücklich und gesund zu sein. Lasse es nicht zu, dass jemand dich unterdrückt, klein macht oder dir geistige oder körperliche Gewalt antut. Passe auf, dass dir so etwas nicht passiert. Sollte es dir dennoch einmal so ergehen, dass du in einer schwierigen Situation steckst und alleine nicht mehr weiterkommst, zögere nicht, dir Unterstützung zu holen.

Ich habe dir ja schon oft genug erzählt, dass wir einen wunderbaren Freundes- und Bekanntenkreis haben, der über die ganze Welt verteilt ist. Ich hatte dir auch erzählt, dass du als Gärtner in deinem eigenen Garten arbeiten musst, um Unkraut zu entfernen und faule Früchte zu beseitigen. Das musste ich über die Jahre hinweg immer wieder tun, sowohl im Freundes- und Bekanntenkreis als auch innerhalb der Familie. Natürlich ist Blut dicker als Wasser, und wenn es hart auf hart käme, würden die Karten vielleicht neu gemischt werden. Trotzdem bist du auch dir selbst gegenüber verantwortlich und musst darauf achten, dass du nicht innerlich krank wirst.

Natürlich fällt es nicht leicht, vor allem, weil man gemeinsam oft auch schöne Zeiten erlebt hat. Aber wenn eine Person toxisch ist oder sich völlig verloren hat und keine Bereitschaft zeigt, das eigene Verhalten zu überdenken, wirkt sich das negativ auf dein eigenes Wohlbefinden aus. Wenn die Person nicht bereit ist, an sich zu arbeiten, solltest du zum Selbstschutz die Beziehung zu ihr überdenken und eine Entscheidung treffen, wie es weitergehen soll. Wenn du die Situation nicht ändern kannst, musst du deine Perspektive auf sie verändern und das wird die Situation an sich bereits verändern. Klingt paradox, ist aber so.

Der bekannte Spruch: „Lieber ein Ende mit Schrecken, als ein Schrecken ohne Ende" passt hier perfekt hin. Manchmal ist es besser, einen Schlussstrich zu ziehen. Der muss ja nicht endgültig sein. Manchmal passieren ja auch immer wieder kleine und große Wunder.

Auch wenn ich über die Jahre viele Methoden gelernt habe, Situationen zu verbessern, gab es auch bei mir Menschen, bei denen ich nichts an der Situation ändern konnte. Bei Freundschaften blieb mir dann leider nur noch die Wahl, die Freundschaft zu beenden. Aber ich habe auch innerhalb meiner Familie, aus dem engeren Kreis, Maßnahmen durchziehen müssen, die einzig und allein als Eigenschutz anzusehen sind.

In meiner schlimmsten Zeit im Jahr 2022, als meine Krankheit mein Leben und damit auch das von Carmen, von einem Moment auf den anderen völlig auf den Kopf stellte, weil ich meinte, schon einmal „da oben" anklopfen zu müssen, haben mir zwei Menschen emotional sehr wehgetan. Ich erzähle dir das nicht, um „schmutzige Wäsche" zu waschen. Deshalb werde ich dir auch nicht sagen, um wen es sich handelt, da das für dich nicht von Bedeutung ist. Ich teile das mit dir, um zu zeigen, dass es manchmal keinen anderen Ausweg gibt, als getrennte Wege zu gehen, um sich selbst vor weiterem Schaden zu bewahren. Leider habe ich keinen Weg gefunden, diesen Konflikt zu lösen. So traurig das auch ist, war ich in diesem Fall mit meinem Latein am Ende. Für mich kann ein Streit nur dann wirklich geklärt werden, wenn alle Beteiligten in einem offenen Gespräch Frieden finden. Erst wenn jeder die Situation versteht und fühlt, kann Heilung für alle stattfinden. Aber trotz meines tiefen Wunsches, kam es nie zu einem solchen persönlichen Gespräch und somit auch zu keiner Heilung.

Wie du bereits weißt, lag ich im Februar 2022 auf der Intensivstation und wusste nicht, ob ich die Nacht überleben würde. Ich wusste nicht, ob ich meine große Liebe wiedersehen würde, ob ich noch Zeit mit meinem geliebten Sohn und meiner Schwiegertochter verbringen könnte.

Ebenso wusste ich nicht, ob ich meiner Familie und meinen Freunden noch sagen könnte, wie sehr ich sie liebe.

In diesem Moment kämpfte ich um mein Leben. Was mich jedoch besonders schmerzte, war die Tatsache, dass, wie bereits erwähnt, zwei enge Familienmitglieder sich weder bei mir noch bei meiner Süßen gemeldet hatten, obwohl sie noch in derselben Nacht von der schlimmen Nachricht erfahren hatten. Da mir besonders eine Person bindungstechnisch ganz nah stand, hätte ich sie als emotionale Unterstützung gebraucht. Ich muss allerdings dazu sagen, dass es ein paar Monate zuvor einen heftigen Streit gab, wegen einem Missverständnis. Dieser Streit hält sogar bis heute an. Es wurden Dinge gesagt, die anders verstanden und somit falsch interpretiert wurden. Normalerweise ist so etwas schnell wieder vom Tisch und bestimmt schon jedem auf die eine oder andere Art passiert. Dass dieser Streit bis heute anhält, ist nur möglich, wenn erwachsene Menschen es nicht schaffen, ein klärendes Gespräch zu führen. Für mich ist das leider nicht nachzuvollziehen. Worte können missverstanden werden, Worte können verletzen, Worte können heilen, aber nicht mehr miteinander reden, ist der absolut leichteste, aber gleichzeitig auch der schlechteste Weg. Es ist die falsche Entscheidung. So einem klärenden Gespräch aus dem Weg zu gehen, ist zwischenmenschlich ein schleichender Tod.

Ich finde einfach, egal wie groß das Ego auch sein mag, wenn man weiß, dass ein Mensch, den man vorher geliebt hat, sterben könnte, dass es dann umso unbegreiflicher ist, sich nicht bei Carmen oder mir zu melden. Man darf ja auch dabei nicht vergessen, dass auch Carmen in dieser Zeit sehr schwere Stunden durchlebt hatte. Sie wusste nicht, wie es weitergeht, ob sie mich überhaupt wiedersehen wird. In solchen Momenten brauchen Menschen Halt und Zuspruch und nicht dickköpfige Kälte.

Einer von den Beiden hat sich tatsächlich bis heute, fast drei Jahre später, nicht einmal gemeldet, auch nicht als ich weitere Male oben angeklopft hatte. So ein Mensch zeigt ja sehr deutlich, wie wichtig du einem bist. Wenn ich jetzt noch bedenke, dass es sich um eine sehr nahestehende Person aus der Familie handelt und nicht um irgendeinen entfernten Verwandten, den man sowieso nur alle Jubeljahre mal sieht, ist es noch umso verstörender.

Um an so etwas nicht zu zerbrechen, half mir nur, das Ganze zu akzeptieren und loszulassen. Es fiel mir wirklich sehr schwer. Zu nah waren die beiden vorher an einem dran und zu wichtig ist mir die Familie. Mein Körper und meine Seele standen unter enormer emotionaler Anspannung. Die andere Person, die ich als Stütze auf der Intensivstation gebraucht hätte, hat sich zwar etliche Tage später per WhatsApp-Nachricht gemeldet, um zu fragen, wie es mir geht. Emotional bin ich bis heute tief enttäuscht darüber. Ich konnte nicht verstehen, dass erst ein paar Tage später nur eine WhatsApp-Nachricht kam. Ich verstehe einfach nicht, wie ein Mensch, der einem wirklich sehr nahesteht, sich in so einer absoluten Ausnahmesituation nicht melden kann.

Somit bekam der Streit eine höhere Wertigkeit als mein Leben. Das tat weh.

Kann ein missverstandener Streit wirklich wichtiger sein als ein Menschenleben, wichtiger als das Leben eines eigentlich geliebten Menschen?

Ist das Recht haben wollen, ist die Befriedigung des Egos mehr wert, als sich in so einer Situation für den Menschen zu entscheiden? Für mich lautet die Antwort darauf ganz klar, nein. Ich bin ein erwachsener Mensch, aber mich hat das trotzdem total aus der Bahn geworfen. Ich fühlte, dass dieses emotionale Gewitter meiner Gesundheit gerade den Rest gibt. Ich musste eine Entscheidung fällen, so konnte es nicht weitergehen. Du merkst bestimmt, dass ich bei diesem Thema immer noch ein wenig traurig und ein Stück weit auch fassungslos bin. Ich bin traurig, weil ich es nicht geschafft habe, die Situation zum Guten zu wenden. Mir blieb nur noch die Option, loszulassen und es anzunehmen. Ich muss und werde diese Lösung nicht gut finden, aber ich habe es akzeptiert. Vielleicht kommt ja auch hier irgendwann doch noch alles wieder zum Guten. Auf jeden Fall würde ich mich darüber freuen. Leider ist das auch ein Paradebeispiel für ein riesiges fehlgeleitetes Ego.

Ich hatte alles versucht, damit sich die Situation wieder zum Besseren wendet, aber leider vergebens. Ich merkte im wahrsten Sinne des Wortes, dass mich diese absolut unzufriedenstellende Situation krank macht. Ich empfand große Wut und tiefe Traurigkeit, über diese nicht nachvollziehbare Handlung. Mein Herz war stark angeschlagen, da konnte ich diesen emotionalen Ballast erst recht nicht gebrauchen. Ich habe mir diesen Streit im wahrsten Sinne des Wortes zu Herzen genommen. Erst durch Akzeptanz konnte ich mit dieser Situation besser umgehen. Für mich war es Neuland, dass man nach einer missverstandenen unterschiedlichen Meinung nicht mehr miteinander redet, um das Problem aus der Welt zu schaffen, sondern nur noch übereinander. Ich habe eine ganze Weile gebraucht, um das zu verarbeiten.

Wenn du eine Situation nicht ändern kannst, ändere deine Sichtweise darüber, denn das verändert dann wiederum alles. Und genau das ist es, was mir dann auch geholfen hat.

Ich kann erhobenen Hauptes in den Spiegel schauen, weil ich wirklich alles getan habe, um diese Situation zu klären. Inzwischen habe ich symbolisch die Tür für die beiden zugemacht. Nicht aus verletztem Stolz, sondern einfach zum Selbstschutz. Da ich jedoch nicht zulasse, dass mein Ego dabei eine Rolle spielt, verschließe ich die Tür nicht endgültig.

Wenn sie anklopfen, werde ich öffnen. Es würde mich freuen, aber ich akzeptiere mittlerweile auch, ohne es in irgendeiner Form gutzuheißen, dass es passieren kann, dass sie nicht anklopfen. In diesem Fall bleibt die Tür für sie verschlossen.

Mein Krankheitsbild und der unnötige Streit innerhalb der Familie raubten mir unglaublich viel Kraft. Ich war viel zu lange wütend, enttäuscht, verletzt und sehr traurig. Der Schmerz zermürbte mich. Im wahrsten Sinne des Wortes bekam ich Herzschmerzen. Ich hatte es selbst zugelassen, dass ich viel zu lange in dieser mir nicht guttuenden Gefühlswelt gefangen war. Um etwas zu kämpfen ist gut, aber wenn du merkst, dass du nicht weiterkommst, renne nicht immer weiter mit dem Kopf gegen die Wand. Denn das schadet erwiesenermaßen deiner Gesundheit.

Der Schmerz über den familiären Streit äußerte sich nicht nur im privaten Bereich, sondern auch auf beruflicher Ebene. Wir standen mit „Hilfe bekommt Helfer" noch ganz am Anfang. Diese Organisation hatte ich ins Leben gerufen, um anderen Menschen zu helfen, unter anderem durch Events. Später werde ich dir noch mehr darüber erzählen. Zu diesem Zeitpunkt kannte uns noch kaum jemand. Doch noch bevor es richtig losging, musste ich schon die Notbremse ziehen. Mein Akku war leer, mein Körper spielte nicht mehr mit. Ich hatte mich inzwischen ein weiteres Mal mit Corona infiziert, und wie schon nach der ersten Infektion, traten die Symptome wieder auf, die ich bereits nach der ersten Impfung gespürt hatte. Das Schlimme war, dass die Symptome mit jeder erneuten Infektion stärker zu werden schienen.

Ich weiß, dass ich mich wiederhole, aber das macht nichts. Sei einfach dankbar für all die Menschen, die dir und deinem inneren Kind guttun. Genieße jedes Zusammensein, schenkt euch gegenseitig Kraft und Freude, habt ein offenes Ohr füreinander, lacht und weint gemeinsam. All das zeichnet eine echte Freundschaft und eine intakte Familie aus.

Kontrolle in Husum

Ich sollte nach meinem Eingriff am Herzen sechs Wochen später zur Kontrolle in die Kardiologie nach Husum kommen.

Was soll ich sagen, ich konnte nicht sechs Wochen darauf warten, da ich schon nach vierzehn Tagen Probleme bekommen habe. Ich fühlte mich erneut nicht wohl, es war ähnlich wie beim letzten Mal. Ich bemerkte, dass mein Herz wieder anders schlug, als es normalerweise der Fall ist. Dank meines ausgeprägten Körpergefühls, meiner jahrelangen Erfahrung im Kampfsport und der regelmäßigen Meditation, habe ich ein gutes Gespür für die Bedürfnisse meines Körpers entwickelt. Ich wusste mit Sicherheit, dass etwas nicht in Ordnung war. Nach dem Vorfall zuvor war ich nun noch viel sensibler für Veränderungen in meinem Herzrhythmus. Mein Gefühl hatte mich noch nie im Stich gelassen.

Ich ging also wieder zum damaligen Hausarzt und war fest entschlossen, mich nicht erneut abwimmeln zu lassen. Das war aber gar nicht nötig, denn ich bekam ohne Probleme eine Einweisung zur Abklärung der Symptome. Denselben Fehler wollte der Arzt wohl nicht noch einmal machen. Für das erste Mal hatte er sich auch bei mir entschuldigt. Ihm war es äußerst unangenehm und absolut bewusst, dass er da einen riesigen Fehler gemacht hatte, der mein Leben hätte kosten können. Erst recht, als ich ihm mitteilte, dass ich in zwei verschiedenen Krankenhäusern angesprochen wurde, warum mich denn mein Hausarzt mit dem sehr auffälligen EKG nicht direkt ins Krankenhaus eingewiesen hat?

Das Vertrauensverhältnis war sehr stark beschädigt. Jeder kann Fehler machen, aber dieser hätte nicht passieren dürfen.

Das EKG zeigte einfach ohne Zweifel an, dass ich damit direkt ins Krankenhaus gehörte. Als dann auch noch die Arzthelferin, die mich zwei Wochen zuvor mit der Begründung nach Hause geschickt hatte, es könne ja wohl nicht so schlimm sein, denn ansonsten hätte mir der Arzt einen neuen Termin gegeben - die nächste, für mich unverzeihliche Äußerung zu meiner Süßen machte, lief bei mir das Fass endgültig über. Carmen stand nur wenige Tage nach meinem unfreiwilligen Hubschrauberflug vor der besagten Arzthelferin. Emotional aufgelöst, mit Tränen in den Augen, wollte sie einfach nur verstehen, warum ich nicht direkt ins Krankenhaus überwiesen worden war. Schließlich hätte diese gravierende Fehleinschätzung mein Leben kosten können. Allerdings war sich die Arzthelferin keiner Schuld bewusst. Im Gegenteil, sie wurde sauer und Sie meinte nur:

„Ja, er lebt doch noch, oder nicht?"

Auf einmal sollte sich Carmen sogar bei ihr entschuldigen.

Diese Aussage hat für mich das eh schon sehr stark beschädigte Vertrauensverhältnis endgültig zerstört. Ab da war der Zeitpunkt gekommen, diese Praxis nie wieder zu betreten. Auch wenn sich der Arzt bei mir entschuldigt hat, stand für mich fest, dass ich mir einen neuen Hausarzt suchen werde. Bis dato kam ich nur einfach noch nicht dazu. Das Vertrauensverhältnis zur gesamten Praxis war inzwischen unwiderruflich zerstört. Ich hatte auch kurzfristig darüber nachgedacht, auf irgendeine Art dagegen vorzugehen, aber ich habe mich des Friedens willen und der Bestrebung, mich voll und ganz auf meine Gesundheit zu konzentrieren, dagegen entschieden. Diesen Schritt habe ich bis heute nicht bereut.

Trotz allem hielt ich die erforderliche Einweisung für das Krankenhaus in den Händen. Diesmal musste ich zum Glück nicht mit dem Hubschrauber anreisen, sondern konnte mich mit dem Taxi dorthin fahren lassen. Die Kosten dafür wurden von der Krankenkasse übernommen. Ich muss zugeben, dass die Fahrt über den Hindenburgdamm in diesem Zustand etwas beängstigend war. Was ich vor kurzem erlebt hatte, lag ja erst zwei Wochen zurück. Im Hubschrauber und im Krankenwagen war geschultes medizinisches Personal für den Notfall anwesend. Wäre mir jedoch auf dem Autozug etwas passiert, wäre ich auf mich allein gestellt gewesen. Während der Fahrt merkte ich, wie die Angst versuchte, die Kontrolle zu übernehmen. In meinem Kopfkino flimmerten bereits die Lichter für den neuen Drama-Blockbuster. Ich bin dankbar, dass mir das bewusst wurde. So konnte ich gezielt gegensteuern, das Ruder herumreißen und mich wieder zum Programmdirektor befördern.

Die erste Amtshandlung im Taxi während der Fahrt mit dem Autozug bestand darin, alle möglichen Dramen abzulegen. Ein kurzer Griff ins innere Filmregal, und schon hatte ich mir einen Film über mentale Stärke ausgesucht. Ich stellte mir vor, wie ich ohne Zwischenfälle sicher am Krankenhaus abgesetzt wurde und dass der gleiche Fahrer mich später wieder abholen würde, um mich sicher nach Hause zu fahren. Diesen Film schaute ich mir während der gesamten Fahrt immer wieder an, es wirkte fast wie eine Affirmation.

Als wir in Niebüll hielten und das Taxi den Autozug verließ, fühlte sich alles sofort entspannter an. Von hier aus ging die Fahrt weiter nach Husum. Als wir am Krankenhaus ankamen, musste ich noch einen PCR-Test machen, um rein zu dürfen. Das Testergebnis war wie ein Türsteher in einem Club, der darüber entscheidet, ob du rein darfst oder nicht. Nach einer Weile bekam ich das Ergebnis vom medizinischen Türsteher, mit der Ansage, dass alles gut ist und ich rein durfte. Hier war das Negative positiv. Mir wurde nun am Empfangstresen mitgeteilt, wo ich mich hinbegeben sollte.

Als die Ärzte mich dort schon nach zwei, anstatt nach sechs Wochen wiedersahen, wirkten sie sehr überrascht. Natürlich fragten sie, was denn los sei? Ich beantwortete die Frage damit, dass ich genau erklärte, wie es mir gerade geht. Aufgrund dessen wurden dann auch ziemlich schnell verschiedene Tests bei mir durchgeführt. Ich kann nur sagen, dass sie da schnell und sehr gewissenhaft reagiert haben.

Es wurde ein Bluttest durchgeführt, um den Troponinwert zu bestimmen. Außerdem folgten ein EKG und eine Echokardiographie, und selbstverständlich wurde auch der Blutdruck gemessen. Der behandelnde Arzt war sich sicher, dass keine Erkrankung vorliegt, da bei allen vier Untersuchungen keine Auffälligkeiten festgestellt wurden. Das Gefühl, das jetzt in mir aufkam, kannte ich ja schon vom letzten Mal. Eigentlich sollten mich die Antwort des behandelnden Arztes und die Untersuchungsergebnisse ja beruhigen, doch das taten sie nicht. Ich konnte zu einhundert Prozent fühlen, dass da was nicht in Ordnung ist, konnte es aber auch nicht weiter benennen, außer dass es mir genauso merkwürdig ging, wie beim letzten Mal und dass ich ebenfalls wieder das Gefühl hatte, als ob ich einen Schlag auf meine Brust bekommen hätte. Was diesmal aber definitiv anders war, war die Tatsache, dass auch über das EKG nichts Auffälliges zu sehen war.

Ich hatte Sorge, dass ich jetzt wieder nach Hause entlassen würde, da ja offensichtlich nichts zu finden war. Ich beharrte mit Nachdruck aber weiter darauf, dass es mir nicht gut gehen würde und dass ich es fühlen kann, dass da keineswegs alles in Ordnung sei.

Mir wurde mitgeteilt, dass aufgrund meiner Vorgeschichte vorsichtshalber am nächsten Morgen eine Herzkatheteruntersuchung durchgeführt werden würde, um auf Nummer sicher zu gehen.

Ich war dankbar, dass sich die Ärzte so sorgfältig der Situation annahmen. Zum Abschluss wurde mir erneut versichert, dass ich mir keine Sorgen machen müsse, da dort wahrscheinlich nichts Auffälliges zu finden sei. Schließlich hatten sie erst vor zwei Wochen eine ausführliche Katheteruntersuchung bei mir durchgeführt, bei der entdeckt wurde, dass eine meiner drei Hauptarterien zu hundert Prozent verengt war. Dieses Problem wurde erfolgreich behoben. Rein auf Grundlage der Fakten sprach tatsächlich alles gegen mein Gefühl und für die Einschätzung des leitenden Arztes, dass voraussichtlich alles in Ordnung sein sollte.

Wenn ich nicht wüsste, dass mich mein Gefühl tatsächlich noch nie getäuscht hatte, würde ich jetzt auch eher denken, dass mir die Angst einen Streich gespielt hätte. Aber so war ich sicher, dass dies nicht der Fall war. Irgendetwas war da überhaupt nicht in Ordnung. Von meinem Zimmer aus habe ich Carmen angerufen und ihr mitgeteilt, dass die Ärzte mich am nächsten Morgen zur Sicherheit einmal auf dem OP-Tisch sehen wollen. Auch wenn mir das ein mulmiges Gefühl bereitete, beruhigte es mich auch gleichzeitig. Ich war einfach dankbar, dass ich nicht nach Hause geschickt wurde, obwohl sie bei den Untersuchungen nichts Auffälliges finden konnten. Nun wusste ich, dass sie am nächsten Tag der Ursache für mein erneutes Unwohlsein auf den Grund gehen werden.

Bei meinem Besuch in den Krankenhäusern gab es aufgrund von Corona nach wie vor erhebliche Einschränkungen. Dennoch durfte mich am nächsten Tag eine Person in einem bestimmten Zeitfenster besuchen, vorausgesetzt, sie hatte einen negativen PCR-Test vorgelegt. Natürlich musste ich nicht lange überlegen, wer diese Person sein sollte. Der Pizzabote? Nein, natürlich nicht, selbstverständlich war es meine Süße.

In der Nacht kam mit der Dunkelheit auch die Angst über mich. Sie lag über mir, wie eine schwere Decke, die mir die Luft zum Atmen nahm.

Im Kopfkino begann ebenfalls wieder das übliche Drama. Ich hatte es einfach innerhalb der letzten zwei Wochen noch nicht geschafft, komplett die Kontrolle über das Kino zu bekommen. Nur wenn ich gezielt einschritt, schaffte ich es, das Kino in Form des Programmdirektors zu übernehmen. Wenn ich dies nur halbherzig versuchte, war die Angst stärker.

Ich brauchte jetzt noch mehr als das. Da ich nicht alleine im Zimmer war, wollte ich jetzt auch nicht anfangen, im Sitzen auf meinem Bett zu meditieren, damit ich so zur Ruhe komme.

Es fiel mir ein, dass ich auch noch Alpha-Wellen mit beruhigender Musik hatte, die ich problemlos im Liegen über meine Kopfhörer hören konnte. In diesem Zustand war es einfach zu meditieren, ohne jemanden zu stören. Falls du Alpha-Wellen noch nicht kennst, kann ich sie dir wirklich nur empfehlen. Sie wirken nachweislich unterstützend, indem sie über die Frequenzen, die sie an dein Gehirn senden, einen Zustand erzeugen, der deinen Herzschlag verlangsamt und deinen Blutdruck senkt. Zudem verbessern Alpha-Wellen deine Konzentration, was sie ideal für Meditationen macht. Auf diese Weise kannst du sowohl geistige als auch körperliche Entspannung erreichen. Dieser Zustand basiert auf einem wissenschaftlich fundierten Konzept der Gehirnforschung.

Mit dieser Methode gelang es mir tatsächlich, mich zu beruhigen, sodass ich wenigstens ein wenig Schlaf finden konnte. Und in der Tat habe ich ein paar Stunden durchgeschlafen. Noch bevor die Schwestern mich wecken konnten, war ich bereits wach und bereit, die Untersuchung durchführen zu lassen.

Trotz der Erleichterung, dass mir gleich geholfen würde, stieg wieder Unruhe in mir auf. Nun wusste ich jedoch, was mir in der Nacht geholfen hatte: Dass ich es schaffte, nicht von der Angst, sondern vor mir selbst die Oberhand in diesem inneren Kampf zu behalten.

Aus diesem Grund griff ich erneut auf die bewährte Methode zurück, die mir auch in der Nacht die nötige Ruhe verschafft hatte. Ich war sehr dankbar, dass ich ein Werkzeug in der Hand hatte, mit dem ich arbeiten und mich in einen ruhigeren Zustand versetzen konnte. Bis zur eigentlichen Untersuchung blieb ich durch die ausgeführte Meditation in diesem fast schon tranceartigen Zustand. Die Mitarbeiter, die mich im Vorraum des OP-Saals empfingen und mich auf die bevorstehende Untersuchung vorbereiteten, waren ausgesprochen freundlich und wirkten dabei sehr entspannt. Mit ihrem humorvollen, mitfühlenden aber auch leicht frechen Umgangston lockerten sie die Situation auf und brachten mich zum Schmunzeln. Sie waren definitiv die idealen Ansprechpartner für diesen Job. Als ich erfuhr, dass sie auch während der Prozedur an meiner Seite bleiben würden, fühlte ich mich gleich viel beruhigter

Es ging dann alles auch sehr schnell und ich lag wieder auf dem mir bekannten OP-Tisch.

Was soll ich sagen, mein Gefühl hatte mich auch dieses Mal nicht betrogen. Bei der ausgeführten Untersuchung kam heraus, dass eine weitere von den drei Hauptarterien, die direkt mit dem Herzen verbunden sind, zu fünfundneunzig Prozent verengt war.

Einerseits war ich sehr erleichtert, dass die Ursache für die erneuten Herzprobleme gefunden und behoben wurde. Andererseits war ich auch geschockt, dass bei den Voruntersuchungen einen Tag zuvor überhaupt nichts Auffälliges festgestellt worden war. Hätte ich keine Vorerkrankung gehabt, wäre ich wahrscheinlich nach der Untersuchung wieder entlassen worden und im Nachhinein kann ich das sogar nachvollziehen. Warum sollte man mich auf den OP-Tisch legen, wenn es keine messbaren Anzeichen dafür gegeben hätte?

Direkt nach der Untersuchung und der Behebung des Problems konnte ich es jedoch immer noch nicht akzeptieren. Ich war wütend, dass ein so schwerwiegender Zustand wie der fast vollständige Verschluss der Hauptarterie nicht bereits vor zwei Wochen, als ich schon auf dem OP-Tisch lag, erkannt wurde.

Wie konnte das passieren? Mein Vertrauen in die Ärzte und die Untersuchungsmethoden, die notwendig gewesen wären, um diesen Verschluss festzustellen, ohne dass man dafür eine Herzkatheteruntersuchung hätte durchführen müssen, war erschüttert. Keine der vier Voruntersuchungen hatte das festgestellt, was mir mein Gefühl die ganze Zeit über gesagt hatte. Es war für mich sehr schwer, mit dieser Situation umzugehen, ohne in eine Verurteilung zu verfallen. Hinzu kam das Fehlverhalten meines alten Hausarztes, was mein Vertrauen in die medizinische Versorgung noch weiter erschütterte.

Mit genügend Abstand zum Geschehen gebe ich den Ärzten im Krankenhaus keinerlei Schuld. Wenn etwas nicht sichtbar ist, können sie es auch nicht ändern. Und trotzdem haben sie ja auch die nötige Herzkatheteruntersuchung gemacht. Ich bin kein Arzt und will mir hier auch keinesfalls etwas anmaßen. Dennoch sollte meiner Meinung nach generell die Methode zur Feststellung verschlossener Arterien überdacht werden. Einer meiner besten Freunde, dessen Namen ich in diesem Zusammenhang nicht nennen werde, da er noch nichts von diesem Buch weiß, hatte später und das nicht nur einmal, ähnliche, schwerwiegende Probleme. Die Entwicklung seiner Geschichte war so dramatisch, dass sie mittlerweile für Krankenhäuser einer Gruppe - in einem Kurzfilm - dokumentiert wurde.

Da ich keine verlässlichen Fallzahlen habe, kann ich nicht mit Bestimmtheit sagen, dass es noch deutlich mehr solcher Fälle gibt. Allerdings gehe ich mit hundertprozentiger Sicherheit davon aus, dass sie existieren.

Es erscheint mir ausgeschlossen, dass ausgerechnet unser Freund und ich die einzigen sind, bei denen bei der Voruntersuchung nichts sichtbar wurde. Beim ersten Mal zeigte zumindest mein EKG, dass es meinem Herzen nicht gut ging. Auch unser Freund wäre wieder nach Hause geschickt worden, wenn es bei ihm, genauso wie bei mir, keine relevante Vorgeschichte gegeben hätte, die eine Katheter-Untersuchung als unbedingt notwendig erscheinen lässt. Es handelte sich zudem um unterschiedliche Krankenhäuser, sodass es nicht an den Einrichtungen selbst lag, sondern an den jeweiligen Methoden, die dort zur Verfügung standen. Es scheint, dass bestimmte verschlossene Arterien tatsächlich nur durch eine Katheter Untersuchung nachgewiesen werden können. Ehrlich gesagt bereitet mir das bei meinen wiederkehrenden Symptomen Sorgen. Die Befürchtung, dass solch lebensbedrohliche Zustände mit den bisherigen Untersuchungsmethoden nicht zweifelsfrei festgestellt werden können, bleibt bestehen. Ich kann nur mit großer mentaler Stärke dagegen ankämpfen, da sich sonst die Angst immer weiter in mir ausbreiten würde. Irgendwann könnte das dazu führen, dass ich bei den kleinsten Zuckungen im oder um das Herz Panik bekomme, weil ich befürchte, dass wieder etwas Schlimmes bevorsteht. Hätte ich nichts gegen dieses wahrscheinliche Szenario unternommen, wäre vermutlich eine Angststörung mit Panikattacken entstanden. Ich konnte förmlich spüren, was passieren würde und was ich dagegen tun konnte. Mein Rat an dich ist: Egal, vor welchem Problem du stehst - verfalle niemals in Panik. Aus der Ruhe heraus lassen sich Lösungen finden.

Was mir dabei hilft, ruhig und besonnen zu bleiben, ist meine neu geschaffene Funktion als Programmdirektor sowie meine stärkende Meditation. Was ich genau mit dem Programmdirektor meine, werde ich dir gleich noch erklären. Wenn ich bewusst an die Sache herangehe, versuche ich alles dafür zu tun, dass sich die Angst nicht im ganzen Körper ausbreiten kann. Ein gewisses Maß an Angst zu empfinden, ist sogar nützlich, da sie uns hilft, Gefahrenzonen wahrzunehmen. Diese Angst darf bleiben, sie hat ihren Nutzen. Sie sorgt dafür, dass du echte Gefahren erkennen kannst. Aber du musst die Angst unter Kontrolle halten. Du musst über der Angst stehen, nicht sie über dir. Achte darauf, dass sie nicht die Oberhand gewinnt und die Kontrolle über die Situation übernimmt. Diese Art von Angst ist nicht hilfreich, sondern schädlich. Sie ist kein guter Ratgeber.

Irgendwann war ich wieder in meinem Zimmer, und Carmen durfte mich dort auch besuchen. Zwar hatten wir nur ein kleines Zeitfenster, aber immerhin. Ich freute mich sehr, sie zu sehen. Ich erzählte ihr von der erneuten Horrornachricht und auch davon, wie der Stationsarzt, mit dem ich mich sehr gut verstand, sagte, dass ich wieder unglaublich viel Glück gehabt hatte. Er meinte, es wäre, als ob jemand da oben auf mich aufpassen würde. Auch diesmal war es knapp, aber ich war froh, dass ich diesmal wieder auf mein Gefühl gehört hatte. Die Besuchszeit war schneller vorbei, als mir lieb war, und meine Süße machte sich wieder auf den Heimweg.

Da lag ich also erneut allein auf meinem Bett, umgeben von unzähligen Gedanken. Meine Emotionen fuhren Achterbahn, rasant von Wut zu Fassungslosigkeit, von Angst zu Dankbarkeit. Die Gefühle wechselten so schnell, dass ich kaum hinterher kam. Um mich zu beruhigen, griff ich zu dem, was mir schon oft geholfen hatte: Ich meditierte, begleitet von beruhigenden Alpha-Wellen, und ließ in meinem inneren Kino Mut machende Filme ablaufen. Nach einer Weile spürte ich, wie Ruhe einkehrte.

Am nächsten Morgen durfte ich endlich zurück nach Hause. Wie schon beim letzten Eingriff erhielt ich eine Liste mit Anweisungen: nichts Schweres heben, kein Sport, zum Glück nur für die ersten Tage. Außerdem eine Vielzahl an Medikamenten, die ich wohl mein Leben lang nehmen muss.

Der Taxifahrer, der mich schon nach Husum gebracht hatte, holte mich auch diesmal ab. Ich freute mich ehrlich, ihn wiederzusehen. Die Rückfahrt verlief ohne Probleme, und nach einer ganzen Weile war ich endlich zurück auf unserer kleinen Insel. Doch irgendwie fühlte sich das alles seltsam an. Alles war so schnell gegangen, dass die Erlebnisse wie ein verschwommener Traum wirkten. Kaum hatte ich sie ansatzweise verarbeitet, lag der nächste Schritt bereits hinter mir.

Vom Zuschauer zum Programmdirektor

Ich war noch nie ein Mensch, der permanent Gefangener seines eigenen Kopfkinos ist. Aber natürlich ist es mir auch nicht fremd. Je nachdem, was ich gerade erlebt hatte oder was sich vor mir in Form einer besonderen Herausforderung befand, erlebte ich das Kopfkino eher sporadisch. Ab und zu tauchte es wie aus dem Nichts auf und piesackte mich mit allerlei unnötigen Sorgen und Ängsten, die, so wie sie mir gezeigt wurden, mit hoher Wahrscheinlichkeit nie eingetroffen wären.

Wo es sich ebenfalls immer zeigte, war bei unternehmerischen Angelegenheiten. Ich sah, was bei den jeweiligen Vorhaben alles hätte schiefgehen können. Ich wollte es nicht bewusst, aber früher gingen meine Filme viel mehr in die Richtung, was alles im negativen Sinne passieren könnte. So baute ich nach und nach in meinem Unterbewusstsein die Angst vor dem Scheitern auf. Durch das Verhalten habe ich mir so, im wahrsten Sinne des Wortes, die Dinge, die auch gut laufen können, kaputt gedacht. Für den Augenblick, aber auch für weitere Projekte, die sich noch in der Zukunft befunden haben.

Ich kannte auch früher schon die Wirkung der Ängste, die von dort den gesamten Körper und somit auch das weitere Handeln negativ beeinflussen können. Diese negative Kraft, die von den eigenen geschaffenen Gedanken ausgeht, habe ich auf alle Fälle auch schon häufiger erlebt. Durch die Häufigkeit der erlebten negativen Dinge, kam mein Kopfkino allerdings viel öfter, als ich es gewohnt war, zum Vorschein. Wahnsinn, wie sehr man sich innerhalb kürzester Zeit in einem gedanklichen Abwärtsstrudel befinden kann, den man selbst in Fahrt gebracht hat. Ich kann mir vorstellen, dass dir das auch nicht fremd ist. An manchen Tagen war das schon echt kurios. Eben noch gut drauf und dann nur, wegen meiner eigenen Gedanken, ins absolut Negative abgerutscht. Es gab oft dafür nicht wirklich einen Grund, sondern nur falsche Gedanken.

So richtig in Fahrt kam mein Kopfkino, inklusive all seiner Dramen, aber erst im Februar 2018. Ab da war es nicht mehr sporadisch, sondern es ging gleich voll auf die Zwölf. Das war wie ein Schlag in die Fresse.

Am Anfang fühlte ich mich noch durch das Erlebte vom Flughafen in Hurghada hilflos gegenüber den gezeigten Dramen. Die Ängste hatten mich nicht mehr klar blicken, fühlen und denken lassen. Ich wusste aber intuitiv, dass ich mir ruhige Augenblicke schaffen muss, damit ich meine Aufmerksamkeit von der sehr starken Angst abziehen würde. Da sind wir wieder beim Gesetz der Anziehung. Da, wo du deine Gedanken hinlenkst, wartet auch mehr von dem, womit du dich intensiv beschäftigst. Und da mir das bewusst war, wollte ich auf jeden Fall meine Aufmerksamkeit von den Ängsten, von den Dramen abziehen. Davon wollte und brauchte ich nicht noch mehr.

Ich wusste, dass ich andere Filme vor meinem geistigen Auge ansehen musste, wenn ich nicht daran zerbrechen oder in eine tiefe Depression verfallen wollte. Ich musste so schnell es ging raus aus der Opferfalle. Solange ich mich als Opfer sah, dem es ja ach so schlecht geht, so lange schwing ich auf einer sehr niedrigen, mir nicht hilfreichen Frequenz. Die Gefühle, die von dort ausgingen, waren schwer, bedrückend, angstmachend und auch zerstörerisch. Durch das Erlebte, stand ich gefühlstechnisch eh schon am Abgrund.

Hätte ich mir weiter Filme in meinem Kopfkino angesehen, wo ich in der Funktion eines Zuschauers keine Macht hätte, die Handlung zu beeinflussen, wäre es für das Kopfkino nur noch ein kleiner Schubs gewesen, um mir den Rest zu geben.

129

Diese klare Erkenntnis, die in mir aufploppte, reichte aus, um mein Kämpferherz zu wecken. Ich wollte nicht mehr der hilflose Zuschauer sein. Ich nahm allen Mut zusammen und sagte der Angst den Kampf an. Es war Zeit für einen Mutausbruch. Als erste wirkungsvolle Maßnahme, stoppe ich das Abspielen der Dramen. Ich musste mich jetzt in Rekordzeit gleichzeitig zum Drehbuchautor, Filmemacher und Programmdirektor entwickeln. Wenn ich es schaffen würde, diese drei Posten harmonisch zu vereinen, dann würde ich mir mein eigenes Kopfkino erschaffen, wo ich mir die neu gezeigten Filme liebend gern ansehen würde. Das fühlte sich gut an. Ich sah das Ende des Zeitalters für angstmachende Dramen.

Als erstes schaute ich in der Funktion des Drehbuchautors, was überhaupt in der Story vorkommen sollte. Welche Art von Filmen wollte ich ab jetzt sehen? Das Filmskript benötigte unbedingt einen Helden, der dem Schurken der Angst den Garaus machen würde. Es brauchte jemanden, der wie Phönix aus der Asche wieder aufsteht, der allen noch so schwierigen Umständen erfolgreich trotzt. Einen Helden, der den Kampf nicht scheut und der am Ende mit einem Happy End belohnt wird. Ich liebe einfach ein Happy End, wenn die gesamte Gefühlswelt in eine hohe Schwingung versetzt wird. Genau so etwas brauchte ich jetzt.

Das fertige Drehbuch überreichte ich dann meinem inneren Filmemacher, der das Ganze erfolgreich umsetzen musste. Die erste Frage die aufkam, war, wo denn der Drehort für den Powerfilm sein würde? Nach einigen Überlegungen stand fest, dass der Drehort am Hauptstrand sein würde. Dort befindet sich eine große Treppe, die Himmelsleiter genannt wird und die zu einer Aussichtsplattform führt. Untrainiert muss man schon ein wenig oder auch ein bisschen mehr Luft holen, wenn man oben angekommen ist. Ein sehr guter Freund von uns, Harald ist ein absolut sportbegeisterter Mensch, der die Himmelsleiter, wann immer er mit seiner wunderbaren Frau und unserer Freundin Steffi hier auf Sylt ist, zu einer Outdoor-Trainingsstätte umfunktioniert. Harald liebt Fitness- und Kampfsport gleichermaßen. Ich musste irgendwie bei der Suche nach dem geeigneten Drehort an "Harald the Machine" denken und so stolperte ich über die Himmelsleiter.

Alle Treppenstufen hoch, auf der anderen Seite wieder runter, wieder hoch, wieder runter. Diese Treppe mit all ihren Stufen hat einen Symbolcharakter, was Stärke, Kondition und Willen anbelangt. Jetzt kombiniere ich das noch mit einem Rocky Film, als Rocky Balboa, alias Sylvester Stallone die Treppen im ersten Teil hoch rannte und als er oben ankam, zeigt er sich voller Kraft und mentaler Stärke, wie er die Arme hochriss. Genau diese Szenen sollten auch in meinem Film vorkommen.

Der Held, der sich wieder aus dem negativen Loch herauskämpfte und die Angst in diesem Kampf besiegte, rennt die Himmelsleiter hoch und oben angekommen, gehen die Arme voller Stolz und Freude, wie im Rocky-Film, nach oben. Das waren genau die Aufnahmen, die ich benötigte, um mich wirklich in die richtige Richtung zu pushen.

Den fertig gedrehten Kinofilm übergab ich weiter an meinen Programmdirektor, der dafür verantwortlich ist, welche Filme gezeigt und welche nicht gezeigt werden. Der Programmdirektor ist auch für die Vermarktung verantwortlich. Er muss mit prägnanten Schlagworten und mit außergewöhnlichen Filmplakaten werben, damit die Lust, ausschließlich die mutmachenden Filme zu sehen, immer weiter steigt.

Mit Argusaugen wird ab jetzt darüber gewacht, dass sich im Filmregal, wo alle Filme lagern und darauf warten, gezeigt zu werden, keine Dramen mehr befinden.

Ich hoffe du siehst nun, dass Kopfkino an sich nicht gleich mit Negativität behaftet sein muss. Du entscheidest, was du dir ansiehst. Werde dein eigener Programmdirektor und bestimme selbst, was du zu sehen bekommst. Du kannst dir die unterschiedlichsten Filme erschaffen, die du alle sicher in deiner Aufbewahrungsbox im Unterbewusstsein lagern kannst. Sehe nur zu, dass sie dich stärker machen, dass sie dir Mut zusprechen, dass du anfängst, mit aller Entschlossenheit wieder an deine eigene Stärke zu glauben. Erschaffe dir Filme, die für deine eigene innere Oskar-Nominierung geeignet sind.

Mache dein Kopfkino zu deinem Freund und erschaffe dir Dinge, die dir nützlich sind. Mache dir deine Vorstellungskraft zunutze. Alles was wir sehen, ist zuerst in unseren Gedanken entstanden. Alle großen Ideen und Erfindungen. Bevor sie als etwas Reales in der äußeren Welt existierten, waren es Gedanken, die unsere Vorstellungskraft erzeugte. Mache dir deswegen Gedanken, die von Liebe, Mitgefühl, Reichtum, Gesundheit, Stärke und Wohlstand durchzogen sind. Glaube fest daran, dass dein neu produzierter Film real ist. Verweise eventuell aufkommende Zweifel in ihre Schranken. Erschaffe dir eine neue Realität, in der du der Gewinner bist.

Mir hat mein neu erschaffener Film wahnsinnig geholfen. Ohne ihn wäre ich heute nicht da, wo ich jetzt bin. Wann immer ich seitdem Kraft benötige, sehe ich mir den Film an.

Wenn du gerade zu tief emotional im Schlamassel stecken solltest, kann dir auch eine gute Ablenkung dabei helfen, den Kopf frei zu bekommen, um Neues zu erschaffen. Das kann alles sein, was du gerne machst und wobei du viel Spaß empfindest. 2022 brauchten wir auch des Öfteren solche Momente der Ablenkung. Als dann zum Beispiel Fanta4 bei uns auf Sylt ein Konzert gaben, war das genau einer dieser wundervollen Ablenkungsmomente. Das Konzert war, wie das Wetter, absolut mega. Unsere Freunde Sven und Jana, mit denen wir ja auch schon zusammen in El Gouna gewesen sind, waren ebenfalls mit bei diesem geilen Konzert. Vor Ort habe ich auch noch Malte getroffen, Malte ist definitiv ein sehr cooler Dude. Er arbeitet, wie ich damals auch noch, bei der GB-Mitza Ferienobjekte.

Erschaffe dir Momente, die dir Kraft schenken und aus dieser neu gewonnenen Kraft, hast du die Möglichkeit, neue wunderbare Filme für dein ganz privates Kopfkino zu produzieren. Werde kreativ und staune über die Wirkung deiner selbst produzierten Filme.

Auf zur „Erholung" nach Side - in die Türkei!

Meine Güte, was für ein turbulentes Jahr liegt da bloß hinter uns? Manchmal stand ich fassungslos da und konnte kaum begreifen, was gerade geschah. Im Februar und März musste ich mich gleich zwei Operationen unterziehen, bei denen mein Herz repariert wurde. Diese Eingriffe waren keine Kleinigkeiten, weder körperlich noch emotional. Es ist keine Erfahrung, die man einfach abschüttelt, ohne darüber nachzudenken.

Wenn jemand buchstäblich in deinem Herzen herumdoktert, hinterlässt das Spuren, die erst einmal verarbeitet werden müssen. So war es zumindest bei mir. Ich musste bewusst darauf achten, dass mein Unterbewusstsein nicht mit angsterfüllten oder destruktiven Gedanken vollgestopft wird. Es wäre leicht gewesen, in die Opferrolle zu schlüpfen und mich in Selbstmitleid zu verlieren. Doch ich wollte das nicht zulassen.

Ich sagte mir immer wieder: „Ich bin stärker als die Umstände." Diese Haltung half mir, den Abwärtsstrudel aus Sorgen, Ängsten und Befürchtungen zu vermeiden. Denn ich wusste, dass solche negativen Gedanken auch weitere Emotionen wie Wut, Verzweiflung und Traurigkeit nach sich ziehen könnten. Eine Spirale, die ich um jeden Preis verhindern wollte. Stattdessen versuchte ich, mein inneres Gleichgewicht wiederzufinden und meinen Fokus auf die Heilung und die mentale Stärke zu richten, die mir half, diese herausfordernde Zeit zu überstehen. Um wieder einmal unbeschwert durchatmen zu können, entschieden wir uns, uns eine erneute Auszeit zu gönnen. Natürlich kosten Urlaube Geld, oft sogar eine Menge. Doch ehrlich gesagt: Wenn man einmal erkannt hat, wie kostbar das Leben ist, weiß man, dass es keinen falschen Zeitpunkt gibt, sich etwas Gutes zu gönnen. Wenn dir bewusst geworden ist, dass der Himmel noch warten muss, dann ist es immer der richtige Zeitpunkt.

Ich bin fest davon überzeugt, dass jeder investierte Euro in einen Urlaub dir mehr zurückbringt, als du aufgewendet hast. Es ist eine Investition in dein Leben und du erhältst dafür unvergessliche Momente voller Glücksgefühle.

Besonders faszinierend finde ich, wie Urlaubsbuchungen Vergangenheit, Gegenwart und Zukunft auf harmonische Weise miteinander verbinden: Die Vorfreude auf die bevorstehende Reise zaubert dir schon heute ein Lächeln ins Gesicht. Sobald der Urlaub beginnt, genießt du die wundervollen Augenblicke in vollen Zügen. Und später werden diese Erlebnisse zu wertvollen Erinnerungen, die dich für immer begleiten.

Durch meine bisherigen Erfahrungen ist mir bewusst geworden, dass das Leben nur begrenzt planbar ist. Es ist wichtig, sich Ziele zu setzen, die oft in ferner Zukunft liegen. Gleichzeitig darf man nicht vergessen, dass das Leben im Hier und Jetzt stattfindet und genau dieses Leben will aktiv gestaltet werden. Statt erneut unsere ägyptischen Freunde und Bekannten zu besuchen, entschieden wir uns diesmal dafür, ein neues Reiseziel zu erkunden. Die Welt bietet eine Vielzahl an faszinierenden Fern- und Nahzielen, zu denen ich auch die Türkei zähle. Dieses Mal fiel unsere Wahl auf Side, eine wunderschöne Stadt an der türkischen Riviera.

Wir entschieden uns für das Side Prenses Resort Hotel & SPA als Unterkunft. Im Gegensatz zum Mövenpick Hotel in El Gouna, das mit seiner weitläufigen Hotelanlage beeindruckt, ist das Side Prenses ein kompakteres, höher gebautes Gebäude, in dem alles schnell fußläufig zu erreichen ist. Wir waren das erste Mal in Side; aber sicher nicht das letzte Mal!

Das Hotel hat eine zentrale Lage, die ideal ist, um die Umgebung zu erkunden. Unser Zimmer befand sich in den oberen Etagen, was uns einen fantastischen Blick aufs Meer und das lebendige Treiben darunter bescherte.

Die Gastfreundschaft, die wir zu spüren bekamen, war herausragend. Kulinarisch wurden wir hier sehr verwöhnt: Es gab für jeden Geschmack etwas, und ich kam voll auf meine Kosten. Beim Thema Essen bin ich wie ein Kind, das voller Vorfreude darauf wartet, einen Abenteuerspielplatz zu betreten. Aber es geht mir nicht um die Menge der Speisen oder darum, wahllos alles zu probieren, es ist die Vielfalt, die mich begeistert. Ich liebe es, neue Gerichte zu entdecken und mich von den Ideen inspirieren zu lassen, die hinter der Zubereitung stehen. Alleine schon, wenn ich dir davon erzähle, zaubert es mir lauter Glücksgefühle.

Die kulinarische Vielfalt ist für mich ein echter Grund, die Welt zu bereisen, auch wenn es natürlich noch viele andere wundervolle Gründe gibt. Mit Respekt probiere ich die Speisen und tauche so in neue Welten ein. Es ist eine meiner Leidenschaften, die meinen Aufenthalt in Side zu einem unvergesslichen Erlebnis gemacht hat. Ich freue mich schon auf das nächste Mal! In Side gab es stets eine große Auswahl an frisch zubereiteten Speisen sowie eine Vielfalt an erfrischendem Obst. Besonders die dort geernteten Wassermelonen waren ein Highlight: herrlich süß, saftig und genau richtig gereift. Bei der warmen Witterung waren sie die ideale Erfrischung und eine perfekte Zwischenmahlzeit.

An den lauen Sommerabenden spazierten wir oft die langgezogene Promenade entlang bis in die wundervolle historische Altstadt. Ein Erlebnis, das jedes Mal aufs Neue beeindruckte. Trotz der vielen Menschen aus unterschiedlichen Kulturen herrschte eine harmonische und entspannte Atmosphäre, die überall spürbar war.

Wenn dir bewusst geworden ist,

dass der Himmel noch warten muss,

dann ist es immer der richtige Zeitpunkt.

Entlang des Weges laden charmante Restaurants, trendige Modeläden und coole Bars zum Verweilen ein. Besonders die Live-Musik, die oft aus den Lokalen zu hören ist, verleiht dem Ganzen eine besondere Stimmung.

Im Herzen von Sides Altstadt entdeckst du das wohl bekannteste Wahrzeichen: den Apollon-Tempel. Seine fünf eindrucksvollen Säulen, die auf fast jeder Postkarte dieses Ortes zu sehen sind, ziehen unweigerlich die Blicke auf sich. Erbaut, etwa um 150 n.Chr., ist dieses imposante Bauwerk ein Zeugnis vergangener Zeiten, das unvergessliche Fotomotive bietet. Natürlich haben wir auch diesen Moment mit einigen tollen Fotos und Selfies festgehalten, eine Kulisse wie aus einer anderen Zeit, die uns beide tief beeindruckte.

Wenn du es noch nicht kennst, empfehle ich dir unbedingt, das römische Theater in Side zu besuchen. Der Legende nach fanden dort Gladiatorenkämpfe statt,eine beeindruckende Kulisse mit viel Geschichte! Auch die historische Altstadt von Side ist ein besonderer Ort, voller Geschichten, die man entdecken und spüren kann. Geschichte hautnah zu erleben, ist eine meiner weiteren Leidenschaften.

Während unseres Urlaubs gönnten wir uns täglich Massagen und genossen das erfrischende Meer. Auch Ausflüge, wie eine Bootstour auf dem Green Canyon, gehörten zu unserem Programm. Bis zu diesem Zeitpunkt war es ein rundum gelungener Urlaub, aber eben nur bis zu diesem Zeitpunkt. Im Hotel fiel uns auf, dass plötzlich wieder vermehrt Menschen mit Masken unterwegs waren, die zuvor keine getragen hatten. Corona war nach wie vor ein ernstzunehmendes Thema, und einen hundertprozentigen Schutz gibt es nun mal nicht. Aber mal ehrlich: Ich habe mir auch schon vor der Pandemie regelmäßig die Hände gewaschen, und wenn ich Menschen schon vor Corona krank oder stark erkältet gesehen habe, habe ich lieber einen Bogen um sie gemacht, anstatt sie freudig in meine Arme zu nehmen.

Jetzt, nachdem wir ja nun auch noch vor kurzem eine dreifache Schutzimpfung gegen Coronaviren erhalten hatten, mussten wir uns ja keine großen Sorgen mehr machen. Was sollte uns denn jetzt noch groß passieren können? Zumindest dachte ich das. Anscheinend war ich damit doch zu naiv. Was ich dir damit sagen will: Ein gesundes Maß an Vorsichtsmaßnahmen haben sicherlich alle von uns bereits praktiziert, auch ohne den Hinweis, sich nach dem Toilettengang die Hände zu waschen. Alles, was an Schutz möglich war, haben wir umgesetzt, abgesehen davon, nicht mehr das Haus zu verlassen, bis der Spuk vorbei ist. Aber mal ehrlich, das wäre doch kein wünschenswertes Leben.

Wie ich dir schon einmal erzählt habe, habe ich etwa zehn Jahre in der Sicherheitsbranche gearbeitet. In dieser Zeit habe ich zahlreiche prominente Persönlichkeiten aus der Politik, Musik und Filmbranche mitbeschützt. Dabei wurde mir schon damals klar: Eine hundertprozentige Sicherheit gibt es einfach nicht. Egal, wie vorsichtig man ist oder wie hoch die Sicherheitsmaßnahmen auch sein mögen, ein gewisses Restrisiko bleibt immer bestehen. Die Bestätigung dafür bekam ich, als mich Corona trotz aller Vorsichtsmaßnahmen voll erwischte. Ich litt unter starken Hals- und Kopfschmerzen sowie hohem Fieber und extremen Schüttelfrostanfällen. Alle Gelenke taten weh, und ich hatte große Schwierigkeiten beim Atmen. Dazu kam eine tiefe Müdigkeit, ähnlich der nach den Impfungen, die mich eigentlich genau vor solchen Situationen hätten schützen sollen. Alles war wieder da. Super, das wünscht man sich doch mitten im Urlaub!

Wenn ich nicht direkt nach den Impfungen so starke Symptome bekommen hätte, dann hätte ich mir in diesem Augenblick ernsthaft die Frage gestellt, ob mir nur ein Placebo gespritzt wurde. Ich hatte drei Impfungen hinter mir und trotzdem hat es mich kurz danach voll erwischt. Na klar könnte man jetzt boshaft sagen: Selbst schuld, ihr hättet ja nicht verreisen müssen.

Aber wir haben uns doch impfen lassen,um genau davor geschützt zu sein. Wenn man nach der Impfung genauso anfällig für Corona ist wie davor, wozu dann die ganze Prozedur? Ich wollte leben, und dazu gehört es, unter Menschen zu sein. Das Gefühl, dass das Leben von einem Moment auf den anderen vorbei sein kann, habe ich schon mehrmals erlebt. Ich wollte mich jetzt nicht auch noch zu Hause einigeln und darauf warten, dass dieser Spuk vielleicht irgendwann wieder vorbei ist

Carmen hatte bisher zum Glück noch keine Symptome einer Corona-Infektion gezeigt. Allerdings war uns bewusst, dass es sehr unwahrscheinlich war, dass bei ihr keinerlei Symptome auftreten würden, es sei denn, die Impfung hält doch noch das, was sie versprochen hatte. Leider war dies nur ein Wunschgedanke, denn ein paar Tage später erwischte es auch meine Süße. Auch bei ihr war die Infektion stark ausgeprägt. Von unserem zweiwöchigen Urlaub ging mehr als die Hälfte für die Genesung drauf. Auch wenn Corona ein echtes Ärgernis war, das uns den Urlaub vermiesen wollte, ließen wir uns nicht davon abhalten, die verbleibende Zeit positiv zu gestalten. Tatsächlich lässt sich diese Erfahrung, auf die wir selbstverständlich gerne verzichtet hätten, mit der bekannten Redewendung vom halb vollen und halb leeren Glas vergleichen. Je nachdem, aus welcher Perspektive du die Dinge betrachtest und wie du dein Urteil fällst, wirst du immer im Recht sein. Wenn deine Gedanken mehr vom Negativen als vom Positiven geprägt sind, wirst du das Glas zwangsläufig als halb leer wahrnehmen. Fühlst du dich hingegen von positiver Energie getragen und hast mehr optimistische Gedanken als negative, wird es dir leicht fallen, das Glas als halb voll zu sehen und dich daran zu erfreuen, dass noch ein halbes Glas voller Genuss vor dir steht.

Mit unserem Türkei-Urlaub war es ähnlich wie mit dem Glas: Unser Urlaub war zweigeteilt.

Fünfzig Prozent waren krankheitsbedingt für den Allerwertesten, aber die anderen fünfzig Prozent waren fantastisch. In solchen Situationen entscheidest du ganz allein, ob du dir schöne oder negative Gedanken machst. Es geht nicht darum, wer Recht hat, sondern um deine eigene Perspektive und wie du mit den Gegebenheiten umgehst. Die einzig relevante Frage, die du dir dabei stellen solltest, wäre:

"Wie fühle ich mich, wenn ich mich für die positive Seite entscheide und wie fühle ich mich, wenn ich mich für die negative Seite entscheide?"

Nach einer Woche krankheitsbedingten Ausfalls, waren dann zum Glück unsere Testergebnisse ein paar Tage vor unserem Abflug wieder negativ. Wir waren sehr dankbar, dass wir rechtzeitig wieder fit waren, damit wir nach Hause fliegen konnten. Es sollte schließlich ja nicht zur Gewohnheit werden, dass unsere Urlaube immer zwangsverlängert werden.

Zurück auf Sylt hörten wir von einigen Menschen aus unserem näheren Umfeld, wie viel Glück wir doch hätten, dass wir geimpft waren. Andernfalls wäre alles mit Sicherheit viel schlimmer ausgegangen. Für mich ist das jedoch nicht so eindeutig. Es kann sein, dass die Impfung uns vor noch größeren Schäden durch die Corona-Infektion bewahrt hat, aber es kann ebenso gut nicht der Fall gewesen sein. Beides lässt sich nicht mit absoluter Sicherheit sagen. Was ich jedoch mit voller Gewissheit sagen kann, ist die Tatsache, dass es mir nach der ersten Corona-Impfung zunehmend schlechter ging. Das war das Einzige, was in diesem Zusammenhang für mich eindeutig war und leider auch immer noch ist.

Für viele war die Aussage, dass ich Glück hatte, geimpft gewesen zu sein, gleichbedeutend mit einem Faktum. Ehrlich gesagt, bin ich von dieser Ansicht nicht überzeugt. Gerne möchte ich dir jedoch erklären, warum ich diese Meinung, denn mehr als eine Meinung ist es für mich nicht, nicht teile. Ich möchte dir ein Beispiel nennen. Tatsächlich könnte ich dir inzwischen unzählige Beispiele anführen, bei denen sich dies wirklich nachweisbar als Fakt herausstellt. Doch letzten Endes ähneln sich die meisten. Ein einziges Beispiel reicht aus, um zu verdeutlichen, was ich damit sagen möchte.

Das Beispiel, das ich dir jetzt gebe, betrifft zwei gute Freunde von uns, deren Namen ich jedoch nicht nennen möchte. Ich weiß nicht, ob es ihnen recht wäre, und ich möchte nicht nachfragen, da bislang nur sehr wenige Menschen von diesem Buch wissen. Es soll eine Überraschung bleiben. Ein weiterer Grund, warum ich darauf verzichte, ist, dass ich mir so unnötigen Druck erspare, der von außen entstehen könnte. Ich weiß, dass viele aus Neugier fragen würden, wie weit ich mit dem Buch bin. Diese Fragen würden mir zusätzlichen Druck machen, da ich durch mein chronisches Fatigue-Syndrom nie sicher sagen kann, wie viel Energie ich an einem bestimmten Tag aufbringen kann. Daher wissen nur ganz wenige Menschen im Voraus davon. Erst wenn das Buch auf dem Markt ist und darauf wartet, Menschen dabei zu helfen, ihre Ängste abzubauen, werde ich es ihnen verraten.

Bei dem Beispiel, das ich dir jetzt gebe, handelt es sich um Sportler auf hohem Niveau. Beide benötigen für ihren Sport eine besonders starke Lunge, über die sie auch absolut verfügen. Beide waren nicht geimpft. Einer von ihnen lag aufgrund einer Corona-Infektion kurzfristig auf der Intensivstation, der andere hatte nur ganz minimale Symptome. Dass er überhaupt an Corona erkrankt war, erfuhr er erst durch einen offiziell durchgeführten Test. Zwei Personen mit einer jeweils sehr guten körperlichen Grundvoraussetzung, aber mit völlig unterschiedlichen Krankheitsverläufen. Es kann also auf beide Arten ausgehen, zumindest ist das meine Meinung.

Inzwischen kenne ich wirklich sehr viele Menschen, die geimpft waren und nach einer Coronainfektion eine Woche lang mäßig bis stark krank wurden. Genauso viele sind aber auch dabei, die fast identische Verläufe innerhalb der Länge der Erkrankung sowie in der Stärke der Symptome aufwiesen, die nicht geimpft waren. Die Verläufe einer Corona-Infektion, unabhängig davon, ob man geimpft war oder nicht, zeigten in den meisten Fällen nahezu identische Ergebnisse. Größere Unterschiede traten vor allem bei Menschen mit bestehenden Vorerkrankungen auf. Das war eine unerwartete Erkenntnis für mich. Ich hatte angenommen, dass die Rate schwerer Verläufe bei Ungeimpften deutlich höher ausfallen würde als bei Geimpften. Was mir ebenfalls auffiel, war, dass bei den weniger schweren Verläufen die Infizierten häufig die Blutgruppe Null hatten. Selbstverständlich kann dies keine wissenschaftliche Studie ersetzen; es handelt sich lediglich um eine Beobachtung aus zahlreichen Fällen, die mir begegnet sind. Es ist mir aufgefallen, dass die Unterschiede in den Verläufen nicht so groß waren, wie häufig dargestellt und wie ich es selbst zunächst geglaubt hatte. Diese Erfahrungen sind jedoch rein subjektiv und spiegeln nur meine persönlichen Eindrücke wider.

In Bezug auf Corona bin ich mir mittlerweile unsicher, was man noch glauben sollte und was nicht.

Unterbewusstsein Teil 2

Als wir wieder auf unserem kleinen Eiland ankamen, musste ich mich mental stark zusammenreißen, um nicht in ein tiefes Loch zu fallen. Die Erholung, die unser Türkei-Urlaub eigentlich bringen sollte, war dahin. Mehr noch: Durch die dort erlebte Coronainfektion ging es mir körperlich deutlich schlechter als vor dem Urlaub.

Meine Süße hatte sich zum Glück relativ schnell von ihrer Infektion erholt. Bei mir jedoch war alles wie nach den Corona-Impfungen; nur viel ausgeprägter. Die Symptome waren erdrückend: extreme Müdigkeit, ein sehr schlechtes Kurzzeitgedächtnis, Gelenkschmerzen, Kurzatmigkeit und massive Konditionsprobleme. Hinzu kam die Tatsache, dass ich mit den kleinsten Anforderungen des Alltags schnell überfordert war. Ein bisschen Stress, mehrere Aufgaben gleichzeitig und ein paar zusätzliche Termine und plötzlich ging bei mir gar nichts mehr. Wäre das nur ein oder zwei Tage so, könnte man es schnell vergessen. Doch diese täglichen Herausforderungen begleiten mich ständig und verlangen jeden Tag aufs Neue, dass ich sie bewältige.

Meine körperlichen Symptome bekam ich nicht in den Griff, selbst durch stark reduzierte sportliche Einheiten, die eigentlich meine Fitness wieder aufbauen sollten. Auch mental war ich angeschlagen, doch zumindest hatte ich Werkzeuge, mit denen ich daran arbeiten konnte. Ich wusste zum Beispiel, dass ich aufhören musste, mich als Opfer meiner Umstände zu betrachten. Nach dem Urlaub brauchte ich einige Tage, um mich von diesem kurzfristigen Knockout wieder zu erholen.

In meinem Kopfkino tauchten alte Gedanken auf: Warum ausgerechnet ich? Warum schon wieder? Wird das jetzt wieder ein Katastrophenjahr?

Ich sehnte mich nach meinem Leben zurück, als alles noch unbeschwert war. Was, wenn sich nichts ändert und dieses miese Gefühl bleibt?

Zunächst tauchten diese Gedanken auf, und dann ging das Licht in meinem alten Kopfkino wieder an. Die längst verstaubten Dramenfilme wurden aus den dunkelsten Ecken hervorgeholt und abgespielt. Ich fühlte mich mental und körperlich so schlecht, dass ich anfangs gar nicht bemerkte, wie die alten Filme, die ich mir nie wieder ansehen wollte, wieder liefen. Diese Dramen verstärkten das Gefühl von Hoffnungslosigkeit und ließen mich noch erschöpfter und ausgelaugter zurück.

Schlechte Gedanken erzeugen schlechte Stimmung, schlechte Stimmung verringert die Motivation, und geringe Motivation verstärkt die Antriebslosigkeit. Ein Teufelskreis, der dich immer tiefer schwingen lässt. Durch deine eigenen Gedanken kannst du dich hoch- oder runterpushen. Es hängt alles von deinem Willen ab, die richtige Entscheidung zu treffen.

Was ist denn eigentlich in diesem Fall die richtige Entscheidung? Alles zu ignorieren? Es einfach hinzunehmen? Oder ist die richtige Entscheidung die, die dir dabei hilft, dass du deine eigene Macht in Anspruch nimmst?

Für mich stand fest: Ich musste aktiv werden, um aus diesem Tief herauszukommen. Ich musste meine eigene Stärke zurückgewinnen und die Opferrolle hinter mir lassen. Ich wollte nicht länger in diesem negativen Gefühl gefangen sein. Als mir dies nach einigen Tagen bewusst wurde, konnte ich handeln. Plötzlich wurde mir klar, dass nicht mein neues, von mir selbst gesteuertes Kopfkino mit inspirierenden Motivationsfilmen die Regie führte, sondern mein altes, hinderliches Kopfkino mit negativen Gedanken wieder die Kontrolle übernommen hatte.

Unsere Gedanken zu kontrollieren, ist eine tägliche Herausforderung, schließlich denken wir etwa 60.000 -80.000 Gedanken pro Tag. Studien zeigen, dass ein Großteil davon negativ geprägt ist: Rund 24 % unserer Gedanken haben einen negativen Charakter, während lediglich 3 % positiv sind. Der Rest besteht aus neutralen Gedanken.

Gehen wir einmal davon aus, dass wir etwa 60.000 Gedanken pro Tag haben. Im Durchschnitt sind davon 3 % positiv, das entspricht 1.800 Gedanken. Etwa 24 % der Gedanken sind negativ, also 14.400. Die restlichen 43.800 Gedanken, rund 73 %, sind weder positiv noch negativ, sondern neutral.

Diese Verteilung zeigt eindrucksvoll, wie stark negative Gedanken unseren Alltag prägen können und wie wichtig es ist, unsere mentale Ausrichtung bewusst zu steuern.

Zur Verdeutlichung eine Beispielrechnung:

60.000 Gedanken pro Tag

Davon sind im Schnitt:

1.800 positive Gedanken

14.400 negative Gedanken

43.800 neutrale Gedanken

Allein durch diese Zahlen wird klar, wie entscheidend es ist, worauf wir unseren Fokus legen.

Bei der enormen Menge an Gedanken können wir nicht immer darauf achten, was wir gerade denken oder womit wir uns beschäftigen. Zum Glück gibt es einen Trick, der es dir trotzdem ermöglicht, dir bewusst zu machen, wohin deine Gedanken abgeschweift sind.

Falls du dir unsicher bist, ob du in deinem alten oder neuen Kopfkino steckst, kannst du auf deine Gefühle achten. Es geht also nicht darum, auf jeden einzelnen Gedanken zu achten, der in deinem Kopf herumschwirrt, sondern darauf, welches Gefühl dieser in dir auslöst.

Fühlst du dich gut oder schlecht? Diese Frage ist einfach zu beantworten und öffnet dir den Zugang zu deinem Kopfkino und damit zu deinen Gedanken. Wenn du dich schlecht fühlst, läuft dein altes, belastendes Kopfkino auf Hochtouren und beeinflusst deine Stimmung.

In diesem Moment beschäftigst du dich dann bewusst oder auch unbewusst mit negativen Gedanken oder Emotionen, die du an deinem Gemützustand ablesen und spüren kannst.

Achte auf dein Wohlbefinden. Wenn es dir schlecht geht, entscheide dich mit vollem Willen dazu, diese Situation zu verändern. Du musst handeln und die Entscheidung treffen, statt nur darauf zu warten. Das Gefühl kommt nicht von außen zu dir, du erschaffst deine Gefühle selbst, in deinem Inneren. Erinnere dich daran, dass du der Regisseur deines eigenen Lebens bist. Achte darauf, was du dir ansiehst und erlebst. Ändere das „Programm", wenn es dir schadet.Wenn du dein inneres „Kopfkinoprogramm" nicht änderst und dich weiterhin mit negativen Dramen beschäftigst, wirst du immer wieder die gleichen Gedanken denken, die von gestern, vorgestern und so weiter. Du befindest dich dann in einem Kreisverkehr, der dich nicht weiterbringt. Es gibt viele Abfahrten, die dich in eine andere Richtung führen könnten, aber du ignorierst sie und bleibst in deinem selbst erschaffenen Kreis. So wirst du keine Veränderung zu deinen Gunsten herbeiführen können.

Wenn du täglich die gleichen negativen Gedanken wie am Vortag denkst, wird es dir auch genauso schlecht gehen wie zuvor.

Wenn du immer wieder das Gleiche anschaust, kann sich weder die Handlung des Films noch deine Empfindungen dazu ändern. Wenn du dich ständig über dieselben Dinge aufregst und dich über die gleichen Dramen ärgerst, die nur deine negative Denkweise bestätigen, bist du in einem negativen Hamsterrad gefangen.

Wenn du in deinem alten Kopfkino feststeckst, wirst du nur schwer aus der Spirale herauskommen, die dich immer weiter negativ beeinflusst. Es sind nicht die Umstände an sich, die es dir schwer machen, sondern deine Gedanken darüber, wie du mit ihnen umgehst. Sie entscheiden, ob du glücklich wirst oder dir immer wieder vor Augen führen, wie mühselig dein Leben ist.

Je mehr du im Opfersein hängen bleibst, desto eher wird dein Unterbewusstsein nach Bestätigungen suchen, dass das Leben unfair ist. Du beginnst, immer mehr Inhalte aufzunehmen, die deine negativen Gedankenmuster verstärken, sei es durch Reportagen, Fernsehsendungen, Gespräche oder Berichte.

Auch in deinem Freundes- und Bekanntenkreis wirst du wahrscheinlich viele Menschen finden, die deine negativen Gedanken bestätigen. Diese Eindrücke gehen ungefiltert in dein Unterbewusstsein und prägen zu einem großen Teil dein Handeln, ohne dass du dir dessen bewusst bist. Solange du deine Denkweise und dein Verhalten nicht änderst, wirst du mit hoher Wahrscheinlichkeit wieder genau das erleben, was du schon vorher erfahren hast.

Dein Unterbewusstsein erschafft somit deinen eigenen, selbst erschaffenen Weg des Unglücklichseins. Da dieser Weg jedoch aus den Erfahrungen und Eindrücken entstanden ist, mit denen du dein Unterbewusstsein genährt hast, ist dir oft nicht bewusst, dass du es selbst in der Hand hast, wie du dich dabei fühlst.

Es geht also nicht darum,

auf jeden einzelnen Gedanken zu achten,

der in deinem Kopf herumschwirrt,

sondern darauf, welches Gefühl dieser in dir auslöst.

Du hast die Möglichkeit, durch eine kluge Entscheidung das Ganze zu stoppen. Das, was dir widerfährt, muss nicht zwangsläufig jeden Tag wiederholt werden.

Dir muss es nicht schlecht gehen, du musst dich nicht schlecht fühlen, die Welt ist nicht nur gemein und ungerecht, es gibt nicht nur böse Menschen, du musst kein Opfer deiner Umstände sein. Wie du auf Dinge reagierst, wie du mit Dingen und Situationen umgehst, hängt einzig und allein zum größten Teil davon ab, womit dein Unterbewusstsein gefüttert wurde. Und das wiederum reguliert dann dein Handeln.
Ich möchte dir ein Beispiel geben, wie alle Dinge, mit denen du in deinem Leben, von klein auf an - bis heute, in Kontakt gekommen bist, und so unbewusst dein Leben sehr stark beeinflusst haben.
Dafür möchte ich dir ein Beispiel aus der Politik geben, von einer x-beliebigen Partei. Welche ich dafür wähle, ist sekundär. Es spielt keine Rolle, ich hätte ebenso gut auch eine andere dafür nehmen können.

Wenn du als Kind Eltern hattest, die aus voller Überzeugung SPD-Wähler waren, hast du im Laufe der Jahre eine Menge an Informationen aufgenommen, die sich tief in deinem Unterbewusstsein verankert haben, Informationen, die dir suggerieren, dass die SPD eine gute Partei sein muss. Schließlich hätten deine Eltern sie sonst nicht gewählt. Vielleicht hat dich Politik bis dahin überhaupt nicht interessiert, aber trotzdem waren deine „Antennen", bewusst und vor allem auch unbewusst aktiv. Du hast abgespeichert, dass die SPD eine Partei ist, die man grundsätzlich positiv bewertet. Selbst dann, wenn du nicht wirklich weißt, was genau in ihrem Wahlprogramm steht.

Wenn du schließlich in das Alter kommst, indem du wählen darfst, ist die Wahrscheinlichkeit sehr hoch, dass du deine Stimme ebenfalls der SPD gibst. Allein schon aufgrund der positiven Assoziationen, die in deinem Unterbewusstsein gespeichert sind. Dabei spielt es oft keine Rolle, ob du die Inhalte ihrer Programme wirklich kennst, verstehst oder hinter ihnen stehst. Es könnte durchaus noch andere Parteien geben, die inhaltlich viel mehr zu sagen hätten, aber dein Unterbewusstsein handelt automatisch nach den Informationen, mit denen es gefüttert wurde. Wahrscheinlich hast du über die Jahre hinweg auch negative Eindrücke von anderen Parteien aufgenommen, die du in Gesprächen mit deinen Eltern gehört hast. Diese könnten jedoch nur die Meinungen deiner Eltern gewesen sein, ohne dass die Fakten, die sie über die anderen Parteien verbreitet haben, tatsächlich der Wahrheit entsprechen müssen. Du hast dich bisher viel weniger mit den Inhalten der anderen Parteien beschäftigt als mit der Partei, die du ohne weiter nachzudenken gewählt hast. Du hinterfragst deine Wahl nicht, weil dein Unterbewusstsein dir bereits deine gespeicherten Antworten präsentiert hat. Erst wenn du dich bewusst auf den Weg machst, herauszufinden, welche Partei wirklich mit deinen Überzeugungen übereinstimmt, wirst du anfangen, deine echte Meinung zu erkennen und nicht nur die abgespeicherte.

Solange du deine Sichtweise nicht änderst, wird sich auch dein unbewusstes Handeln nicht ändern. Es wird zum Automatismus, ähnlich wie beim Autofahren. Zu Beginn des Fahrens musst du jeden Schritt bewusst ausführen und darüber nachdenken. Doch sobald du das Fahren beherrschst, musst du nicht mehr an die einzelnen Schritte denken. Du handelst automatisch, weil sie in deinem Unterbewusstsein gespeichert sind.

Diese Prägung im Unterbewusstsein zeigt sich in allen Lebensbereichen. Alles, was du erlebt hast, was dir gesagt wurde und was du gesehen oder intensiv bearbeitet hast, hinterlässt Spuren in den Tiefen deines Unterbewusstseins.

Fühlst du dich in deinem Leben oft schlecht, ungerecht behandelt, niedergeschlagen, ungeliebt, ängstlich, wütend, übersehen, unbedeutend, hässlich, wertlos oder wie ein Versager? Dann hast du vermutlich ein Unterbewusstsein entwickelt, das von unzähligen Triggerpunkten geprägt ist und dich in deinen Gefühlen zu der Person gemacht hat, die du heute bist: Unglücklich. Fühlst du dich hingegen selbstbewusst, stark, kreativ, produktiv, glücklich und erfolgreich, kannst du sicher sein, dass dein inneres Kino dir positive, motivierende Filme präsentiert. Dies ist der erste Schritt, den du gehen musst, um dich aus deinem emotionalen Tief zu befreien.

Ich möchte dir hier ein weiteres schönes Beispiel von einer guten Freundin von uns geben. Sie heißt Sabine und war hier auf Sylt im Service sowie als Rettungsschwimmerin tätig. Sie ist eine sehr lebenslustige Person, die die Welt liebend gern erkundet. Vor ein paar Jahren war sie längere Zeit in Australien unterwegs. Dort hat sie unter anderem alleine im Outback, mitten im Dschungel, übernachtet, trotz der vielen giftigen Tiere, die in Australien leben. Sie ist unglaublich lebensbejahend und völlig angstfrei, zumindest bei den allermeisten Dingen. Ihr Verhalten erinnert oft an das von Pippi Langstrumpf: unbeschwert und voller Freude. Ich bewundere sie dafür. Für mich ist sie Biene Langstrumpf.

Wie du ja bereits weißt, habe ich eine Ausbildung in Selbstverteidigung und war lange im Personenschutz sowie in der Sicherheitsbranche tätig. Zudem habe ich eine Zeit lang als Türsteher gearbeitet. Nicht zuletzt war ich auch beim Militär und habe dort eine exzellente Ausbildung in Waffenkunde erhalten, die ich mit der höchsten Auszeichnung abgeschlossen habe.
Trotz all dieser Erfahrungen muss ich jedoch ohne Wenn und Aber zugeben, dass Biene mir in bestimmten Bereichen weit überlegen ist; vor allem in ihrer völlig unbekümmerten Art und ihrem Urvertrauen.

Früher hätte ich in einer Notsituation sicherlich auch im Outback übernachtet, aber nicht nur so - freiwillig aus Spaß und Freude. Ich wäre ständig damit beschäftigt gewesen, auf jedes noch so kleine Geräusch zu achten, und hätte vermutlich kein Auge zugemacht, weil ich ständig auf Sicherheit bedacht gewesen wäre. Für mich wäre eine solche Situation eher stressig gewesen.

Biene erzählte uns beim Frühstück zu Hause, als wäre es das Selbstverständlichste der Welt. Es war, als wäre sie immer noch das kleine Mädchen, das sich ohne Angst und voller Freude auf dem Abenteuerspielplatz austobt. Einfach beeindruckend, womit Sabines Unterbewusstsein von klein auf geprägt wurde. Für mich ist das ein echtes Paradebeispiel für ein unbeschwertes Leben. Sie erzählte auch, dass ihre Mutter sie stets bestärkt hat und dass diese Unterstützung ihr bis heute geholfen hat, so unbeschwert zu bleiben. Sie ist praktisch angstfrei groß geworden und trägt ein unerschütterliches Urvertrauen in sich. Wow, davon kann ich noch viel lernen.

Auch wenn ich eine gute Kindheit hatte, war ich als Kind alles andere als selbstbewusst. Mein Unterbewusstsein war von vielen Ängsten, Sorgen und Unsicherheiten geprägt. Bis auf die bedingungslose Liebe, die ich besonders von meiner Mama und meiner Oma erfahren habe, musste ich vieles selbst erarbeiten. Mittlerweile lebt Sabine glücklich und zufrieden mit ihrem Mann und ihren Kindern auf Neuseeland. Ich bin überzeugt, dass ihre beiden „Sonnenscheine" eine wunderschöne und unbeschwerte Kindheit, fernab von Ängsten, erleben werden. Ihre Mama, die Biene Langstrumpf, wird sich sicher darum kümmern. Und dann haben sie ja auch noch einen ebenfalls absolut positiv eingestellten Papa. Somit bekommen die beiden Mäuse ein erstklassiges Fundament. Es ist wunderbar, in einer Welt, in der es zweifellos auch Menschen gibt, die zerstörerische Entscheidungen treffen, solche wundervollen Freunde zu haben, die das genaue Gegenteil von Zerstörung verkörpern. Ich bin unglaublich dankbar, dass sich in unserem Freundeskreis so viele außergewöhnlich tolle Menschen befinden. Für mich ist es jedes Mal eine große Ehre, Teile ihres Wesens in meinem Unterbewusstsein zu tragen. Ich lerne von ihnen und bin stolz, dieses Wissen in meinem Bücherregal zu bewahren.

Unser Unterbewusstsein ist voll von allem, was wir seit unserer Kindheit bewusst oder unbewusst hineingetan haben. Es ist jedoch längst nicht nur mit unseren eigenen Gedanken aus unserem Kopfkino gefüllt, sondern auch mit den Gedanken der Menschen, die uns von klein auf und auch später durch ihr Handeln, ihre Äußerungen, ihre Meinungen und ihre Ansichten über die Welt maßgeblich mitgeprägt haben.

Genauso spielt es eine Rolle, welche Medien, Zeitungen und Bücher du konsumiert hast, sei es durch Lesen oder Hören. Welche prägenden Erlebnisse aus deiner Kindheit haben deine Ansichten und Meinungen bis heute beeinflusst? Welche Erfahrungen haben dich tief geprägt und lösen immer noch starke Reaktionen in dir aus? Wir sind alle viel stärker von diesen Einflüssen betroffen, als wir oft glauben. All das, und noch viel mehr, ist tief in deinem Unterbewusstsein verankert.

Stell dir vor, es ist wie ein riesiges Bücherregal in deiner ganz eigenen Bibliothek. In den obersten drei Reihen befinden sich die Bücher, die du bewusst über die Jahre dort platziert hast. In Momenten, in denen du bewusst handelst, greifst du gerne auf die Bücher in diesen oberen Reihen zurück. Sie spiegeln deine bewussten Handlungen und Überzeugungen wider.

Die Inhalte dieser Bücher sind Themen, die dich stark interessieren. Sie motivieren dich, lassen dich träumen und erscheinen größer. Sie vermitteln dir wertvolles Hintergrundwissen und sind voll von belegbaren Fakten. Sie helfen dir, in Gesprächen zu glänzen und unterstützen dich dabei, deinen umfassenden Wissensstand zu präsentieren. Dank dieser Schätze in deinem Regal kannst du berufliche Erfolge erzielen und im Alltag gut zurechtkommen. In allen anderen unzähligen Reihen befinden sich Bücher, auf die du keinen direkten Zugriff hast. Die Inhalte dieser Bücher sind im Vergleich zu den oberen drei Reihen viel umfangreicher und vielfältiger. Wenn du es unbewusst zugelassen hast, enthalten sie eine Vielzahl unterschiedlicher Texte. Im besten Fall sind sie ähnlich gefüllt wie die ersten drei Reihen, doch es kann auch sein, dass sie Inhalte enthalten, von denen du nichts weißt, die dich jedoch dennoch maßgeblich bei deinen Entscheidungen beeinflussen.

Stell dir vor, es handelt sich um Bücher, die sich fast ausschließlich mit Dramen, Tragödien, Ängsten, Kriegen, Gewalt, Notlagen, Horror und Armut befassen. Wenn diese Bücher achtzig Prozent deiner gesamten Sammlung ausmachen, wird schnell klar, dass dies nicht ohne Folgen bleibt. Achtzig Prozent deines Handelns werden von den Büchern und den Inhalten bestimmt, die tief in dir verborgen sind. Lass diese Vorstellung einmal auf dich wirken.

Falls du dir jetzt Sorgen machst, weil du nicht weißt, welche Bücher sich mit welchen Inhalten tief in dir verborgen haben, und du deswegen glaubst, nichts an dieser verzwackten Situation ändern zu können, kann ich dich beruhigen. Auch wenn über all die Jahre nicht alle Bücher aus deiner eigenen Sammlung stammen, die sich in deiner riesigen Bibliothek befinden, hast du trotzdem die Macht, etwas zu verändern, indem du die Bücher einfach austauschst. Wie genau du das tun kannst, erkläre ich dir im Kapitel ‚Unterbewusstsein Teil 3- Mit dieser Methode habe ich mich einmal komplett neu ausgerichtet und nach meinen eigenen Vorstellungen umprogrammiert.

Egal, wie unterschiedlich ich das Unterbewusstsein auch zwischendurch nenne, sei es eine Bibliothek, ein Restaurant oder eine Aufbewahrungsbox für deine Kopfkino-Filme, auch als Schatztruhe habe ich es bereits bezeichnet. Und genau das ist es auch: eine Schatztruhe, die wie eine Wundertüte daherkommt. Sie kann mit den schönsten, funkelnden Edelsteinen gefüllt sein, aber auch mit Dingen, die im Sondermüll besser aufgehoben wären. Der Name spielt dabei keine Rolle, der Inhalt jedoch schon.

Gemeinsam werden wir in dem Kapitel Unterbewusstsein Teil 3 alles dafür tun, damit du nur noch funkelnde Edelsteine mit dir trägst. Alles, was auf den Sondermüll gehört, wird dann einfach dort deponiert. Es hat in deinem Unterbewusstsein keinen Platz mehr!

Danke UKE!

Auch im Jahr 2023 musste ich erneut häufiger ins Krankenhaus, weil mein Herz wieder einmal verrücktspielte. Tatsächlich konnte ich fast keine Nacht durchschlafen, ohne dass mich mein Herz aus dem Schlaf riss. Entweder, weil es zu schnell oder viel zu langsam schlug. Jedes Mal wachte ich durch den veränderten Herzschlag auf, und meistens konnte ich danach leider nicht mehr einschlafen. Das hat mich einiges an zusätzlicher Energie gekostet. Zum Glück verliefen die Krankenhausaufenthalte jeweils ohne weitere Herzoperationen. Da ich zu meinem alten Hausarzt kein Vertrauen mehr aufbauen konnte, wechselte ich in der Zwischenzeit zu einer neuen Hausärztin. Sie nahm sich von Anfang an viel Zeit für die Gespräche, und es wurden viele hilfreiche Untersuchungen durchgeführt, sodass ich schnell neues Vertrauen aufbauen konnte.

Wenn es unklare Diagnosen bezüglich meines Herzens gab, hatte sie mich, ohne zu zögern, direkt aus der Praxis mit einem Krankenwagen abholen lassen. Im Gegensatz zu meinem alten Hausarzt, hatte sie die Problematik ernst genommen und schnell gehandelt.

Das Einzige, was auch bei ihr ein bisschen gedauert hatte, war die Wahrnehmung, dass meine ständige Müdigkeit nicht einfach nur eine Müdigkeit ist, sondern, dass diese sehr spezielle Erschöpfung einen Namen hat: „Chronisches Fatigue-Syndrom (CFS)".

Das mache ich ihr nicht zum Vorwurf, denn bei fast allen Ärzten, bei denen ich war, wurde dieses Syndrom nicht richtig erkannt, da keine gesicherte Diagnose vorlag. Leider ist das nach wie vor ein weit verbreitetes generelles Problem. Oft wird man mit seinen Symptomen nicht ernst genommen, einfach, weil die Ursache noch nicht eindeutig erkannt wird. Wer davon betroffen ist, kann sicher ein Lied davon singen. Wenn man nicht ernst genommen wird, hat das Auswirkungen auf einen selbst. Es macht traurig und wütend und lässt manchmal auch verzweifeln. Die Situation ist ohnehin schon schwer genug, da braucht man nicht noch zusätzliches Unverständnis. Der Wechsel zu meiner neuen Ärztin war in diesem Moment die richtige Entscheidung. So konnte ich neues Vertrauen aufbauen. Die Diagnose, dass ich unter CFS leide, wurde während meiner ersten Rehabilitationsmaßnahme gestellt. Darüber werde ich dir später noch genauer berichten.

Die genaue Ursache meines Herzrasens, das ich schon seit meiner Kindheit habe und das 2018 außer Kontrolle geriet, wurde bisher noch nicht eindeutig festgestellt. Alle anderen Probleme, die ebenfalls seit der Impfung bestehen und mittlerweile diagnostiziert wurden, sind jedoch genau identifiziert worden. Mir wurde geraten, aufgrund der Ereignisse von 2018 einen Hefter anzulegen, in dem alle Arzt- und Krankenhausberichte, die seitdem erstellt wurden, gesammelt werden. So bin ich besser aufgestellt, falls es zu weiteren Vorfällen kommt und die behandelnden Ärzte Zugriff auf eine vollständige Historie haben. Dieser Rat, den mir mein holländischer Papa gab, hat sich inzwischen als äußerst wertvoll erwiesen. Ich muss zugeben, dass es ein sehr hilfreicher Tipp war. Der ursprünglich kleine Hefter ist mittlerweile zu einem prall gefüllten Aktenordner angewachsen. Das ist irgendwie wirklich erschreckend.

Auch wenn ich nach 2018 immer wieder mal Herzrasen hatte, blieb es glücklicherweise nie so intensiv wie auf dem Flughafen von Hurghada. Trotzdem wurde ich jedes Mal erneut getriggert. Ehrlich gesagt, hatte ich immer Angst, dass es wieder so schlimm werden könnte wie damals. Das Universitätsklinikum Eppendorf (UKE) in Hamburg, bekannt für seine exzellente kardiologische Abteilung, nahm sich dieser Angelegenheit an. Im Herbst 2022 wurde ich dort zur Behandlung aufgenommen.

Obwohl ich wusste, dass ich mit meinem Herzproblem dort in guten Händen war, bemerkte ich, dass ich wieder etwas Angst verspürte. Man hatte mir inzwischen mitgeteilt, dass ich am nächsten Morgen unter Vollnarkose gesetzt werden würde, um dann über die Leiste die notwendigen Untersuchungen am Herzen durchzuführen. Dabei erklärten sie mir, dass sie mit Stromstößen und bestimmten Medikamenten, die mir verabreicht werden sollten, mein Herz zum Rasen bringen wollten. Sollte es eine fehlerhafte Leiterbahn geben, könnten sie diese aufspüren und die Ursache während der Untersuchung direkt mit einer Verödung an der betroffenen Stelle beheben. Selbstverständlich wurde ich auch über die Risiken aufgeklärt, die nicht zu unterschätzen sind.

Im Alltag war ich inzwischen wirklich wieder gut mental gefestigt, doch jetzt, allein im Krankenzimmer, wartend auf den nächsten Morgen und die bevorstehende Operation, löste die Situation ein unangenehmes Gefühl in mir aus. Ich wurde getriggert – 2018 war plötzlich wieder sehr präsent, als wäre es erst gestern gewesen. Ich telefonierte mit meiner Süßen; das lenkte mich auf eine bezaubernde Weise ab, aber eben nur solange, wie das Gespräch dauerte.

Um überhaupt an Schlaf zu denken, musste ich wieder auf meine bewährten Methoden zurückgreifen. Zunächst begann ich, meine Gedanken mit Filmen meines eigenen Programmdirektors zu füttern. Zusätzlich setzte ich auf Alpha-Wellen und meditative Musik, um in einen entspannten Zustand zu kommen. Ich stellte mir vor, nach der erfolgreichen Operation das Krankenhaus auf eigenen Beinen zu verlassen. Ich visualisierte, wie ich glücklich vor dem Krankenhaus stand und mich darüber freute, dass das Problem mit dem Herzrasen endlich gelöst war. Ich war fest davon überzeugt, dass die Ärzte im UKE hervorragende Arbeit leisten würden und mein

Problem beheben könnten. Je mehr positives Kopfkino und ermutigende Gedanken ich hatte, desto besser ging es mir. Das Unbehagen, das durch die Triggerpunkte ausgelöst worden war, verschwand langsam. Der bewusste Widerstand gegen die negativen Gedanken funktionierte erneut gut. Die Angst war gezähmt.

Da ich seit der Impfung ohnehin immer sehr müde bin, konnte ich tatsächlich gut schlafen, indem ich auf meine erprobten Entspannungstechniken aus meiner „Trickkiste" zurückgriff. Ich stellte mir den Wecker, damit ich noch vor dem Abholen zum OP-Termin weiter positive Filme schauen und beruhigende Meditationen machen konnte. Mein Ziel war es, entspannt und angstfrei in die OP zu gehen.

Im OP-Saal angekommen, verabreichten sie mir ein Medikament, das mich schnell einschlafen ließ. Als ich wieder erwachte, teilte man mir mit, dass die Operation ohne Komplikationen verlaufen war. Die defekte Leiterbahn wurde gefunden und erfolgreich repariert. Da ich mich nicht mehr genau an die Erklärung der Ärzte erinnere, drücke ich mich hier mit meinen eigenen Worten aus, die jedoch sinngemäß wiedergeben, was mir mitgeteilt wurde.

Weiter wurde mir gesagt, dass, nach diesem erfolgreichen Eingriff am Herzen, die Ursache des Herzrasens sehr häufig dauerhaft behoben wird. Auch wenn es sein kann, dass sie noch einmal nachjustieren müssen oder sich an anderer Stelle eine weitere Problematik zeigen könnte, die ebenfalls behoben werden kann, war ich einfach nur dankbar für diese großartige Nachricht. Wow! Das fühlte sich richtig gut an. Seit meiner Kindheit hatte ich mit diesen Problemen zu kämpfen, und plötzlich schien es, als wäre ich zur richtigen Zeit am richtigen Ort und bei den richtigen Ärzten gelandet. Dafür bin ich dem UKE unglaublich dankbar. Als ich wieder in meinem Zimmer lag, wurde mir erst richtig bewusst, dass ich innerhalb von nur acht Monaten dreimal direkt am Herzen operiert worden war. So schrecklich das einerseits auch ist, so sehr freue ich mich darüber, dass sich jemand um mich kümmert und dafür sorgt, dass meine Zeit noch nicht gekommen ist. Ich bin noch nicht fertig. Der Himmel muss noch warten. Wir hatten einfach schon so oft so viel Glück, das kann kein Zufall sein. Zumal ich ohnehin nicht an Zufälle glaube.

Das nächste, was ich tat, war, meine Süße anzurufen und ihr von der freudigen Nachricht zu berichten.

Am nächsten Tag konnte ich bereits wieder auf dem Gelände spazieren gehen. Es fühlt sich immer so an, als ob ein unsichtbarer Zeitraffer die Zeit unmerklich vorwärts katapultiert. Da ich nur noch eine weitere Nacht zur Kontrolle bleiben sollte, wollte ich vermeiden, dass sich Freunde und Familie extra auf den Weg machten, um mich zu besuchen. Stattdessen wollte ich die Zeit für mich nutzen, um das Erlebte noch einmal Revue passieren zu lassen. Als jedoch meine kleine Nichte Michelle anrief und mir sagte, dass sie sich auf den Weg machen würde, um mich zu besuchen, freute ich mich dennoch sehr. Sie arbeitet, wie auch meine große Nichte Melanie, beim Zoll. Ich habe insgesamt drei Nichten und einen Neffen, die ich alle sehr liebe. Jeder von ihnen ist ein ganz besonderer Mensch.

Kurz darauf war Michelle auch schon da und begleitete mich beim Spaziergang, ehrlich gesagt, fühlte ich mich so auch sicherer. Wir unterhielten uns über Selbstverteidigung, da sie gerade weitere Kurse erfolgreich hinter sich gebracht hatte. Wir tauschten uns auf diesem Gebiet ein wenig aus. Es war schön und es tat gut. Manchmal hilft tatsächlich auch eine Ablenkung dabei, weg von bestimmten Gedanken zu kommen. Auch wenn ich sehr dankbar für die durchgeführte Operation gewesen bin, war es schön, mal nicht über Herzoperationen zu sprechen oder über sie nachzudenken.

Wenn es dir mal nicht so gut geht, weil du, aufgrund einer bestimmten Angelegenheit, große Angst verspürst und es dir schwerfällt, dich auf deinen Mut machenden Kopfkinofilm oder eine Meditation zu konzentrieren, weil deine Angst es nicht zulässt, kann es hilfreich sein, dir eine kleine Ablenkung zu verschaffen. Das kann zum Beispiel ein herzhafter Biss in eine saure Zitrone oder in eine scharfe Chilischote sein. Natürlich kannst du dich auch mit anderen Dingen ablenken. Es gibt unzählige Möglichkeiten. Wähle diejenige, die sich für dich am besten anfühlt. Vielleicht hilft dir eine aktive sportliche Einheit oder ein lustiges Gespräch mit Freunden. Sobald du von deinen festgefahrenen Gedanken wegkommst, fällt es dir leichter, dich wieder dem zu widmen, bei dem du vorher Schwierigkeiten hattest. Diesen wertvollen Tipp habe ich von meiner Therapeutin, Frau Rezai, erhalten.

Nachdem ich wieder zu Hause bei Carmen war und wir uns über die letzten verrückten Monate unterhielten, beschlossen wir, uns etwas zu gönnen und einer unserer großen Leidenschaften nachzugehen: den Urlaub. Wir entschieden uns wieder für El Gouna, diesmal jedoch zusammen mit unseren Kindern und unserem Enkelkind Deluca. Unser zweites Enkelkind war zu diesem Zeitpunkt noch im wohlbehüteten Bauch der Mama.

Das war natürlich eine große Ablenkung, aber für uns genau die richtige Entscheidung. Es war schön, an den Ort zurückzukehren, an dem alles begann und das auch noch gemeinsam mit unseren Kindern, die wir aufgrund der großen Entfernung, die mittlerweile zwischen uns liegt, leider nicht mehr so oft sehen.

Vor einigen Jahren sind wir von Hamburg nach Sylt gezogen, während unsere Kinder nach NRW umgezogen sind. Nun trennen uns etwa 700 Kilometer, für spontane Besuche ist das definitiv zu weit. Umso mehr haben wir uns auf den gemeinsamen Urlaub gefreut.

Meditation

Wie ich dir bereits erzählt habe, meditiere ich oft, sowohl zur Entspannung als auch, um mich mental zu stärken.

Da ich nicht sicher bin, ob du selbst meditierst oder dich schon einmal grundsätzlich mit dem Thema beschäftigt hast, möchte ich dir zur besseren Verständlichkeit ein wenig darüber erzählen.

Der Begriff „Meditation" stammt aus dem Lateinischen und bedeutet „Nachdenken", „Nachsinnen" oder „Überlegen".

Ursprünglich hatte Meditation religiöse Wurzeln, besonders im Buddhismus und wurde durch die Lehren von Buddha weltweit bekannt. Heute praktizieren jedoch viele Menschen, außerhalb religiöser Gemeinschaften, Meditation mit großem Erfolg und wachsender Beliebtheit. Leider hat sich bei manchen, die sich nicht näher damit auseinandergesetzt haben, ein vereinfachtes Schubladendenken entwickelt. In der westlichen Welt wurde alles, was mit Meditation zu tun hatte, häufig mit dem negativ behafteten Begriff „Esoterik" in Verbindung gebracht. Dieser Begriff war lange Zeit mit negativen Assoziationen verbunden, und auch heute ist sein Image noch nicht völlig von dieser negativen Prägung befreit. Ein weiterer Grund für das schlechte Ansehen von Meditation liegt darin, dass einige „schwarze Schafe" der Szene dieser ursprünglich positiven Praxis einen Bärendienst erwiesen haben. Daher war der Begriff Meditation lange Zeit mit vielen Klischees behaftet. Zum Glück hat sich die Einstellung dazu im Laufe der Jahre zunehmend positiv entwickelt. Die Menschen begannen, sich für das Kennenlernen von Meditation zu öffnen. Besonders Anfänger waren oft erstaunt, wie schnell eine positive Wirkung spürbar wurde. Schon nach wenigen Einheiten war eine merkliche Entspannung und

Stressreduktion zu bemerken. Meine eigenen Erfahrungen bestätigen dies absolut.

Durch die zunehmende wissenschaftliche Auseinandersetzung mit dem Thema und der Veröffentlichung positiver Studien wuchs das Interesse an Meditation.

Dass sich die positiven Effekte des Meditierens so schnell zeigen, hängt wohl auch mit der Aktivierung des Vagusnervs zusammen. Dieser wichtige Nerv ist Teil des Parasympathikus, der für Entspannung, Erholung und auch für die Verdauung verantwortlich ist. Der Parasympathikus ist sozusagen der Gegenspieler des Sympathikus, der für die körperliche Leistungsfähigkeit zuständig ist. Beide Nervensysteme spielen eine wichtige Rolle im Körper. Der Vagusnerv ist der längste unserer zwölf Hirnnerven. Er entspringt dem Hirnstamm und verläuft über den Hals, die Brust und den Bauchraum. Auf diesem Weg verzweigt er sich und sendet Signale zu wichtigen Organen wie dem Herzen, der Leber, der Milz und den Verdauungsorganen. Vereinfacht gesagt, könnte man den Vagusnerv als Vermittler zwischen dem Gehirn und den inneren Organen sowie den lebenswichtigen Funktionen des Körpers verstehen, die dafür sorgen, dass wir zur Ruhe kommen. Ich finde diesen Nerv faszinierend, in gewisser Weise ist er wie eine innere Relax-Liege. Er hat das Ziel, dass es dir gut geht und du dich entspannst. Wenn du es schaffst, durch eine Meditation diesen wichtigen Nerv zu aktivieren, sendet er Impulse, die dir helfen, ruhiger und entspannter zu werden. Dein Herzschlag verlangsamt sich, wodurch auch dein Blutdruck sinkt. Deine Muskulatur entspannt sich, was wiederum den Stressabbau unterstützt.

Aus meiner Sicht auf die Welt bist du nicht dein Körper, aber ohne deinen Körper bist du hier auf Erden nichts. Dein Körper ist hier auf Erden dein Zuhause. Deswegen ist es auch so wichtig, wie du deinen Körper behandelst. Es gibt viele Möglichkeiten, ihm Gutes zu tun, ohne dass du deswegen das Gefühl haben musst, nicht mehr am gesellschaftlichen Leben teilzuhaben. Unternehme das, was dir gut tut. Feiere und mache Party, wenn es dich glücklich macht, aber gönne deinem Körper auch Ruhe, Liebe und Fürsorge. Mediation, aber auch Massagen sind zum Beispiel gute Möglichkeiten, deinen Körper zu resetten.

Neurowissenschaftler sind zunehmend von den Möglichkeiten der Meditation und deren nachgewiesener Wirksamkeit fasziniert. Inzwischen hat sich Meditation zu einer anerkannten, oft begleitenden Therapieform entwickelt. Dabei existieren verschiedene Formen und Ansätze, die jedoch alle dasselbe Ziel verfolgen: Sie fördern die Gesundheit, helfen beim Stressabbau, verbessern die Selbstwahrnehmung und steigern die Zufriedenheit. Um nur einige positive Eigenschaften zu nennen. Regelmäßige Meditation kann dabei helfen, den Blutdruck zu senken, den Blutzuckerspiegel zu regulieren und Schmerzen zu lindern. Sie hat außerdem positive Auswirkungen auf unser Immunsystem, den Cholesterinspiegel und kann ebenfalls dabei unterstützen, Angstzustände und Depressionen zu lindern oder bestenfalls sogar aufzulösen. Forscher auf der ganzen Welt entdecken immer mehr faszinierende Auswirkungen der angewandten Meditation auf Körper, Geist und Seele.

Wie du siehst, braucht man vor Meditationen definitiv keine Angst zu haben. Ganz im Gegenteil, sie hilft uns dabei, unser Bewusstsein zu erhöhen und unser Unterbewusstsein neu zu programmieren.

Wenn ich sehe, wie oft mir Meditation schon geholfen hat, mich zu stärken und aus der Angst herauszukommen, kann ich dir auf jeden Fall nur empfehlen, sie einmal auszuprobieren. Was hast du schon zu verlieren, außer, dass es vielleicht funktionieren könnte? Das passende Motto lautet hier: 'Einfach machen!'

Manchmal bin ich beim Meditieren so tiefenentspannt, dass ich während der Meditation einschlafe. In diesen Momenten sind mein Vagusnerv und mein Parasympathikus eine eingeschworene Einheit. Quasi die drei Musketiere auf dem Weg ins "Bubuland".

Als jugendlicher Kampfsportanfänger hatte ich durch das Kung-Fu-Training schon früh die ersten Kontakte mit Meditation. Damals ging es jedoch hauptsächlich um die Atmung und darum, mich auf den Kampf zu fokussieren. Dieser Fokus ist bis heute ein wesentlicher Bestandteil meiner Meditation. Auf sportlicher Ebene kann man sich durch Fokussierung enorm steigern, aber auch mental. Es ist tatsächlich möglich, sich, im wahrsten Sinne des Wortes, stark zu denken. Natürlich kannst du auch alle anderen Themen, die dir wichtig sind, in die Meditation einfließen lassen. Ich habe sie oft in Krisensituationen genutzt, um mich zu beruhigen und von Ängsten loszukommen, was immer hervorragend funktioniert hat. Es gibt viele verschiedene Möglichkeiten, eine effektive Meditation mit hilfreicher Atmung zu gestalten. Ich kann dir nicht sagen, welche die beste Methode ist, aber ich kann dir verraten, wie ich sie bei mir erfolgreich anwende. Welche für dich am besten funktioniert, musst du selbst herausfinden. Dabei unterscheide ich immer, ob ich mich entspannen möchte oder ob ich mich für einen bestimmten Anlass stärken will. Du wirst sicher schnell erkennen, ob du einfach entspannen oder dich fokussieren möchtest, und dementsprechend eine Entscheidung treffen.

Ich denke, jeder kennt das Gefühl, sich durch eigene Gedanken, also das eigene Kopfkino, oder auch durch die Worte anderer, die wie eine kleine Bombe in uns einschlagen, kleiner zu machen, als man wirklich ist. Durch Meditation kannst du lernen, größer zu sein, als du es im falschen Kopfkino-Modus denkst. Hör auf, dich selbst kleinzureden. Sei einfach mal größer, als du denkst.

Wenn du dich einfach nur entspannen und den Stress loslassen möchtest, lege dich auf den Rücken auf dein Bett, dein Sofa oder eine Yogamatte. Such dir einfach einen Ort, an dem du dich wohlfühlst. Bei schönem Wetter gehe ich, um kraftspendende Gedanken zu sammeln, gerne an den Strand. Wichtig ist, dass du bequem liegst oder sitzt und es angenehm warm ist. Natürlich kannst du auch sitzen, aber ich habe für mich festgestellt, dass ich im Liegen besser entspannen kann. Probiere aus, was dir am meisten zusagt. Des Weiteren solltest du bei beiden Arten der Meditation (entspannen und stärken) vorher die Toilette aufsuchen und dein Handy auf Flugmodus stellen. Während einer Meditation sollte dich nichts ablenken können, was du im Vorfeld regeln kannst. Wenn du mit dem Meditieren beginnst, wirst du überrascht sein, wie viele Ablenkungen es gibt. Ich empfehle dir außerdem, vorher einen Schluck Wasser zu trinken, damit du während der Sitzung nicht durstig wirst. Es wäre auch von Vorteil, wenn du eine Kleinigkeit gegessen hast, damit dich der Hunger nicht von deiner Meditation ablenkt.

Falls es dir generell schwer fällt, dich auf eine Sache zu konzentrieren, empfehle ich dir, zum Einstieg eine geführte Meditation auszuprobieren. Diese kannst du entweder käuflich erwerben oder kostenlos über bekannte Social-Media-Kanäle anhören. In der Regel sind diese Meditationen zusätzlich mit beruhigender Musik oder manchmal sogar mit Alpha-Wellen unterlegt. Auch hier gibt es bereits eine große Themenauswahl. Wichtig ist, dass du dir zuerst Gedanken darüber machst, was dir in diesem Moment besonders wichtig ist. So kannst du dein Thema gezielt auswählen. Höre dann kurz hinein, denn bei geführten Meditationen ist es entscheidend, dass dich die Stimme der Sprecherin oder des Sprechers anspricht. Andernfalls könntest du Schwierigkeiten haben, dich richtig fallen zu lassen, und die Wirkung der Meditation könnte verpuffen. Sobald du dich entschieden hast und alles andere bedacht hast, nimmst du die von dir gewählte Position ein. Schließe die Augen und beginne langsam und tief zu atmen. Atme zunächst ein paar Mal bewusst und konzentriere dich dabei nur auf deine Atmung, einatmen, ausatmen. Nach einer Weile atme tief für drei Sekunden durch die Nase ein und lasse die Luft doppelt so lange langsam durch den Mund wieder entweichen. Konzentriere dich ganz auf die Atmung – tief und langsam durch die Nase einatmen, doppelt so lange durch den Mund ausatmen. Wiederhole das eine Weile. Dadurch wirst du immer mehr fokussiert und richtest deine ganze Aufmerksamkeit darauf, was du mit der Übung erreichen möchtest. Alles andere um dich herum und alle Gedanken verlieren an Bedeutung.

Als nächstes mache ich die 4-6-8-Atemübung. Das bedeutet, dass ich langsam vier Sekunden durch die Nase einatme, sechs Sekunden den Atem halte und dann acht Sekunden lang durch den Mund wieder ausatme. Dies wiederhole ich dreimal.

Durch diese entspannte tiefe Bauchatmung, werden deine inneren Organe stimuliert, der Zellstoffwechsel, die Durchblutung und die Verdauung angeregt. Dein Immunsystem und dein allgemeines Wohlbefinden werden gestärkt.

Dank der bewussten, tiefen und langsamen Atemtechnik, reduzierst du deine Atemfrequenz, wodurch sich dein Herzschlag verlangsamt und Entspannung einsetzt. Deine Muskulatur lockert sich spürbar. Mit dieser Atemtechnik kommst du schon in eine Art meditativen Zustand. Danach starte deine zuvor ausgesuchte geführte Meditation und atme noch einmal tief und langsam durch die Nase ein, um dann kräftig durch den Mund auszuatmen.

Lass dich nun von der Stimme, der Musik und deinen Gefühlen leiten und gib dich ganz diesem Augenblick hin.

Sollte dein Geist abschweifen, was völlig normal ist, ärgere dich nicht darüber. Nimm stattdessen einen tiefen, bewussten Atemzug durch die Nase, halte kurz inne und atme dann doppelt so lange wieder aus. Kehre damit zur Stimme zurück. Egal, wie lange du es schaffst zu meditieren, jede Minute ist wertvoller als jede Minute, die du mit Grübeln und Stress verbringst. Versuche es einfach immer wieder. Je weniger Druck du dir machst, desto leichter wird es dir gelingen. Du wirst durch das Loslassen stärker, nicht durch das Festhalten.

Wenn du dich sicherer im Umgang mit geführten Meditationen fühlst, die ich übrigens zwischendurch auch immer noch sehr gerne nutze, kannst du versuchen, deine Meditation eigenständig zu führen. Du kannst das mit Musik oder auch ganz ohne probieren. Ich persönlich bevorzuge Meditationen mit Musik, besonders mit Alpha-Wellen. Doch es gibt auch viele Menschen, die die absolute Stille während der Meditation schätzen. Andere wiederum können ohne Musik oder Geräusche zu Beginn ihrer Praxis kaum meditieren. Ich mag alle Varianten, auch wenn ich, wie bereits erwähnt, die mit Musik und Alpha-Wellen bevorzuge.

Im Buddhismus geht es bei der Meditation oft darum, den Geist ganz ins Hier und Jetzt zu bringen, ohne ein bestimmtes Thema oder Ziel. Ich selbst meditiere jedoch meistens mit einer bestimmten Intention. Gegen Ende der Praxis lasse ich alle Gedanken los und fokussiere mich nur noch auf meinen Atem und das pure Sein. Am Ende der Sitzung lasse ich alles los, was sehr befreiend wirkt.

Das Thema sollte immer das sein, was dir gerade am nützlichsten und am wichtigsten ist. Es ist wie beim Kopfkino, wo du der Programmdirektor bist. Du suchst dir dein Thema aus, worin du dich verbessern willst. Bist du zum Beispiel Anfänger beim Sport und du schaffst gerade mal so, mit sehr viel Mühe zehn Liegestütze, dann sehe dich, wie du mit

Leichtigkeit doppelt so viele Liegestütze am Stück schaffst. Stelle dir vor, wie sich das anfühlen würde, wenn du sie bereits geschafft hättest. Wie fühlt sich das für dich an? Kannst du spüren, wie glücklich und stolz du auf dich selbst bist? Diese Gefühle durchdringen jede Zelle deines Körpers und erreichen auch dein Unterbewusstsein. Sie wirken wie eine Affirmation, bei der du dir immer wieder sagst, wie gut du bist und dass du problemlos zwanzig Liegestütze schaffst. Doch wenn du es nur sagst, ohne es wirklich zu fühlen, wird sich nichts ändern, außer dass du Zeit verlierst und möglicherweise noch die Bestätigung erhältst, dass du es ja schon vorher wusstest, dass es nicht funktionieren würde.

Affirmationen sind das Gefährt, und dein Fühlen ist der Treibstoff, der es in Bewegung setzt. Wenn du es schaffst, beides miteinander zu verbinden, entsteht eine harmonische Verbindung. Affirmationen sind besonders hilfreich bei Meditationen, da dir das Fühlen leichter fällt, wenn du dich in einem entspannten Zustand befindest, indem du offen bist. Nach einer erfolgreichen Meditation, in der du dich selbst gesehen hast, wie du die zwanzig Liegestütze ohne Schwierigkeiten geschafft hast und dieses Gefühl auch noch erleben konntest, wirst du es auch in der Realität schaffen. Die klaren Ziele, die du dafür benötigst, kannst du dir, je nach Bedarf, selbst setzen. Besonders im Sport, aber auch bei der Überwindung von Ängsten, habe ich zusammen mit meinen zahlreichen Trainingspartnern erstaunliche Erfolge erlebt. Deine mentale Stärke lässt sich beim Meditieren in allen Lebensbereichen auf ein unglaublich hohes Maß steigern und festigen.

Hilfe bekommt Helfer

Während der ganzen Horrorzeit habe ich noch nebenbei, mit weiteren fleißigen Helfern, ein soziales Hilfsprojekt ins Leben gerufen:

„Hilfe bekommt Helfer"

Die Plattform sollte vielfältige Möglichkeiten bieten, um Menschen und Tieren in Not auf unterschiedlichen Wegen zu helfen. Unser Ziel war es, eigene Events zu veranstalten, bestehende Hilfsorganisationen zu unterstützen und eigenständige Projekte ins Leben zu rufen. Ich war stolz und dankbar für die tatkräftige Unterstützung, die ich erhielt, da ich das Projekt aus zeitlichen und gesundheitlichen Gründen alleine nicht hätte umsetzen können. Es ist wichtig zu erwähnen, dass das Engagement bei uns allen nebenberuflich stattfand, da wir zusätzlich unseren hauptberuflichen Verpflichtungen nachgingen.

Unsere liebe Anna, die bereits für Carmen da war, als ich auf der Intensivstation lag, brachte das Projekt mit viel Herzblut und Engagement auf den Weg. Sie ist und bleibt ein wunderbarer Mensch, sowohl als Freundin als auch als Arbeitskollegin.

Ich bin stolz auf alle, die das Projekt „Hilfe bekommt Helfer" unterstützt haben. Nach wie vor empfinde ich ihnen gegenüber große Dankbarkeit. Es würde jedoch den Rahmen dieses Buches sprengen, jedem einzelnen meinen Dank auszusprechen. Einige Personen möchte ich dennoch besonders hervorheben, damit du einen besseren Eindruck von diesem Herzensprojekt bekommst. Einerseits war da unser Freund Flo, der mit seiner Firma „InSylt Media" die Verantwortung für Film- und Tonaufnahmen übernahm.

Beeindruckend war, dass er dies unentgeltlich tat. Flo investierte unzählige Stunden in dieses Projekt. Eine Leistung, die kaum genug gewürdigt werden kann.

Andererseits unterstützten Amir und Ana, die zu dieser Zeit das Künstlercafé in Westerland betrieben, das Projekt zusätzlich mit ihrem Tonstudio, das sie nebenbei führten. Beide investierten unzählige Stunden ihrer Freizeit. Amir arbeitete oft bis spät in die Nacht, nachdem er bereits den gesamten Tag mit der aufwändigen Führung des Restaurants verbracht hatte, das viel Energie und Engagement erforderte.

Eine weitere große Hilfe, auch in Form von Geldspenden, leistete unser Freund Nils von Büro- und IT-Dienstleistungen. Nils ist ein unglaublich empathischer Mensch und hat mich auch bei diesem Buch wieder unterstützt. Eines Tages war plötzlich der bis dahin geschriebene Text verschwunden. Zu diesem Zeitpunkt war Nils nicht auf der Insel, da er seine treue Hündin Jasmin auf ihrem letzten Weg begleitete. Zuerst traute ich mich gar nicht, ihn zu fragen, da ich wusste, wie schwer diese Situation für ihn war. Doch ich war verzweifelt, denn etwa 130 Seiten schienen verloren zu sein. Zögerlich fragte ich dann dennoch bei ihm nach. Zu meiner großen Erleichterung nahm sich Nils Zeit und konnte das Problem aus der Ferne lösen. Was für ein toller Mensch! Die Geschichte von Nils und Jasmin berührt mich immer noch sehr. Nils war ihr bis zum Schluss eine treue Stütze. Er hatte sie während einer längeren Auszeit in Nepal kennengelernt, als sie noch eine Straßenhündin war, und brachte sie mit nach Deutschland. Die Bindung zwischen den beiden war außergewöhnlich stark. Als sich abzeichnete, dass Jasmins Lebenszeit zu Ende ging, wich Nils keinen Tag von ihrer Seite. Jasmin übertraf alle Erwartungen der Tierärzte und lebte viel länger, als ihr prognostiziert worden war. Sie war eine wahre Kämpfernatur, von der wir als Menschen etwas abschauen und lernen können.

Niemals aufzugeben!

Wir erhielten weitere finanzielle Unterstützung von unserem Freund Torsten, der mit viel Herzblut das ehemalige „Fisch und Meer" betrieben hatte, sowie von Ulli, dem Inhaber der GB-Sylt. Beide zögerten keine Sekunde, um das Projekt tatkräftig zu unterstützen.

Unterstützung in Form von Sachspenden und tatkräftiger Hilfe erhielten wir von unserer Freundin Sazi, die als Geschäftsführerin mehrere Modeläden betreibt, sowie von ihrem Sohn Deniz, der mit seiner markanten Stimme die Sprecherrolle bei einigen Projekten übernommen hatte.

Unser erstes Projekt bei ‚Hilfe bekommt Helfer' drehte sich um das Thema Nachhaltigkeit in der Ernährung. Der Titel des Events lautete: ‚Wegschmeißen kann jeder!

Dazu hatten wir im Hotel Strandhörn, von dem ich dir ja bereits erzählt hatte, ein Event veranstaltet. Dirk und Lydia waren die Gastgeber in ihrem Hotel. Für die Veranstaltung haben wir uns Spitzenköche von Sylt eingeladen, um ein unvergessliches kulinarisches Erlebnis zu schaffen. Einer der Köche war unser Freund und Sternekoch Basti, der allerdings inzwischen nach München gezogen ist. Basti beeindruckte die Gäste mit seiner erstklassigen Küche und seinem charmanten Auftreten.

Ein weiterer herausragender Koch war der coole Ivo, der als Küchenchef bereits in renommierten Restaurants wie dem A-Rosa sein Talent unter Beweis gestellt hat. Begleitet wurde er von Balima, seinem damaligen Sous-Chef. Balima, unser Freund und Bruder, stammt aus Burkina Faso und brachte mit seiner Kreativität und Lebensfreude eine besondere Note in das Event ein. Scherzhaft nennen wir uns manchmal gegenseitig Weiß- und Schwarzbrot, eine humorvolle Anspielung auf unsere lange und enge Freundschaft. Wir wollen damit zeigen, dass es doch vollkommen egal ist, welche

173

Hautfarbe du abbekommen hast. Ein Mensch bleibt ein Mensch, egal in welchem Gewand.

Wir haben herausragende Köche eingeladen, um zu demonstrieren, dass sich auch mit Lebensmitteln, deren Mindesthaltbarkeitsdatum überschritten ist, exzellente Gerichte zubereiten lassen. Die Köche konnten nacheinander aus den mitgebrachten Zutaten wählen und mussten daraus spontan einen Gang für die geladenen Gäste kreieren. Dabei wussten sie im Vorfeld nicht, welche Lebensmittel ihnen zur Verfügung stehen würden. Dieses Konzept verlangte den Köchen ein hohes Maß an Kreativität und Spontanität ab. Ein beeindruckendes Beispiel für Spitzenküche mit abgelaufenen Lebensmitteln.

Unter den geladenen Gästen waren unter anderem Christian Appelt, der Gründer der fantastischen Kaffeerösterei auf Sylt, Lars Erichsen, ein Immobilienexperte, Ben Paulsen von Paulsen & Paulsen Immobilien, sowie Andreas der aber von allen nur Boxer genannt wird (Boxer ist der Gründer von Respect Hamburg), sowie weitere interessante Gäste.
Die Lebensmittel für das Event wurden uns großzügig von Edeka Gehrke in Westerland und Edeka Dehn in Hörnum zur Verfügung gestellt. Den Kontakt zu Edeka Dehn hatte Lena von der GB Sylt hergestellt. Es war eine großartige Aktion von beiden Edeka-Märkten, Nachhaltigkeit in vollem Umfang zu unterstützen.

Das Event war ein großer Erfolg und zeigte eindrucksvoll, dass das Mindesthaltbarkeitsdatum (MHD) eben nur ein Datum ist, nicht mehr und nicht weniger. Jeder Gang, den die Gäste zu essen bekamen, war ein Genuss. Besonders nachdenklich stimmt es, wenn man sich vorstellt, dass die Produkte normalerweise im Müll gelandet wären. Dies wirft ein kritisches Licht auf unseren Umgang mit Ressourcen und regt zum Nachdenken an.

Bei dem nächsten Projekt ging es um das immer noch tabuisierte Thema Mobbing. Dafür drehten wir ein Musikvideo mit dem Titel: „Hab keine Angst".

Wir haben dieses Thema gewählt, weil es immer noch ein Bereich ist, über den ungern gesprochen wird. Niemand möchte zugeben, dass es in der Schule, am Arbeitsplatz oder an anderen Orten ein Problem ist. Mobbing empfinde ich als etwas Grauenhaftes. Bis heute verstehe ich nicht, wie Menschen Freude daran finden können, andere auf die niedrigste Art und Weise fertig zu machen.

Mit Worten kannst du Menschen etwas Wunderbares mit auf den Weg geben. Du kannst sie stärken und glücklich machen. Vielleicht dauert es nur eine Minute, diese Worte zu sagen, doch der Empfänger wird unendlich länger davon profitieren. Leider funktioniert das auch in die entgegengesetzte Richtung: Mit Worten des Hasses und der Verachtung kannst du jemanden genauso tief treffen wie mit einer Gewehrkugel. Aus der Deckung des Internets heraus verschanzen sich solche Menschen und schießen auf alles, was ihnen gerade in die Quere kommt.

Natürlich gab es auch schon während meiner Schulzeit Mobbing, jedoch nie in dem Ausmaß, wie es heutzutage vorkommt. Durch die zunehmende mediale Aufmerksamkeit, hat sich eine Spirale der Gewalt immer weiter verselbstständigt. Es war mir schon damals ein Rätsel, wie Menschen anderen, ohne jegliche Empathie, aus Langeweile, Geltungssucht oder Machtgier so schlimme Dinge antun können. Schon während meiner Schulzeit stellte ich mich auf die Seite der Gemobbten und setzte mich aktiv für sie ein, indem ich die Jungen verprügelte, die anderen aus reinem Spaß weh taten. Mit meinem neuen Projekt möchte ich, zusammen mit der Unterstützung anderer, ein weiteres klares Zeichen gegen Mobbing und Ausgrenzung setzen.

Dafür produzierten wir ein Musikvideo, auch wenn ich, beziehungsweise wir, noch nie vorher etwas damit zu tun hatten. Wir versuchten einfach, es mit unseren Möglichkeiten so gut zu machen, wie eben nur möglich. Ich muss aber auch ehrlich zugeben, dass ich, rückblickend gesehen, einiges anders gemacht hätte, wenn ich es jetzt noch einmal machen würde. Hinterher ist man halt immer schlauer. Da waren einfach typische Anfängerfehler dabei. Zu viel auf einmal zeigen zu wollen und dadurch den Fokus nicht genug auf die Einzelnen, das Wesentliche und die Musik selbst zu legen. Auch wenn der Ansatz gut war, dass möglichst viele Menschen hier ein Zeichen gegen Mobbing setzen wollten, wäre hier weniger mehr gewesen. Aber definitiv gehört auch so etwas zum Wachstum dazu.

Wir fragten Carsten Stahl von Camp Stahl und Stopp Mobbing, der ja schon seit vielen Jahren voller Überzeugung, in seiner ihm eigenen Art, auf dieses Thema aufmerksam macht, ob er bei diesem Projekt dabei sein möchte. Carsten unterstützte das Video. Am Ende des Videos sollte Carsten eine klare Botschaft senden. Ich habe riesigen Respekt vor seiner Arbeit. Jeden Tag aufs Neue setzt sich Carsten mit den Grausamkeiten auseinander, die einige Menschen, aus purem Spaß, an anderen ausleben. Es ist gar nicht genug zu würdigen, dass es Menschen gibt, die bereit sind, sich auch bei schwierigen Themen voll und ganz für andere Menschen zu engagieren. Und das Tag für Tag.

Beim Gesangspart übernahm Jon Jon den Hauptpart. Weitere Sänger waren Vanessa und Claus Eisenmann, der seinerzeit zusammen mit Xavier Naidoo die Söhne Mannheims gegründet hat. Zudem trat Gastone auf, ebenfalls ein aktiver Sänger der Söhne Mannheims, der mit seinem Part ein deutliches Zeichen setzte. Den Rap-Part steuerte Dennis bei.

Weitere Supporter waren unter anderem die großartigen ehemaligen Profifußballer Lars Unger, Tony Ailton und Nelson

Valdez. Lars war so hilfsbereit, Tony und Nelson mitzubringen, um ein Zeichen gegen Mobbing zu setzen.

Die liebe Anna, die ehemalige griechische Handballnationalmannschaftspielerin und Ehefrau von Lars.

Fabian Zahrt, der Kult-Koberer der "Olivia Jones Bar" auf dem Kiez, der am Drehtag extra mit seinem - zu der Zeit kaputten - Fuß angereist war.

Mein türkischer Bruder Ibo vom Kiosk 87 zusammen mit seinem Sohn Gökdeniz, der die Hauptrolle im Video bekommen hatte.

Meine große Nichte Melanie mit ihrem Mann Michael.

Alexander Dimitrenko, Ex-Europameister im Schwergewichtsboxen.

Andreas Besel, den Gründer von Respect Hamburg

John Kosmalla von Zuhause im Glück & Zuhause Helfer

Der coole Klaus Borrmann von Route 66 und von Cash für Chrom, der extra einen Tag früher aus dem Urlaub angereist war.

Olaf Jessen; Box Coach vom Hankook-Sportcenter und Gründer vom Verein: „Boxschool", in dem er Kindern und Jugendlichen Alternativen zur Gewalt aufzeigt. Für dieses fantastische Engagement wurde Olaf vor kurzem, absolut verdient, das Bundesverdienstkreuz verliehen.

Harald und Steffi, wobei Harald in diesem Video offiziell als Geschäftsführer der Immergut GmbH auftrat.

Marcel, der die fantastische Segelyacht Samyrah sowie eine zweite extra für den Videodreh organisiert hatte

Elke Wenning, die Leiterin vom Kursaal Hoch 3.

Die Johanniter-Rettungshundestaffel.

Trixi, die Chefin vom Sunset Beach.

Oke Boysen, unser leider nicht mehr unter uns weilender Sonnenaufgangs-Fotograf.

Ursprünglich dachte ich, es wäre gut, möglichst viele Menschen zu zeigen, die ein Zeichen gegen Mobbing setzen. Doch mit dem nötigen Abstand sehe ich das inzwischen etwas anders. Es waren einfach zu viele, und dadurch wurde denen, die extra angereist sind, um beim Dreh mitzuwirken, nicht genug Aufmerksamkeit geschenkt. Ja, ich weiß, dass es in erster Linie darum ging, ein starkes Zeichen gegen Mobbing zu setzen. Trotzdem finde ich, dass es besser gewesen wäre, die einzelnen Helfer mehr in den Vordergrund zu stellen. Aber nun ist es, wie es ist. Ich kann es nicht mehr rückgängig machen, also habe ich es akzeptiert, ohne mich selbst zu sehr zu kritisieren. Fehler sind da, um aus ihnen zu lernen. Sie ermöglichen es uns, zu wachsen und neue Wege zu entdecken, die vorher vielleicht übersehen wurden.

Währenddessen sammelten wir, während die Helfer Unterstützung erhielten, auch Spenden für das Frauenhaus auf Sylt, das aufgrund eines großen Wasserschadens dringend Unterstützung benötigte. Ich muss ehrlich gestehen, dass ich, obwohl ich gut vernetzt bin, vorher nicht wusste, dass es auf Sylt überhaupt ein Frauenhaus gibt. Einerseits finde ich es toll, dass solche Einrichtungen existieren, andererseits ist es erschreckend, dass sie überhaupt notwendig sind.

Innerhalb kurzer Zeit sammelten wir eine beträchtliche Menge an Sach- und Geldspenden. Es war beeindruckend zu sehen, wie schnell und effektiv Hilfe mobilisiert werden kann. Besonders bemerkenswert fand ich, als ich Klaus von "Cash für

Chrom" fragte, ob er etwas beisteuern möchte. Ohne eine Sekunde zu zögern, antwortete er mit einem klaren "Ja". Klaus unterstützte uns mit einer größeren Summe, und das ganz im Stillen, nicht für die Kameras, sondern einfach, weil er helfen wollte. Ich schätze solche wunderbaren Menschen sehr.

Ich erzähle dir das jetzt, weil du inzwischen ja eh schon einiges von meinem Leben erfahren hast. Ich möchte einfach, dass du siehst, dass es nie zu spät ist, Dinge in die Hand zu nehmen und an dich zu glauben. Dass es nie zu spät ist, sich selbst, aber auch anderen zu helfen. Und selbst wenn eine Sache nicht funktioniert, dann bleib am Ball. Es wird noch etwas anderes kommen. Vertraue auf die unzähligen Möglichkeiten.

Egal, wie gut alles anlief und welche tolle Hilfe wir erhielten, ich bemerkte leider, dass ich nicht mehr die nötige Kraft hatte, alles so voranzutreiben, wie es erforderlich gewesen wäre. Wir standen mit ‚Hilfe bekommt Helfer' noch ganz am Anfang, und uns kannte kaum jemand. Noch bevor es richtig nach vorne ging, musste ich schon die Notbremse ziehen. Ich hatte mich erneut mit Corona infiziert, und wie schon nach der ersten Infektion traten die Symptome wieder auf, die ich bereits nach meiner ersten Impfung gespürt hatte. Leider schienen die Symptome diesmal sogar stärker zu werden, je öfter ich Corona bekam. Jedenfalls war das jetzt der Fall. Ich hatte einfach nicht mehr die Energie, um die Projekte, die viel Zeit in Anspruch nahmen, weiterzuführen. Das ist auch der Grund, warum wir über Marga und ihr großes Herz für Tiere letztlich doch keine Reportage mehr gedreht haben.

Natürlich war ich zunächst sehr traurig, als ich feststellen musste, dass ich mein Herzensprojekt, aufgrund der nicht vertragenen Impfung und mehrerer Coronainfektionen, nicht fortsetzen konnte. Es fühlte sich wirklich sehr belastend an. Doch jetzt war wieder meine Herangehensweise gefragt: Wie gehe ich mit dieser gefühlten Niederlage um? Wie akzeptiere ich, dass ich krankheitsbedingt nicht weitermachen konnte?

Es war äußerst deprimierend für mich. Ich wollte anderen helfen, aber musste einsehen, dass ich selbst Unterstützung brauchte, weil mein Körper nicht mehr so funktionierte, wie ich es mir gewünscht hatte.

In mir tobten zahlreiche widersprüchliche Gefühle. Wir hatten viel Herzblut, Zeit und Geld in dieses Projekt investiert, aber all das schien nicht genug zu sein. Ich wusste, dass ich, solange mein Körper versagte, das Projekt nicht fortführen konnte.

Jetzt standen nur noch zwei Optionen zur Wahl: Fällt es mir leichter, in die Opferrolle zu schlüpfen und zuzulassen, dass sich meine mentale Verfassung immer weiter verschlechtert? Oder stelle ich mich meinen aufkommenden Ängsten und dem Frust und kämpfe dagegen an? Vertraue ich darauf, dass es trotz der vermeintlichen Niederlage weiter geht? Dass noch etwas anderes darauf wartet, von mir entdeckt zu werden?

Es gibt nicht nur die eine Chance, die eine Möglichkeit. Ich fällte eine Entscheidung. Ich ließ es nicht zu, dass ich die Vogelstrauß-Taktik anwende und meinen Kopf in den Sand stecke, sondern ich entschied mich dafür, einen weiteren Mutausbruch zu bekommen. Mit aller Kraft, die ich zur Verfügung hatte, begann ich zu kämpfen.

Es geht immer weiter. Geht eine Tür zu, öffnet sich eine neue. Vielleicht verbirgt sich hinter dieser Tür sogar eine noch größere Schatzkammer voller wunderbarer Erfahrungen. Das ist keine leere Floskel. Wenn wir mit offenem Herzen und Vertrauen durch das Leben gehen, hält es oft Überraschungen und Geschenke für uns bereit. Ich habe das selbst schon oft erlebt. Wunder geschehen für den, der daran glaubt.

Deshalb ist man nie zu alt, zu arm, zu unbedeutend, zu müde oder zu schwach, um Neues auszuprobieren. Lass einfach dein inneres Kind zu dir sprechen, dann wirst du auf magische Weise die Impulse für neue, wundervolle Abenteuer erhalten.

Glaub an dich und an die unzähligen Möglichkeiten, die dir offenstehen. Nur weil ein Vorhaben, zwei oder sogar viele Dinge nicht so funktioniert haben, wie du es dir erhofft hast, heißt das nicht, dass nicht noch eine Fülle von Geschenken, in Form von Abenteuern, auf dich warten. Sie warten nur darauf, von dir entdeckt und gelebt zu werden.

Trau dich, einen Mutausbruch zu erleben, und greife nach den Abenteuern.

Durch diese Herangehensweise ist es mir gelungen, nicht in ein Loch zu fallen, als ich selbst Hilfe benötigte. Ich habe mir bewusst gemacht, dass es noch viele weitere Türen gibt, die nur darauf warten, dass ich sie durchschreite. Da draußen warten unzählige Möglichkeiten auf uns alle, selbst unter schwierigen Bedingungen glücklich zu sein.

Um sich glücklich zu fühlen, brauchst du vor allem inneren Reichtum. Das wichtigste dabei ist, dass du dich diesen Möglichkeiten öffnest.

Verschließt du dich jedoch, sind sie zwar immer noch da und warten auf dich, aber du wirst sie nicht wahrnehmen, bis du bereit bist.

Es war äußerst deprimierend für mich.

Ich wollte anderen helfen,

aber musste einsehen,

dass ich selbst Unterstützung brauchte,

weil mein Körper nicht mehr so funktionierte,

wie ich es mir gewünscht hatte.

Urlaub in Dubai, inklusive Costa Toscana & Baby Bambam

Da du inzwischen weißt, dass Reisen eine unserer größten Leidenschaften ist, haben wir uns auch diesmal wieder entschieden, eine besondere Reise für unser Wohlbefinden zu unternehmen. Es macht uns immer wieder riesigen Spaß und hilft uns, den Akku wieder aufzuladen.

Außerdem unterstützte es mich dabei, von der Traurigkeit loszukommen, die mich, aufgrund der nicht vertragenen Impfung und weiterer Corona-Infektionen, stärker erfasst hat, als ich es zunächst eingestehen wollte. Dass ich das Projekt „Hilfe bekommt Helfer" wegen meiner körperlichen Einschränkungen schon wieder aufgeben musste, hat mir schmerzlich vor Augen geführt, wie sehr ich körperlich angeschlagen bin. Dieser Schritt war ein längerer Prozess, den ich nur langsam akzeptieren konnte. Ich habe es aber geschafft, da ich mich bewusst für neue Möglichkeiten öffnete.

Es gibt Tage, da ist es immer noch schwer zu akzeptieren, dass das Leben komplett auf den Kopf gestellt wurde. Auch wenn diese Tage mittlerweile viel weniger geworden sind. Die Lebensqualität ist seitdem trotzdem eine komplett andere als vorher. Sie hat viele Federn gelassen und an Wert verloren. Aus diesem Grund habe ich viel in mentale Arbeit investiert und tue dies auch weiterhin jeden Tag, um nicht in die falsche Richtung abzurutschen. Mit meiner mentalen Arbeit stärke ich, wie beim Training, meinen Geist. Sich Dinge zu gönnen, die einem am Herzen liegen, wie zum Beispiel das Reisen, hilft dabei ungemein. Es ist wie der Lolli für das innere Kind.

Da wir bisher weder eine Kreuzfahrt unternommen noch Dubai besucht hatten, suchten wir uns eine Reise aus, die beides miteinander vereint. Wir waren sehr neugierig auf diese bevorstehende Reise, da mein Bruder Günter und meine liebe Schwägerin Birgit uns schon viel Positives über Kreuzfahrten erzählt hatten. Die beiden fahren seit Jahren regelmäßig, meistens mit dem "roten Kussmund", manchmal auch mit „Mein Schiff". Sie sind regelrechte Kreuzfahrtjunkies geworden und haben so schon viele wunderschöne Orte der Welt gesehen. Es ist immer wieder spannend, mit welcher Begeisterung sie von ihren Reisen berichten. Das weckte auch bei uns eine große Neugier.

Dass wir so neugierig auf Dubai wurden, liegt auch daran, dass unsere Freunde Sven und Jana, mit denen wir bereits in El Gouna waren, so viel Positives darüber erzählt haben. Die beiden waren schon öfter dort und sind jedes Mal aufs Neue begeistert. In Dubai gibt es keinen Stillstand, sondern eine ständige Weiterentwicklung. Kein Wunder also, dass Dubai es definitiv auf meine Bucket List geschafft hat.

Führst du auch eine solche Wunschliste? Für mich persönlich ist sie eine echte Quelle der Inspiration. Sie lässt mich wieder wie ein kleiner Junge fühlen, der die Welt als riesigen Abenteuerspielplatz sieht. Ich bin dann voller Neugier, was der heutige Tag alles Wundervolles bereithält. In solchen Momenten möchte ich einfach hinausgehen, die Welt umarmen und alle Möglichkeiten genießen. Es ist fast wie ein Trancezustand: Ich stehe in meiner imaginären Sandkiste und warte darauf, dass nach und nach all meine Freunde vorbeikommen, um mit mir die größten Abenteuer zu erleben.

Meine Bucket List gibt mir Kraft und weist mir den Weg zu meinen Zielen. Wenn dann auch noch die Wünsche deines Lieblingsmenschen mit deinen eigenen verschmelzen und sich diese Träume gemeinsam verwirklichen, fühlt es sich an wie ein geschenkter zwölfmonatiger Urlaub inklusive Inselhopping auf den Karibischen Inseln. Es ist ein magischer Moment und ein riesiges Geschenk für dich und dein inneres Kind und das Leben selbst. Eine Bucket List zu führen bedeutet, sich bewusst Ziele zu setzen.

Ziele geben deinem Leben eine klare Ausrichtung und schaffen einen Fokus, der es dir ermöglicht, gezielt auf Erfüllung hinzuarbeiten. Ohne konkrete Ziele fehlt die Orientierung, und es wird schwer, das zu erreichen, was dir wirklich wichtig ist. Das Besondere an Zielen ist auch, dass ihr Erreichen Glückshormone freisetzt und ein tiefes Gefühl der Erfüllung bringt. Ziele zu setzen ist daher nicht nur sinnvoll, sondern auch ein bereicherndes Instrument für persönliches Wachstum.

Unsere Reise begann Anfang Februar 2023. Vom Hamburger Flughafen aus flogen wir mit Emirates direkt nach Dubai. Diese renommierte Fluggesellschaft überzeugt uns jedes Mal durch ihren erstklassigen Service, ein Niveau, das in den meisten anderen Fluggesellschaften heutzutage selten zu finden ist. Die Vorfreude auf die Reise wurde durch diesen angenehmen Start nur noch größer. Wir waren im stilvollen Hotel Andaz Dubai The Palm untergebracht, ein echtes Highlight auf der beeindruckenden, künstlich angelegten Insel Palm Jumeirah. Schon beim Erzählen packt mich die Sehnsucht, die Koffer wieder zu packen und mit meiner Liebsten diese traumhafte Reise zu wiederholen. Diese Reise war ein liebevoll erfüllter Wunsch auf unserer Bucket List.

Zwar hatten wir von manchen Menschen, die noch nie in Dubai waren, verschiedene Vorurteile über die Stadt gehört, doch wir können das in keiner Weise bestätigen. Dubai ist ein absoluter Traum. Die moderne Infrastruktur und das einzigartige Ambiente ließen uns staunen. Im Vergleich zu vielen anderen Orten beeindruckte uns Dubai durch seinen hochmodernen Standard. Wir kamen uns ein wenig so vor, als ob wir aus einem Entwicklungsland angereist wären. Traurig aber wahr.

Ein besonderes Highlight war das Museum of the Future, das uns völlig begeistert hat. Schon die Form des Gebäudes ist ein Meisterwerk moderner Architektur, absolut faszinierend und unvergleichlich.

Wie ein Bauwerk aus einem Science-Fiction-Film zieht es jeden Besucher in seinen Bann. Das Museum trägt seinen Namen mehr als zu Recht.

Auch das Thema Sicherheit stellt dort keinerlei Problem dar, wir fühlten uns zu jeder Zeit vollkommen safe. Die Vorurteile, die wir im Vorfeld gehört oder gelesen hatten, insbesondere zum angeblich vorherrschenden Frauenbild, haben sich nicht bestätigt. Im Gegenteil: Als Frau kannst du dich dort selbst am späten Abend alleine und ohne Bedenken auf den Straßen bewegen. Wir sind durchweg auf freundliche und hilfsbereite Menschen gestoßen. Einige Reiseführer sprachen jedoch von sich aus ihre Besorgnis über die aktuellen Entwicklungen in Deutschland aus. Sie befürchteten, wir könnten den Eindruck gewinnen, dass alle arabischstämmigen Menschen sich so verhielten, wie es in Deutschland und anderen europäischen Ländern teilweise zu beobachten ist.

Dabei handelte es sich um ihre persönlichen Ansichten und Sorgen. Besonders bemerkenswert fand ich, dass sie diese offen äußern konnten, ohne Angst haben zu müssen, etwas Falsches zu sagen. Sie fühlten sich in ihrer Meinungsäußerung freier, als es in Deutschland inzwischen oft der Fall ist. Leider habe ich zunehmend das Gefühl, dass es hier schwieriger geworden ist, seine Meinung unbefangen zu äußern. Früher wurden unterschiedliche Standpunkte in Diskussionen einfach als Meinungsvielfalt betrachtet. Heute scheint es oft gar nicht mehr zum Austausch zu kommen – stattdessen werden Andersdenkende schnell in eine bestimmte Schublade gesteckt.

Ich verstand, was sie damit meinten, da man ja leider zuhause oft genug damit konfrontiert wird, aber wie ich dir ja schon gesagt hatte, denke ich nicht in Schubladen. Jeder Mensch, egal woher, wird für sich gesehen. Nicht die Herkunft ist für mich relevant, sondern ausschließlich das Verhalten. Allerdings kann man leider nicht leugnen, dass es Länder gibt,

186

wo das Frauenbild einfach ein anderes ist. Was in der Regel dann nicht zum Vorteil für die Frau ist. Wenn Menschen unter diesen Bedingungen groß geworden sind, ist die Wahrscheinlichkeit selbstverständlich größer, wenn sie als Gast zu uns kommen, dass es zu Problemen führen könnte.

Für mich ist das ganz einfach. Ich vergleiche das mit einer Einladung zu uns nach Hause. Wenn wir Menschen zu uns nach Hause einladen, sind sie selbstverständlich herzlich willkommen. Aber wenn sie uns beklauen würden, oder noch schlimmer Gewalt androhen, dann werde ich sie vor die Tür setzen. Sie wären dann nicht mehr willkommen. Nicht wegen ihrer Herkunft, ihres Glaubens oder ihres sozialen Status, sondern ausschließlich wegen ihres Verhaltens.

Gleichzeitig würde ich definitiv nicht den Fehler machen, alle Gäste pauschal zu verurteilen. Im Gegenteil: Ich glaube fest daran, dass eine respektvolle und höfliche Begegnung für alle bereichernd ist. Vielfalt macht unser Leben bunter und spannender, sie ist eines der besten Dinge, die uns als Menschen passieren können.

Grenzen hingegen sind menschengemacht. Oft existieren sie nur in unseren Köpfen. Vielleicht sollten wir öfter daran arbeiten, diese mentalen Barrieren abzubauen, um einander mit Offenheit zu begegnen.

Sieh dir nur das Beispiel an, das ich immer wieder gerne nehme, die Kulinarik. Ich liebe sie einfach und baue sie deshalb gerne in unsere Gespräche ein. Hand aufs Herz: Würdest du die verschiedenen Gerichte aus fernen Ländern nicht vermissen? Türkisch, Italienisch, Chinesisch, Vietnamesisch, Koreanisch, Griechisch, Marokkanisch, Mexikanisch, Thailändisch, Tunesisch, Französisch, Syrisch, Afghanisch, Japanisch, Indisch, um nur einige zu nennen. Ich persönlich weiß, dass ich sie vermissen würde. Vielleicht gefällt dir nicht jede dieser Küchen, aber würdest du wirklich keine dieser großartigen kulinarischen Traditionen vermissen? Ich denke du würdest sie vermissen.

Natürlich ist diese Vielfalt nicht nur auf die Kulinarik begrenzt. Wir können in vielen Bereichen voneinander lernen. Das Wollen und Respekt sind dabei entscheidend. Wenn wir uns gegenseitig respektieren und den Wunsch haben, friedlich und harmonisch miteinander zu leben, wäre das das Beste, was uns passieren könnte

Die Natur zeigt uns, wie wichtig Vielfalt ist. Ein Wald, der nur aus einer einzigen Baumart besteht, ist anfälliger für äußere Einflüsse. Schädlinge können viel größeren Schaden anrichten, da die Vielfalt fehlt. In einem Mischwald hingegen, sind die Bäume widerstandsfähiger gegenüber Krankheiten und Schädlingen, und es gibt eine größere Artenvielfalt an Tieren und Pflanzen. Kurz gesagt: Ein Mischwald ist gesünder und resilienter als ein Wald, der nur aus einer Baumart besteht.

Das Wollen und der Respekt müssen jedoch ohne Zweifel von allen Seiten kommen, sowohl von den Gästen als auch vom Gastgeber. Nur so können wir voneinander lernen und uns mit positiven Dingen bereichern. Auf diese Weise können wir eventuelle Vorurteile, Ängste und Befürchtungen abbauen. Wir erkennen, dass wir im Grunde gar nicht so verschieden sind. Dazu sind wir alle aufgerufen. Wenn wir einander mit offenen Herzen begegnen, können wir Ängsten und dem daraus resultierenden Stress Lebewohl sagen.

Dies hilft uns auch dabei, Vorurteile abzubauen und mehr Lebensfreude zu erlangen.

Eine Spaltung, ganz gleich, woher sie kommt, ist dabei völlig kontraproduktiv. Denn eine solche Spaltung betrifft nicht nur die äußeren Beziehungen, sondern auch dein inneres

Gleichgewicht. Sie schadet dir selbst erheblich. Und wenn man zum Beispiel, so wie wir es auch getan haben, im Urlaub eine Moschee besuchen sollte, dann ist es schon einfach eine Sache des Respekts, egal ob Mann oder Frau, sich dort angemessen zu kleiden und selbstverständlich nicht im Badeoutfit zu erscheinen.

Und ich erinnere mich noch gut daran, wie Carmen und ich total begeistert waren, als wir, unter anderem, die weltweit größte Shopping Mall besuchten. Das erste, was uns sofort auffiel, war der fantastische Geruch dort, etwas, das wir so noch nie erlebt hatten. Es war definitiv neu für uns. Es ist doch irgendwie großartig, dass man sich über solche Kleinigkeiten, wie einen angenehmen Duft in einem Einkaufszentrum, freuen kann.

Was uns als Nächstes in der Mall auffiel, war die entspannte und friedliche Atmosphäre. So etwas hatte ich in Deutschland lange nicht mehr erlebt. Ich hatte dir ja erzählt, dass ich eine ganze Weile in der Sicherheitsbranche tätig war. Auf jeden Fall hat sich bei mir eine Gewohnheit etabliert: Egal, wo ich mich befinde, analysiere ich zunächst die Umgebung, um mir ein Bild von ihr zu machen. Diesen Modus abzuschalten fällt mir schwer. Genau deshalb habe ich Dubai besonders genossen. Mein inneres „Scan-Programm" gab mir dort schnell das Signal, dass ich mich in dieser Hinsicht vollkommen entspannen konnte, was für eine Wohltat! Auch wenn es im Endeffekt ja nur ein Einkaufscenter war, war es für uns weitaus mehr. Es ist mit dem uns Bekannten einfach überhaupt nicht zu vergleichen. Es liegen wirklich Welten dazwischen. Und wenn man schon einmal im Emirat der Superlative ist, inklusive seiner größten Mall und dem angrenzenden höchsten Gebäude der Welt, durfte selbstverständlich ein Besuch dort nicht fehlen. Es war beeindruckend, allerdings auch sehr voll.

Grenzen hingegen sind menschengemacht.

Oft existieren sie nur in unseren Köpfen.

Vielleicht sollten wir öfter daran arbeiten,

diese mentalen Barrieren abzubauen,

um einander mit Offenheit zu begegnen.

Leider haben wir erst im Nachhinein erfahren, dass man für einen kleinen Aufpreis noch höher fahren kann. Auf dieser Etage soll es deutlich weniger überfüllt sein.

Alles in dieser Mall war in einem unglaublich guten Zustand, und man konnte dort Dinge finden, die man eher in einem Freizeitpark vermutet hätte. Und so fortschrittlich erlebten wir ganz Dubai, inklusive der Bahn, mit der du super pünktlich ganz ohne Probleme durch Dubai fahren kannst. Wir waren das erste Mal dort, aber sicher nicht das letzte Mal. Dubai ist für uns ein Emirat zum Staunen. Es ist eine andere Welt, in die wir uns verliebt haben. Wir können schon nach einem Urlaub immer mehr die Menschen verstehen, die dorthin auswandern wollen oder schon ausgewandert sind.

Das Abenteuer Dubai neigte sich viel zu schnell dem Ende zu, aber zum Glück stand ja das nächste wunderbare Abenteuer kurz davor, von uns in Empfang genommen zu werden. Wir haben dann nach ein paar Tagen Dubai-Aufenthalt, direkt auf dem Kreuzfahrtschiff Costa Toscana eingecheckt. Da das Schiff noch eine Nacht im Hafen lag, hatten wir somit noch einen weiteren Tag Zeit, uns Dubai anzusehen. Und da es in Dubai wirklich so unglaublich viel zu sehen gibt, haben wir uns auch wirklich sehr, über einen weiteren Tag und neue Abenteuer, gefreut.

Unsere Kabine war sehr komfortabel und äußerst stilvoll eingerichtet. Sie hatte nicht den Touch von weißen Socken in braunen Sandalen, sondern eher die eines perfekt sitzenden und sehr stylischen maßgeschneiderten Anzugs. Einfach typisch italienisch.

Am nächsten Tag legten wir ab und genossen von unserem Balkon die atemberaubende Skyline von Dubai. Ein Anblick, an den ich mich gewöhnen kann. Wunderschön und absolut faszinierend.

Es begann für uns eine Woche voller neuer, fantastischer Eindrücke. Da wir noch keine Vergleichsmöglichkeiten mit anderen Kreuzfahrtschiffen hatten, waren wir definitiv von der Costa Toscana beeindruckt. Einige Reisende, die bereits häufiger mit der Costa-Flotte gefahren sind, sagten, dass sie kleinere Schiffe des Unternehmens bevorzugen würden. Ich hatte noch keinen direkten Vergleich, aber ich empfand es unter anderem als Weltklasse, im Fitnesscenter ganz oben auf dem Schiff zu trainieren und dabei den atemberaubenden Ausblick durch die große Fensterfront zu genießen. Das Schiff war für uns nicht zu groß; wir genossen vielmehr die vielfältigen Möglichkeiten, unseren Aufenthalt nach unseren Wünschen zu gestalten. Wir fühlten uns wie glückliche Kinder in einem Kindergarten, der keine Wünsche offen lässt.

Es handelt sich um das neueste Schiff der Costa-Klasse. Ich finde, dass die Italiener wirklich Geschmack haben, was sich in der gesamten Einrichtung widerspiegelt. Doch nicht nur das Interieur, sondern auch eine meiner Lieblingsdisziplinen, die Kulinarik, war ein absoluter Genuss. Die Köche haben wirklich Großartiges gezaubert. Selbst jetzt, im Nachhinein, möchte ich mich noch einmal für das fantastische Essen bedanken.

Als wir im Zuge/Rahmen unserer Schiffstour am Hafen von Abu Dhabi anlegten, unternahmen wir einige tolle Ausflüge, zum Beispiel in die Scheich-Zayid-Moschee in Abu Dhabi bei Nacht. Die Moschee ist wirklich ein beeindruckendes Gebäude. Unabhängig vom eigenen Glauben, wird man ehrfürchtig vor und in diesem grandiosen Bauwerk. Das war deutlich an den Gesichtern der Besucher abzulesen, egal ob jung oder alt, Mann oder Frau.

In Oman angekommen, besuchten wir einen der ältesten Souks der arabischen Welt, der einen krassen Kontrast zur Moschee in Abu Dhabi darstellte. Laut, bunt, staubig und sehr voll, aber auch das war eine großartige Erfahrung.

Manchmal wirkte der Markt wie eine Zeitreise in die Vergangenheit.

Ich glaube, du kannst schon erahnen, dass es wieder ein absolut gelungener Urlaub war. Wie alles Schöne, ging auch dieser Urlaub leider viel zu schnell vorbei, und der Rückflug rückte näher. Wir versuchten noch alles aufzusaugen und mitzunehmen, was möglich war. Die Weltklasseshows, einfach alles, und das war eine Menge, was uns an diesem Schiff so begeistert hatte. Am liebsten wären wir in der Zeit ein wenig rückwärts gegangen, um noch länger etwas von diesem großartigen Urlaub zu haben. Doch so sehr wir uns innerlich auch dagegen wehrten, dass diese wundervolle Zeit sich dem Ende zuneigt, rückte es dennoch unaufhaltsam näher.

So kam es, wie es kommen musste und wir legten wieder in Dubai an. Von hier aus fuhren wir zum Airport. Nach dem Check-in nahmen wir Platz und warteten darauf, dass unser Flug Richtung Hamburg abhob. Ehrlich gesagt, wären wir am liebsten wieder ausgestiegen und einfach dort geblieben. Dubai ist Weltklasse. Noch immer waren wir von den unzähligen schönen Eindrücken des Urlaubs ganz beseelt.

Wir waren bereits einige Stunden in der Luft und nur noch eine Flugstunde von Hamburg entfernt, als mir plötzlich heiß und übel wurde. Plötzlich ging es mir wirklich schlecht. Ich sagte noch zu Carmen, dass mir schwindelig sei und dass mein Herz sich merkwürdig anfühle. Genauer gesagt konnte ich den letzten Satz gar nicht mehr aussprechen, da ich in meinem Sitz zusammensackte und ohnmächtig wurde. So unangenehm die Situation auch war, hatte ich dennoch Glück, dass mein Sitznachbar zusammen mit Carmen die Lage richtig erfasste. Das Erste, was mein Sitznachbar tat, war, mir den Kaugummi aus dem Mund zu nehmen, um zu verhindern, dass ich daran ersticken könnte. Außerdem wurde im Flugzeug sofort nach einem Arzt gesucht und, wie ich dir schon erzählt habe, war ich auch hier vom Glück geküsst. Es gab tatsächlich einen Arzt, und dieser war sogar Kardiologe.

Danke an „da oben", wer auch immer über mich und Carmen wacht, ihr macht einen großartigen Job. Ich liebe unsere Schutzengel wirklich sehr! Irgendwann kam ich wieder zu mir, und der Kardiologe war schon bei mir. Auch die Crew von Emirates leistete hervorragende Arbeit. Wie ich schon sagte: Es ist wirklich eine fantastische Fluggesellschaft.

Der Kardiologe organisierte über die Crew eine Sauerstoffmaske, die mir erforderlicherweise aufgesetzt wurde, da meine Sauerstoffsättigung bei nur knapp über 80% lag, was definitiv viel zu niedrig ist. Mir war immer noch schwindelig, deswegen wurde ich mitsamt meiner Süßen in die erste Klasse umquartiert, weil ich dort im Sitz komplett liegen konnte.

Ich bin allen Beteiligten wirklich sehr dankbar für die tolle Hilfe. Nach einiger Zeit fühlte ich mich soweit auch wieder relativ stabil, allerdings konnte ich die Sauerstoffmaske noch nicht abnehmen, denn dann fiel mein Sauerstoffgehalt gleich wieder stark ab. Mir wurde mitgeteilt, dass bei der Ankunft in Hamburg ein Rettungswagen auf mich wartet, der mich vorsorglich ins Krankenhaus zur weiteren Kontrolle bringen sollte.

Als wir gelandet waren, wurde ich direkt von der Besatzung des Rettungswagens aus dem Flugzeug abgeholt. Zum Glück ging es mir jedoch schon wieder besser. Carmen konnte nicht mitkommen, da sie sich noch um unser Gepäck und unseren Wagen kümmern musste, den wir auf dem Terminal Parkplatz abgestellt hatten. Ich wurde in den Rettungswagen gebracht, der mich zur weiteren Kontrolle direkt ins Krankenhaus fahren sollte.

Ich hatte dir ja schon erzählt, dass sowohl meine kleine als auch meine große Nichte, Michelle und Melanie, beim Zoll arbeiten. Michelle arbeitet am Hamburger Flughafen. Da sie Dienst hatte und wusste, wann wir landen würden, hatte sie geplant, uns in voller Montur zu empfangen. Oh, wie gerne hätte ich sie so gesehen, ich bin wirklich ein stolzer Onkel. Leider war es mir an diesem Abend nicht vergönnt, meine Nichte Michelle in ihrer Uniform zu sehen. Michelle wartete bereits auf uns. Als sie Carmen entdeckte, ging sie freudestrahlend auf Carmen zu, merkte jedoch schnell, dass ich fehlte und etwas nicht stimmte. Statt zwei fröhlicher erholter Urlauber, stand nun eine traurige und ein Stück weit verängstigte Carmen vor ihr. Carmen klärte Michelle auf, was gerade passiert war. Es tat mir so leid, dass meine Süße schon wieder so einen Mist mit ansehen musste. Schon wieder bereitete ich ihr unverschuldet große Sorgen. Der Rettungswagen brachte mich in der Zwischenzeit ins Krankenhaus. Als wir in der absolut überfüllten Notaufnahme angekommen waren, wurden schnell verschiedene Tests gemacht. Mein Zustand war inzwischen wieder stabiler. Aber wirklich gut fühlte ich mich noch längst nicht. Ich hatte immer noch weiche Knie. Warum ich im Flugzeug zusammengesackt bin, konnte nicht eindeutig geklärt werden. Genauso wenig, warum meine Sauerstoffsättigung so niedrig war.

Eigentlich war geplant, dass wir ganz entspannt eine Nacht in Hamburg bei Sven und Jana verbringen würden, bevor wir am nächsten Tag weiter nach Sylt fahren würden. Das haben wir schon öfter so gemacht, und es war jedes Mal klasse, sich direkt nach dem Urlaub auszutauschen. In all den Jahren unserer Freundschaft, haben wir wirklich schon viel gemeinsam erlebt. Das krasseste Wiedersehen mit den beiden hatten wir im Dezember 2016, als wir nach über dreißig Stunden Rückflug, inklusive Zwischenstopp aus Südafrika, endlich in Hamburg angekommen sind. Wir waren völlig erschöpft, aber wir hatten vorab mit ihnen verabredet, uns direkt nach der Ankunft auf dem Hamburger Weihnachtsmarkt zu treffen, um Glühwein und heiße Schokolade mit Schuss zu trinken, was wir dann auch taten. Allein der enorme Temperaturunterschied hatte uns schon zu schaffen gemacht, aber durch das über dreißig

Stunden lange Wachbleiben und den Genuss der Getränke fühlten wir uns sehr schnell wie in Watte eingehüllt. Nach dem leckeren Getränk haben wir uns, quasi im Stehen, bettfertig getrunken.

Leider war uns diesmal ein so schönes Wiedersehen nicht vergönnt. Noch vom Flughafen aus hatte Carmen bei Sven und Jana angerufen und ihnen von meinem Zwischenfall erzählt. Nachdem sie diese unangenehme Nachricht überbracht hatte, machten sich die beiden sofort auf den Weg zum Flughafen.

In der Zwischenzeit holte Carmen die Koffer gemeinsam mit meiner Nichte ab. Als sie kurz darauf ankamen, gingen sie zusammen zum Auto, das wir am Parkplatz des Flughafenterminals abgestellt hatten. Doch als sie unser Auto erreichten, erwartete sie die nächste böse Überraschung. Normalerweise liebe ich Überraschungen sehr, aber manchmal gibt es welche, auf die man gerne verzichten würde. Diese war eine davon.

Als wir dort am Abflugtag im Parkhaus unser Auto abgestellt hatten, war es sehr kalt gewesen, aus diesem Grund hatten wir unsere dicken Winterjacken an. Kurzfristig hatten wir uns dazu entschieden, sie im Kofferraum zu lassen und nicht einfach nur, als zusätzlichen Ballast, mit auf unsere Reise zu nehmen. Da, wo es jetzt ja für uns hingehen sollte, würden wir die Sachen definitiv nicht einmal brauchen. Es sei denn, wir würden eine tragbare Sauna mit uns herumschleppen wollen. Leider muss ich dir sagen, dass es keine gute Idee gewesen ist. Beim Parken sah ich noch so einen merkwürdigen Typen in der Nähe unseres abgestellten Autos. Es sah so aus, als würde er telefonieren. Wir hatten nicht mehr allzu viel Zeit, also machten wir uns auf den Weg ins Gebäude. Anscheinend hatte der Typ nicht telefoniert, sondern nur so getan. Unser Auto wurde beim Abschließen per abgefangener Funkfrequenz gehackt. Somit war es dann nur noch eine Leichtigkeit, unser Auto zu öffnen. Dabei wurden unsere Jacken geklaut.

Für den Täter hat sich die Tat gelohnt. Die Winterjacken hatten einen Gesamtwert von über eintausend Euro. Natürlich könnte man jetzt sagen, dass wir selbst schuld sind, schließlich lässt man solche Dinge nicht einfach im Auto liegen. Das wissen wir nun auch. Ich hatte naiverweise angenommen, dass das Parkhaus mit Kameras ausgestattet ist, doch dem war leider nicht so. Ich würde sagen, wir haben dafür ein teures Lehrgeld bezahlt. Dieser Diebstahl setzte dem kurz zuvor krassen Erlebten noch die Krone auf.

Carmen war inzwischen übrigens bei Jana und Sven zu Hause angekommen. Alle drei hatten nicht mehr damit gerechnet, mich an diesem Abend zu Gesicht zu bekommen, ehrlich gesagt, ich selbst auch nicht. So hatten wir uns alle vier geirrt.

Nachdem die Tests im Krankenhaus abgeschlossen waren und keine konkrete Ursache für meinen Blackout gefunden werden konnte, hatte ich die Möglichkeit, mir ein Taxi zu rufen. Es war wieder ziemlich merkwürdig für mich, dass alles immer so schnell ging, ohne dass ich die Zeit hatte, das Erlebte richtig zu verarbeiten. Dass ich jetzt schon wieder nach Hause geschickt wurde, fühlte sich nicht richtig an. Ich wurde definitiv mit meiner Verunsicherung allein gelassen. Meiner Meinung nach steht unser Gesundheitssystem kurz vor dem Kollaps, anders kann ich mir das nicht erklären. Es wurde nicht geklärt, warum meine Sauerstoffsättigung über einen längeren Zeitraum so niedrig war. Das beunruhigte mich schon.

Wer mental nicht stabil ist, wird in dieser schnelllebigen Welt mit einer Vielzahl von Ängsten konfrontiert, die sich ins Unterbewusstsein einschleichen können. Selbst wenn man psychisch stark ist, erfordert es kontinuierliche Anstrengungen, um diese Stärke zu bewahren. Heute liegt man auf dem OP-Tisch und wird am Herzen operiert und zwei Tage später frühstückt man schon wieder zuhause. Eben ist man im Flugzeug weggetreten und kurz darauf sitzt du schon wieder im Taxi.

Das ist absolut surreal. Und gerade deswegen ist es so verdammt wichtig, dass du dich mental stark machst, um nicht durch solche oder ähnliche Erlebnisse unterzugehen.

Nach einem wunderschönen Urlaub, der uns eigentlich nur Erholung bringen sollte, kam alles anders als erwartet. Wenn du dich nach solch einem Erlebnis als Opfer siehst, kann es leicht passieren, dass du in ein emotionales Loch fällst. Die Gefahr, dass sich Ängste unkontrolliert in deinem Unterbewusstsein ausbreiten, ist groß. Das wollte ich unbedingt vermeiden, also hatte ich einen weiteren Mutausbruch, um diesem Risiko vorzubeugen. Zusätzlich wünschte ich mir ganz innig neue tolle Nachrichten, die einem ebenfalls dabei helfen können, gedanklich einen neuen Weg einzuschlagen.

Und genau so eine Nachricht kam tatsächlich ein wenig später.

Unser zweiter Enkel - ich nenne ihn Baby Bambam - ist geboren worden. Er ist gekommen, um der Welt und seinem Bruder Mister Bullallon „Hallo" zu sagen. Wow, wie wundervoll, genau so eine Nachricht brauchten wir.

Unser zweiter, zuckersüßer Enkel hat im März 2023 das Licht dieser Welt erblickt. Es war ziemlich schnell zu spüren, dass er ein kleiner Haudegen ist, der gekommen ist, um sich der Welt zu präsentieren. daher der Name Baby Bambam. Mister Bullallon war bis dahin eher ruhiger und zurückhaltender, was ja überhaupt nichts Schlimmes ist. Unser Sohn und ich waren als kleine Kinder ebenfalls so. Baby Bambam ist anders. Zusammen sind die beiden ein unglaublich tolles Team, weil sie voneinander lernen und wachsen können. Die beiden Zwerge, diese großen Persönlichkeiten als unsere Enkel zu haben, ist einfach nur wundervoll.

Mit den kleinen Haudegen haben wir jetzt zwei Herzwärmer, die der Himmel schickte. Wenn ich die anderen herzerfrischenden kleinen und größeren Würmer aus unserer Familie sehe, die von meinen Nichten und meinem Neffen stammen, sehe ich voller Vorfreude in die Zukunft.

Durch dieses Geschenk und meine unermüdliche Arbeit auf mentaler Ebene, ging es mir schnell wieder besser. Ich hatte die Ängste im Griff, nicht sie mich. Trotz der Erlebnisse im Flugzeug sehe ich die Reise rückblickend positiv. Auch wenn ich nicht vergessen habe, was im Flugzeug passiert ist, lasse ich nicht zu, dass die Ängste mein Leben bestimmen.

Ich stelle mich mental dagegen.

Voller Überzeugung kann ich daher wirklich sagen, dass diese Reise unglaublich aufregend war und wohl auch die schönste, die wir bis dato erlebt haben.

Unser zweiter,

zuckersüßer Enkel

hat im März 2023

das Licht dieser Welt erblickt.

Es war ziemlich schnell zu

spüren,

dass Baby Bambam ein kleiner
Haudegen ist,

der gekommen ist, um sich der
Welt zu präsentieren.

Park-Klinik Kiel - der Spuk geht weiter!

Nachdem nun der starke Blutverdünner, den ich ein Jahr lang nehmen musste, endlich abgesetzt wurde, kam ich im April 2023 zur nötigen und geplanten OP in die Park-Klinik im Herzen von Kiel.

Die Park-Klinik ist eine privat geführte, hoch spezialisierte Einrichtung, die mich durch ihre Professionalität und Atmosphäre beeindruckte. Besonders angenehm fiel mir die Freundlichkeit des gesamten Personals und die hohe Fachkompetenz der Ärzte auf. Eine weitere positive Überraschung war das Essen: Frische Bio-Produkte und sorgfältige Zubereitung machten die Mahlzeiten zu einem echten Genuss. Du siehst, dass ich beim Thema Kulinarik einfach nicht widerstehen kann. Ich esse halt nicht einfach nur, um satt zu werden, sondern um zu genießen. Mein Aufenthalt war leider nicht nur von kulinarischen Genüssen geprägt, sondern hatte einen ernsten Hintergrund: eine dringend notwendige Operation. Diese musste, wegen der Corona-Auflagen und der einjährigen Einnahme eines starken Blutverdünners, fast zwei Jahre verschoben werden. Der Blutverdünner konnte in diesem Zeitraum nicht abgesetzt werden, da dies das Risiko eines Herzinfarkts erheblich erhöht hätte.

Die Chirurgen aus der Park-Klinik hatten mir vorab erklärt, dass sie mich so nicht hätten operieren können, da die Gefahr zu groß gewesen wäre, dass ich auf dem OP-Tisch verblutete. Dieses Risiko wollte selbstverständlich niemand von uns eingehen. Obwohl ich der OP mit gemischten Gefühlen entgegensah, war ich nach der langen Wartezeit froh, dass es endlich losging. Als ich nach der OP wieder zu mir kam, war ich richtig zugedröhnt von den ganzen Schmerzmitteln.

Täglich wurden mir, zusätzlich zu meinen anderen notwendigen Medikamenten, zwischen 9000 mg und 10.000 mg verschiedener Schmerzmittel verabreicht. Doch trotz dieser enormen Menge blieben die Schmerzen unerträglich. So schlimm hatte ich es mir nicht einmal ansatzweise vorgestellt.

Die Ärzte vor Ort, erfahrene Spezialisten und Professoren, erklärten mir, dass das entfernte Gewebe durch die lange Wartezeit extrem gewachsen war. Dadurch mussten die inneren Schnitte wesentlich größer ausfallen, als ursprünglich geplant. Zum Glück gab es aber auch eine gute Nachricht: Es wurde kein bösartiges Gewebe gefunden. Es hatte sich nichts Neues gebildet.

Das war eine wirklich extreme Belastung. Trotz diverser Medikamente wurden die Schmerzen einfach nicht weniger. Jeder Gang zur Toilette war der reinste Horror. Schon der Gedanke daran, bald wieder dorthin zu müssen, löste Panik in mir aus. Ich wusste genau, was mich erwartete, und spürte die Angst davor bereits, bevor ich überhaupt auf dem Klo saß. Die Schmerzen, die dort auf mich zukamen, waren schlimmer als alles, was ich je zuvor erlebt hatte.

Zum ersten Mal in meinem Leben musste ich mich mental auf etwas Alltägliches wie einen Toilettengang vorbereiten. Es war eine völlig neue Erfahrung, mich vorab innerlich zu wappnen, um diese Qual zu überstehen. Genau das hat mir aber auch gezeigt, wie wichtig mentale Stärke ist. Egal in welchem Bereich deines Lebens, du wirst immer wieder auf sie zurückgreifen müssen.

Jetzt im Nachhinein, wo ich dir davon erzähle, hat das für mich auch etwas sehr Komisches an sich. Man hätte daraus witzige Comic-Zeichnungen machen können, wo man schweißgebadet auf der Toilette sitzt und die Augen vor Schmerzen herausquellen, aber eben nur im Nachhinein.

Die Schmerzen waren schier unerträglich. Normalerweise kann ich gut mit so etwas umgehen, alleine schon durch mein jahrelanges Kampfsporttraining. Aber das war einfach abnormal. Auf einer Skala von 1 bis 10 schienen die Toilettengänge jegliche Vorstellungskraft zu sprengen, selbst mit täglich über 9000 mg verabreichten Schmerzmitteln. Diese Qualen waren schlicht jenseits aller Grenzen.

Aufgrund der Symptome und der großen inneren Wunde entschieden die behandelnden Ärzte, mich vorsorglich einige Tage länger als üblich in der Klinik zu behalten. Es war eine bittere, aber notwendige Maßnahme, um die Genesung sicherzustellen.

Am Entlassungstag tat mir die Wunde immer noch ziemlich weh. Angesichts der durchgeführten Operation war dies jedoch vermutlich normal. Es blieb mir ohnehin nichts anderes übrig, als die Ärzte darauf hinzuweisen und ihnen zu vertrauen. Mit ihrer Erfahrung wusste ich, dass ich in guten Händen war. Leider konnten sie natürlich nicht direkt in die Wunde schauen, und normalerweise wäre auch nichts weiter passiert. Aber wie so oft in meinem Leben geschah etwas, das von der Norm abwich. Trotz der Schmerzen machte ich mich am Entlassungstag auf den Weg nach Hause. Jeder Schritt zur Bahn war eine Qual, und ich fragte mich immer wieder, ob diese Schmerzen wirklich normal wären? Irgendwann kam ich dennoch auf Sylt an.

Zuhause sollte ich mich bewegen, zumindest ein wenig. Ehrlich gesagt war mir aber ohnehin nicht nach einem Marathon oder Ähnlichem zumute.

Die Klogänge waren weiterhin unerträglich. Die Schmerzen waren so intensiv, dass ich mir ein Handtuch zwischen die Zähne klemmen musste, um nicht laut aufzuschreien. Am liebsten hätte ich so lange komplett auf Essen verzichtet, bis alles vollständig abgeheilt wäre.

Doch das war keine echte Option. Wenn ich schon freiwillig auf meine geliebte Kulinarik verzichten möchte, bedeutet das schon was.

Ich wurde am Samstag aus der Klinik entlassen und zwei Tage später, am Montag ging der „Spaß" so richtig los.

Ich war, wie schon am Tag zuvor, draußen spazieren, trotz der starken Schmerzen und nur einer sehr kleinen Runde. Mit kleinen Schritten schleppte ich mich vorwärts. Die Haustür war bereits in Sicht, vielleicht noch zehn Meter entfernt. Plötzlich spürte ich, wie sich etwas löste. Es ging direkt in meine Hose, glücklicherweise war es eine schwarze Hose. Es fühlte sich flüssig an und, auf eine seltsame Weise, unglaublich befreiend. Mit jedem Schritt Richtung Haustür trat wieder etwas aus. Schließlich fasste ich instinktiv an meinen Hintern. Meine Hand wurde nass. Als ich sie mir ansah, erschrak ich: Sie war vollständig mit Blut bedeckt. Es war eine absolut surreale Situation. Natürlich begriff ich sofort, was da vor sich ging, und mir war klar, dass es nichts Gutes war. Doch gleichzeitig fühlte ich mich merkwürdig erleichtert. Die Schmerzen, die mich zuvor fast gelähmt hatten, waren plötzlich verschwunden. Mit dem Bluten hatte der Schmerz vollständig aufgehört. Ich stand dort, inmitten dieses unwirklichen Moments, zum ersten Mal seit langer Zeit vollkommen schmerzfrei.

Noch ein paar Meter. Jeder Schritt zog sich endlos hin, doch dann war ich endlich vor der rettenden Haustür. Meine Hose war schwer, durchtränkt vom klebrigen, warmen Blut, das an meinen Beinen hinunterlief. Ich zitterte, während ich den Schlüssel ins Schloss schob, stolperte hinein und zog die Tür hinter mir zu. Ohne nachzudenken, schleppte ich mich ins Badezimmer. Mein Kopf war ein Wirrwarr, aber ein seltsamer Gedanke drängte sich durch die Panik: ich wollte mich unbedingt in die Badewanne stellen, um nicht alles vollzusauen.

Mit zitternden Händen zog ich Schuhe und Hose aus. Und dann sah ich es. Auf dem Boden lagen dunkle, zähe Klumpen. Geronnenes Blut. Überall. Mein Magen drehte sich um. Ich wollte nicht hinsehen, doch ich konnte den Blick nicht abwenden. Es sah aus wie... wie etwas, das nicht von mir stammen konnte. Aber es war von mir. Aus mir heraus hörte es nicht auf zu bluten. Mit jedem Herzschlag kam immer mehr heraus. Innerhalb einer kurzen Zeit stand ich buchstäblich in einer Blutlache. Irgendwie war ich schockiert über das, was da gerade passierte.

Aber wie ich dir schon sagte, so merkwürdig sich das auch anhört, meine starken Schmerzen waren mit dem ersten großen Blutschwall, der draußen vor der Tür in die Hose ging, verschwunden. Als ich da in der Badewanne voller Blut stand, waren meine Gefühle immer noch zweigeteilt. Nach wie vor fühlte sich der Verlust der starken Schmerzen erleichternd an, gleichzeitig stieg Angst auf. Ich wusste, ich muss jetzt handeln. Es klingt verrückt, aber genauso fühlte es sich an. Endlich keine Schmerzen mehr. Ein kleines Stück weit genoss ich diesen Moment sogar. Doch plötzlich klickte etwas in meinem Kopf, und mir wurde schlagartig bewusst, dass ich dringend aus diesem Zustand der Erleichterung herauskommen musste. Es wurde mir schon etwas schummrig, die Blutung musste dringend gestoppt werden. Ich griff nach meinem Handy, das ich die ganze Zeit in der Hand gehalten hatte, und rief meine Süße auf der Arbeit an. Als sie abnahm, sagte ich nur: „Ruf dringend einen Krankenwagen." Dann legte ich auch schon wieder auf.

An dieser Situation kann ich deutlich ablesen, wie sehr ich unter Schock gestanden haben muss. Erstens hätte ich ja auch selbst sofort einen Krankenwagen rufen können, und zweitens habe ich völlig vergessen, ihr mitzuteilen, worum es überhaupt ging. Normalerweise hätte ich das so nie gemacht. Es fühlte sich fast so an, als hätte mein Unterbewusstsein die Kontrolle übernommen und einfach in den Überlebensmodus geschaltet. Carmen wusste nicht, was los war. Es hätte ja auch etwas mit meinem Herzen sein können. Sie informierte ihre damalige Kollegin und machte sich sofort auf den Weg nach Hause. In etwa fünf Minuten konnte man von dort aus zu mir gelangen. Auf dem Weg dorthin telefonierte sie mit einem Mitarbeiter des Notrufes. Natürlich wollten diese auch genauere Informationen über den Notfall erhalten, aber wie hätte meine Süße die geben können, wenn sie selbst nicht wusste, was genau passiert war? Ich stand immer noch in der Wanne und spülte, warum auch immer, das Blut weg, welches sich zu einer Pfütze angesammelt hatte. Ich kann dir echt nicht sagen, warum ich das getan habe. Da es allerdings immer noch weiter aus mir blutete, stand ich kurz danach wieder mit meinen Füßen in meinem eigenen Blut. Mit meinem Handy machte ich ein paar Fotos von der Blutung. Irgendwie hatte ich einen Impuls bekommen, das zu machen. Ich konnte nicht mehr klar denken, ich handelte einfach nur noch.

Plötzlich hörte ich Carmens Stimme aus dem Flur. Ich rief ihr zu, dass ich im Badezimmer sei. Da ich, wie gesagt, kaum noch in der Lage war, klar zu denken, hatte ich nicht darüber nachgedacht, meiner Süßen diesen Anblick zu ersparen. Sie kam ins Badezimmer und fand mich blass und blutend in der Wanne. Das Blut lief weiterhin, an meinen Beinen herunter. Ich sagte ihr, dass mir schwindelig sei und ich mich komisch fühle. Carmen reagierte sofort. Sie forderte mich auf, sofort aus der Wanne zu kommen und mich auf ein zusammengerolltes Handtuch zu setzen. So würde Druck auf die Wunde ausgeübt und die Blutung gestoppt werden. Ich tat, was sie sagte, und setzte mich vorsichtig auf das Handtuch, wobei ich mich an der Wand abstützte.

In diesem Moment traf der Krankenwagen mit dem Notarzt ein. Carmens schnelle Reaktion, mich auf das Handtuch zu setzen, war goldrichtig.

Mir wurde wieder schwindelig und ich hörte, wie immer wieder zu mir gesagt wurde, dass ich wach bleiben soll. Über eine Kanüle wurde mir mit Druck schnell etwas verabreicht, damit ich nicht in Ohnmacht falle. Es hat funktioniert. Mittlerweile wurde die Blutung durch das Abdrücken mit dem Handtuch auch gestoppt.

Die Besatzung des Krankenwagens brachte mich mal wieder in die Nordseeklinik. Mittlerweile ist das ja inzwischen fast so etwas wie ein zweites Zuhause geworden.

Im Nachhinein bin ich Carmen dankbar, dass sie den Impuls mit dem Handtuch hatte und überhaupt, dass sie extrem schnell hier war. So hat sie mir wahrscheinlich das zweite Mal das Leben gerettet. Hätte ich sie nicht angerufen, wäre ich vermutlich ohnmächtig geworden und einfach in der Badewanne verblutet.

Und ebenfalls dankbar bin ich dem gesamten Rettungsteam, das tolle Arbeit geleistet hat.

Carmen meinte später nur, dass das Badezimmer wie ein Tatort aussah. Alles war voller Blut. Die Hose samt Handtuch hatte sie in eine große Tüte getan und in die Mülltonne geschmissen. Wäre sie später vom Personal auf der Mülldeponie gefunden worden, hätte die Kriminalpolizei bestimmt Ermittlungen aufgenommen. Das war echt ein krasser Scheiß. Durch meine unfreiwillige Aktion, habe ich Carmen zur Tatortreinigerin gemacht.

Da die Blutung gestillt wurde, konnte ich am übernächsten Tag wieder nach Hause. Ich hatte das Glück, einer Bluttransfusion knapp zu entkommen. In den kommenden Tagen musste ich noch einmal zur Blutabnahme, um die Anzahl der roten Blutkörperchen in meinem Blut zu überprüfen. Der Auslöser für das Ganze war offenbar ein sehr großer Blutpropfen, der sich an der Wunde gebildet hatte und diese (wieder) öffnete, als er sich löste. Man erklärte mir, dass dies sehr selten vorkommt und in einem solchen Ausmaß noch seltener, aber es kann dennoch passieren. Leider war ich einer der wenigen Fälle, bei denen es so kam. Vermutlich war ich aus diesem Grundeine Woche später auch wieder wegen erneutem Nachbluten stationär in der Nordseeklinik aufgenommen worden. Na ja, kein Problem, inzwischen kennt und schätzt man sich untereinander ja schon. Zum Glück war es diesmal aber nicht so schlimm wie beim ersten Mal.

Die gesamte Situation hat in mir schon Ängste ausgelöst. Ich traute mich eine ganze Weile nicht mehr, weit von zuhause wegzugehen. Ich hatte irgendwie immer Sorge, dass es noch einmal so stark bluten könnte, denn mir wurde auch gesagt, dass es zwar nicht wahrscheinlich sei, aber auch nicht unmöglich.

Mir fiel es schon nicht leicht, die Bilder aus meinem Kopf zu bekommen, wie muss sich dann erst meine Süße bei diesem Anblick gefühlt haben. Mir tut es wirklich leid, dass sie diese Bilder gesehen hat. Ich hätte ihr das sehr gerne erspart. Leider handelte ich bei dem Anruf nicht bewusst. Ich glaube, dass es für meine Süße noch viel schwieriger ist, diese schlimmen Bilder zu verarbeiten.

Als ich mich ein paar Wochen später dann endlich wieder getraut hatte, längere Wege in Kauf zu nehmen, bin ich mit dem Arztbericht in die Park Klinik nach Kiel gefahren. Mein behandelnder Professor hatte zugegeben, dass er, als er zuerst nur den Arztbericht gesehen hatte, sich nicht vorstellen konnte, wie es wirklich aussah. Das konnte er erst anhand der geschossenen Fotos machen. Jetzt wusste ich auch, warum ich bei der Blutung den Impuls bekommen hatte, Fotos zu machen.

Nach der dort ausgeführten Kontrolle war ich sehr beruhigt, als mir mitgeteilt wurde, dass jetzt, bei der Heilung, alles in geplanten Bahnen verläuft.

Auch wenn ich leider die Arschkarte gezogen hatte, würde ich mich dort auf jeden Fall wieder operieren lassen. Auch wenn ich selbstverständlich hoffe, dass ich nie wieder so eine OP benötige.

Die Klinik ist klasse. Ich war einfach einer der Fälle, die so gut wie nie so vorkommen.

Insgesamt fühlte ich mich nach diesen Erlebnissen wie nach einem intensiven Boxkampf – Motivation gegen schlimme Erlebnisse. Motivation schlägt mit einer krachenden Rechten auf die schwierigen Erlebnisse ein, und die schlimmen Erlebnisse kontern mit einem gezielten linken Haken. Es ist ein ständiges Hin und Her. Seit Februar 2022 hatte ich kaum Momente der Ruhe. Und oft war es nur ein schmaler Grat, der mich daran hinderte, mich in der Opferrolle zu verlieren.

Wenn du hier nicht aufpasst, kannst du schneller in eine gefährliche Negativspirale geraten, als du denkst. Zu dieser Zeit führte ich bereits seit über einem Jahr täglich einen Kampf, in dem ich alles daran setzte, nicht zu verlieren. Doch mein Körper fand immer neue Wege, mich in die Knie zu zwingen. Ich wusste, dass ich es schaffen musste, meinen Körper dazu zu bringen, Heilung zuzulassen.

Das innere Kind

Nach diesem Erlebnis war mein inneres Kind wieder tief verängstigt. Die Unbeschwertheit war verschwunden. Zuerst die wiederholten Vorfälle mit meinem Herzen, dann die ständig auftretende extreme Müdigkeit und schließlich die heftigen Blutungen. All das löste Ängste in mir aus, besonders Verlustängste. Das schuf Bilder in meinem Kopf, die weit entfernt waren von fröhlichem Zusammensein.

Mein inneres Kind strebte immer nur danach, frei und unbeschwert das Leben zu genießen.

Ich wollte mich mit Freunden treffen, um jede Menge Quatsch zu machen.

So lange tanzen, bis die Sohlen meiner Schuhe in den buntesten Farben glühen und Funken sprühen.

Ich wollte die schönsten Abenteuer erleben und den Tag niemals enden lassen.

Im Meer mit Delfinen planschen, mit Fischen zu den Korallen schwimmen und dem Wind lauschen, der durch die Bäume die schönsten Melodien pfeift.

Ich wollte im warmen Regen voller Glückseligkeit in Pfützen springen und unvergessliche Momente erleben, die ich nie vergessen würde.

Angstfrei in die höchsten Bäume klettern und im Baumhaus übernachten. Immer wieder Neues ausprobieren, mutig die Welt entdecken und immer Zeit für die aufregenden Dinge des Lebens finden. Ich wollte den Menschen ein Lächeln ins Gesicht zaubern und die Magie spüren, die entsteht, wenn man die Liebe der Tiere wahrnimmt.

Ich wollte die Musik nicht nur hören, sondern auch fühlen.

Ich wollte das Kindsein in vollen Zügen genießen und mir deshalb auch viel Zeit lassen, mit dem Erwachsenwerden. Schon damals war mir klar, dass ich eines Tages zu den Erwachsenen gehören möchte, die ich selbst als Kind gebraucht habe. Ich wollte schon damals ein Erwachsener werden, der Halt und Freude schenkt.

Ich wollte niemals einer dieser Stinkstiefel werden, die ich als Kind nie mochte.

Durch das Negative, das ich erlebt habe, wurde ich schließlich zu einem Erwachsenen, der ich niemals sein wollte. Kein sturer Eigenbrötler, sondern eine der traurigen Gestalten, die vergessen haben, dass auch sie einmal ein Kind waren. Die, die sich nicht mehr daran erinnern, dass in ihnen noch immer ein inneres Kind lebt. Eine Zeit lang war ich einer dieser Menschen, der ich nicht sein wollte. Und ich muss gestehen, diese Zeit war von Trostlosigkeit und Angst geprägt. Auf diese Erfahrung hätte ich gerne verzichtet.

Ich hoffe, du hast nicht verlernt, dass ab und zu einfach nur mal wieder Kind zu sein, etwas Unbezahlbares ist. Wenn du deinem inneren Kind gestattest, Kind sein zu dürfen, ist das unglaublich wertvoll. Es ist dein eigener persönlicher Jungbrunnen. Nicht das Alter, was in deinem Ausweis steht, ist entscheidend, sondern dein Mindset. Es kommt nur darauf an, wie du darüber denkst. Deine Gedanken können dich älter machen als du bist, aber zum Glück funktioniert das auch andersherum.

Ich habe sogar noch mit wunderbaren Menschen aus meiner Sandkastenzeit Kontakt. Wenn auch nur noch über Facebook, aber trotzdem bin ich dafür sehr dankbar. Wir kennen uns von klein auf und sind dann einfach gemeinsam größer geworden.

Sabine, Ela, Sylvia und Nicole, ihr „alten" Sandkistenrocker. Wird Zeit, dass wir mal wieder Länder - Klauen spielen oder einfach nur im Klettergerüst ganz ohne Sorgen abhängen.

Die Sandkistenzeit steht ja symbolisch für das glückliche, unbeschwerte innere Kind. Als Erwachsener müssen wir sehr aufpassen, dass unser inneres Kind noch weiß, bei all dem Horror in der ganzen Welt, wofür es sich zu leben lohnt. Du musst auf dein Kind aufpassen, dass es sich nie erdrückt fühlt. Auch wenn dir vielleicht vieles als sehr schwer erscheinen mag, lächle die Welt an und die richtigen Menschen werden dich finden. Höre nie auf zu lachen, egal wie ernst mitunter das Leben auch ist. Lass nicht zu, wie ich es tat, dass du deine Lebensfreude verlierst. Denn mit ihr verlierst du auch die Magie deines inneren Kindes. Das Leben ist ein Geschenk an dich und an andere. Es wird immer jemanden geben, für den du die ganze Welt bist.

Es ist wichtig, dass du dir immer wieder Zeit gönnst, wo du dir Inseln der Freude erzeugst. Wo du nicht der abgeklärte Erwachsene bist, sondern das Kind, welches vom Spieltrieb angetrieben wird. Vielleicht steckst du in einem stressigen Berufsleben, wo du viel Verantwortung übernehmen musst. Dann ist es erst recht wichtig, dass du dir einen Ausgleich suchst, der dich auf andere Gedanken bringt. Kümmere dich um dein inneres Kind, damit du nicht später einer dieser Erwachsenen wirst, die mit allem unzufrieden sind, und ihren Frust an Unbeteiligten auslassen.

Was ich besonders für einen gesunden Ausgleich empfehlen kann, ist Sport. Dabei werden, ähnlich wie beim Kindsein, Glücksgefühle freigesetzt. Und was diese mit dir machen, steckt bereits im Wort „Glücksgefühle". Du kannst dieses Wort auch als Aufforderung verstehen:

„Geh und fühle das Glück!"

Natürlich gibt es auch viele andere Dinge außer Sport, die dir guttun und dabei helfen können, ausgeglichen zu sein. Wichtig ist einfach, dass du für dich und dein inneres Kind einen Ausgleich zum Alltag findest.

Bevor es 2018 in Hurghada am Flughafen losging, ist es mir gut gelungen, mein inneres Kind aufrechtzuerhalten. Aber ich kann nicht abstreiten, dass die Erlebnisse dort etwas mit mir und meinem inneren Kind gemacht haben. Ich wurde ängstlicher, ernster und nachdenklicher. Die Unbeschwertheit ging auf diesem Weg immer mehr verloren.

Hinzu kam, dass ich nachts wieder vermehrt unter Herzrhythmusstörungen litt, die mir jedes Mal den Schlaf raubten. Es ist wirklich ein unangenehmes Gefühl, aus dem Tiefschlaf gerissen zu werden, weil das Herz entweder zu schnell oder zu langsam schlägt. Oft lag mein Herzschlag im wachen Zustand bei nur knapp über vierzig Schlägen pro Minute. Auch meine Sauerstoffsättigung war nicht im optimalen Bereich. Sie schwankte ständig im achtziger Prozentbereich, was problematisch ist, da dies die Versorgung der inneren Organe beeinträchtigen kann. Eine normale Sauerstoffsättigung liegt zwischen 95 und 99 %.

Meine Müdigkeit und meine Herzrhythmusstörungen haben mich immer mehr von den Dingen weggebracht, die das Leben lebenswert machen. Anstelle experimentierfreudiger Lebensfreude, machte sich eintönige Langeweile breit. Und da halte ich es wie mein holländischer Papa, der schon immer gesagt hat:

"Nichts ist langweiliger als Langeweile."

Die Tage wurden eintönig, weil ich mir immer weniger zutraute. Mein Herz spielte einfach zu schnell verrückt und dann war da ja auch noch die extreme Müdigkeit, die mich immer wie aus dem Nichts heimsuchte. So fiel es mir absolut schwer, mir, geschweige denn meinem inneren Kind, gerecht zu werden. Ich wusste nicht, wie ich aus diesem sehr unbefriedigenden Hamsterrad ausbrechen konnte.

Wenn ich auf Sylt nicht mehr weiterkomme, dann hilft mir immer ein Tapetenwechsel in unsere Geburtsstadt Hamburg

In Hamburg gibt es für uns viele Menschen, die die passenden Gewürze haben, um das Gericht des Lebens zu etwas ganz Besonderem zu machen.

Mit ihnen zusammen ist alles einfach noch bunter und schöner.

Kiosk 87, Lange Reihe & weitere Hotspots

In Hamburg haben wir Familie und Freunde, die wie Familie sind. Eine ganz wichtige Anlaufstelle in meiner alten Heimat ist mein türkischer Freund und Bruder Ibo, aus der Langen Reihe. Er ist einer dieser Freunde, die das Leben zu etwas ganz Besonderem machen. Wir sagen immer zu uns, dass wir Brüder von unterschiedlichen Eltern sind. Das trifft es schon ziemlich genau. Ibo ist ein großartiger Mensch und alles andere als gewöhnlich. Außerdem ist Ibo Besitzer des sehr bekannten Kiosk 87.

Ich hatte dir ja schon einige meiner Lieblingsorte auf Sylt verraten, jetzt möchte ich dir ein paar besondere Orte aus meiner Geburtsstadt vorstellen. Ganz vorne mit dabei ist die Lange Reihe. Ich weiß nicht, ob du sie kennst, sie liegt im Stadtteil St. Georg. Für mich ist St. Georg am ehesten mit dem weltbekannten, kultigen und ehrlichen Stadtteil St. Pauli vergleichbar: ein eigener Kiez, der viel zu bieten hat.

Die Lange Reihe hat wirklich einen besonderen Charme; sie ist lebendig, bunt und voller Leben. Ich liebe das gesellige Treiben, das dort herrscht. Genau das macht diesen Ort für mich so besonders und zu einem echten Wohlfühlort. Hier findest du übrigens mehr als nur einen Geheimtipp.

Besonders schön ist es im Sommer, wenn die Menschen noch lange draußen sitzen in den tollen Cafés, Bars und Restaurants. Dort kannst du viele wunderbare herzhafte Gerichte und verführerische Süßspeisen aus fernen Ländern bei einem tollen Getränk genießen. Die entspannte Atmosphäre und das Gefühl, den Moment in vollen Zügen zu erleben, machen die Lange Reihe für mich zu einem absoluten Highlight. Sie hat, auf einer verhältnismäßig kleinen Fläche, wirklich tolle Locations und sehr interessante unterschiedliche Menschen zu bieten. Vom schicken Hipster bis zum Gangster, hier liegen keine Welten zwischen, eher Hausnummern und Straßenzüge.

Was mir dort ebenfalls immer wieder gefällt, ist das Straßenfest mit all seinen liebenswerten, schrägen Vögeln. Hier darf jeder so sein, wie er möchte. Es herrscht eine coole, warmherzige und zugleich lustige Stimmung. Definitiv ist für jeden etwas dabei.

Genau so liebe ich in Hamburg den Hafen, die Alster mit ihren abzweigenden Kanälen, die Speicherstadt und die HafenCity, die für mich eine harmonische Symbiose mit der Speicherstadt eingegangen ist. Sie ergänzen sich perfekt und verbinden das Historische mit dem Modernen. Hamburg hat viele wunderbare, völlig unterschiedliche Ecken, die ich auf ihre eigene Weise sehr schätze. Barmbek mit der Fuhlsbüttler Straße und seinen unzähligen Bars und Restaurants, sowie dem Stadtpark mit dem Planetarium. Das kunterbunte Altona, St. Pauli mit seinen einzigartigen Bewohnern und echten Typen. Rothenbaum mit seinen prächtigen alten Häusern, Blankenese mit dem charakteristischen Treppenviertel und Eppendorf, das im Kontrast zu St. Pauli ein kultiviertes Flair versprüht. Eppendorf besticht ebenfalls durch seine beeindruckende Architektur und erstklassigen, vielfältigen Locations.

Hamburg hat so viele nennenswerte Facetten, dass ich ein ganzes Buch darüber schreiben könnte. Aber nun möchte ich dir zunächst noch ein wenig mehr über meinen türkischen Bruder erzählen.

Zusammen mit seiner Frau, seiner Familie und seinen treuen Mitarbeitern Murat und Heiko, hat es Ibo mit seinem Kiosk geschafft, dass Zeitungen und Fernsehsender über ihn und seinen Kiosk 87 berichteten.

Das ist eine Leistung, die man nicht alle Tage sieht. Doch wie bereits erwähnt: Es ist nicht einfach nur ein Kiosk. Vielmehr hat sich der Kiosk zu einem Ort der Begegnung entwickelt, weit mehr als ein rein verkaufsorientiertes Unternehmen.

Natürlich ist Ibo auch geschäftstüchtig. In seinem Laden bietet er nicht nur seine eigenen Weine an, die sich großer Beliebtheit erfreuen, sondern inzwischen auch coole T-Shirts und Hoodies. Und wie ich ihn kenne, wird es sicher nicht dabei bleiben. Mein Bruder überrascht mich immer wieder mit neuen, großartigen Ideen. Der Kiosk 87 lebt von Laufkundschaft und vor allem von vielen treuen Stammgästen. Hier wird geschnackt, gelacht und notfalls auch Tacheles geredet.

Jeder, der andere Menschen in ihrer Einzigartigkeit respektiert, ist herzlich willkommen. Wer Ärger machen will, wird jedoch sofort vor die Tür gesetzt, da fackelt Ibo nicht lange. Ein Mensch mit großem Herz, klugem Verstand und, wenn es sein muss, auch mit schnellen Fäusten. Ich weiß, wie gut er ist, wir haben lange zusammen trainiert. Deshalb wundert es mich auch nicht, dass die beiden Söhne von Ibo und seiner lieben Frau Gonca im Kampfsport in die gleichen Fußstapfen treten.

Die weit über die Grenzen Hamburgs bekannte und äußerst beliebte Ina Müller ist auch in meinem zweiten Zuhause eine regelmäßige Besucherin. Tatsächlich ist sie dort sogar häufiger anzutreffen als ich selbst. Doch Ina ist nicht nur eine gute Stammkundin, sondern verbindet eine echte Freundschaft mit Ibo. Sie hat ihm und seinem Kiosk sogar ihre goldene Schallplatte vermacht, eine Geste, die für sich spricht. Über Ibo hatten wir die Ehre, im November 2019 als Zuschauer im Schellfischposten bei Inas Nacht dabei zu sein. Zu Inas Gästen gehörten Joko Winterscheidt, Jörg Thadeusz, Lee Fields und Jennifer Kae. Was für ein genialer Abend! Ina versprüht einfach eine Menge Spaß und Charme.

Ihre lockere Art überträgt sich sofort auf ihre eingeladenen Studiogäste und das wiederum auf die Zuschauer. Im Schellfischposten gibt es nur glückliche Gesichter. So ein Abend zählt zu den besonderen Erlebnissen, die man nie vergisst und über die man noch im hohen Alter spricht. Wir waren tatsächlich die letzten Gäste, bevor aufgrund der Corona-Maßnahmen die nächsten Folgen nur noch in abgespeckter Form produziert wurden. Wir hatten wirklich Glück, dass wir das gesamte Erlebnis in vollen Zügen genießen konnten.

Solche einzigartigen Momente, wie im Schellfischposten bei Inas Nacht, als Zuschauer dabei zu sein, lassen mein Herz immer noch erstrahlen. Es war etwas ganz Besonderes, da es für diese Veranstaltungen keine Tickets zu kaufen gibt. Mein inneres Kind fühlte sich wie im Bälleparadies auf Hawaii, mit einem großen und leckeren Eis in der Hand.

Ich liebe solche „Magic Moments".Und genau das möchte ich dir auch mit meiner Erzählung über die Lange Reihe vermitteln: Schaffe dir immer wieder deine eigenen Magic Moments. Sie halten dein inneres Kind am Leben und schaffen Glücksmomente, die ungefiltert in dein Unterbewusstsein eindringen.

Ich hoffe sehr, dass du es schaffst, solche Oasen der Freude zu entdecken, gerne auch mit Hilfe deiner Familie und Freunde. Es gibt unzählige solcher magischen Momente, die nur darauf warten, von dir gefunden und erlebt zu werden. Du musst wissen, wofür du lebst und kämpfst. Und du musst dir bewusst machen, dass du es auch alleine wert bist, ein glückliches und erfülltes Leben zu führen.

Gehe raus, nimm dein inneres Kind an die Hand und zeige ihm die wunderbare Welt. Dadurch wirst du als Erwachsener immer wieder daran erinnert, dass es nicht nur die Schattenseiten des Lebens gibt.

Das Problem vieler Erwachsener ist, dass wir uns viel zu selten im Spieleparadies aufhalten. Unser Blick ist oft auf die täglichen Nachrichten gerichtet, die eher grau und von Elend geprägt sind, statt bunt und voller Freude.

Natürlich können und sollen wir uns nicht vor der Realität verstecken, aber wir dürfen nie vergessen, dass es immer auch Gründe gibt, voller Freude zu lächeln. Die Welt erscheint uns oft als fies, ungerecht und gemein, doch sie kann genauso auch absolut fantastisch sein, wie ein überdimensional großes, lächelndes Honigkuchenpferd. Beide Realitäten existieren nebeneinander; es kommt darauf an, worauf du deinen Fokus lenkst. Wenn ich meinen Fokus wieder einmal dringend vom tristen Grau des Alltags abwenden muss, lenke ich ihn auf die Lange Reihe, mit all ihren einzigartigen und liebenswerten Menschen. Für mich ist sie wie ein Tuschkasten, mit dem ich das Grau einfach in lebendige Farben übermale.

Neben Ina Müller sind im Kiosk noch viele weitere prominente Persönlichkeiten aus verschiedenen Bereichen anzutreffen, von Schauspielern und Musikern bis hin zu Sportlern. Dazu gehören unter anderem Johannes Oerding, der bekannte Musikproduzent und DJ Neelix sowie unser Freund, der Ex-Europameister im Schwergewichtsboxen, Alexander Dimitrenko. Heute engagiert sich Alexander mit viel Hingabe für auffällig gewordene Jugendliche. Ich schätze solche Freundschaften sehr und liebe es, solche Geschichten zu hören. Seine handsignierten Boxhandschuhe hängen, ebenso wie die Schallplatte von Ina Müller, im Kiosk 87.

Ich habe größten Respekt vor Menschen, die körperlich sehr stark sind und sich zum Ziel gesetzt haben, ihre Kraft sinnvoll einzusetzen. Zu diesen Menschen zähle ich neben Alexander auch Olaf Jessen vom Hankook Sportcenter, von dem ich dir bereits erzählt habe.

Die Welt ist nicht immer ein gerechter Ort, aber jeder einzelne kann dazu beitragen, dass die Welt beim Verlassen ein Stückchen heller scheint als zuvor.

Wenn wir in Hamburg, sind und es sich irgendwie mit dem Pflichtprogramm vereinbaren lässt, machen wir einen Abstecher zum Kiosk 87.

Ibo und seine wunderbare Frau Gonca haben eine unglaublich tolle Familie, und wir sind dankbar, ein Teil davon zu sein. Wir schenken uns gegenseitig Kraft und Freude.

Gerade in dieser für mich schwierigen Zeit, konnte ich davon besonders viel gebrauchen. Ich war wirklich sehr verunsichert, da auch mein Herz immer wieder verrücktspielte. Eine Angst baute sich in mir auf, dass ich alles verlieren könnte, was ich liebe, zumindest in dieser Welt.

Es kostet wirklich eine Menge Kraft, immer wieder aufzustehen, aber tief in mir spürte ich, dass es der einzige Weg für mich war, den ich akzeptieren würde. Aufgeben war keine Option.

Weitere Freunde, die Hamburg zu etwas ganz besonderen machen, sind Doc, Michi und Huyam. Es sind diese großartigen Freundschaften, bei denen es keine Rolle spielt, wie lange man sich nicht gesehen hat, man setzt einfach dort an, wo man beim letzten Treffen aufgehört hat. Bei solchen wundervollen Menschen kann man nicht anders, als sie zu lieben. Huyam ist für mich und für viele andere zudem eine große Quelle der Inspiration und Motivation. Sie hat in ihrem Leben, aufgrund von Krankheit, einiges durchmachen müssen. Doch anstatt aufzugeben, hat sie sich der Herausforderung gestellt. Was sie daraus für sich aufgebaut hat, ist absolut bemerkenswert. Mit Doc Michi hat sie zudem den perfekten Partner an ihrer Seite: unglaublich unterstützend, mit einem großartigen Humor und einem Herz am richtigen Fleck.

Die Welt erscheint uns oft als fies, ungerecht und gemein,

doch sie kann genauso

auch absolut fantastisch sein,

wie ein überdimensional großes,

lächelndes Honigkuchenpferd.

Beide Realitäten existieren nebeneinander;

es kommt darauf an,

worauf du deinen Fokus lenkst.

Wie du dir vielleicht schon denken kannst, werde ich nicht näher auf ihre Geschichte eingehen, da unsere Freunde von diesem Buch noch nichts wissen. Vielleicht kann ich dir bei einer anderen Gelegenheit mehr darüber erzählen, und auch viele weitere spannende oder auch lustige Geschichten.

Wenn du solche Menschen zu deinen Freunden zählen darfst, kannst du dich wirklich glücklich schätzen. Vielleicht kennst du ja sogar jemanden davon, was ziemlich großartig wäre. Ich wünsche dir von Herzen, dass du echte Freunde an deiner Seite hast, mit denen du lachen - und wenn nötig - auch weinen kannst, ohne dir Sorgen machen zu müssen, was du sagen darfst und was nicht.

Wenn du mal in Hamburg in der Langen Reihe bist, solltest du unbedingt den kleinen Kiosk 87 besuchen. Vielleicht treffen wir uns ja dort und mit etwas Glück, gibt es sogar einen musikalischen Gig, der regelmäßig mit verschiedenen Künstlern stattfindet. Das ist jedes Mal ein Highlight.

Wie ich schon sagte: Es ist nicht einfach nur ein Laden, in dem du etwas kaufen kannst. Der Kiosk 87 ist vielmehr ein Ort der Begegnung und Freude. Lass dich darauf ein, mit den Menschen vor Ort ins Gespräch zu kommen, und vertraue auf die Magie, die sich daraus entwickeln kann.

Auch wenn es nur ein kleiner Kiosk ist, ist er doch so viel mehr.

Eine Liebeserklärung an die Lange Reihe und an den weltbesten Kiosk, der zu einer meiner wichtigsten Energiequellen geworden ist.

Im Juli 2023 trat ich meine erste Reha an. Es ging nach Bad Malente in die Mühlenbergklinik.

Ich muss dir gestehen, dass ich trotz der wiederholten Ratschläge meiner Ärzte nicht vorhatte, eine Reha zu machen. Meine Befürchtung war, dort vor allem auf Menschen zu treffen, die ständig nur über ihre Beschwerden klagen. Bitte verstehe mich nicht falsch: Wenn es dir nicht gut geht, hast du natürlich das Recht, dich darüber auszutauschen. Aber es gibt auch Menschen, die sich vollkommen über ihre Krankheit definieren. Sie glauben, sie wären ihre Krankheit, und fühlen sich in der Opferrolle am wohlsten, sie wollen dann nur noch darüber sprechen. Auf so etwas hatte ich definitiv keine Lust. Ich wollte nicht von morgens bis abends über Krankheiten reden, sondern meinen Fokus auf die Gesundheit richten.

Allerdings wurde mir auch bewusst, dass ich professionelle Hilfe brauchte. Da ich inzwischen fast jede Nacht stundenlang wach lag, weil ich Probleme mit meinem Herzrhythmus hatte, fiel es mir zunehmend schwer, nicht in Spiralen der Angst zu geraten. Mein Vertrauen, dass mir nichts passieren würde und dass ich geschützt bin, schwand mit jeder weiteren Nacht, in der ich durch meine Herzprobleme geweckt wurde und danach nicht wieder einschlafen konnte. Ich fühlte mich völlig erschöpft und wusste nicht, wie ich da wieder herauskommen sollte. Während dieser Zeit, in der ich Nacht für Nacht von meinen Herzrhythmusstörungen geweckt wurde, wuchsen auch meine Ängste, und schließlich entwickelte sich bei mir tatsächlich eine Depression. Ehrlich gesagt, hatte ich immer gedacht, dass mir so etwas nicht passieren kann, weil ich stark genug bin, um auf mich aufzupassen. Die Depression war raffiniert, sie stellte sich mir nicht direkt in den Weg, so dass ich sie sofort wahrnehmen konnte, sondern sie kam durch viele Hintertürchen angeschlichen.

Meine Ängste in Bezug auf mein Herz führten dazu, dass ich häufig falsche Gedanken hatte und unüberlegte Entscheidungen traf. Allmählich wuchs die Depression in mir heran. Zunächst nahm ich das kaum wahr. Mein Verhalten wurde jedoch zunehmend auffälliger, was ich aber nicht auf die Depression zurückführte, sondern vielmehr auf den chronischen Schlafmangel, den ich über einen langen Zeitraum hatte. Sicherlich trug dieser Energiemangel zu meiner Verfassung bei, doch hauptsächlich war ich selbst durch meine unvorteilhaften Gedanken und Entscheidungen dafür verantwortlich.

Anfangs fühlte ich mich total energielos. Was ebenfalls auffällig war: Mir ging immer mehr Lebensfreude verloren. Das war schon unangenehm, aber viel schlimmer war die Phase, die daraus entstand. Ich begann, nichts mehr zu fühlen, weder Schmerz, noch Angst, noch Sorgen und auch keine Liebe. Ich war innerlich vollkommen leer. Im Nachhinein betrachtet, war das für mich absolut erschreckend. Von meinem niederländischen Blut, das sonst immer auf „Synapsen klatschen" aus ist, war nichts mehr zu spüren.

Es war, als ob alles in mir gelöscht worden wäre. Ich kann nicht mehr genau sagen, wie lange diese dunkle Phase dauerte, aber es war genau der Moment, von dem ich dir bereits erzählt habe, als ganz tief in mir die Frage auftauchte:

„Leben oder sterben?"

Das war mein Weckruf, den ich gebraucht hatte. Nachdem ich mich innerlich für das Leben entschieden hatte, begann ich wieder zu fühlen. Erst ganz langsam und dann immer mehr. Ich entschied mich, bewusst zu handeln und meiner Depression Lebewohl zu sagen.

Durch meine falsch getroffenen Entscheidungen und durch meine mir nicht dienlichen Gedanken, habe ich sie in mein Leben geholt, also kann und werde ich sie auch wieder mit neu getroffenen Entscheidungen entfernen können. Ab diesem Zeitpunkt war ich felsenfest davon überzeugt, dass ich es schaffe.

Und genau so kam es auch. Ich habe meine Depression eigenständig besiegt. Ich wusste aber, dass ich nun trotzdem oder sogar erst recht professionelle Hilfe benötige, zumal ich, bis auf die verabschiedete Depression, ja noch alle anderen Symptome in mir trug. Zusätzlich bemerkte ich, dass ich, sobald es auch nur ansatzweise stressig wurde, unter erheblichen Erschöpfungssyndromen und Wortfindungsstörungen litt. Es fühlt sich dann an, als hätte ich ein schwarzes Loch im Kopf, das alle zuvor gespeicherten Informationen gelöscht hat. Dieser Zustand ist wirklich schrecklich, weil man sich so machtlos fühlt. Von einem Moment auf den nächsten ist man überfordert und findet nicht einmal die richtigen Worte, um sich angemessen auszudrücken. Je stressiger die äußere Situation wurde, desto größer wurde auch der innere Stress. Ich fand kein Mittel, um mich dagegen zu wehren. Diese Probleme bestehen seit den Impfungen, aber definitiv haben sie sich nach jeder weiteren Corona-Infektion verschlimmert. Ich wusste nicht mehr, was ich dagegen unternehmen kann, und deshalb war nun der richtige Zeitpunkt gekommen, ernsthaft über eine mögliche Rehabilitationsmaßnahme nachzudenken.

Meine Überlegungen dazu waren folgende:

Eventuell wäre es doch sinnvoll, eine Reha zu machen. Es könnte ja sein, dass ich dort Gleichgesinnte treffe, mit denen ich mich austauschen kann. Vielleicht gelingt es den Ärzten, mir meine Sorgen und Ängste bezüglich meines Herzens zu nehmen. Mit ihrer Unterstützung könnte sich auch meine Müdigkeit bessern.

Ich begann, eine mögliche Reha-Maßnahme nicht mehr nur negativ zu sehen und kategorisch abzulehnen. Stattdessen erkannte ich zunehmend die positiven Aspekte, die eine Reha für mich haben könnte. Mit diesen neuen Gedanken ging ich auf meine behandelnden Ärzte zu, um die Möglichkeit einer Reha zu besprechen.

Die Maßnahme wurde genehmigt, und im Juli ging es für mich los, meine erste Reha-Maßnahme überhaupt. Sie führte mich nach Bad Malente in der Holsteinischen Schweiz, eine Region, die ich vorher nicht kannte. Die Gegend beeindruckte mich mit ihrer Ruhe, ihrem satten Grün und der friedlichen Atmosphäre. Zwar ist Bad Malente kein Ort für ausschweifende Partynächte, doch genau das machte es perfekt für mein Ziel: Erholung.

Fast direkt vor meiner Haustür lag der idyllische Dieksee. Ich war glücklich, mein geliebtes Wasser so nah bei mir zu haben. Besonders gefiel mir die offizielle Badestelle mit ihrem kleinen, einladenden Sandstrand.

Nur wenige Kilometer entfernt liegt Eutin, die nächstgrößere Stadt. Sie ist zwar klein, aber dennoch charmant und sehenswert. Außerdem konnte ich schnell mit dem Auto Ostseestädte wie Grömitz erreichen, eine tolle Möglichkeit für spontane Wochenendausflüge, die mir während des Reha-Alltags eine willkommene Abwechslung boten.

Als ich schließlich meine Unterkunft erreichte, war ich hin und hergerissen. Einerseits war ich froh, hier zu sein und hoffte, dass man mir bei meinen Problemen helfen könnte. Andererseits schwang auch eine leise Skepsis mit: Was würde mich hier tatsächlich erwarten?

Nach meiner Ankunft wurde mir zuerst mein Zimmer zugeteilt. Am Nachmittag fand ein Einführungstreffen statt.

Durch meine falsch getroffenen Entscheidungen

und durch meine mir nicht dienlichen Gedanken,

habe ich sie in mein Leben geholt,

also kann und werde ich sie auch wieder

mit neu getroffenen Entscheidungen

entfernen können.

Hier wurden wir Neuankömmlinge durch das Haus geführt, und man erklärte uns den generellen Tagesablauf. Das Kennenlernen verlief reibungslos. Bevor die einzelnen Reha - Maßnahmen individuell abgestimmt wurden, durchlief jeder Neuankömmling eine gründliche medizinische Untersuchung.

Zusammen mit der lieben Conny, einer Altenpflegerin, die kurz vor ihrer wohlverdienten Rente stand und einen wertvollen Beitrag zur Gesellschaft leistete, war ich einer der beiden Neuen am Tisch. Conny und ich verstanden uns auf Anhieb. Die anderen beiden waren Nasim, deren ansteckendes Lachen und positive Ausstrahlung regelmäßig den gesamten Speisesaal unterhielt. Sie arbeitet am Frankfurter Flughafen, wo wir sie auf jeden Fall einmal besuchen wollen, falls wir über Frankfurt fliegen. Sie hat bei uns allen einen guten Eindruck hinterlassen. Der dritte im Bunde war der smarte und junggebliebene Schulleiter Sebastian. Mit seiner abenteuerlustigen Ausstrahlung erinnerte Sebastian eher an einen coolen Surferboy als an einen Schulleiter. Sebastian und ich teilen eine Vorliebe für scharfes Essen. Zu unseren festgelegten Mittagszeiten brachten wir oft Chilis mit. Das verlieh unserer späteren WhatsApp-Gruppe den Namen:

„The Spicys"

In unseren Anwendungsgruppen freundeten wir uns auch mit Jolanta an, die schnell Teil unseres Kreises wurde. Es ist erstaunlich, wie sich immer die Menschen finden, die einander gut tun und unterstützen.

Später habe ich mit Conny auch einige gemeinsame Ausflüge unternommen. Wir hatten das große Glück, dass ihr Mann Andre und meine Süße zeitgleich anwesend waren. Gemeinsam verbrachten wir unter anderem einen wunderbaren, sehr humorvollen Abend - in einem griechischen Restaurant. Mit allen stehe ich bis heute in gutem

Kontakt. Ich schätze sie sehr, es sind wirklich besondere Menschen. 2025 wollen sich The Spicys wiedersehen.

Ich werde dir jetzt nicht erzählen, warum die anderen in der Reha waren. Da, wie du weißt, bislang kaum jemand von diesem Buch weiß, möchte ich ohne ihr Einverständnis nichts über die Gründe für ihre Teilnahme an der Rehamaßnahme preisgeben.

Neben der weiteren medizinischen Betreuung, wurde ich auch psychologisch begleitet, in Einzel- und Gruppensitzungen. Diese Erfahrung war für mich völliges Neuland, und ich war zunächst unsicher, ob mir das gefallen würde. Trotz meiner Bedenken beschloss ich, offen und ohne Vorurteile daran teilzunehmen.

Der Terminplan war meist prall gefüllt und stellte eine echte Herausforderung dar. Doch genau das weckte mein Sportlerherz: Mein Ehrgeiz trieb mich an, bei den sportlichen Einheiten immer mein Bestes zu geben. Aus diesem Ehrgeiz schöpfte ich die Motivation, bis zum Ende durchzuhalten. Beim Nordic Walking versuchte ich immer, ganz vorne mitzulaufen, was mir meist auch gut gelang. Ich gebe zu, dass ich es früher belächelte, wenn Menschen mit ihren Stöcken an mir vorbeihuschten. Mittlerweile sehe ich das mit anderen Augen, denn hinter dieser Aktivität steckt ein durchdachtes System, das wirklich Erfolge bringt und auch Nichtsportler ermutigt, etwas für sich zu tun. Ich war durch meinen Kampfsport und intensiveres Training an körperliche Belastungen gewöhnt und nahm das Nordic Walking bis dahin nicht wirklich ernst.

Doch meine körperlichen Beschwerden haben mich demütiger und offener gegenüber anderen Sportarten gemacht. Das Schöne am Leben ist, dass du deine innere Einstellung jederzeit verändern kannst, nichts ist in Stein gemeißelt, es sei denn, deine innere Beweglichkeit ist die einer massiven Gebirgskette.

Beim Ergometer-Training, das in der Regel zwanzig Minuten dauerte, geriet mein Herz leider häufig aus dem Takt, so dass ich mein Tempo erheblich drosseln musste. Es kam sogar immer öfter vor, dass ich die Einheit abbrechen musste, weil mein Herz komplett aus dem Rhythmus kam und mir schwindelig wurde. Dass mich die sportlichen Einheiten zunehmend anstrengten, frustrierte mich und bereitete mir auch Sorgen. Normalerweise hatte Sport immer eine belebende Wirkung auf mich, und meine Energie steigerte sich, anstatt zu sinken. Doch plötzlich hatte ich das Gefühl, immer mehr an Kraft zu verlieren, je intensiver ich mich in die sportlichen Aktivitäten hineinkniete.

Manchmal gab es nur etwa zehn Minuten Pause zwischen den Anwendungen, manchmal auch ein paar Stunden. Doch egal, wie lang die Pausen waren, ich musste mich nach jeder Anwendung sofort hinlegen und meine Augen schließen. Vorsichtshalber stellte ich mir einen Wecker, da ich fast immer sofort wegnickte. Ich konnte mir das nicht mehr erklären: Je mehr ich dafür tat, dass es mir besser ging, desto erschöpfter war ich. Es wurde zunehmend anstrengender und für die Erholungsphasen benötigte ich deutlich mehr Zeit als zuvor.

Es war schon irgendwie paradox: Für mein angeschlagenes Herz war es sehr wichtig, mich viel zu bewegen. Das wurde mir und den anderen Reha-Teilnehmern in Vorträgen ausführlich erklärt. Es ergab alles einen Sinn und als Sportler war das auch etwas, das ich liebte. Doch trotzdem fühlte ich mich immer erschöpfter. Das wiederum ergab zunächst keinen Sinn für mich.

Während der Reha wurden meine Symptome genauer untersucht, und es stellte sich heraus, dass ich neben den Herzproblemen auch unter den Folgen von Post-Covid leide, einschließlich des Chronischen Fatigue-Syndroms (CFS). Das erklärte nun auch, warum der Sport, den ich ausübte, in meinem Fall, im Hinblick auf mein Fatigue-Syndrom, eher schädlich war, anstatt zu helfen. Menschen, die darunter leiden, haben häufig eine niedrige Belastungstoleranz. Bei einer Überlastung können die Symptome dramatisch verschärft werden. Dieser Zustand wird als „Crash" bezeichnet. Deshalb wird dringend davon abgeraten, die Belastungsgrenze zu überschreiten, wie es bei anderen Krankheitsbildern von Vorteil sein kann. Doch getrieben von meinem Ehrgeiz und dem bis dato Unwissen über die Erkrankung ging ich häufig an, aber auch über meine Grenzen.

Wenn du unter dem Fatigue-Syndrom leidest, ist es wichtig, einen möglichen Crash durch gezielte Schonung zu vermeiden. Völlige Ruhe ist jedoch keine Lösung, da sie langfristig neue Probleme verursachen kann. Plane daher ausreichend Ruhephasen in deinem Tagesablauf ein, nicht nur während körperlicher Aktivität, sondern auch bei allen anderen Tätigkeiten.

Viele Betroffene, darunter auch ich selbst, erleben jedoch, dass Ruhephasen allein oft nicht ausreichen, um echte Erholung zu bringen. Das ist ziemlich frustrierend. Obwohl du Pausen gemacht hast, bist du immer noch kaputt und müde.

Trotzdem warte nicht, bis du deine persönlichen Grenzen erreichst, bevor du Pausen machst. Lerne, diese rechtzeitig einzuplanen, um Überlastung zu vermeiden, insbesondere, wenn du an CFS leidest. Ansonsten könnte sich die Situation noch verschlimmern. Ein bewusster Umgang mit deinen Kräften ist essenziell, um langfristig besser mit der Erkrankung zu leben.

Ich möchte den Verantwortlichen der Mühlenbergklinik keinerlei Vorwürfe machen, dass sie mich sportlich so beanspruchen ließen. Ganz im Gegenteil, die sportliche Belastung war für mein Herz, weswegen ich ja zur Reha war, genau richtig. Zudem haben sie etwas festgestellt, das von anderen Ärzten übersehen wurde: Ich leide unter Post-Covid und den daraus resultierenden Folgen, wie CFS. Nachdem diese Diagnose gestellt wurde, erhielt ich maßgeschneiderte Maßnahmen, die auf meine Bedürfnisse abgestimmt waren. Hier wurde sofort professionell gehandelt. Dass die Diagnose immer noch von vielen Ärzten als solches nicht erkannt wird, ist für die Betroffenen ein Problem. Hier in der Klinik wurde es erkannt, was für mich ein riesiger Vorteil war. Ab diesem Zeitpunkt konnte mein Therapieplan viel besser auf meine Bedürfnisse abgestimmt werden.

Da ich nach meiner Impfung, die mir alles andere als gut bekommen ist, zudem bis dahin auch noch zweimal an Corona erkrankt bin, zähle ich nicht als Impfschaden, sondern automatisch als Post-Covid-Patient. Somit stimmen die Statistiken über die Zahl der Impfschäden nicht mehr, da ich davon ausgehe, dass viele, die einen Impfschaden erlitten haben, irgendwann auch an Corona erkrankten. Aber ehrlich gesagt, geht es mir jetzt vor allem darum, wieder gesund zu werden.

All die Symptome, die bei mir direkt nach der Impfung aufgetreten sind und ein paar Wochen später noch stärker zum Vorschein kamen, lassen sich nun erklären. Meine extreme Müdigkeit und die damit verbundene Abgeschlagenheit, die ich mir so nicht erklären konnte, haben plötzlich einen Namen bekommen:

Chronisches Fatigue-Syndrom. Boa, was für ein Scheiß!

Fatigue tut nicht weh, aber die täglich wiederkehrende extreme Müdigkeit ist absolut erschöpfend und zermürbend. Alles, was du tust, ist viel anstrengender als sonst. Jede Erholung erfordert viel mehr Zeit als üblich. Man sagt, dass die Müdigkeit ungefähr viermal so stark ist, wie du es normalerweise kennst. Deine gewohnte Motivation reicht bei einem Chronischen Fatigue-Syndrom nicht aus, um dich zu Dingen zu motivieren, die dir normalerweise leicht von der

Hand gehen. Sogar bei Tätigkeiten, die du liebst, brauchst du eine enorme Extraportion Motivation, um sie überhaupt zu tun. Dein Körper schreit förmlich:

„Leg dich hin und schlaf eine Runde!"

In dir tobt ein ständiger Kampf zwischen dem Bedürfnis nach Ruhe und dem Drang, am Leben teilzunehmen. Ich kann nur für mich sprechen, aber ich bin mir sicher, dass viele Betroffene das nachvollziehen können.

Ich bin mental stark, aber es ist ein Fakt, dass ich mich nicht darauf ausruhen kann. Wenn ich zulassen würde, dass mein Körper bestimmt, wie es mir mental geht, würde ich diesen täglichen Kampf schnell verlieren. Dann wäre eine tiefgreifende und ernstzunehmende Depression nicht mehr weit, eine Erfahrung, die ich bereits gemacht habe und definitiv kein zweites Mal benötige. Das Problem beim chronischen Fatigue-Syndrom ist, dass es nicht reicht, sich einmal mental darauf einzulassen, sich stark zu fühlen, und dann läuft alles von allein. Leider funktioniert es bei Fatigue so nicht. Dieser Kampf muss jeden Tag aufs Neue geführt werden. Andernfalls würde der Körper den Geist besiegen.

Jeder kennt die normale Müdigkeit: Man schläft einfach gut, und dann ist alles wieder in Ordnung. Leider hilft das bei Fatigue nicht. Du kannst zehn bis zwölf Stunden schlafen und bist trotzdem genauso schnell erschöpft. Und wenn du dann, sei es für nur wenige Stunden, manchmal schon Minuten, aktiv wirst, fühlst du dich danach, als wärst du völlig erschlagen.

Als „Trost" hörst du dann auch noch oft Sprüche wie:

„Stell dich nicht so an, jeder ist mal müde. Du musst dich auch etwas zusammenreißen. Schlaf dich mal richtig aus und dann wird das schon wieder. Ich kenne das, das hat doch jeder mal.

Gestern war ich auch richtig doll müde, das wird schon wieder…"

Für Außenstehende mag die Lösung einfach erscheinen, für diejenigen, die betroffen sind, ist sie jedoch oft sehr viel schwieriger. Wenn Fatigue dich im Griff hat und bei mir, sowie voraussichtlich bei den meisten anderen, ist das täglich der Fall. Es fühlt sich an, als hättest du mindestens 24 Stunden durchgearbeitet und bekommst als Geschenk Schlaftabletten verabreicht. Obwohl du eigentlich noch weitere zwölf Stunden Arbeit vor dir hast, bevor du endlich eine Pause machen kannst.

Ich erzähle dir das nicht, um zu jammern, sondern um aufzuzeigen, dass mehr Verständnis für Betroffene in unserer Gesellschaft notwendig ist. Ich finde, wir urteilen viel zu schnell, ohne zu wissen, was der andere wirklich durchmacht. Oft kennen wir den Menschen nicht gut genug und wissen daher nicht, mit welchem Ballast er oder sie vielleicht belastet ist. Glaube mir, jeder hat sein eigenes Päckchen zu tragen.

Anstatt vorschnell zu urteilen, sollten wir uns eher fragen, ob wir dem anderen irgendwie helfen können. Natürlich kann niemand die ganze Welt retten, aber wenn wir schon nicht direkt helfen können, sei es auch nur mit einem offenen Ohr, sollten wir zumindest reflektieren, ob unsere Worte eher schaden oder unterstützen. Jeder von uns könnte irgendwann in einer Situation sein, in der er auf die Hilfe anderer angewiesen ist. Auch ich hätte damals nie gedacht, dass mir ein solcher Schlag mit der Keule versetzt wird.

Das mit dem offenen Ohr ist eine perfekte Überleitung zur psychologischen Hilfe, die wir, wie ich dir bereits erzählt habe, auch in der Reha erhalten haben.
Ich wusste nicht, was auf mich zukommt. Bisher war ich es gewohnt, viele Dinge mit mir selbst auszumachen. Ich wollte nicht, dass Außenstehende erfahren, wie es mir wirklich geht,

weil ich befürchtete, dass Phasen der Schwäche von anderen ausgenutzt werden könnten. Außerdem wollte ich niemandem zur Last fallen.

Ich sprach bis dahin nur mit Menschen darüber, denen ich vertraute. Carmen war dabei meine erste Adresse. Zusätzlich sprach ich auch mit einigen Freunden und Familienangehörigen über diese schwierige Situation. Es tat mir gut, mich mit ausgewählten Menschen über meine Sorgen auszutauschen, doch es gab auch eine Sache, die mir daran nicht gefiel. Denjenigen, die mir wichtig sind und die ich im Herzen trage, erzähle ich von meinen täglichen Belastungen und damit belaste ich sie auch auf eine gewisse Weise. Das wollte ich definitiv nicht.

Eigentlich war es eher so, dass ich, wenn ich gefragt wurde, wie es mir geht und ob wir uns später treffen wollen, immer ehrlich antwortete:

„Nicht so gut, ich bin ziemlich müde."

Ich wusste dann oft nicht, ob wir uns am Abend treffen können, weil ich nicht abschätzen konnte, wie lange ich durchhalten würde. Solche Gedanken machten mir sehr zu schaffen. Ich hatte Angst, dass meine Freunde und Familie mich irgendwann nur noch mit Krankheiten in Verbindung bringen würden. Ich fürchtete, dass wir irgendwann gar nicht mehr gefragt würden, ob wir zu Geburtstagsfeiern, zum Essen oder zu anderen Anlässen kommen wollten. Leider mussten wir in der Vergangenheit schon oft Einladungen absagen, weil uns meine gesundheitlichen Probleme einen Strich durch die Rechnung machten. Das Chronische Fatigue Syndrom ist ein schwerwiegender Einschnitt in deiner Lebensqualität. Eine dieser Absagen nagt noch bis heute an mir, da sich das Ereignis nicht wiederholen lässt. Dieser Tag steht symbolisch für viele verpasste Momente. Solche Tage sind Erinnerungen für die Ewigkeit. Doc Michi, der übrigens tatsächlich Arzt ist und deshalb von uns liebevoll „Doc Michi" genannt wird, und Huyam haben in Hamburg auf einem Partyschiff geheiratet. Zwei so wunderbare Freunde heiraten und wir waren eingeladen! Die Vorfreude auf die Hochzeit war riesig.

Als Einlaufmusik sollte dann sogar von meinem geliebten 2Pac „All Eyez on Me" gespielt werden. Mehr geht doch wirklich nicht!

Da es mir zu diesem Zeitpunkt, aufgrund des Zustands meines Herzens, sehr schlecht ging, haben wir vorsorglich beschlossen, abzusagen. Ich hatte Angst, dass ich aufgrund meiner Krankheit die Party möglicherweise sprengen könnte. Unter den damaligen Umständen konnte ich nicht sicher sein, dass alles gut gehen würde. Es sollte der große Tag von Huyam und Doc Michi werden, und ich hätte ihnen diesen Moment niemals verderben wollen. Daher dachte ich, es wäre besser, wenn nur Carmen und ich traurig darüber sind, nicht dabei zu sein, als wenn die anderen Gäste von der Feier emotional herausgerissen würden, weil ich möglicherweise direkt vom Schiff ins Krankenhaus hätte fahren müssen, was zu dieser Zeit leider keine Seltenheit war. Solche Krankheitsbilder beeinträchtigen nicht nur dein berufliches Leben, sondern auch dein Privatleben in hohem Maße. Deine Psyche wird auf allen Ebenen belastet. Und nun kommt endlich die psychologische Hilfe, die ich bereits erwähnt hatte. Zunächst gab es ein Gruppengespräch, bei dem sich jeder vorstellte und, wenn gewünscht, auch ein wenig von seinen eigenen Problemen erzählte. Anschließend fanden Einzelgespräche statt, in denen man noch tiefer in seine Themen eintauchen konnte, immer nur so weit, wie man es selbst für richtig hielt.

Ich merkte schnell, dass es mir sehr guttat, mit einer außenstehenden Person über meine Sorgen zu sprechen. Diese Person nahm meine Probleme nicht mit nach Hause, weil sie mir emotional nicht nah war. Es war professionelle Hilfe, die mir wirklich sehr geholfen hat. In erster Linie ging es mir gar nicht so sehr darum, Tipps zu erhalten, wie ich besser mit meinen Herausforderungen umgehen könnte. Vielmehr war das Sprechen eine Art Befreiung, ein Loslassen von Ballast, den ich lange mit mir herumgetragen hatte. Es fühlte sich wirklich erleichternd an.

Nachdem ich mich gelöster fühlte, war ich auch aufnahmefähiger für die Ratschläge des Psychologen. Es war übrigens seine allererste Gruppe, die er betreuen durfte. Auch wenn er noch sehr jung war, machte er seine Sache gut, das war die einhellige Meinung von uns allen. Mit ihm hat die Klinik einen weiteren fähigen und engagierten Menschen in ihrem Team.

Obwohl ich ursprünglich zur Herz-Reha angereist war, wurde ich nachträglich noch zusätzlich der Corona-Therapiegruppe zugeteilt. In dieser Gruppe gab es Menschen, die zunächst nur an Corona erkrankt waren und erst danach körperliche Probleme entwickelten. Andere, wie ich, bemerkten Schwierigkeiten, die durch die Impfung selbst ausgelöst wurden. Es gab auch Patienten, die ausschließlich durch die Impfung Probleme hatten, aber nie eine Corona-Infektion erlebten. Der Austausch unter uns war sehr wertvoll, und es war erschreckend zu erfahren, wie viele Betroffene es tatsächlich gibt. Besonders berührt hat mich der Fall einer jungen Frau, die erst Anfang zwanzig war und so starke gesundheitliche Probleme hatte, dass sie die Reha abbrechen musste, obwohl sie spürte, dass sie ihr eigentlich guttat. Es war einfach zu viel für sie, sie fühlte sich überfordert und wollte nur noch zurück in ihre gewohnte Umgebung. Es ist erschütternd, wie sehr dieser „Mist" das Leben eines Menschen verändern kann.

Um mein angeschlagenes Kurzzeitgedächtnis zu stärken, wurde mir Hirnleistungstraining empfohlen. Der Therapeut war ausgezeichnet und ich konnte viel aus den Trainingseinheiten mitnehmen, besonders im Hinblick auf

meinen Stress. Wann immer sich in mir ein „schwarzes Loch"
auftat und ich keinen Zugriff mehr auf irgendetwas hatte,
verstärkte ich den Druck auf mich selbst, weil ich diese für
mich unerträgliche Situation nicht annehmen konnte. Im
Hirnleistungstraining lernte ich, entspannter mit solchen
Momenten umzugehen. Dadurch nahm der Druck ab, und ich
konnte schneller wieder auf meine Gedanken, Wörter und
inneren Daten zugreifen.

Meine sportlichen Einheiten wurden auch meiner körperlich
eingeschränkten Situation angepasst.

Während meines Aufenthalts bekam ich auch einigen Besuch.
Mein lieber Bruder Günter, der Kreuzfahrtjunkie, machte sich
von Hamburg auf den Weg. Er ist eh ein toller Bruder, mit dem
ich gerne Zeit verbringe, deswegen habe ich mich sehr darüber
gefreut.

Unsere Freunde Harald und Steffi haben mich unter anderem
ebenfalls besucht. Dieser Besuch hat mich auf eine ganz
besondere Weise berührt, so dass dieser Moment für mich
unvergesslich bleibt. Ich möchte dir auch erzählen, was genau
daran so besonders war, schließlich freue ich mich über jeden
Besuch.

Die beiden verbringen fast immer Haralds Geburtstag sowie
ihren Hochzeitstag auf Sylt. Da sie wussten, dass ich während
meiner Reha-Maßnahme zu dieser Zeit nicht auf Sylt sein
kann, haben sie kurzfristig beschlossen, an Haralds Geburtstag
in der Nähe von Malente zu übernachten, damit wir
gemeinsam Zeit an seinem Ehrentag verbringen konnten.
Wow! Das hat mein Herz ohne Wenn und Aber berührt. Es war
alles andere als selbstverständlich, und ich fand diese Geste
einfach großartig. Am nächsten Tag sind sie weiter nach Sylt
gefahren, um sich dort mit Carmen zu treffen. Ich liebe
Menschen, die das Herz am richtigen Fleck haben, so wie die
beiden.

Zum Glück konnte mich auch meine Süße während meines fünfwöchigen Aufenthalts besuchen, und sie kam insgesamt vier Mal. Da es nicht erlaubt war, auch in der Klinik zu übernachten, hatte sich Carmen jedes Mal ein Hotelzimmer oder ein Apartment genommen. Für sie war es immer ein bisschen wie ein Kurzurlaub.

Natürlich war es ein merkwürdiges Gefühl, wenn dein Lieblingsmensch da ist, aber ihr nicht zusammen übernachtet. Dennoch habe ich mich nicht getraut, wie ein Teenager einfach die Regeln zu ignorieren. Ich habe mitbekommen, wie die Rehabilitationsleitung Patienten nach Hause geschickt hat, weil sie sich nicht an bestimmte Abmachungen gehalten hatten. Diese mussten dann auch noch die gesamten Kosten für die Reha übernehmen. Da ich bei meinen Herzproblemen nie sicher sein konnte, dass doch wieder etwas schiefgeht, habe ich vernünftig gehandelt und bin abends, auch wenn es schwer fiel, wieder in die Mühlenberg-klinik zurückgekehrt.

Während Carmens Aufenthalt haben uns auch Sven und Jana besucht. Ich liebe diese beiden einfach. Wir haben schon so viel zusammen erlebt. An dem Tag, an dem sie da waren, sind wir gegenüber der Mühlenbergklinik ins Bootshaus gegangen. Die Lage des Restaurants ist wirklich fantastisch, direkt am Dieksee. Ich kann dir versichern, dass jeder, der, aus welchem Grund auch immer, in der Klinik ist, mindestens einmal das Bootshaus besucht, wahrscheinlich aber sogar öfter.

Sven und Carmen haben sich eine „tote Tante" gegönnt, die anscheinend gut gemischt war. Jana musste sich zurückhalten, da sie für die Rückfahrt die Verantwortung hatte. Sven und Carmen konnte man schnell anmerken, dass die „tote Tante" wieder zum Leben erweckt wurde. Wir hatten also viel zu lachen und, wie allgemein bekannt ist, ist Lachen eine ausgezeichnete Medizin. Schon bei der Bestellung mussten wir alle vier laut lachen, weil Carmen versehentlich anstelle einer „toten Tante" eine „geile Tante" bestellt hatte.

Absolut genial war das Gesicht von Carmen und dem Service-Mitarbeiter, als es „Klick" machte und der Versprecher bemerkt wurde.

Ich hatte dir ja schon gesagt, dass Grömitz von Malente aus ebenfalls schnell zu erreichen ist. Dort haben Carmen und ich eine liebe Freundin von uns besucht, die dort eine Ferienwohnung hat. Mit Kristina haben wir dann in Grömitz ein paar wirklich schöne Stunden verbracht. Es war ein sehr angenehmer Kontrast zum Reha-Alltag.

Irgendwann war dann auch der Besuch wieder vorbei und meine Reha neigte sich langsam dem Ende zu.

Auch wenn ich nach der Reha immer noch mit vielen Problemen zu kämpfen hatte, war sie für mich die absolut richtige Klinik. Ich konnte viel daraus mitnehmen. Besonders habe ich gelernt, besser mit den Ängsten umzugehen, die mein Herz betrafen. Allein das ist schon so viel wert.
Die Mühlenbergklinik kann ich auf jeden Fall weiterempfehlen.

Im Abschlussbericht wurde eine Folge-Reha für mein Long-Covid-Problem empfohlen.
Dieser Moment war irgendwie ein echter Schock für mich. Einerseits war ich froh, dass ich die Reha gemacht habe und einige Symptome definitiv besser geworden sind. Andererseits hatte ich mir mehr erhofft. Ich dachte, nach der Reha würde ich vollständig genesen sein, sowohl privat als auch beruflich. Stattdessen wurde mir empfohlen, eine weitere Reha zu beantragen, ganz zu schweigen davon, ob diese überhaupt so kurzfristig genehmigt werden würde. Natürlich kann die Mühlenbergklinik nichts dafür, dass nicht alle Probleme behoben werden konnten. Dennoch war ich, neben der Freude über einige Erfolge, auch wirklich deprimiert, dass sich nun noch eine weitere Baustelle aufgetan hatte.

Ich war immer noch müde und schnell erschöpft, was mich weiterhin daran hinderte, ein unbeschwertes Privatleben zu führen. Und dann musste ich diese Nachricht auch noch meinem damaligen Chef Ulli überbringen. Das fiel mir besonders schwer, denn Ulli schätze und respektiere ich wirklich sehr. Er ist groß und stark wie ein riesiger Teddybär, einfach ein toller Typ. Er führt sein Unternehmen gemeinsam mit seiner Frau Anke und einem kleinen, aber feinen Team.

In der Vergangenheit war ich ja schon oft wegen meiner gesundheitlichen Probleme für längere Zeit ausgefallen. Und immer hatte Ulli das ohne weitere Beschwerden mitgetragen. Auch wenn ich nichts dafür konnte, hatte ich jedes Mal ein schlechtes Gewissen ihm gegenüber und dem tollen Team. Ich kämpfte mich immer wieder zurück, doch diesmal wusste ich selbst nicht, ob und wann es mir wieder besser gehen würde. Stattdessen musste ich ihm erzählen, dass eine Reha mit ungewissem Ende geplant sei.

Ich fühlte mich schlecht als Überbringer dieser Nachricht. Insgesamt war ich verunsichert, was die Zukunft bringen würde. Plötzlich fühlte ich mich nicht mehr stark und optimistisch. Normalerweise war ich immer davon überzeugt, dass ich selbst für meine Zukunft verantwortlich bin und immer Wege finde, mit jedem noch so schwierigen Problem fertig zu werden. Doch zu diesem Zeitpunkt verlor ich den Glauben daran. Ich konnte es einfach nicht fassen. Es schien, als würde dieser Mist niemals enden. Und dabei fütterte ich mein Unterbewusstsein mit negativen Gedanken, die mir absolut nicht weiterhalfen. Ich hätte es besser wissen sollen, doch ich fühlte mich irgendwie klein und machtlos.

Es kam, wie es kommen musste. Nachdem ich Ulli die schlechte Nachricht mitgeteilt hatte, (dass ich nicht wusste, wann und ob ich wieder arbeiten kann und dass mir eine Folge Reha angeraten wurde) , bekam ich kurz darauf die Kündigung.

Natürlich war ich anfangs total sauer und enttäuscht von ihm, aber im Nachhinein muss ich das revidieren. Was hätte er denn tun sollen? Mein Krankheitsbild hat sich ja mit Unterbrechungen schon über Monate hingezogen und nun wussten wir beide nicht, ob ich überhaupt wieder vollständig gesund werde oder nicht. Ich verstehe inzwischen zu einhundert Prozent Ullis Beweggründe, die Entscheidung war ihm wirklich auch nicht leicht gefallen. Aber in seiner Situation, hätte er gar nicht anders handeln können.

Zusätzlich habe ich ja auch noch voller Sorgen und Ängste meine gesamte Aufmerksamkeit auf das Negative gerichtet und dank dem Gesetz der Anziehung, bekam ich in Folge dessen auch das, worauf mein Fokus gerichtet war. Nur leider hat sich so natürlich für mich ein neues Problem aufgetan. Es ist ja schön, dass es Krankengeld gibt, aber es ist natürlich nicht mit einem Gehalt gleichzusetzen. Vor allem dann nicht, wenn du eine chronische Krankheit bekommst und daher nicht absehen kannst, wann und wie du wieder einsatzfähig bist. So kann leider eine neue finanziell belastende Situation entstehen.

Vor Februar 2022 hatte ich nie wirklich darüber nachgedacht, dass ich aufgrund einer Krankheit so stark eingeschränkt sein könnte, dass ich, im schlimmsten Fall, nie wieder richtig arbeiten könnte. Zwar war ich bereits 2018 mit einem Krankheitsbild konfrontiert, das meinen letzten Job in der Küche erschwert hatte. Damals war ich jedoch noch in der Lage, auch wenn ich schon gesundheitlich angeschlagen war, eine andere berufliche Richtung einzuschlagen. Jetzt jedoch fühlte ich mich wie gelähmt. Die Ungewissheit nagte stark an mir. Tief in meinem Inneren wusste ich, dass ich, obwohl ich gerade aus einer Reha zurückgekehrt war, schnell handeln musste. Ich musste das negative Gedankenkarussell stoppen, das mir immer wieder düstere Filme vorspielte; Filme, die ich nie wieder sehen wollte.

Ich hatte mir vorgenommen, auch nach der Reha-Maßnahme weiterhin psychologische Hilfe in Anspruch zu nehmen. Es tat mir gut, über mein Krankheitsbild mit jemandem sprechen zu können, der weder zur Familie noch zu meinen Freunden gehört. Über solche Themen zu sprechen, fällt mir ohnehin schwer, aber meine Liebsten damit dauerhaft zu belasten, fällt mir noch schwerer. So offen wie jetzt darüber zu sprechen, musste ich erst einmal lernen.

Ein Psychologe oder eine Psychologin geht, allein schon aufgrund ihrer beruflichen Erfahrung, professioneller mit solchen Themen um, ohne dass es auf die gleiche Weise belastend wirkt wie bei Familie oder Freunden. Der Psychologe der Mühlenbergklinik, der unsere Gruppe betreute, bestätigte mir meine mentale Stärke und dass ich intuitiv auf dem richtigen Weg bin. Ich fragte ihn nach möglichen Empfehlungen für mich. Noch während meines Aufenthalts in der Klinik erhielt ich eine Liste mit möglichen Therapeuten auf Sylt. Ich entschied mich für die Psychologin Frau Susan Rezai und es war die richtige Entscheidung.

Ich bin sehr dankbar, dass ich weiterhin in Behandlung bei ihr bin. Mit viel Erfahrung und guten Ideen setzt sie sich immer wieder dafür ein, meine Umstände, auch im Hinblick auf das Chronische Fatigue Syndrom, zu verbessern. Allerdings weiß ich, dass noch ein ungewisser Weg vor mir liegt. Ich versuche, ihn so unbeschwert wie möglich zu gehen.

Affirmation und Glaubensmuster

Nach meiner ersten Reha verspürte ich plötzlich Ängste, die zusätzlich zu meinem Krankheitsbild auch große finanzielle Sorgen mit sich brachten. Ich hatte Angst davor, aufgrund meiner gesundheitlichen Einschränkungen kein oder nur noch wenig eigenes Geld verdienen zu können. Der Gedanke, möglicherweise auf die Unterstützung verschiedener Ämter angewiesen zu sein, um über die Runden zu kommen, belastete mich sehr. Obwohl ich keine Schuld an dieser verzwickten Situation trug, fühlte es sich dennoch so an, als hätte ich versagt.

Ich habe eine Frau, die ich unendlich liebe und Kinder sowie Enkelkinder, die mir unglaublich wichtig sind. Doch allein die Liebe reicht nicht aus, wenn wir uns gegenseitig besuchen wollen. Ohne Geld ist leider vieles nicht möglich.

Mit der Zeit bekam ich Angst davor, dass alles irgendwie zusammenbrechen könnte. Früher hatte ich in meinem Leben auch schon Phasen, in denen das Geld knapp war. Doch damals spürte ich keine Verzweiflung, weil ich wusste, dass auch wieder bessere Zeiten kommen und ich durch meine Arbeit alles wieder zum Positiven wenden konnte.

Nun jedoch war ich an einem Punkt in meinem Leben angekommen, an dem ich diese Gewissheit nicht mehr in mir trug. Mein Krankheitsbild fühlte sich an wie eine schwere Bleiweste, die ich ständig mit mir herum trug. Eine tiefe Hilflosigkeit breitete sich in mir aus, und ich fühlte mich wie gelähmt.

Nach meiner ersten Reha-Maßnahme wurde mir klargemacht, dass ich zusätzlich zu Long COVID auch noch unter einem Chronischen Fatigue-Syndrom leide. Diese Diagnose löste ernsthafte Existenzängste in mir aus. Es fühlte sich plötzlich so an, als hätte ich mein Leben nicht mehr selbst in der Hand.

Ich hatte ebenfalls Angst davor, dass wir, aufgrund meiner Krankheit, vielleicht nicht mehr unsere geliebten Reisen unternehmen können. Natürlich könnte man argumentieren, dass das ja nicht so schlimm sei. Für mich sind es jedoch definitiv nicht einfach nur Reisen; sie sind ein Stück weit mein Lebensinhalt, den ich liebe und aus dem ich Kraft schöpfe. Diese Vorstellung raubte mir meine Lebensenergie und damit auch meine Lebensfreude. Ich fühlte mich wie ein Kind, dem alle seine geliebten Spielsachen weggenommen wurden.

Das berühmte Glas sah ich plötzlich nicht mehr halb voll, sondern halb leer. Meine Krankheit hat mein bisheriges Leben komplett auf den Kopf gestellt, ein kleiner Pieks in den Arm, der alles veränderte.

Meine Glaubensmuster konnten sich innerhalb kurzer Zeit so drastisch verändern, weil sie mit geballter emotionaler Energie aufgeladen waren. Diese Energie wirkte wie Treibstoff für meine Gedanken und die daraus entstandenen Gefühle. Meine Gedanken waren das eine und dadurch, dass ich die Angst vor dem finanziellen Abstieg spüren konnte, einfach weil ich mich hilflos fühlte, nahmen meine Gefühle in die verkehrte Richtung an Fahrt auf. Nicht in die Richtung, wo ich überzeugt davon bin, dass ich alles schaffen kann, sondern dahin, wo die traurige Hoffnungslosigkeit zuhause ist.

Alles hat seine eigene Energie, die in den Oberbegriffen wie Wut, Traurigkeit, Freude, Ängste, Verzweiflung, Glückseligkeit, Sorgen, Macht, Geborgenheit, Hass und Liebe zu finden ist. Je nachdem, wie lange du dich emotional in einem dieser Zustände befindest, kann das einen enormen Einfluss auf dein Wohlbefinden im Hier und Jetzt, aber auch auf deine Zukunft haben. Und alleine schon anhand der Oberbegriffe kannst du sehen, in welche Richtung sie dich bringen können. Meine Oberbegriffe in dieser Zeit waren hauptsächlich energieraubend.

Ich merkte zwischendurch immer wieder, dass meine Gedanken abdrifteten in pure Verzweiflung. Manchmal merkte ich auch gar nicht, wie gedankenverloren ich war, aber sobald ich wieder einen klaren Moment verspürt hatte, fiel mir auf, dass ich mich schlecht fühlte. Das Unwohlsein war nicht nur auf das Körperliche bezogen, sondern auch auf das geistige Fühlen. Ab da wusste ich, dass mein Kopfkino mir still und heimlich wieder die angstmachenden Filme untergejubelt hat.

Früher hatte ich schon einmal Probleme mit meinen Glaubenssätzen. Diese Sätze begleiteten mich bereits seit meiner Kindheit und hatten genügend Zeit, sich tief in meinem Unterbewusstsein festzusetzen. Es dauerte relativ lange, bis ich sie überhaupt als solche erkannt und wahrgenommen hatte. Doch als mir diese Glaubenssätze schließlich bewusst wurden, konnte ich gezielt daran arbeiten, sie zu verändern. Es waren Glaubenssätze, die nicht nur mich, sondern auch meine Entscheidungen über viele Jahre hinweg beeinflusst und geprägt haben, Glaubenssätze, die mich klein gehalten haben. Ich fühlte mich eher wie eine Raupe, die sich noch nicht zum Schmetterling entfalten konnte. Vielleicht kennst du ähnliche Sätze aus deiner Kindheit oder aus späteren Phasen deines Lebens, Sätze, die dir vermittelt wurden und die dich bis heute unbewusst begleiten.

Dass mir solche Sätze eingepflanzt wurden, nehme ich überhaupt niemandem übel. Die Menschen, die mir diese Sätze mitgegeben haben, wussten es einfach nicht besser. Sie handelten nach ihren eigenen Glaubenssätzen, Erfahrungen und Überzeugungen. Ihr Bestreben war keinesfalls, mir zu schaden, sondern mir zu helfen und dafür zu sorgen, dass ich eine gute Zukunft haben werde. Sie waren überzeugt, dass es genau richtig ist, mir die Dinge so zu vermitteln, wie sie es taten. Vielleicht haben sie selbst einmal schlechte Erfahrungen gemacht und wollten einfach nur verhindern, dass ich dieselben mache.

Wir brauchen aber eigene Erfahrungen, um daran wachsen zu können. Und es kann ja auch sein, dass sie in eine ganz andere positive Richtung verlaufen.

Es waren Sätze, die lange Zeit in meinem Unterbewusstsein ein Zuhause hatten, wie:

„Sei doch mal realistisch! Du musst doch auch an deine Zukunft denken. Hör mal auf zu träumen. Was sollen denn die anderen Leute denken? Sei doch nicht immer so naiv. Du musst schon hart für dein Geld arbeiten. Das habe ich dir doch gleich gesagt: Geld wächst nicht auf Bäumen! Du immer mit deinen Hirngespinsten. Lerne etwas Anständiges. Das ist doch viel zu riskant. "Das ist doch brotlose Kunst."

Eines der beiden Familienmitglieder, zu denen ich, wie bereits erwähnt, leider keinen Kontakt mehr habe, schrieb als Jugendlicher Folgendes in mein Poesiealbum:"

„Das Leben ist wie eine Hühnerleiter, vor lauter Dreck kommt man nicht weiter."

Das steht exemplarisch für die unterschiedlichen Glaubenssätze, die man als Kind mitbekommen kann und welchen Einfluss sie auf dein gesamtes Leben haben können, wenn du sie ungehindert in dir walten lässt. Wenn ich diesen Spruch mit den von meiner Mama vergleiche, liegen tatsächlich Welten dazwischen. Der eine animiert zum Glücklichsein, der andere zur Ängstlichkeit.

Später gesellten sich noch andere Menschen dazu, die sich über das Scheitern mehr freuten als über den Erfolg. Eine solche Mentalität habe ich nie geteilt und konnte auch nie nachvollziehen, wie man so denken kann. Für sie war es wichtiger, in ihrem negativen Denken recht zu behalten, als einem von Herzen den gewünschten Erfolg zu gönnen. Denn das hätte bedeutet, im Unrecht zu sein, und das ließen sie nicht zu.

Es folgten Sprüche wie:

„Siehst du, habe ich dir doch gleich gesagt, das war ja klar, hättest du bloß auf mich gehört, immer deine Träumereien, wer nicht hören will, muss fühlen, selber schuld. Na, wieder ein Traum wie eine Seifenblase zerplatzt?".

Wenn du dann anfängst, die Denkweise anderer Menschen, die nicht an sich und ihre Möglichkeiten glauben, zu deinen zu machen, dann erschaffst du dir neues ängstliches Potenzial für dein Unterbewusstsein. Du erschaffst dir dann weitere Bestätigungen dafür, dass du an deiner Situation, mit der du nicht zufrieden bist, nichts ändern kannst.

Bei diesem Thema denke ich sofort an meinen türkischen Bruder Ibo, bei dem die Dinge ganz anders laufen, als im zuvor genannten Beispiel. Als Ibo, zusammen mit seinem Bruder Inanc, in der Langen Reihe den Schritt in die Selbstständigkeit wagte, stand die Familie wie eine feste Wand hinter ihnen. Das bedeutete, dass sie, selbst wenn sie scheiterten, nicht zu Fall kommen, sondern sofort wieder aufgefangen würden, noch bevor sie den harten Boden berührten. Trotz dieses massiven Rückhalts, mussten sie zu Beginn viel Lehrgeld bezahlen. Doch aus ihrem engen Kreis kamen keine kleinmachenden Kommentare, die sie in ihrem Vorhaben hätten verunsichern können. Sie lernten aus ihren Fehlern und passten ihre Vorgehensweise entsprechend an. Die anfänglichen Fehler wurden nicht mehr als Rückschläge wahrgenommen, sondern als wertvolle Schritte auf dem Weg des Wachstums. Mit der Zeit wuchs ihr Selbstbewusstsein, und sie trauten sich, immer neue berufliche Projekte zu starten. Denn jedes Projekt birgt nicht nur Risiken, sondern auch Chancen. Neben dem Kiosk 87 sollte voraussichtlich ein Geschäft frei werden, für das sich Ibo interessierte. Als ich ihn darauf ansprach, was er genau aus dem Geschäft machen möchte, überraschte mich seine Antwort sehr. Sie war wirklich voller Selbstbewusstsein und ganz anders, als ich vermutet hätte.

Wenn ich an Ibos Stelle gewesen wäre und du mich zu diesem Zeitpunkt danach gefragt hättest, was ich mit dem Laden planen würde, wäre meine Antwort definitiv eine komplett andere, als die von meinem Bruder gewesen. Ich hätte alles so lange überlegt, bis ich es kaputt gedacht und mich voraussichtlich dann nicht mehr getraut hätte, diesen Laden anmieten zu wollen.

Ibos Antwort auf meine Frage war dagegen eine ganz andere:

"Das weiß ich noch gar nicht."

„Erst einmal den Laden haben und dann werde ich sehen, was ich mit ihm machen kann. Nicht so viel darüber nachdenken, einfach machen! Mir wird schon etwas einfallen."

Wow! Das sind für mich wirklich absolut selbstbewusste Glaubenssätze. Ibo war so überzeugt, dass er unabhängig davon, was er aus dem Laden macht, Erfolg haben wird. Getreu dem Motto:

‚Einfach machen!'

Diesen klaren und gleichzeitig genialen Glaubenssatz habe ich übernommen. Ich bin mittlerweile so davon überzeugt, dass du ihn sogar auf dem Buchcover wieder findest.

Die Glaubenssätze, die Ibo von seiner Familie übernommen hat, standen in direktem Gegensatz zu meinen, besonders in Bezug auf das Arbeitsleben. Dieses Urvertrauen gibt Ibo zusammen mit seiner liebevollen Frau Gonca an ihre beiden wundervollen Kinder, Gökdeniz und Mahier, weiter.

Man kann bereits jetzt sehen und spüren, dass die beiden unerschrocken und mit großem Herzen ihr späteres Erwachsenenleben gestalten werden, dank ihrer mutmachenden Glaubenssätze. Unser Sohn hat hingegen noch die Glaubenssätze von uns übernommen, die wir als junge Eltern im Alter von 22 und 24 Jahren selbst in uns trugen. Aber auch die Glaubenssätze, die wir im Laufe der Zeit neu gewonnen haben. So haben wir ihn, weil wir es damals nicht besser wussten, mit einer Mischung aus teils ängstlichen und teils mutmachenden Überzeugungen ausgestattet. Hätten wir damals schon die Glaubenssätze von heute gehabt, hätten wir ihm noch viel mehr von dem Mutmachenden mitgegeben. Zum Glück bestreitet Tim sein Leben dennoch sehr zuversichtlich.

Durch meine Erlebnisse und der Tatsache, dass ich nach der ersten Reha nicht sofort vollständig wiederhergestellt wurde, sondern eine weitere Reha notwendig war, kamen bei mir Selbstzweifel auf. Ich fühlte mich völlig unsicher bezüglich meiner Zukunft und hatte Angst vor einem finanziellen Desaster. Die Sorge, die Situation nicht selbst ändern zu können, belastete mich sehr.

Ich weiß nicht, wie vertraut du mit dem Thema Affirmationen und Glaubensmustern bist. Daher möchte ich dir vorsichtshalber ein wenig dazu erklären: Affirmationen sind positiv formulierte Sätze, die du dir immer wieder sagst, um ein besseres Ergebnis zu erzielen. Sie helfen dabei, den eigenen Geist in eine positive Richtung zu lenken.

Glaubensmuster, sowohl bewusste als auch unbewusste, sind Überzeugungen, die du im Laufe der Jahre angesammelt hast und die sich tief in deinem Unterbewusstsein verankert haben. Diese Glaubenssätze, über die wir bereits beim Thema Unterbewusstsein gesprochen haben, haben einen enormen Einfluss auf dein Leben, oft mehr, als du dir vielleicht bewusst machst. Sie wirken sich auf deine Gedanken und Gefühle aus, was wiederum dein Selbstbewusstsein und dein Verhalten beeinflusst.Erinnerst du dich an Sabine, von der ich dir erzählt hatte? Die inzwischen in Neuseeland lebt? Mit positiver Überzeugung und einer großen Portion Selbstbewusstsein hat sie allein im australischen Outback übernachtet, trotz der dort möglichen Gefahren. Die Glaubenssätze, die sie tief in sich aufgenommen hat, sind wirklich kraftvoll und hilfreich. Ihr Unterbewusstsein ist mit stärkenden Gedanken gefüllt, die positive Gefühle hervorrufen. Diese Kombination ist äußerst mächtig und wirkungsvoll. Sie lässt Sabine, zusammen mit ihrer Familie, unbeschwert durchs Leben tanzen.

Positive Glaubensmuster spielen auch im Sport eine entscheidende Rolle. Wenn du große Erfolge erzielen möchtest, ist es hilfreich, dich selbst als stark, schnell, geschickt und siegreich zu sehen. Ein herausragendes Beispiel für mentale Stärke sind für mich die Paralympischen Spiele. Die Athleten dort haben oft mit Handicaps zu kämpfen, die es ihnen auf den ersten Blick erschweren, im internationalen Wettkampf erfolgreich zu sein. Doch genau hier liegt ihre wahre Stärke: Sie haben es geschafft, sich mental so stark zu machen, dass ihre körperlichen Einschränkungen keine Rolle mehr spielen.

Ich habe den allergrößten Respekt vor diesen Athleten. Sie lassen sich nicht von ihren Beeinträchtigungen entmutigen, sondern finden Wege, um aus negativen Gedanken positive zu machen. Ihre Lebensfreude und Entschlossenheit machen die Wettkämpfe zu einem beeindruckenden Erlebnis. Sie zeigen, dass es letztlich keine Unterschiede zwischen Sportlern mit und ohne Handicap gibt. Erfolg ist möglich, wenn man daran glaubt.

Dieser Gedanke gilt auch für uns alle: Alles ist möglich, wenn du fest daran glaubst. Dein Fokus entscheidet, ob du dort ankommst, wo du hin möchtest. Achte darauf, wie du dich fühlst und wohin deine Gedanken gehen, denn sie beeinflussen deinen Weg.

Ganz gleich, ob du daran glaubst, es zu schaffen, oder ob du denkst, es nicht zu schaffen, du wirst in jedem Fall recht haben.

Wenn du dir vor einem bevorstehenden Boxkampf Zeit nimmst, um dich mental auf den Kampf vorzubereiten und dich positiv darauf einzustimmen, stellst du sicher, dass du dich bereits vorab auf die Gewinnerstraße begibst. Dein Unterbewusstsein kann nicht zwischen der Vorstellung des Sieges und einem tatsächlichen, realen Sieg unterscheiden. Um deine Glaubensmuster zu stärken, ist es hilfreich, positive Affirmationen zu nutzen. Wenn wir in diesem Fall von der Zeit vor dem Kampf sprechen, ist es sinnvoll, dir kraftvolle und motivierende Sätze zu sagen, wie zum Beispiel:

„Ich bin ein Sieger. Ich werde diesen Kampf zu hundert Prozent gewinnen. Ich bin unschlagbar, viel zu schnell und stark für meinen Gegner. Ich höre jetzt schon das Jubeln des Publikums, wenn ich zum entscheidenden finalen Schlag aushole und meinen Gegner auf die Bretter schicke. Ich respektiere meinen Gegner, aber es ist ein sportlicher Wettkampf, und ich werde auf jeden Fall gewinnen. Der Sieg gehört mir. Das ist sicher. Ich bin ein Sieger."

Wiederhole diese Sätze immer wieder, bis du sie wirklich fühlen kannst. Andernfalls bleiben es lediglich leere Worte mit geringer Wirkung. Erst wenn du sie wirklich spürst, entfalten sie ihre wahre Macht. Die Sätze sind der Motor, und deine Gefühle erzeugen die nötige Energie, um diesen Motor zum Laufen zu bringen. Ohne diese Energie, bleibt der Motor einfach nur ein Motor, der zwar schön, aber funktionslos ist.

Nach meiner ersten Reha hatte ich ein Problem: Ich hatte zwar Affirmationen angewendet, doch was ich mir immer wieder sagte, konnte ich nicht wirklich fühlen. Die positiven Sätze stimmten nicht mit meinen bestehenden Glaubensmustern überein. Ich spürte regelrecht, dass die Worte, die ich wiederholte, wie Seifenblasen zerplatzten. Es war, als ob sie in der Luft verpufften, ohne eine echte positive Veränderung in mir zu bewirken. Egal, wie oft ich sie wiederholte, es änderte sich nichts. Es trat keine positive Veränderung ein. Normalerweise bin ich ein Meister der Eigenmotivation, doch dieses Mal hatte ich das Gefühl, keinerlei Macht zu haben, meine belastende Situation zu verbessern oder gar aufzulösen. Innerlich fühlte ich mich immer noch wie gelähmt. Wenn ich mir sagte, ich sei stark, fühlte mich aber schwach, stießen sich die beiden Dinge ab, wie gleich gepolte Magneten. So passen sie einfach nicht zusammen. Um mental nicht noch tiefer abzurutschen, war es nötig, aus zwei gleichen Polen wieder zwei unterschiedliche zu machen, damit sie sich anziehen und eine starke Verbindung eingehen.

Ich musste meine Glaubensmuster wieder in starkmachende Gedanken zurückverwandeln, um nicht in eine absolut angsterfüllte Stimmung zu gelangen, die mich erneut bis zur Depression bringen kann. Auch wenn ich es noch nicht in diesem Augenblick fühlen konnte, sagte ich immer wieder zu mir, dass ich viel stärker bin als jede Depression, die etwas von mir will. Damit erreichte ich zumindest erst einmal für den Augenblick, dass ich nicht tiefer abrutschte. Ich entschied mich aus voller Überzeugung gegen eine Depression. Meine Entscheidung war klar, ich bekomme keine mehr. Ich bin mein eigener Türsteher und ich lasse sie nicht rein!

Es war, als befände ich mich in einem reißenden Fluss, der mich mit seiner starken Strömung immer weiter vom rettenden Ufer abtrieb. Der Satz, dass ich stärker sei als jede Depression, fühlte sich an wie ein Stück Treibholz, das ich fand, als ich verzweifelt versuchte, dem Strom zu entkommen. Zwar hatte die Strömung meine Kräfte stark geschwächt und brachte mich immer weiter von meinem Ziel weg, doch das Treibholz gab mir Halt. Es war der rettende Anker, an dem ich mich festklammern konnte, um nicht völlig unterzugehen.

Ich hielt mich so gut es ging daran fest, bis ich eine Lösung für mein Problem finden würde.

Ich erinnerte mich plötzlich an mein kontrolliertes Kopfkino, als ich die Himmelsleiter voller Elan und Energie hinaufstieg. In meiner Vorstellung erreichte ich voller Euphorie den Gipfel und streckte meine Arme triumphierend wie Rocky Balboa in den Himmel. Ich sah mich selbst voller Freude und Glück in meiner ganzen Stärke oben stehen. In diesem Moment spürte ich es wieder: Meine Kraft. Ich wusste, dass ich alles andere als ein machtloser Zuschauer meiner Umstände war. Als dieses Gefühl in mir aufstieg, begann ich, neue Affirmationen zu wiederholen, die mir halfen, meine neu gewonnenen positiven Glaubensmuster zu festigen. Eine weitere hilfreiche Methode, um dir einen sicheren Ankerpunkt zu erschaffen, ist folgende: Fühle in dich hinein und finde heraus, was dich glücklich macht. Das kann etwas Einfaches sein, wie ein schöner Film, der dich zum Lachen oder Träumen bringt, ein Treffen mit einem guten Freund, oder ein Spaziergang am Strand, bei dem du das sanfte Rauschen des Meeres wahrnimmst. Wähle etwas, das du ohne großen Aufwand tun kannst, um in einen guten Zustand zu kommen.

Sobald du dieses Gefühl erreicht hast und es dir richtig gut geht, spiele ein Lied ab, das du vorher ausgesucht hast und das dich emotional berührt. Wenn du dieses Lied zum Beispiel auf deinem Handy gespeichert hast, ist es einfach, schnell darauf zuzugreifen. Wiederhole diesen Vorgang immer wieder, wenn du dich in einem glücklichen Zustand befindest.

Durch dieses regelmäßige Üben baust du neue neuronale Verbindungen in deinem Gehirn auf. Je öfter du das machst, desto stärker und stabiler werden diese Verbindungen. Dein Gehirn wird irgendwann beginnen, dir dieselben Glücksgefühle zu schenken, sobald du das Lied hörst, ganz ohne, dass du etwas anderes tun musst. Du hast dir sozusagen ein Musikstück erschaffen, das dich allein durch das Hören in einen angenehmen, glücklichen Zustand versetzt.

Ein Beispiel dafür ist ein Song, den ich im Krankenhaus hörte, als ich wieder einmal wegen meiner Herzprobleme dort lag. Ich hörte mir diesen Song immer wieder an und kreierte dazu ein kraftspendendes Kopfkino-Video. Jedes Mal, wenn ich mir meinen selbst erschaffenen Film anschaute, spielte ich das Lied dazu. Es schenkte mir Vertrauen und ein wohltuendes, wärmendes Gefühl. In diesem Moment wusste ich einfach, dass alles gut ist. Das Video und der Song verschmolzen zu einer Einheit. Es waren nicht mehr zwei getrennte Dinge, sondern nur noch eins. Und wann immer ich erneut Sorgen wegen meines Herzens hatte, spielte ich das Lied, und sofort stellte sich dieses beruhigende, wärmende Gefühl in mir ein.

Stelle dir das mit den Leiterbahnen wie bei einem Straßennetz vor. Deine Glaubensmuster sind jeweils eine Straße und je nachdem, wie oft du die Straße gefahren bist, ist sie tiefer und breiter oder noch ganz schmal und fast unbefahren. Hast du eine neue Idee, die zum Glaubenssatz werden soll, musst du neue Wege gehen, um dir neue Leiterbahnen zu erschaffen.

Das ist der Schlüssel: Wenn du zu neuen Zielen gelangen willst, brauchst du neue Straßen, die dich dorthin führen. Wenn du jedoch immer auf den alten Wegen bleibst, wirst du nur die Orte erreichen, die du bereits kennst. Veränderung erfordert, dass du neue Wege betrittst. Willst du Veränderung, musst du neue Wege bestreiten. Am Anfang ist der neue Weg nur ein kleiner Trampelpfad. Doch je öfter du ihn gehst, desto mehr wird er zu einem richtigen Weg. Aus einer Idee wird so ein echter Glaubenssatz. Wenn du diesen Weg immer wieder gehst, wird er schließlich zu einer breiten Straße.

Hast du eine neue Idee, die dich voranbringt und glücklich macht, weißt du nun, wie du sie auf den Weg bringst und in einen Glaubenssatz verwandelst. Wenn du diese neuen Wege immer wieder gehst, beginnen sie sich zu überschneiden und zu einem Streckennetz zu verbinden. Deine neuen Wege werden größer, breiter und sicherer. Sie verschmelzen zu einer Hauptstraße, von der viele neue Wege abzweigen können.

Wenn dir deine neuen Glaubenssätze Freude bringen, baue sie weiter aus. Mach aus ihnen eine Autobahn, indem du sie immer wieder befährst. Du kannst jederzeit neue Wege einschlagen, die dich zu deinem Ziel führen.

Ich war dankbar, dass ich eine Lösung gefunden habe und dass ich mich erneut zurückgekämpft hatte. Jetzt fühlte ich wieder meine innere Stärke und ich wusste, dass ich ab jetzt nicht mehr hilflos dem Ganzen gegenüberstehen werde. Ich nehme die Herausforderung an und ich werde es schaffen.

Wenn du zu neuen Zielen

gelangen willst,

brauchst du neue Straßen, die dich

dorthin führen.

Wenn du jedoch immer nur auf

den alten Wegen bleibst,

wirst du nur die Orte erreichen,

die du bereits kennst.

Ego/Selbstbewusstsein versus emotionale Intelligenz

Hast du dich schon einmal gefragt, welche Auswirkungen dein Ego auf dein Leben hat? Bist du dir bewusst, dass dein Ego deine Entscheidungen beeinflussen und manchmal sogar sabotieren kann? Ist dir wirklich klar, dass dein Ego die Liebe, die in deinem Herzen wohnt, genau dort gefangen hält, wenn du falsche Entscheidungen triffst?

Wer entscheidet in deinem Leben: Liebe oder dein Ego?

Ich stelle dir diese Fragen, weil sie entscheidend sind, wenn es darum geht, das Thema Selbstbewusstsein zu verstehen. Hörst du wirklich auf deine Gefühle und nutzt dein Ego, um dein Selbstbewusstsein zu stärken? Oder lässt du zu, dass sich alles um oberflächliche Empfindungen dreht, ohne auf deine tieferen, echten Gefühle zu achten?

Es ist wichtig zu verstehen, dass Selbstbewusstsein und Ego nicht dasselbe sind. Sie sind zwei unterschiedliche Impulsgeber: Dein Ego kann dir helfen, selbstbewusst zu sein, oder dich davon abhalten, dich selbst wirklich zu erkennen.

Um ein gesundes Selbstbewusstsein zu entwickeln, bei dem du sowohl deine eigenen Bedürfnisse als auch die deiner Mitmenschen im Blick hast, braucht es eine Balance zwischen deinem Ego und deinem Selbst. Das Ego repräsentiert dein äußeres Bild: Es sucht nach Bestätigung, Anerkennung und Erfolg. Das Selbst hingegen ist dein inneres Bewusstsein.Es steht für dein Wachstum, deine Ziele und deine tiefen Bedürfnisse. Dieser Balanceakt zwischen Ego und Selbst ist herausfordernd: Das Ego kann sowohl ein Freund als auch ein Feind sein, hilfreich oder zerstörerisch. Menschen, die stark von ihrem Ego getrieben sind, können großen Schaden anrichten. In ihrem persönlichen Umfeld können sie

Beziehungen, familiäre Bindungen und Freundschaften zerstören. Auf globaler Ebene führt ein ungezügeltes Ego zu Konflikten und Kriegen, die oft durch Stolz oder Machtansprüche ausgelöst werden.

Das Ego neigt dazu, sich als unfehlbar darzustellen. Es reagiert impulsiv, wenn es sich angegriffen fühlt, selbst dann, wenn du es bist, der es hinterfragt. Fühlt sich das Ego in seiner Existenz bedroht, versucht es mit aller Macht, sich zu behaupten. Schwäche wird nicht zugelassen, selbst wenn dies bedeutet, dass man selbst oder eine Person dabei ist, alles zu verlieren.

Das Ego an sich ist nichts weiter als eine Ansammlung von unbewussten und selbst gewählten Erfahrungen, die du in deinem Leben gesammelt hast. Und trotzdem kann sich dein Ego so aufführen, als ob du dein Ego wärst. Es zieht seine Kraft aus dem Unterbewusstsein und aus dem von ihm selbst gewählten Erfahrungsschatz. Dieser Erfahrungsschatz ist speziell auf seine Bedürfnisse angepasst worden, damit er eine Rechtfertigung für sein eigenes Handeln findet

Aber so sehr sich dein Ego auch bemüht, dir klarmachen zu wollen, dass du selbst dein Ego bist und dementsprechend gar nicht anders handeln kannst, wie du handelst, kann ich dir versichern, dass du keinesfalls dein Ego bist.

Du bist auch nicht dein Charakter, du hast nur all die Eigenschaften angenommen und verinnerlicht. Nichts davon ist in Stein gemeißelt. Es ist alles veränderbar, wenn du die Entscheidung triffst, es zu tun.

Dein Ego sagt dir, welches Selbstbild du von dir hast. Ein zu großes Ego lässt dich auf emotionaler Ebene einsam werden, ohne dass du es bemerkst. Je größer dein Ego, desto kleiner ist in der Regel deine Empathiefähigkeit. Man kann auch sagen, dein Ego hält deine Empathie klein.

Es geht oft nur um die Bedürfnisse unseres vermeintlichen Ichs. Bitte verstehe mich nicht falsch: Es ist wichtig, sich selbst ernst zu nehmen. Doch das Universum dreht sich weder um dich noch um mich, unser Ego steht nicht im Mittelpunkt. Wir sollten uns nicht zu wichtig nehmen.

Ein gesunder Egoismus ist dennoch essenziell. Du bist wichtig, und andere sind es ebenfalls. Es ist richtig, bei deinen Überlegungen auch an dich selbst zu denken, ohne dich blind für andere aufzuopfern. Gleichzeitig solltest du Menschen in deinem Umfeld wertschätzen und ihre Bedürfnisse nicht ignorieren.

Wer einen übertriebenen Egoismus entwickelt, verliert oft das Interesse an anderen, es sei denn, sie dienen als Quelle für Bestätigung oder Nutzen. Ein ausgewogenes Maß an Selbstfürsorge und Rücksicht auf andere ist der Schlüssel zu einem harmonischen Miteinander.

Manche Menschen fragen dich, wie es dir geht, aber du spürst, dass sie die Antwort nicht wirklich interessiert. Ihre Worte wirken wie leere Hüllen, die im Wind verwehen. Erst echtes Interesse gibt solchen Fragen Wert und Bedeutung.

Menschen mit einem übersteigerten Ego hingegen legen mehr Wert darauf, wie es ihnen selbst geht. Sie vermitteln ihrem Gegenüber genau dieses Gefühl oder vielmehr ist es ihr Ego, das diese Haltung spürbar macht. Für das Ego ist die Anerkennung anderer überlebenswichtig. Sie ist wie Nahrung, die den Hunger stillt. Aus diesem Grund schließen egogesteuerte Menschen oft ungewöhnliche Koalitionen. Solange sie in Form von Zuspruch „Futter" bekommen, sind solche Beziehungen willkommen. Auf diese Weise bleibt das aufgeblasene Ego am Leben. Das Problem des Egos ist, dass es nicht unterscheidet, ob seine Impulse wirklich gut und wertvoll für dich sind oder nur seiner eigenen Erhaltung dienen.

Es ist wichtig, zu verstehen,

dass Selbstbewusstsein und Ego

nicht dasselbe sind.

Sie sind zwei unterschiedliche

Impulsgeber:

Dein Ego kann dir helfen,

selbstbewusst zu sein,

oder dich davon abhalten,

dich selbst wirklich zu erkennen.

Es kann passieren, dass du über Jahre einen Weg verfolgst, der nicht der beste für dich ist, nur weil du dir keinen Fehler eingestehen möchtest. Oft hält uns das Ego davon ab, ehrlich zu uns selbst zu sein. Manchmal braucht es Mut, dem Ego einzugestehen, dass man auf dem falschen Weg ist, doch dieser Schritt kann dir wertvolle Lebenszeit schenken. Achte auf dich und beobachte deine Entscheidungen genau. Gehe achtsam mit dir um, damit du keinen Weg wählst, der aus egoistischen Impulsen heraus entsteht und den du später bereuen könntest. Lass dich nicht von deinem Ego leiten, sondern sei selbst der bewusste Kapitän deines Lebens. Bringe dich mit Klarheit und Selbstreflexion auf den besten Weg für dich. Solange du dich vom Ego leiten lässt, bleibt dein emotionales Wachstum begrenzt. Doch du hast bereits alles in dir, was du für außergewöhnliches und gesundes Wachstum benötigst. Sobald du dich von den Fesseln deines Egos löst und die Macht über dein Leben selbst übernimmst, kannst du dein volles Potenzial entfalten und deine inneren Ressourcen freisetzen.

Sei nicht einer dieser Menschen, die sagen: 'So bin ich eben, so war ich schon immer, und so werde ich immer sein.' Dieses Denken ist oft Ausdruck eines übermächtigen Egos. Es verhindert, dass sowohl die eigenen Gefühle als auch die Emotionen anderer richtig wahrgenommen und verstanden werden.

Es kann sein, dass Menschen, die so durchs Leben gehen, ein umfassendes Allgemeinwissen besitzen, was an sich eine gute Sache ist. Doch Allgemeinwissen allein hat wenig mit emotionaler Intelligenz zu tun. Es ist nicht das Wissen, das du jederzeit nachschlagen kannst, das den Grad der Reife eines Menschen bestimmt, sondern vor allem seine Fähigkeit zur Empathie. Natürlich kannst du mit Empathie nicht die ganze Welt retten. Aber du kannst das Leben vieler einzelner Menschen positiv beeinflussen und dadurch ihre Welt verändern.

Bei diesem Thema fällt mir gerade Albert Einstein ein. Ich glaube, dass wir uns zu einhundert Prozent darüber einig sind, dass Albert Einstein zu den intelligentesten Menschen gehört hat, die je auf diesem Planeten lebten.

Und genau dieser unglaublich gebildete Mensch wusste, dass neben der eigentlichen Intelligenz, auch noch die emotionale Intelligenz existiert. Er hat immer wieder darauf hingewiesen, wie wichtig sie für unsere gesamte Spezies ist.

Du kannst sie jedoch nicht durchs Nachlesen erfahren, du musst sie fühlen. Je mehr du dir selbst gegenüber ehrlich bist, je mehr du dich anderen Menschen öffnest, desto mehr wirst du diese großartige Magie zu spüren bekommen.

Emotionale Intelligenz entspringt aus unserem Inneren und wird von einer höheren, universellen Intelligenz genährt. Falls dir der Begriff „göttliche Intelligenz" nicht zusagt, kannst du sie auch als universelle, kosmische oder alles verbindende Intelligenz bezeichnen.

Diese Intelligenz schenkt dir die Fähigkeit, deine eigenen Gefühle zuzulassen, zu verstehen und auszudrücken. Ebenso befähigt sie dich, die Emotionen und Bedürfnisse anderer Menschen wahrzunehmen, zu deuten und darauf einzugehen. Emotionale Intelligenz ist entscheidend, wenn es darum geht, ein harmonisches Zusammenleben zu fördern. Sie hilft uns, Konflikte zu vermeiden und Brücken zu bauen, statt Mauern zu errichten.

Das Gesetz der Anziehung besagt, dass unsere Aufmerksamkeit maßgeblich bestimmt, was wir in unser Leben ziehen. Deshalb macht es einen großen Unterschied, ob du dich auf den Frieden fokussierst oder gegen den Krieg protestierst. Wer für den Frieden eintritt, sendet positive Energie aus, die Veränderung bewirken kann.

Lass dich nicht von deinem Ego
leiten,
sondern sei selbst der bewusste
Kapitän deines Lebens.
Bringe dich mit Klarheit und
Selbstreflexion
auf den besten Weg für dich.

Indem wir emotionale Intelligenz entwickeln und unseren Fokus bewusst auf das Positive richten, tragen wir aktiv zu einer friedlicheren Welt bei.

Halte dein Selbstbewusstsein groß aber dein Ego klein. Sei nicht zu erhaben, deine Gefühle zu zeigen. Erst deine Gefühle zeigen deine wahre Größe. Wachse nicht an deinem Ego, sondern an emotionaler Intelligenz und erfahre so dein wahres Ich.

Sei ehrlich zu dir selbst, ohne dabei ins Gericht mit dir zu gehen. Mache eine ernstgemeinte Selbstreflektion, um dich selbst besser kennenzulernen. So seltsam sich das nämlich auch anhören mag, es ist keine Seltenheit, dass sich Menschen selbst gar nicht richtig kennen und dadurch auch falsch einschätzen.

Erlebe, wie nicht Härte und Ignoranz, sondern Liebe und Mitgefühl die Impulsgeber sind, die dich selbst und andere heilen. Spüre, wie Liebe dein Inneres mit Zufriedenheit, Dankbarkeit und Glück erfüllt, während Zorn, Wut und innere Leere allmählich verschwinden. Sieh, wie sich Menschen dir zuwenden, anstatt sich von dir zu entfernen.

Trau dich, einen großen Mutausbruch zu bekommen und deinem Ego in der bisherigen Form, wie es dich gelenkt und manipuliert hat, Lebewohl zu sagen. Das, was du dadurch gewinnst, ist so viel größer, als das, was du aufgibst.

Schon wieder Corona

Ich weiß nicht, wo ich mich diesmal wieder angesteckt hatte, aber selbst, wenn ich es wüsste, hätte es nichts daran geändert: Ich hatte zum dritten Mal Corona. Ich konnte es einfach nicht fassen, dass es mich schon wieder erwischt hat. Es fühlte sich inzwischen ein wenig an wie im Film: Und täglich grüßt das Murmeltier, in dem der Hauptdarsteller denselben Tag immer wieder erlebt. Das dritte Mal, trotz dreifacher Impfung und leider erneut mit allen Symptomen.

Diesmal war es besonders schlimm, weil mein Geschmacks- und Geruchssinn stark betroffen war. Als leidenschaftlicher Koch und Genießer ist das für mich wirklich belastend. Doch das Schlimmste an dieser erneuten Infektion war die noch stärkere Erschöpfung, die mich fast völlig lahmlegte. Ich hatte schon vorher mit Energielosigkeit zu kämpfen, aber jetzt war es, als ob meine Kraftreserven endgültig erschöpft wären.

Auch mein Kurzzeitgedächtnis, das ich mir nach den letzten Infektionen mühsam wieder aufgebaut hatte, fühlte sich wieder an wie ein großes Sieb. Relevante Informationen rauschten einfach durch. Ich musste wieder mit unzähligen Zetteln arbeiten, auf denen ich alles notierte, was ich an einem Tag vorhatte, in der Hoffnung, nichts zu vergessen. Doch selbst das funktionierte oft nur unzureichend. Etwas einfach so zu merken? Das war unmöglich. Ich hatte dann einfach oft vergessen, dass ich die Zettel hatte.

Ich gebe dir dafür gerne ein Beispiel: Ich hatte einen Kontrolltermin bei meiner Hausärztin. Dazu hatte ich ein paar Fragen sowie relevante Informationen zu meinem Krankheitsverlauf, die ich nicht vergessen wollte. Deshalb schrieb ich mir alles auf einen Zettel. Was schon einmal positiv

267

war: Ich hatte den Notizzettel nicht zu Hause vergessen, was mir sonst häufig passiert, zum Beispiel beim Einkaufen.

Im Behandlungszimmer saß ich schließlich mit dem Zettel in der Hand. Soweit, so gut. Doch als ich nach dem Gespräch die Praxis verließ, fiel mir auf, dass ich den Zettel immer noch in der Hand hielt. Selbstverständlich hatte ich meine Fragen nicht gestellt, geschweige denn, meine Informationen weitergeleitet. Genauso lief es damals täglich: Ich hatte zwar einen Plan, setzte ihn aber nicht um. Darin war ich richtig gut. Der Zustand, immer einen Schritt nach vorne zu machen, nur um im gleichen Atemzug mindestens zwei Schritte zurückzugehen, war frustrierend und extrem kräftezehrend. Meine Kondition war völlig verschwunden und das Sportlerleben schien Lichtjahre entfernt. Es fühlte sich an, als wäre ich über Nacht um Jahrzehnte gealtert. Mein gefühltes Alter? Mindestens Hundertzwanzig, plus oder minus fünf Jahre.

Gedanken wirbelten durch meinen Kopf:

„Meine Güte, jetzt geht das alles schon wieder von vorne los und das, obwohl ich seit Februar 2022 keinen einzigen Tag davon wirklich befreit war."

Doch jetzt hat sich alles noch verschlimmert. Meine Gefühlswelt ist ohnehin schon stark angeschlagen.
Tag für Tag kämpfe ich darum, stärker zu sein als die Probleme, mit denen ich mich seit der Impfung herumschlage. Die Beschwerden wollen einfach nicht verschwinden, im Gegenteil: Nach jeder weiteren Corona-Infektion werden sie sogar schlimmer.
Um überhaupt weitermachen zu können, muss ich mich jeden Tag selbst motivieren. Neben den vielen unterschiedlichen Ärzten suche ich auch immer wieder alternative Praxen auf, um Unterstützung bei meinen körperlichen Symptomen zu finden.

Alternativen zum klassischen Arztbesuch

Wie du ja inzwischen bemerkt hast, versuche ich immer ganzheitlich an die Probleme heranzugehen, wenn es darum geht, die Ursachen dafür zu reduzieren oder bestenfalls sogar ganz zu beseitigen. Aus Erfahrung kann ich nur sagen, dass es nie nur die eine Pille, die eine Methode oder nur eine Meinung gibt.

In den letzten Jahren habe ich immer häufiger beobachtet, dass in der Medizin oft nur die Symptome behandelt werden, während die zugrunde liegende Ursache unberücksichtigt bleibt. Das könnte daran liegen, dass Ärzte aufgrund von honorartechnischen Zwängen immer weniger Zeit und Mittel für ihre Patienten haben. Gleichzeitig hat sich unser Gesundheitssystem durch zahlreiche Sparmaßnahmen selbst zu einem „kranken Patienten" entwickelt, der dringend Reformen und Unterstützung benötigt, um wieder effizienter arbeiten zu können.

Das ist zumindest meine persönliche Meinung. Ich würde mir wirklich wünschen, dass es für alle, die im Gesundheitswesen arbeiten, wieder besser läuft. Jeder einzelne dieser Jobs ist ein Plus für die Gesellschaft und gar nicht hoch genug zu würdigen.

Aus meinen Erfahrungen der letzten Jahre möchte ich dir einen Rat geben: Bei unklaren Gesundheitsfragen kann es von großem Vorteil sein, eine zweite oder sogar dritte Meinung einzuholen. So vermeidest du Situationen, in denen du dir später Vorwürfe anhören musst wie:

„Wärst du nur früher zu mir gekommen."

Vor vielen Jahren vertraute sich meine Süße voller Hoffnung dem ersten Chirurgen an, als es darum ging, starke Schmerzen in ihrem Fuß zu behandeln. Er hatte ihr versichert, dass das Problem leicht zu beheben sei: Eine einzige Operation und sie könne wieder laufen, als wäre nichts gewesen.

Doch diese eine Operation blieb nicht die letzte. Im Laufe der Zeit folgten sechs weitere Eingriffe, die die Situation nicht verbesserten, sondern sie noch verschlimmerten. Als andere Ärzte schließlich ihre Behandlung übernahmen, reagierten sie fassungslos. Kopfschüttelnd sagten sie Dinge wie:

„Mensch Mädel, wer hat das bloß verbockt, warum bist du vorher nicht zu mir gekommen? Wie konnte so etwas passieren?" oder "Das hätte niemals so weit kommen dürfen."

Da war das Kind aber längst in den Brunnen gefallen. Im Nachhinein betrachtet war die Operation voreilig und wurde durchgeführt, ohne zuvor mindestens eine zweite Meinung einzuholen. Heute würden wir so nicht mehr handeln, doch damals vertrauten wir zu sehr darauf, dass der Arzt immer recht hat. Doch das ist nicht unbedingt der Fall: Auch Ärzte sind Menschen und Fehler können passieren. Es gibt viele ausgezeichnete Ärzte, aber wie in jedem Beruf auch solche, die weniger gut arbeiten. Deshalb ist es wichtig, gut informiert zu sein und sich mehrere Meinungen einzuholen. Es geht um deinen Körper und deine Gesundheit und damit hast du das Recht, Fragen zu stellen und zu hinterfragen. Recherchiere sorgfältig und suche nach den Ursachen deiner Beschwerden, bevor du dich vorschnell auf eine Behandlung einlässt. Nur so kannst du sicherstellen, dass du die bestmögliche Entscheidung für dich selbst triffst.

Da ich im Laufe der Zeit leider unterschiedliche Krankheitsbilder entwickelt habe, musste ich auch verschiedene Maßnahmen ergreifen. Auch wenn viele davon aus eigener Tasche bezahlt werden müssen, ist jeder Euro, den du in deine Gesundheit investiert, gut angelegt. Du investierst in dich selbst, in deinen Körper. Damit triffst du die richtige Entscheidung: Du gibst nicht auf, sondern suchst nach Alternativen.

Oft wird uns das jedoch erst bewusst, wenn wir genauer darüber nachdenken. Wie behandeln wir unseren Körper im Alltag? Ein Vergleich: Für unser Auto kaufen wir das beste und teuerste Öl, das wir finden können. Doch bei uns selbst sparen wir und greifen zu günstigen, minderwertigen Optionen. Dieses Beispiel verdeutlicht eine Haltung, die sich in vielen Bereichen zeigt. Leider gibt es unzählige solcher Vergleiche.

Es ist entscheidend, was wir unserem Körper zuführen. Eine bewusste, gesunde Ernährung kann dazu beitragen, dass viele Probleme gar nicht erst entstehen oder bestehende Beschwerden gelindert werden. Ich bin überzeugt, dass jeder Euro, den du in hochwertige Ernährung und alternative Behandlungsansätze investierst, sinnvoll angelegt ist. Dabei geht es nicht darum, die westliche Medizin zu ersetzen, sondern sie durch ganzheitliche Ansätze zu ergänzen. Wie du weißt, habe ich seit der Impfung und mehreren Corona-Erkrankungen mit starken Energieverlusten sowie Muskel- und Gelenkproblemen zu kämpfen. Um diesen Herausforderungen zu begegnen, nutze ich, neben den Allgemeinmedizinern und Fachärzten, auch alternative Methoden und arbeite täglich an meiner mentalen Motivation. Leider ist mein Bedarf an Unterstützung in den letzten Jahren deutlich gestiegen. Doch ich lasse nicht nach, neue Wege zu suchen und meinen Körper so gut wie möglich zu unterstützen.

In Hamburg gehe ich gerne zur Traditionellen Chinesischen Medizin (TCM). Ihre Ursprünge reichen, soweit ich informiert bin, über viertausend Jahre zurück, aber die heutige Form der TCM entwickelte sich erst im 18. Jahrhundert. China verfügt somit über eines der ältesten medizinischen Systeme der Welt.

Ich habe nichts gegen unsere westliche Medizin und bin dankbar, dass es sie gibt. Dennoch glaube ich fest daran, dass es weltweit auch andere gut funktionierende Systeme gibt, die bei Bedarf gut miteinander kombiniert werden können. Persönlich bin ich kein Freund von Tabletten, wenn sie nicht wirklich notwendig sind. Angesichts meiner Herzprobleme bin ich jedoch sehr dankbar für die Medikamente. Ich möchte damit nur sagen, dass ich sie keinesfalls kategorisch ablehne, sondern immer prüfe, ob es nicht auch andere Behandlungsmöglichkeiten gibt. Die traditionelle chinesische Medizin (TCM) hat mir bei früheren gesundheitlichen Problemen oft geholfen, ohne dass Medikamente oder Operationen notwendig waren. Auch in unserem Freundeskreis hat TCM schon dazu beigetragen, dass angedachte Operationen vermieden werden konnten, da es alternative Behandlungen gab, die nachweislich geholfen haben.

Bitte verstehe mich nicht falsch: Wenn eine Operation notwendig ist und es keine ernstzunehmenden Alternativen gibt, sollte man sich natürlich auch operieren lassen. Mir geht es vielmehr darum, dass es oft noch Alternativen zu Operationen oder pharmazeutischen Medikamenten gibt, die mit weniger Risiko und geringeren Nebenwirkungen verbunden sind. Denn obwohl Medikamente generell zweifellos ihre Vorteile haben, darf man nicht vergessen, dass die Pharmaindustrie auch ein Geschäft ist, das mit sehr hohen Geldbeträgen arbeitet. In jedem Geschäft gibt es gute und weniger gute Produkte. Aus meiner Sicht schadet es nicht, auch mal über den Tellerrand hinauszublicken.

Ein weiterer Bestandteil der Traditionellen Chinesischen Medizin (TCM), den ich mir immer wieder gönne, ist die Tuina-Massage. Diese Massageform, die unter anderem mit Druck- und Klopfpunkten arbeitet, tut mir unglaublich gut und trägt dazu bei, meinen Energiefluss wieder ins harmonische Gleichgewicht zu bringen. Sie verfolgt einen ganzheitlichen

Ansatz und hat mir auch, während meiner sehr aktiven sportlichen Laufbahn, oft wie ein kleines Wunder geholfen.

Wenn Carmen und ich auf Sylt osteopathische, physiotherapeutische oder naturheilkundliche Unterstützung in Form einer Heilpraktikerin benötigen, wenden wir uns stets an die Gemeinschaftspraxis Körperkonzept von Anneke Roy. Sie und ihr Team, zu dem auch der Physiotherapeut Patrick gehört, überzeugen nicht nur durch ihre fachliche Kompetenz, sondern auch durch ihre herzliche und hilfsbereite Art. Die Praxis besticht durch ein empathisches und kompetentes Team, das nicht nur erstklassige Behandlungsmethoden bietet, sondern auch eine Atmosphäre schafft, in der man sich als Mensch wahrgenommen und geschätzt fühlt. Man freut sich deswegen nicht nur auf die Therapie selbst, sondern auch auf den Kontakt mit den Menschen, die einen behandeln.

Anneke und Patrick haben uns bereits mehrfach dabei unterstützt, schwerwiegende gesundheitliche Probleme erfolgreich zu bewältigen. Dank ihrer effektiven Behandlungsmethoden konnte ich gleich zwei potenzielle Schulteroperationen vermeiden, ein Umstand, für den ich äußerst dankbar bin, da jede Operation mit Risiken verbunden ist. Die Therapie zeigte eine so gute Wirkung, dass eine Operation letztlich nicht erforderlich war

Patrick zeichnet sich durch seine Geduld und die Fähigkeit aus, individuell angepasste Übungen zu erklären, die man zuhause weiterführen kann. Er sorgt dafür, dass man sich buchstäblich in guten Händen fühlt.

Anneke, die neben weiteren Zusatzausbildungen auch eine Ausbildung zur Osteopathin, Physiotherapeutin und Heilpraktikerin absolviert hat, ist für mich so etwas wie eine Wunderheilerin. Mit ihrem umfangreichen Wissen und einer beeindruckenden Intuition, behandelt sie auf eine Weise, die fast magisch erscheint. Durch diese Herangehensweise könnte sie auch eine Heilerin aus einem Harry Potter Roman sein.

Es ist immer wieder inspirierend, Menschen zu begegnen, die in ihrem Beruf nicht nur außergewöhnlich talentiert sind, sondern auch ein großes Herz haben. Solche Menschen machen die Welt ein Stück heller. Wenn du das Glück hast, so jemandem zu begegnen, halte an dieser Begegnung fest. Lass dich von ihrem Licht inspirieren und gib es weiter, wie eine Fackel bei den Olympischen Spielen, an Menschen, die es dringend brauchen.

Es gibt genug Menschen, die versuchen, anderen das Licht zu nehmen, um selbst heller zu scheinen. Doch diese Menschen erreichen damit nur, dass die Welt, in der sie leben, dunkler wird. Willst du die Welt heller machen? Dann teile dein Licht und lasse andere daran teilhaben. So kannst du wirklich strahlen und etwas verändern.

Anneke bietet neben den zuvor genannten Tätigkeitsschwerpunkten auch Yogakurse an. Diese finden jedoch nicht in der Praxis Körperkonzept statt, sondern in Westerland und in Klanxbüll auf dem Festland. Auch dort herrscht eine wunderbare Gemeinschaft, die zum Wohlbefinden beiträgt. Falls dich das Thema Yoga interessiert, kann ich dir nur empfehlen, Kontakt mit dem Team von Sitaram Yoga & Natur aufzunehmen. Sie bieten dort auch Workshops mit Übernachtungsmöglichkeiten an, die eine vertiefte Auseinandersetzung mit Yoga und zwischenmenschlichen Bedürfnissen ermöglichen.

Es ist beeindruckend zu sehen, wie sie sich bemühen, ganzheitlich auf die Bedürfnisse ihrer Teilnehmer und Patienten einzugehen. Wir sind dankbar, in ihnen so wundervolle und hilfsbereite Menschen gefunden zu haben.

In Hamburg gibt es für mich einen weiteren „Wunderheiler",
auch wenn er im eigentlichen Sinne kein Heiler ist, sondern
ein Weltklasse-Chiropraktor: René Öhlenschläger, der Gründer
der Chiropraxis Hamburg. René absolvierte seine erstklassige
Ausbildung in den USA, wo die Chiropraktik einen hohen
Standard hat. Es ist wichtig, die Begriffe Chiropraktor,
Chirotherapeut und Chiropraktiker voneinander zu
unterscheiden:

Chiropraktiker: In Deutschland ist dies oft ein Heilpraktiker,
der seine spezielle Ausbildung in Wochenendkursen erhält.

Chirotherapeut: Ein Arzt, der eine zusätzliche Ausbildung von
etwa acht Wochen durchläuft, um ebenfalls chiropraktische
Behandlungen anzubieten.

Chiropraktor: Ein hochqualifizierter Spezialist, der ein
fünfjähriges Universitätsstudium absolviert hat, wie René
Öhlenschläger.

In Dänemark, Renés Heimatland, ist die Chiropraktik viel
verbreiteter: Dort kommt ein Chiropraktor auf etwa 9.000
Einwohner. In Deutschland hingegen liegt das Verhältnis bei
einem Chiropraktor auf 450.000 Einwohner, wir haben also auf
diesem Sektor noch einen weiten Weg vor uns. René führt
seine Praxis seit 1992 und hat in dieser Zeit tausende Patienten
aus der ganzen Welt behandelt. Viele von ihnen konnte er von
teilweise extremen Schmerzen befreien, was ihm einen
hervorragenden Ruf eingebracht hat. Seine Expertise und sein
Engagement sprechen für sich.

Unsere erste Begegnung mit René verdanken wir unseren
Freunden Sven und Jana. Sven, ein großartiger und
leidenschaftlicher Kampfsportler mit jahrelanger
Trainingserfahrung, kennt die Belastungen, die intensive
körperliche Aktivität mit sich bringen kann. Wenn bei ihm aus
diesem Grund Beschwerden

Es gibt genug Menschen,

die versuchen,

anderen das Licht

zu nehmen,

um selbst heller zu scheinen.

Doch diese Menschen erreichen

damit nur,

dass die Welt, in der sie leben,

dunkler wird.

auftraten, die anderweitig nicht zu beheben waren, wandte er sich mit großem Erfolg an René.

Einmal, als wir bei unseren Freunden übernachtet hatten, durfte ich Sven zum Notdienst begleiten, weil er starke Nackenschmerzen hatte. Es war ein Samstag und René war nicht da. Stattdessen behandelte ihn ein Mitarbeiter, der mittlerweile nicht mehr in der Praxis arbeitet. Heute wird dieser Platz von Renés Sohn ausgefüllt, der in Barcelona denselben Beruf studiert und seine Ausbildung erfolgreich abgeschlossen hat. Ich denke, das ist das Beste, was der Praxis passieren konnte.

Ich erinnere mich noch genau, wie der damalige Mitarbeiter Sven auf einer stehenden Liege platzierte, die auf mich eher wie eine „Folterbank" wirkte. Sven musste sich daraufstellen und die Bank ließ sich dann langsam nach unten bewegen. So begann die Behandlung. Später setzte sich Sven auf einen Stuhl und der Mitarbeiter bewegte seinen Kopf mit gezielten Griffen hin und her. Für mich sah das alles ziemlich beängstigend aus. Ich war unglaublich erleichtert, nur Zuschauer gewesen zu sein. In diesem Moment dachte ich nur: Hoffentlich muss ich so etwas nie erleben. Ich habe es einfach genossen, in diesem Augenblick nur der Zuschauer sein zu dürfen. Zum Glück ging es Sven danach wieder besser, sodass ich diesen Moment dennoch als positive Erinnerung abgespeichert habe. Bei einem weiteren Besuch in der Praxis erzählte René Sven, dass es einen Patienten gibt, der wie ich unter Herzrhythmusstörungen leidet und durch die Behandlung anderer Symptome eine deutliche Verbesserung seines Herzens bemerkte. Obwohl es sich nur um einen Patienten handelte, weckte das meine Neugier. Außerdem hatte ich ebenfalls muskuläre Probleme. Auch meine Süße brauchte einen Fachmann, der sich um ihre muskulären Beschwerden kümmert. Also vereinbarten wir einen Termin bei René. Als wir die moderne Praxis betraten, fühlten wir uns sofort durch das sehr freundliche Personal herzlich willkommen. Carmen und ich gingen gemeinsam zum Aufnahmegespräch und der Erstbehandlung in sein Behandlungszimmer. Ehrlich gesagt fand ich René auf Anhieb super sympathisch. Er ist einfach ein echter Typ, mit seinem dänischen Charme: entspannt und dennoch sehr fokussiert.

Carmen begann, René von ihren Schmerzpunkten zu erzählen, und danach war ich an der Reihe. Wir schilderten ihm, weshalb wir den Weg zu ihm auf uns genommen hatten, und er hörte aufmerksam zu. Als alles gesagt war, konnte die Behandlung beginnen. Ich fragte meine Süße, ob sie lieber zuerst oder danach behandelt werden wollte. Ohne zu zögern entschied sie sich dafür, als Erste dran zu sein. Obwohl es während der Behandlung manchmal schmerzhaft aussah, war Carmen hinterher überglücklich. Man konnte ihr ansehen, wie erleichtert und befreit sie sich fühlte. Sie strahlte über ihr gesamtes hübsches Gesicht.

Auch wenn ich beim letzten Besuch noch gedacht hatte, dass ich glücklich war, nur der Besucher gewesen zu sein, freute ich mich in diesem Augenblick dennoch, gleich selbst behandelt zu werden. Als ich schließlich auf der Liege lag, war ich absolut erstaunt und begeistert zugleich. Schon nach den ersten Behandlungsgriffen merkte ich, dass ich plötzlich viel besser hören konnte, als jemals zuvor. Ehrlich gesagt war mir bis dahin gar nicht bewusst, wie schlecht mein Hörvermögen tatsächlich gewesen war. Natürlich wusste ich, dass es nicht perfekt war, aber erst durch diesen Moment wurde mir klar, wie viel ich bisher verpasst hatte.

Interessanterweise habe ich René nicht einmal von meinen Hörproblemen erzählt. Ich wäre niemals auf die Idee gekommen, dass ein Chiropraktor bei so etwas helfen könnte. Doch diese unerwartete Verbesserung war ein echtes Geschenk und ich war ihm wirklich sehr dankbar. René freute sich wirklich mit mir, als ich ihm von der tollen Neuigkeit erzählt hatte. Das Geniale daran war, dass die Chiropraktik ursprünglich sogar deswegen erfunden wurde. Das hatte mir René dann voller Stolz erzählt.

Ich hatte nun endgültig den Beweis erhalten, dass die Methode des Chiropractors hervorragend funktionierte. Aber das war für mich noch nicht alles. Seit meiner Geburt hatte ich, neben einem kleinen Herzfehler, auch einen leichten Haltungsschaden. Dieser hatte mich zwar nie ernsthaft bei sportlichen Aktivitäten eingeschränkt, doch er war an meiner Haltung deutlich sichtbar. Früher wurden mir deswegen immer wieder Haltungstherapien verordnet, die jedoch keinerlei Wirkung zeigten. Jeder Versuch, meinen Haltungsschaden zu beheben, war bisher kläglich gescheitert.

Das änderte sich erst an dem Tag, als ich René kennenlernte und er sich der Sache annahm. Wahnsinn, so viele Jahre war ich damit herumgelaufen, ohne dass irgendjemand eine Lösung fand. Das einzig Unangenehme daran war, dass ich nun selbst auf die „Folterbank" musste, auf der ich zuvor schon Sven gesehen hatte. Die Rolle des Zuschauers gefiel mir deutlich besser. René gab in dieser Sitzung sein Bestes, was definitiv eine Menge war. Doch mein Haltungsproblem war nicht in einer einzigen Sitzung zu lösen.

Wir hatten uns von vornherein dazu entschieden, eine ganze Woche in Hamburg zu verbringen. So konnten wir für den nächsten Tag direkt weitere Termine vereinbaren. Tatsächlich haben wir jeden Tag zwei Behandlungen wahrgenommen, immer mit mindestens vier Stunden Pause dazwischen, ein absolutes Muss, um die Anwendungen optimal wirken zu lassen.

Nach weiteren Behandlungen gelang es René schließlich, meinen angeborenen Haltungsschaden zu korrigieren. Den Unterschied merkte ich sofort: Ich konnte tiefer atmen und endlich aufrecht stehen. Meine Schultern, die zuvor immer leicht nach vorne geneigt waren, fühlten sich plötzlich befreit an. Den Spruch „Brust raus, Schultern zurück" konnte ich vorher nie vollständig umsetzen, ich kannte es einfach nicht anders und hatte mich damit arrangiert. Doch als sich mein Körper von einem Moment auf den anderen veränderte und ich den Unterschied direkt wahrnehmen konnte, war es ein unglaubliches schönes Gefühl. Mein Haltungsschaden hat sich schlagartig, durch die richtig eingesetzte Technik, um einhundert Prozent verbessert.

Außerdem habe ich seit den Behandlungen spürbar weniger Herzrasen. In Absprache mit meinem Kardiologen konnte ich sogar meine Medikamente reduzieren. René hat mehr erreicht, als ich es für möglich hielt.

Die verschiedenen Maßnahmen, die ich in Anspruch genommen habe, haben mein Wohlbefinden erheblich verbessert. Meine Zettelwirtschaft konnte ich reduzieren, und meine Gelenk- und Knochenschmerzen, mit denen ich mich ja seit der Impfung und den Folgeinfektionen immer wieder herumschlage, waren ebenfalls um einiges besser als zuvor. Insgesamt habe ich das Gefühl, dass sich diese Symptome mindestens um die Hälfte verbessert haben. Das hat mir eine Menge Zuversicht zurückgegeben, denn vorher hatte nichts gegen meine Gelenkschmerzen gewirkt.

Ich hoffe, ich konnte dir bereits vermitteln, dass es sich immer lohnt, wieder aufzustehen und nicht aufzugeben. Es ist wichtig, sich anderen Menschen mitzuteilen und Hilfe anzunehmen. Wenn du das zulässt, bist du mit deinen Problemen und Sorgen nicht allein. Es gibt da draußen viele wundervolle Menschen, die alles dafür tun würden, dir zu helfen. Aufgrund meiner Erfahrungen kann ich diese Praxis, mit all den tollen Menschen, die dort arbeiten, nur wärmstens empfehlen.

Weihnachten im Hotel Strandhörn

Menschen, die einen in der Not nie im Stich lassen würden, haben wir auch bei unseren Freunden Dirk und Lydia aus dem Hotel Strandhörn gefunden.
Das Jahr 2023 neigte sich dem Ende zu und eine meiner liebsten Zeiten, die besinnliche Weihnachtszeit, stand bevor.

Wie verbringst du diese Zeit? Zelebrierst du sie wie ich, oder spielt sie für dich vielleicht keine große Rolle? Manche verbinden diese Tage mit Freude, andere vielleicht mit negativen Gefühlen, oft hängt das von den eigenen Erfahrungen und der Kindheit ab.
Für mich ist die Weihnachtszeit die wichtigste Zeit des Jahres. Sie versetzt mich zurück in die wundervollen Momente meiner Kindheit. Ich habe es geliebt, als am 24. Dezember alle lieben Verwandten zu uns kamen. Bis heute fühle ich mich in dieser Zeit jedes Jahr aufs Neue stark mit ihnen verbunden. Es ist, als ob die Ahnen, die nicht mehr physisch hier sind, mich fühlen lassen, dass sie dennoch anwesend sind.

Bis das Corona-Jahr begann, in dem Familienzusammenkünfte stark reglementiert wurden, war es immer ein Fest voller Liebe, Geborgenheit, guter Laune, leckerem Essen, schöner Geschenke und witziger Gespräche.

Später, als ich älter wurde, gab es auch "Küchenrituale", die nur für Erwachsene gedacht waren. Mit jedem weiteren Trinkspruch beim Ausführen des Rituals wurde die Zunge schwerer, und der zuvor klare Blick immer verschwommener. Getreu dem Motto: Süßer die Glocken nie klingen.

Es gibt noch viele andere Rituale, die wir all die Jahre, seit meinen Kindertagen, gepflegt haben. Mein deutscher Papa hat an Weihnachten immer Kartoffelsalat Berliner Art und Kassler im Blätterteig gemacht. Alles andere änderte sich im Laufe der Jahre immer mal wieder, aber der Kartoffelsalat musste bleiben! Da waren wir uns alle einig.

Jeder hat seine eigenen Erfahrungen mit dieser Zeit gemacht und geht daher unterschiedlich mit der festlichen Winterzeit um. Ich mag den Winter nicht besonders, aber die winterliche Weihnachtszeit liebe ich. Ganz im Gegensatz dazu liebe ich im Frühling alles. Es ist einfach großartig, wenn das Leben aus seinem eisigen Winterschlaf erwacht.

Auch die Sommerzeit hat es mir angetan, für mich ist sie vor allem die Zeit der Flip-Flops. Ich würde am liebsten das ganze Jahr über offene Schuhe tragen. Mein Kumpel Malte, von der GB-Mitza Ferienobjekte, sieht das genauso. Scherzhaft haben wir uns immer als die „Flip-Flop Boys" bezeichnet, eine sommerliche Boygroup.

Die Weihnachtszeit ist für mich die besinnlichste und zugleich melancholischste Zeit des Jahres. Trotz der eisigen Kälte draußen empfinde ich sie als besonders schön. Diese Zeit ist mir unglaublich wichtig. Besonders mag ich es, wenn dann, ganz klischeehaft, dicke Schneeflocken sanft zur Erde schweben und den Boden mit einer dicken weißen Decke überziehen.

Seit meiner frühesten Kindheit, als auch noch meine über alles geliebte Oma und meine coole Tante Anni bei uns waren, gehörte diese Zeit zu den wichtigsten Erlebnissen des Jahres. Normalerweise lebe ich im Hier und Jetzt, mein Blick richtet sich nach vorne, nicht zurück. Aber in bestimmten Momenten genieße ich es, auf vergangene, wunderschöne Erinnerungen zurückzublicken, wie die vielen zauberhaften Weihnachtstage, die wir als Großfamilie verbracht haben. Diese Weihnachtsfeste waren für mich immer wie aus dem Bilderbuch.

Ich habe in meinem Leben immer sehr viel gearbeitet und musste berufsbedingt viele Jahre auf fast alle Feiertage verzichten. Die Weihnachtstage hingegen waren für mich tabu. Da habe ich immer alles daran gesetzt, mit meiner Süßen bei unserer Familie zu sein. Nur in meiner Militärzeit war das leider nicht möglich.

Ich liebe es wirklich, in der Weihnachtszeit alte, kitschige Musik zu hören und mit Wehmut an vergangene Tage zu denken, an die Zeit, als die inzwischen Verstorbenen noch bei uns waren, wie zum Beispiel Carmens und auch meine Mama. Leider sind sie beide nicht mehr hier, aber zu Weihnachten ist ihre Liebe immer noch spürbar. In dieser Zeit bekomme ich öfter mal Pipi in die Augen und dazu stehe ich auch.

Meine Mama, die mich wirklich bedingungslos geliebt hat, hätte noch viele Jahre an unserer Seite bleiben können. Sie war eine unglaublich starke, warmherzige und taffe Persönlichkeit. Als sie starb, blieb ihre Armbanduhr exakt zur Todeszeit stehen. Sie war es auch, die nach dem Tod meiner Oma und Tante, den Familienclan immer zusammengehalten hat. Seit 2015 ist sie nicht mehr hier, und ihr Fehlen ist bis heute spürbar. Wenn geliebte Menschen von uns gehen, hinterlassen sie Lücken, die nicht zu füllen sind.

Jetzt standen wir also 2023 wieder genau vor dieser schweren, aber auch wundervollen Zeit. Ich fühlte mich nicht fit genug, um nach Hamburg oder noch weiter zu unseren Kindern zu fahren. Sie wären auch nicht angereist, da sie mit ihren beiden Kleinen genug um die Ohren hatten. Hinzu kamen die familiären Spannungen in Hamburg, die ich generell nicht ertragen kann, zu Weihnachten jedoch erst recht nicht. Obwohl es uns wirklich schwer fiel, Weihnachten allein zu verbringen, entschieden wir uns, hier auf Sylt zu bleiben. Es war eine bewusste Entscheidung.

Als Lydia und Dirk von unserer Situation erfuhren, luden sie uns ohne Zögern zu ihrer privaten Feier im Hotel Strandhörn ein, bei der auch einige Mitglieder ihrer Familie anwesend waren. Ich gebe gerne zu, dass wir über die Einladung kurz nachdenken mussten, da wir Weihnachten bisher immer nur im Kreis der Familie verbrachten und noch nie mit Freunden zusammen gefeiert hatten. Da wir Lydia und Dirk jedoch sehr schätzen und auch den Rest ihrer Familie kennen und mögen, nahmen wir die Einladung gerne an.

Zu Lydias Familie gehören, neben ihren beiden Kindern Mimi und Jason, noch weitere großartige Menschen, die wunderbare Geschichten erzählen können. Ein Beispiel ist ihr cooler Cousin Odin, der Gründer der Wunderbar auf Sylt und des Dollhouse in Hamburg auf dem Hamburger Kiez, wo er wie ein bunter Hund berühmt ist. Dazu kommen Lydias herzensguter und sehr humorvoller Bruder Armin und seine bezaubernde Frau Tali, die eine der weltweit besten Hochzeitsfotografinnen ist. Über Tali und ihre meisterlichen Kunstwerke wurde sogar ausführlich in der Gala berichtet. Das spricht, denke ich, für sich.

Auch Lydias Mama Eve und ihr Mann Rolf, sowie ihr Haudegen-Papa Ulli, der früher eine Wirtschaft auf dem Hamburger Kiez geführt hatte, waren dabei. Es sind alles Menschen mit großem Herz und charakterstarken Ecken und Kanten, die spannende Geschichten zu erzählen haben. Ich liebe Menschen, die authentisch sind, viel erlebt haben und es gerne mit dir teilen. Auch wenn leider nicht alle Familienmitglieder anwesend sein konnten, war es eine tolle Truppe.

Ich kann schon vorab sagen, dass es ein legendärer Abend war. Wir haben gemeinsam verschiedene köstliche Gänge zubereitet und unglaublich viel Spaß gehabt. Beim Wichteln sind uns die Tränen vor Lachen nur so über die Wangen gelaufen. Ich bin wirklich dankbar, dass wir an diesem Abend zusammen eine für mich so wertvolle Zeit erlebt haben.

Ich erzähle dir von diesem Abend, weil ich dir damit zeigen möchte, dass du nie alleine sein musst, wenn du mit offenem Herzen durchs Leben gehst. Es gibt Menschen, die ihr Herz verschließen, aus Angst, enttäuscht zu werden. Du weißt sicher, welchen Einfluss diese Ängste auf ihr Leben haben. Sie ziehen eine ganze Reihe negativer Gedanken nach sich. Es ist traurig, wenn Menschen sich so von der Welt abkapseln und sich aus Furcht vor etwas, das vielleicht niemals eintritt, von den vielen magischen Momenten des Lebens abschneiden.

Verschließe dich nicht dem Leben! Sei wie das Kind, das voller Vorfreude mit seinen Freunden den Abenteuerspielplatz erobern möchte. Richte deinen Blick nicht auf Ängste oder auf Dinge, die dir vielleicht passieren könnten. Denn das bedeutet, dass du an etwas aus der Vergangenheit festhältst. Du verknüpfst ein negatives Erlebnis von früher mit deiner Zukunft und hast Angst, dass sich dieses wiederholen könnte. Doch dadurch bist du nicht im Hier und Jetzt. Du bleibst in der Vergangenheit verhaftet und beraubst dich selbst deiner Zukunft.

Besser: Du gehst ins Vertrauen, um den Augenblick wieder unbeschwert genießen zu können. Richte deinen Fokus auf das, was du erleben möchtest, und nicht auf das, was du nicht möchtest. Das eine macht dir schöne Gefühle, das andere nicht.

Wenn dir das bewusst wird, fällt es doch gar nicht mehr so schwer, die richtige Entscheidung zu treffen. Bevor du dich entscheidest, denke immer daran, alles kann passieren, auch das Gute.

Wie oft denn noch?

Kurz nach dem Jahreswechsel, ich glaube, das war so Anfang Februar, bekam ich tatsächlich schon wieder Corona. Inzwischen das vierte Mal. So langsam fing es an, mich wirklich nur noch zu nerven.

Leider verschlechterte sich meine gesundheitliche Situation erneut dramatisch. Besonders das tiefe Einatmen bereitete mir enorme Schwierigkeiten. Egal, was ich versuchte, ich geriet sehr schnell außer Atem. An erholsamen Schlaf war ebenfalls nicht mehr zu denken. Zudem traten wieder Sprachfindungsstörungen auf, begleitet von meinem löchrigen Kurzzeitgedächtnis. Alles Wichtige notierte ich schriftlich, um nichts zu vergessen. Auch meine Gelenke schmerzten erneut, und mein chronisches Fatigue-Syndrom war schlimmer als je zuvor. Ich fand keinen Ausweg aus der Erschöpfung. Es war wirklich nicht einfach, daran nicht emotional zu zerbrechen. So etwas ist für die Psyche nur schwer erträglich.

Nach jedem Rückschlag fand ich zwar wieder zurück auf die Beine und wuchs an meinen Erfahrungen. Doch mit jedem erneuten Rückschlag verstärkte sich das Gefühl, dass mein Körper mich im Stich ließ. Ich fühlte mich leer und völlig erschöpft. Meine vierte Corona-Infektion verstärkte alle vorherigen Symptome noch einmal enorm.

Diese Gedanken schwächen definitiv deinen gesamten Organismus. Es macht einen großen Unterschied, in welche Richtung sich deine Gedanken bewegen. Wenn du dir unsicher bist, was du gerade tun oder glauben sollst, frage dich einfach: Willst du dich stärken oder schwächen?

Während ich dir meine Geschichte erzähle, merke ich oft, wie viele Herausforderungen ich in den letzten Jahren bewältigen musste. Auch wenn in diesem Fall das "ich" selbstverständlich ein "wir" ist. Seit meiner Impfung sind fast drei Jahre vergangen, im kommenden Februar wird es so weit sein.

Diese Zeit war geprägt von einem Ereignis nach dem anderen. Immer, wenn wir dachten, wir hätten eine schwierige Phase überstanden, tauchte schon die nächste Herausforderung auf.

Früher hätte ich mich nicht getraut, so offen zu sprechen. Heute bin ich dankbar, dass ich darüber reden kann. Es hilft mir, die Dinge zu verarbeiten. Gleichzeitig hoffe ich, dass du etwas aus meiner Geschichte mitnehmen kannst. Etwas, das dich stärkt und dir Kraft gibt. Das ist mein Wunsch. Deshalb teile ich meine Geschichte.

Es gab Tage, wo ich kurz davor war, mich selbst aufzugeben, als meine innere Stimme voller Überzeugung zu mir sprach und mir versicherte, dass alles gut ist.

So seltsam es vielleicht auch klingen mag, es fühlte sich an, als könnte aus diesen negativen Erlebnissen etwas wirklich Großes entstehen. Carmen und ich haben schon mehr als einmal an der Grenze des Erträglichen gestanden, doch wir sind fest davon überzeugt, dass auf uns aufgepasst wird. Mein Kämpferherz war plötzlich wieder da. Ich stand erneut auf, um mich allem zu stellen, was auf mich zukommt. Die vierte Infektion hatte mich niedergeworfen, aber ich bin wieder aufgestanden, nicht um zu scheitern, sondern um weiter zu wachsen.

In den nächsten Tagen stärkte ich mich durch Meditationen, Affirmationen, kontrolliertes Kopfkino und gute Gespräche mit meiner Süßen sowie Freunden. Auch wenn es mir nicht gelang, alle Symptome zu lindern, schaffte ich es dennoch, besser damit umzugehen. Das war für mich eine große Leistung, für die ich sehr dankbar war. Ich hatte mich wieder auf alles Positive fokussiert.

Dieses Gefühl fühlte sich viel besser an als das von Tim Mälzer ins Leben gerufene Mimimimi-Programm.

Unabhängig davon bleibt die Kochshow "Kitchen Impossible", mit Tim Mälzer als Gastgeber, für mich nach wie vor die beste Kochshow im Fernsehen. Ich kann mich nicht satt daran sehen. Tim und seine Kontrahenten stellen sich immer wieder herausfordernden Aufgaben,und genau das ist es auch, was du, was ich, was jeder von uns tun muss, um stärker als zuvor zu werden.

Sich den Herausforderungen stellen und daran wachsen. Handhabe es wie Tim und gebe niemals auf. Suche nach Lösungen und scheue dich nicht vor Herausforderungen. Wenn ein Weg nicht funktioniert, suche nach anderen Wegen, die dich zum Ziel bringen. Sie existieren, du musst nur offen dafür sein.

Meine zweitliebste Kochshow ist „Herr Raue reist" von Tim Raue. Dass ich schon wieder beim Thema Kulinarik lande, bringt mich zum Schmunzeln – es zeigt, wie sehr ich es liebe. Beim Schreiben dieses Buches wurde mir bewusst, wie tief meine Leidenschaft für gutes Essen tatsächlich ist. Ich kann gar nicht anders.

Tim Raue beeindruckt neben seiner Kochkunst, mit seiner Erzählkunst, die Speisen auf eine Art beschreibt, die ihresgleichen sucht. Seine Hingabe ist spürbar und wenn er in seinem Element ist, könnte ich ihm stundenlang zuhören. Mit seinen detaillierten und lebhaften Beschreibungen weckt er jedes Mal die Lust, all die Köstlichkeiten sofort selbst zu probieren.

Ich glaube, dass meine Begeisterung für die beiden Tims daher rührt, dass sie Dinge verkörpern, die ich sehr liebe. In ihren Shows wird gereist, gekocht und geschnackt – drei Dinge, die mich besonders ansprechen.

Beide sind großartige Köche und authentische Typen mit Ecken und Kanten, die spannende Geschichten zu erzählen haben und dadurch unglaublich nahbar wirken. Mich haben sie damit auf jeden Fall erreicht. Ihre grundlegende Einstellung in Ihrem Beruf ist ebenfalls auf das Leben als solches anwendbar. Ziele setzen, an sich zu glauben und nicht aufzugeben.

Reha in der Berolina Klinik, in Löhne/ Bad Oeynhausen

Im April 2024 begann meine zweite, lang ersehnte Reha in Löhne/Bad Oeynhausen. Meine Hausärztin, mein Kardiologe, mein Neurologe und meine Psychologin unterstützten mich dabei, die Reha-Maßnahme durchzusetzen. Bereits bei meiner letzten Reha in Bad Malente war mir eine erneute Maßnahme empfohlen worden. Alle beteiligten Ärzte und Therapeuten hielten es für sinnvoll, dass ich diese Chance wahrnehme. Und diesmal wollte ich es auch von Anfang an.

Die Reha kam für mich genau zur richtigen Zeit, da ich mich ja gerade erst von einer erneuten Corona Infektion erholte. Diese Zeit war für mich körperlich sehr belastend. Doch nicht nur ich litt darunter, auch meine Süße war dadurch stark betroffen. Durch meine immer wiederkehrenden gesundheitlichen Probleme, mussten wir erneut viele Einschränkungen in unserem gemeinsamen Leben hinnehmen.

Besonders meine extreme Müdigkeit beeinträchtigte unseren Alltag stark. Aktivitäten, die uns normalerweise große Freude bereiten, mussten wir immer wieder absagen. Und das nicht nur einmal, sondern unzählige Male.

Ich begann ernsthaft zu zweifeln, ob sich jemals wieder etwas ändern würde. Diese Gedanken lasteten schwer auf mir und machten die Sehnsucht nach Besserung fast unerträglich. Mein Körper schien mich endgültig in die Knie zwingen zu wollen. Obwohl mein Geist ungebrochen war, begann ich das Gefühl zu bekommen, dass es keine Rolle spielte, wie sehr ich mich bemühte. Es war, als ob mein Körper und ich in einem ständigen Kampf gegeneinander standen und ich wusste nicht, wie lange ich noch durchhalten konnte. Vor dem ganzen Chaos strotzte ich vor mentaler und körperlicher Stärke. Doch zu diesem Zeitpunkt war ich sehr verunsichert.

Die letzten zwei, beziehungsweise fast drei Jahre, haben wie ein Dominoeffekt Spuren hinterlassen. Immer, wenn ich mich gerade mental wieder aufgerappelt hatte, kam der nächste Rückschlag. Glaub mir, das hinterlässt Narben, wenn du immer wieder zurückgeworfen wirst.

Noch schlimmer ist, dass es bei mir nach jeder Infektion schlechter wurde als zuvor, wie ich dir bereits gesagt habe. Und dabei denke ich nicht nur an mich, sondern auch an meine Süße. Sie ist so tapfer und macht alles mit, aber ich bin sicher, dass sie trotzdem still darunter leidet. Zu sehr ist auch unser Privatleben davon betroffen.

Nie bekomme ich Vorwürfe von ihr, nicht einmal ansatzweise. Doch ich weiß, dass ihr Leben durch mein Leben stark eingeschränkt ist. Das tut mir unheimlich leid, auch wenn ich natürlich weiß, dass ich nichts dafür kann.

Deswegen setzte ich viel Hoffnung in die erneute Reha-Maßnahme. Ich wünschte mir, für uns wieder mehr Unbeschwertheit zu finden. Ich sehnte mich nach der Zeit zurück, in der mein inneres Kind vor Freude lachte und nicht mehr aus dem Strahlen herauskam. Wo sind all die kleinen und großen Verrücktheiten geblieben? Es schmerzt mich, dass ich mein inneres Kind in letzter Zeit immer öfter niedergeschlagen und voller Traurigkeit vorfinde.

Wenn es für dich in Ordnung ist, möchte ich dir von dieser Reha-Maßnahme erzählen. Ich hoffe, dass ich dir dadurch zeigen kann, wie wichtig es ist, für sich selbst und seine Bedürfnisse zu kämpfen. Öffne dich für das Leben und nutze jede Gelegenheit, die dir helfen kann, weiterzukommen. Eine gezielte Reha kann dich dabei unterstützen, wenn du das möchtest. Natürlich gehört auch ein bisschen Glück dazu, die richtige Maßnahme zu finden, denn die Angebote sind sehr unterschiedlich. Ich hatte das Glück, dass es bei mir, trotz anfänglicher Schwierigkeiten, beide Male passte.

Wie du weißt, spreche ich nicht aus der Theorie, sondern aus den schmerzvollen Erfahrungen, die ich machen musste. Mit jeder dieser Erfahrungen schwand ein Stück meiner einst grenzenlosen Lebensfreude. Doch die letzte Reha gab mir etwas davon zurück. Wie das geschah, möchte ich dir gerne erzählen.

Mit dem Auto und reichlich Gepäck machte ich mich auf den Weg zur Klinik. Ich setzte große Hoffnungen in die Reha-Maßnahme, vor allem in Bezug auf meine körperlichen Symptome. Meine extreme, immer wiederkehrende Müdigkeit, die Kurzatmigkeit, mein schlechtes Gedächtnis und die Gelenkschmerzen erschwerten mir das Leben erheblich.

Doch auf der anderen Seite stand meine mentale Stärke, mit der ich versuchte, gegen diese Probleme anzukämpfen. Ich wollte nicht zulassen, dass die negativen Seiten mich herunterziehen. Ich hatte keine konkreten Erwartungen, aber große Hoffnung, dass mir hier geholfen werden kann. Vielleicht lässt sich die Ursache nicht beheben, aber zumindest eine Linderung der Symptome wäre in diesem Fall für mich schon ein Erfolg.

In der Klinik angekommen, wurden die Neuankömmlinge zunächst ihren Zimmern zugewiesen. Später folgte ein gemeinsamer Rundgang, um die Einrichtung kennenzulernen. Im Vergleich zur vorherigen Klinik gab es hier keine festen Plätze mit festgelegten Tischnachbarn. Stattdessen wurden lediglich für das Mittagessen zwei feste Essenszeiten vorgegeben, an die man sich halten musste. So betraten die 2 Gruppen nach und nach den Speisesaal, da für alle gleichzeitig nicht genügend Plätze vorhanden waren.

Für das Frühstück und Abendessen galten hingegen nur feste Öffnungszeiten. Innerhalb dieses Zeitfensters konnte man sich frei entscheiden, wann und mit wem man essen wollte. Ungeplant war es jedoch unwahrscheinlich, immer wieder dieselben Tischnachbarn zu treffen, da sich die Gruppendynamik ständig änderte.

Ich muss ehrlich zugeben, dass ich zu diesem Zeitpunkt ohnehin kein Interesse daran hatte, neue Menschen kennenzulernen. Normalerweise genieße ich es, Kontakte zu knüpfen, doch diesmal war es nicht mein Ziel. Mein Fokus lag darauf, mich ganz auf mich selbst zu konzentrieren. Ich hatte die große Hoffnung, etwas mit nach Hause nehmen zu können, das mir hilft, meinen Zustand zu verbessern. Das chronische Fatigue Syndrom hatte mich stark eingeschränkt. Ich unternahm kaum noch etwas, weil mir die Energie dazu fehlte. Es ist wirklich erschreckend, wie sehr diese Krankheit das Leben erschweren kann.

Was mir anfangs negativ auffiel, war die Tatsache, dass die erhofften medizinischen Tests nicht wie erwartet durchgeführt werden konnten. Mein Ziel war es, meine körperlichen Beschwerden zu lindern oder idealerweise ganz loszuwerden. Doch plötzlich zweifelte ich daran, ob ich mit meinen Problemen in dieser Klinik gut aufgehoben bin. Da ich mich noch am Anfang der Reha-Maßnahme befand, stellte sich mir die Frage: Sollte ich bleiben und abwarten, oder die Rentenversicherung informieren, dass ich mich hier mit meinen Symptomen nicht gut betreut fühle?

Tatsächlich setzte ich mich intensiv mit dieser Frage auseinander, da ich, wie gesagt, skeptisch war, ob mir aus medizinischer Sicht ausreichend geholfen werden kann. Meine Erwartung war unter anderem, dass bei mir ein Lungenfunktionstest durchgeführt wird, da ich selbst bei leichten körperlichen Anstrengungen Atemprobleme hatte. Als dies nicht möglich war, fühlte ich mich verunsichert. Ich weiß, dass es besser ist, keine Erwartungen zu haben, aber in meiner Verzweiflung klammerte ich mich dennoch an die Hoffnung auf ein gutes Ergebnis beim Lungenfunktionstest.

Eine weitere Erfahrung enttäuschte mich besonders: In der Walking-Gruppe zeigte die Therapeutin keinerlei Rücksicht auf meine körperlichen Einschränkungen. Sie marschierte in hohem Tempo voran, ohne sich umzusehen. Als ich aufgrund meiner Atemprobleme nicht mithalten konnte, blieb ich allein auf der Strecke zurück, die ich nicht kannte. Die gesamte Gruppe verschwand aus meinem Sichtfeld. Da mir schwindelig wurde, kehrte ich langsam allein zur Klinik zurück. Dieses Verhalten schockierte mich. Aus meiner Sicht hätte sie sich mindestens einmal umsehen und sicherstellen müssen, dass alle Teilnehmer zurechtkommen. Von meiner vorherigen Reha war ich dieses Verhalten nicht gewohnt. Ich fühlte mich allein gelassen und demotiviert, da ich als ehemaliger Kampfsportler nicht einmal annähernd mithalten konnte. Es war frustrierend, dass meine Beschwerden ignoriert wurden, obwohl ich mich genau deswegen in der Reha befand.

Mein Fazit: Solch ein Verhalten ist nicht akzeptabel. Ein wenig mehr Rücksicht und Aufmerksamkeit seitens der Therapeutin hätten die Situation deutlich entschärft und mir das Gefühl gegeben, ernst genommen zu werden. Dieselbe Therapeutin hatte ich kurze Zeit später auch noch bei der Wassergymnastik. Das Ergebnis war ähnlich wie zuvor beim Walking. Ich weiß nicht, was mit ihr los war, aber sie war ganz weit weg von der erforderlichen Empathie, die in ihrem Job essenziell ist. Ihr Verhalten irritierte mich so sehr, dass ich nicht wusste, was ich tun sollte.

Die Klinik an sich fand ich, sofern ich es bis zu diesem Zeitpunkt beurteilen konnte, sehr gut. Die Ärzte und die anderen Therapeuten, die ich bis dahin kennengelernt hatte, schienen ebenfalls sehr kompetent zu sein. Auch das Essen war erfreulich gut und wie du ja inzwischen weißt, ist das für mich ein wichtiger Punkt. Natürlich erwarte ich in einer Klinik kein gehobenes Restaurant-Niveau, aber in einigen Krankenhäusern waren die Sparmaßnahmen so deutlich zu schmecken, dass ich mich fragte, wie man von diesem Essen überhaupt gesund werden soll. Hier in der Klinik war ich hingegen angenehm überrascht. Die Speisen waren viel besser, als ich vermutet hatte.

Bei meinen Überlegungen, ob ich bleiben oder doch wieder gehen sollte, spielten auch die Menschen vor Ort eine wichtige Rolle. Für mich war entscheidend, wie ich die Ärzte, Therapeuten und Mitpatienten empfand. Waren sie nett und hilfsbereit oder eher das Gegenteil? Nach kurzer Überlegung kam ich zu dem Ergebnis, dass ich insgesamt, schon nach kurzer Zeit, ein gutes Gefühl entwickelt hatte. Mit einigen Patienten hatte ich mich sogar schon angefreundet. Ich sprach auch mit ihnen über meine Gedankengänge, eventuell vorzeitig abzureisen. Ich war hin- und hergerissen, weil ich nicht sicher war, ob mir hier wirklich so geholfen werden könnte, wie ich es mir erhoffte. Mein Wunsch war es, das Richtige zu tun, doch ich wusste nicht genau, was das Richtige eigentlich ist.

In meiner Unsicherheit wandte ich mich an meinen Stationsarzt und bat ihn, einen Termin bei der Oberärztin für mich zu vereinbaren. Mit beiden sprach ich ausführlich über meine Sorgen. Sie hörten mir aufmerksam zu und nahmen meine Bedenken ernst, was mir sehr geholfen hat. Zusätzlich suchte ich das Gespräch mit der Psychologin vor Ort, die durch ihre Kompetenz und ihre einfühlsame Art beeindruckte.

Um eine weitere Perspektive einzuholen, schrieb ich meiner Psychologin Frau Rezai eine E-Mail. Zu meiner Freude erhielt ich rasch eine Antwort, die nicht nur hilfreich war, sondern mir auch neue Impulse gab. Ihre Unterstützung hat meine Entscheidung erheblich beeinflusst. Sie ist nicht nur eine exzellente Psychologin, sondern auch ein wunderbarer Mensch. Natürlich sprach ich auch mit Carmen, die mir in einem langen Gespräch wertvolle Impulse gab. Rückblickend waren all diese Gespräche entscheidend dafür, dass ich mich letztlich entschied, zu bleiben. Ich hörte auf mein Gefühl und um es vorwegzunehmen: Es war die absolut richtige Entscheidung.

Was ich an der Klinik besonders schätzte, war der enge Austausch mit den Entscheidungsträgern und Therapeuten. Sie hörten aufmerksam zu, als ich meine Sorgen vortrug. Besonders beeindruckte mich, dass danach alle Therapeuten Rücksicht auf meine körperlichen Defizite legten. Hier wurden Anliegen ernst genommen und konsequent umgesetzt. Oft wird leider einfach nur gesabbelt und hinterher bleibt es bei leeren Worten, nicht jedoch in der Berolina Klinik. Dieses Handeln vermittelte mir das Gefühl, angekommen zu sein. Hier geht gerade ganz klar der Daumen hoch.

Meine Entscheidung, zu bleiben, teilte ich meiner neu gewonnenen Gruppe von Mitpatienten mit, die mir unerwartet wichtig geworden war. Die Freude war auf beiden Seiten groß, und für mich fühlte es sich absolut richtig an.

Anfangs herrschte in unserer Gruppe eine lockere Atmosphäre. Wir trafen uns freiwillig zum Essen, sofern es unser Terminplan zuließ. Jeder von uns hatte seinen eigenen, besonderen Charakter, so unterschiedlich wie unser Freundeskreis insgesamt ist. Und trotz aller Unterschiede, gab es eine harmonische Stimmung zwischen uns.

Nach meiner Entscheidung, in der Gruppe zu bleiben, wuchsen wir zu einer noch stärkeren Einheit zusammen. Wir waren wirklich füreinander da, eine Erfahrung, die für das allgemeine Wohlbefinden unglaublich förderlich ist. Jetzt möchte ich dir einmal verraten, wer zu diesem großartigen Team gehörte.

Da war zum einen Kerstin, die von uns allen nur „Duri" genannt wurde, in Anlehnung an die Duracell-Batterien. Falls du das Duracell-Häschen aus der Werbung kennst, kannst du dir Duri genauso vorstellen: unermüdlich und voller Energie. Wenn jemand aus unserer Truppe etwas brauchte, hatte Duri es schon erledigt, bevor der Satz überhaupt beendet war. Sie ist ein unglaublich hilfsbereiter, fürsorglicher und humorvoller Mensch.

Ihr Mann, ein talentierter Zauberkünstler, ist unter dem Namen Patrick Mirage bekannt. Er tritt regelmäßig mit seinen faszinierenden Shows auf, gelegentlich sogar auf Kreuzfahrtschiffen der „Mein Schiff"-Flotte. Diese besondere Bühne zeigt, wie außergewöhnlich sein Können ist.

Während ich daran denke, kommt mir eine spannende Idee: Da wir selbst leidenschaftliche Kreuzfahrt-Fans sind, wäre es doch fantastisch, eines Tages eine seiner Zaubershows live zu erleben, am liebsten mit der gesamten Gruppe. Das Wiedersehen mit einem solch besonderen Ereignis zu verbinden und gemeinsam ein paar unvergessliche Urlaubstage an Bord eines Kreuzfahrtschiffes zu verbringen, klingt für mich einfach großartig. Mein inneres Kind wird bei dem Gedanken ganz hibbelig. Ich glaube, wir hätten eine Menge Spaß! Wir könnten uns dann im wahrsten Sinne des Wortes von der Magie verzaubern lassen.

Die nächste in der Truppe ist Birgit. Eine Frau, bei der man sagen könnte: „Große Klappe trifft großes Herz." Mit ihrem trockenen Humor sorgt sie für so manchen Lacher. Birgit ist eine coole Persönlichkeit, die man einfach gerne um sich hat, ob bei einem Glas Wein oder einfach zum Quatschen. Ihre direkte Art, klar zu sagen, was sie denkt, finde ich großartig.

Weiter geht es mit Evi und Dani, zwei echten kölschen Frohnaturen, mit einem unverwechselbaren und sehr süßen „Sprachfehler." Beide haben einen „Dialekt", der einfach gute Laune macht, auch wenn sie darauf bestehen, dass es wirklich nur ein Dialekt und kein Sprachfehler ist. Ich lasse sie mal in diesem Glauben.

Evi, mit ihrer ansteckenden Lache und dem offenen Ohr für jede Sorge, und crazy Dani, unser quirliges Küken, die mindestens eine Million Hummeln im Hintern hat, ergänzen die Truppe perfekt. Dani ist die Jüngste im Bunde und bringt mit ihrem Tatendrang und ihrem Witz frischen Wind in jede Runde. Das war etwas, was ich durch den Verlust meiner Lebensfreude gut gebrauchen konnte.

Zuletzt, aber keinesfalls weniger wichtig, ist Andreas, auch bekannt als "Dr. med. den Rasen". Warum dieser Spitzname? Dazu später mehr. Andreas ist ein Mensch, den man einfach ins Herz schließen muss. Ist er erst einmal aufgetaut, sprüht er vor Witz, Charme und Menschlichkeit. Gemeinsam mit seiner Frau Eva, die oft zu Besuch kam, bildete er ein harmonisches Duo. Und wenn Andreas nicht gerade grillt oder den Rasen mäht, was ihn sehr entspannt, sorgt er dafür, dass sich alle wohlfühlen.

Dass ich diesmal nicht vorhatte, mich mit Menschen anzufreunden, hat, wie du gerade merkst, wunderbar funktioniert. Doch ehrlich gesagt bin ich im Nachhinein froh, dass es anders gekommen ist. Jeder braucht Menschen an seiner Seite, mit denen man offen über alles reden kann. Menschen, die wirklich zuhören, weil ihnen dein Wohlbefinden am Herzen liegt und nicht, weil sie etwas zum Weitertratschen suchen.

Die Menschen, die ich in dieser Zeit um mich hatte, haben mir gutgetan, und ich hatte das Gefühl, dass wir uns alle gegenseitig bereichert haben.

Während meines sechswöchigen Aufenthalts gab es einige besondere Momente. Einer davon war der Ausflug mit Evi und Andreas. Wir fuhren in Evis offenem Fiat 500 zum schönen und höher gelegenen Café Sonnenschein. Die Fahrt dorthin war einfach unvergesslich. Wir fühlten eine unglaubliche Freiheit. Die Musik während der Fahrt zauberte uns ein

Lächeln ins Gesicht und sorgte für eine ausgelassene Stimmung. Es fuhren zwar drei Erwachsene im Auto, aber sichtbar waren nur drei kleine Kinder, die mit dem Moment verschmolzen und eine glückliche Einheit wurden.

Im Café, mit einer herrlichen Aussicht, haben wir viel gelacht. Mit unserer Fröhlichkeit haben wir es geschafft, auch unsere Nebentische anzustecken. Doch es kam auch unerwartet zu einem tiefgehenden Gespräch, das wir so nicht geplant hatten. Es war ein schönes Gefühl zu erleben, wie schnell eine vertrauensvolle Verbindung entstehen kann, selbst nach so kurzer Zeit. Du siehst also: Mit den richtigen Menschen an deiner Seite bist du nie allein, egal, worum es geht. Das hat mir der Augenblick im Cafe Sonnenschein mal wieder eindrucksvoll bewiesen.

So bereichernd Gespräche mit inspirierenden Menschen auch sind, für dein inneres Wachstum brauchst du auch die Gegenseite. Für ein ganzheitliches inneres Wachstum, mit all seinen Facetten, benötigst du unterschiedliche Menschen, sowohl schwierige als auch wohltuende Begegnungen. Erst durch diese Dualität lernst du, Unterschiede besser zu erkennen, Situationen richtig einzuschätzen und sie bewusst zu genießen.

Schwierige oder toxische Menschen sind oft nicht schwer zu finden. Auch wenn es ratsam ist, sich bewusst von ihnen fernzuhalten, lassen sich solche Begegnungen manchmal nicht vermeiden. Sieh diese Situationen als Chance für dein inneres Wachstum: Von diesen Menschen kannst du lernen, wie du selbst nicht sein möchtest. Vielleicht helfen sie dir sogar dabei, deine eigenen verborgenen Schatten zu erkennen. Das Gute daran ist: Sobald diese Schatten nicht mehr verborgen sind, kannst du bewusst an ihnen arbeiten und dich weiterentwickeln.

Für ein harmonisches und gesundes Wachstum ist es entscheidend, dich von Menschen fernzuhalten, die dich kleinreden, dir nichts gönnen, neidisch auf dich sind oder schlecht über dich und andere sprechen. Solche Menschen finden für jede Lösung ein neues Problem. Lass dich von ihrer Negativität nicht beeinflussen und mache ihre Probleme nicht zu deinen eigenen.

Umgib dich stattdessen mit Menschen, die dein Wachstum und dein Glück unterstützen. Menschen, mit denen du über alles reden kannst, ohne dich davor fürchten zu müssen, was du sagst, sind von unschätzbarem Wert. Solche Verbindungen, die von Vertrauen, Verständnis und Offenheit geprägt sind, sind Gold wert. Wenn du solche Menschen an deiner Seite hast, halte sie fest, denn sie sind etwas Besonderes. Wenn du dich in diesen Worten wiederfindest und spürst, was damit gemeint ist, dann bist du in unserem Netzwerk herzlich willkommen.

Inzwischen waren die neu eingeleiteten Reha-Maßnahmen wirklich gut auf meine persönlichen Bedürfnisse abgestimmt. Mittlerweile fühlte ich mich dort sehr gut aufgehoben. Meine anfänglichen Bedenken, dass nicht ausreichend auf meinen gesundheitlichen Zustand eingegangen werden könnte, wurden, abgesehen vom Lungenfunktionstest, komplett widerlegt. Für diesen Test hatte ich jedoch immerhin einen Termin bekommen, sobald ich wieder auf der Insel angekommen war. Somit war auch für das Problem eine Lösung gefunden worden. Das beruhigte mich, denn meine Kondition war weiterhin alarmierend schwach. Viel schwächer als noch bei der vorherigen Reha.

Damals hatte ich es, dank meines sportlichen Ehrgeizes und der Motivation durch die Bewegungs-Docs, geschafft, gut mitzuhalten, auch wenn ich hinterher stets völlig erschöpft war. Doch jetzt war ich eigentlich bei allen Übungen der Letzte. Obwohl es mir bei der Reha nie darum ging, der Erste zu sein, sondern einfach nur mein Bestes zu geben, empfand ich es als sehr befremdlich und entmutigend, bei allem komplett abgehängt zu werden. Dieses Gefühl war schwer zu ertragen. Für einen Sportler ist das die Höchststrafe.

Trotz dieser Herausforderungen gab es auch Lichtblicke: Die individuell abgestimmten Maßnahmen zeigten erste positive Auswirkungen, und ich begann langsam, mich mit meiner neuen Situation zu arrangieren. Diese Mischung aus Unterstützung und eigener Anstrengung gab mir Hoffnung, dass ich mich Schritt für Schritt wieder erholen würde. Manchmal ging es mir körperlich so schlecht, dass ich nicht alle Anwendungen mitmachen konnte. Das fiel mir schwer zu akzeptieren. Neben abgesagten Terminen in der Reha hatte ich auch privat dasselbe Dilemma. Unsere Gruppe plante gemeinsame Unternehmungen: Auswärts essen, shoppen oder einfach gemütlich ein Glas Wein trinken. Doch oft konnte ich nicht mit, da mein Körper übermäßig erschöpft war, wie nach der Einnahme von unzähligen Schlaftabletten.

Ich denke oft, dass es für Außenstehende schwer nachzuvollziehen ist. Müdigkeit und Erschöpfung sind äußerlich kaum sichtbar, abgesehen von den müden Augen. Wenn jemand ein gebrochenes Bein hat, ist das offensichtlicher, und das Verständnis kommt von allein. Diese fehlende Sichtbarkeit, die bei einigen Menschen gleichzusetzen ist, mit fehlendem Verständnis, hat mich oft traurig gemacht.

In solchen Momenten war es ein großer Trost, Teil unserer wunderbaren, positiv verrückten Gruppe zu sein. Der Austausch mit ihnen hat mir sehr geholfen. Auch die psychologische Unterstützung während der Reha war großartig. Es tat gut, mit jemandem zu sprechen, der professionell geschult ist. In solchen Gesprächen fiel es mir oft leichter, mich zu öffnen, als mit nahestehenden Menschen. Ich wollte ihnen meine eigene Belastung nicht zusätzlich aufbürden. Trotzdem weiß ich, dass ich jederzeit mit ihnen über alles hätte sprechen können, Ab und zu habe ich es auch gemacht. Definitiv hatte ich mit dieser Truppe wirklich tolle Menschen um mich herum.

Während meiner zweiten Reha konnte mich meine Süße leider nicht besuchen, da sie diesmal nicht frei bekommen hatte. Trotzdem haben wir jeden Tag miteinander telefoniert und uns ausgetauscht. Das hat mir sehr geholfen. Ich glaube, dass unser Zusammenhalt als Gruppe das Beste war, was uns passieren konnte. Es war beruhigend zu wissen, dass immer jemand da war, der einem Zuspruch schenken konnte, wenn es nötig war.

Obwohl ich während der Reha wegen meiner extrem schwachen Kondition, meines Erschöpfungssyndroms, meines Kurzzeitgedächtnisses und den immer wieder auftretenden Herzrhythmusstörungen viele Herausforderungen hatte, gab es auch Momente der Freude. Besonders stolz war ich darauf, dass ich beim Krafttraining nicht abgebaut habe.Ich habe mich wirklich gefreut wie ein kleines Kind! Wenn vieles im Alltag nicht mehr so funktioniert, wie man es gewohnt ist, schätzt man solche Erfolge umso mehr.

Auch Yoga habe ich in dieser Zeit noch mehr schätzen gelernt. Falls du noch keine Erfahrung damit gemacht hast: Es ist definitiv anstrengender, als es aussieht! Yoga ist einfach großartig. Dazu habe ich dir ja schon mal etwas im Zusammenhang mit meinen alternativen medizinischen Maßnahmen erzählt.

Was ich dir damit nahelegen möchte, ist Folgendes: Wenn du dich nicht aufgibst und dem Leben offen begegnest, werden dich die richtigen Menschen und Möglichkeiten finden, um dir neue Wege aufzuzeigen. Während meiner Reha hatte ich das Glück, viele dieser wertvollen Menschen kennenzulernen: Mitpatienten, Ärzte, Therapeuten, meine vor Ort zugeteilte Psychologin und die Leiterin der Sozialstation. Sie alle haben mich auf unterschiedliche Weise unterstützt und mir geholfen, aus der, durch meine vierte Corona-Infektion ausgelösten, depressiven Stimmung herauszufinden. In dieser Zeit war ich zusätzlich mental angeschlagen, vor allem wegen des fehlenden Kampfsporttrainings. Sport ist für mich mehr als nur Bewegung, er ist mein Ventil, mein Ausgleich zu allem Negativen im Leben. Er wirkt wie Medizin, weil ich spüre, wie gut er meinem Körper und Geist tut. Doch eine Weile dachte ich, dass ich meinen geliebten Sport vielleicht nie wieder ausüben könnte. Dieser Gedanke lähmte mich, und ich war nicht offen für Neues.

Erst als ich begann loszulassen und die Situation zu akzeptieren, konnte ich mich wieder auf andere Möglichkeiten einlassen. Auch wenn ich meinen Sport nicht mehr wie gewohnt ausüben kann, habe ich erkannt, dass ich immer noch viele Dinge tun kann, die mich begeistern. Der Schlüssel dazu ist, gedanklich flexibel zu bleiben.

Aus dieser Erkenntnis heraus nahm ich mir meine persönliche Werteskala vor und überprüfte, ob sich etwas an ihrer Reihenfolge verändert hatte. Tatsächlich stellte ich fest, dass genau das der Fall war. Indem ich meine Werte bewusst neu ordnete, gewann ich die Überzeugung zurück, dass ich mein Leben selbst in der Hand habe. Mit dieser Klarheit kehrte auch meine Lebensfreude zurück und das Gefühl, beschützt zu sein.

Was genau ich mit der Wertermittlung meine, werde ich dir im nächsten Kapitel verraten.

Um dich für Neues zu öffnen, ist es eine Grundvoraussetzung, die richtige Entscheidung zu treffen: mit dem Jammern aufzuhören. Hör auf, dich in der Opferrolle zu sehen, denn das hindert dich daran, dein volles Potenzial zu entfalten.

Wenn du dich nicht aufgibst
und dem Leben offen begegnest,
werden dich die richtigen
Menschen
und Möglichkeiten finden,
um dir neue Wege aufzuzeigen.

Öffne dich stattdessen dem Leben, du wirst spüren, wie Stärke und Kraft in dir wachsen, und dich selbstbewusst und stark machen.

All diese Stadien habe ich seit 2018 immer wieder durchlebt. Ich weiß daher genau, wovon ich spreche. Manchmal muss man sich einfach selbst helfen können. Um nichts Wichtiges zu vergessen, habe ich regelmäßig Notizen gemacht. Diese Notizen helfen mir auch heute, mich besser an alles zu erinnern.

Das Positive ist: Nach jeder erneuten Covid-Infektion hat sich mein Kurzzeitgedächtnis durch das Hirnleistungstraining bisher immer wieder verbessert. Auch wenn es oft Monate dauert, bis ein merklicher Erfolg eintritt, zeigt mir diese Erfahrung, dass Fortschritt möglich ist, mit Geduld, Disziplin und der Bereitschaft, an sich zu arbeiten.

Und weitere Erfolge, ich nenne sie so, weil Erfolge für mich sinnbildlich immer mit Glücksgefühlen verbunden sind, waren die Abende, an denen ich endlich mit der Truppe mitgehen konnte. Wenn man nicht mehr alles als selbstverständlich ansieht, freut man sich umso mehr über solche Momente.

Unsere Truppe wuchs nach und nach. Eine weitere Dani kam hinzu. Um die beiden besser auseinanderzuhalten, wurde sie, aufgrund ihrer Größe, die „kleine" Dani genannt, während die Dani, die schon länger dabei war, „crazy Dani" blieb. Mit ihrer fröhlichen Art hat sie uns alle angesteckt. Kommst du noch mit bei all den Danis? Wie du siehst, hat mein Hirnleistungstraining doch was gebracht. Die kleine Dani, die ein Herz am rechten Fleck hat und charakterlich eine ganz Große ist, freundete sich zuerst mit "crazy Dani" an. Kurz darauf kam Olaf hinzu, unsere „deutsche Eiche". Groß und stark wie ein Baum, ist er ebenfalls mit unserem Freund Boxer von Respect Hamburg befreundet. Manchmal ist die Welt wirklich klein. Das Schöne an unserer kunterbunten Truppe war von Anfang an die Ungezwungenheit.

Vielleicht hast du es schon gemerkt: Ich spreche gerade viel über die Reha. Das hat einen guten Grund. Ich möchte dir mögliche Vorurteile nehmen, die ich selbst früher gegenüber Rehaeinrichtungen hatte.

Ich möchte dir zeigen, wie wertvoll es sein kann, sich offen und ohne Scheu auf eine solche Einrichtung einzulassen, wenn man Unterstützung braucht. Mit etwas Glück kannst du dort neue Menschen kennenlernen, die dir guttun, weil ihr ähnliche Erfahrungen teilt. Jeder bringt seinen eigenen 'Rucksack' mit, den er entrümpeln möchte und dabei hilft man sich oft gegenseitig.

Es kann passieren, dass du auf Menschen triffst, die dir anfangs völlig fremd sind. Doch am Ende entsteht vielleicht etwas, das sich zu einer echten Freundschaft entwickeln kann. Genau das habe ich ja zwei Mal erlebt. Und genau das ist es auch, dass eine Reha zu einer so besonderen Erfahrung machen kann.

Von den Abenden, die ich bereits erwähnt habe, sind mir einige besondere Momente in Erinnerung geblieben. Alle Patienten waren in den Häusern eins bis drei untergebracht. Die erste legendäre „Party", an der ich teilnahm, fand jedoch in „Haus vier" statt. Vielleicht fragst du dich jetzt, wie das sein kann, schließlich ging die Nummerierung nur bis Haus drei. Das ist leicht erklärt: „Haus vier" war kein offizielles Gebäude der Berolina-Klinik und diente auch nicht der Unterbringung von Patienten. Es handelte sich vielmehr um eine Bar mit Tanzfläche, die direkt an das Klinikgelände angrenzte. Abends wurde sie häufig von Patienten besucht, und mit der Zeit bekam sie den inoffiziellen Namen „Haus vier". Offiziell hieß das Lokal „Kurkönig", ein Name, der für sich spricht. Manchmal veranstalteten sie dort Grillabende, doch an diesem

Abend, wo wir dabei waren, gab es Partymusik zum Tanzen. Es dauerte nicht lange, bis die Tanzfläche uns gehörte. Gefühlt war die halbe Reha-Klinik anwesend. Es war fantastisch zu sehen, wie jeder auf seine Art, vollkommen losgelöst abhottete und nichts weiter als pure Freude verspürte

All die Probleme, die noch vor ein paar Stunden so erdrückend gewesen waren, wurden einfach weggetanzt. Für einen Moment schien die Welt stillzustehen. Genau so fühlt sich das Leben an.

Crazy Dani hat mich überredet, mitzukommen. Sie wusste genau, dass ich diesen kleinen Schubs brauchte, um meine Melancholie abzulegen und endlich wieder Lebensfreude zu tanken. Vor dem Abend hatte ich ein wenig vorgeschlafen, in der Hoffnung, länger wach zu bleiben. Zwischendurch habe ich immer mal ein paar Abende, an denen ich es schaffe, länger durchzuhalten.

Bis auf Olaf, unsere deutsche Eiche, war unser Team komplett. Olaf ist erst später dazu gestoßen, da er noch nicht in der Reha war.

Ich bin "crazy Dani" dankbar für ihre Hartnäckigkeit. An diesem Abend waren wir wie Kinder, die sorglos in der Sandkiste spielen und für einen Moment alles um sich herum vergessen. Wir lachten, tanzten und genossen das pure Glück. Obwohl mein Abend bereits um 21:30 Uhr endete und ich darüber lachen muss, dass früher Partys da erst anfingen, fühlte ich mich lebendig wie lange nicht mehr. Für ein paar Stunden hatte ich das Gefühl, meine Melancholie und mein Fatigue Syndrom, sowie die Last, die es mit sich bringt, auf der Tanzfläche zurückzulassen.

Ich habe mich wahnsinnig über die anderen aus unserer Gruppe gefreut. Hättest du sehen können, wie ausgelassen sich Menschen verhalten haben, denen es eigentlich nicht gut geht, als sie für einen Moment ihren schweren Rucksack abgelegt hatten, das war einfach Weltklasse. Es fühlte sich an, als würden überall glückliche Kinderaugen leuchten. An diesem Abend im Kurkönig wurden unsere inneren Kinder selbst zu Königen und die Tanzfläche war unser persönlicher Abenteuerspielplatz.

Ich erzähle dir das, weil es besonders wichtig ist, sich in schwierigen Zeiten bewusst Ablenkung zu gönnen, um auf andere Gedanken zu kommen. In der Reha haben wir in verschiedenen Gruppen viel über unsere Probleme gesprochen. Das war nicht immer leicht, denn die Schicksale der anderen haben uns oft tief berührt. Es gibt viele Schicksalsschläge, die tief berühren und einem unter die Haut gehen. Unterschiedliche Symptome, ausgelöst durch verschiedene Ursachen, haben trotz ihrer Vielfalt eines gemeinsam: Sie können dich und dein inneres Kind daran hindern, das Leben unbeschwert zu genießen.

Die Gefühle, die andere Teilnehmer schilderten, wenn sie von ihren Problemen erzählten, haben niemanden kalt gelassen. Dennoch kannst du während einer Reha nicht bei diesen traurigen, angstvollen und schmerzhaften Emotionen verweilen, egal, ob sie deine eigenen oder die der anderen sind.

Du brauchst Inseln der Ruhe, Momente, in denen du dir eine Auszeit gönnst. Vergiss dabei nie dein inneres Kind. Schaffe dir Augenblicke, in denen du einfach nur das Leben genießt, frei von Sorgen, Schmerzen und Ängsten. Erlaube dir, Freude zu empfinden und lass dein inneres Kind nicht einsam zurück. Es verdient es, zu leben, zu träumen und glücklich zu sein.

Was ebenfalls hilft, ist Ablenkung durch Besuch. Während meiner bisherigen Reha-Maßnahmen habe ich meinen Freunden oft gesagt, dass sie mich nicht besuchen müssen. Lieber wollte ich sie später draußen in voller Freiheit treffen. Trotzdem freue ich mich natürlich immer über Besuch.

Marcel, der die Segelyacht „Samirah" und eine weitere Yacht für den Song gegen Mobbing organisiert hatte, kam vorbei. Er hatte einige Fotos von mir gesehen und erkannte sofort den schönen Kurpark mit den alten Gebäuden. Ich hatte meine Reha vorher nicht groß angekündigt, nur wenige aus unserem Freundeskreis wussten Bescheid. Marcel kenne ich von Sylt und Hamburg, aber er wohnt in relativer Nähe der Reha-Einrichtung. Es war richtig cool, dass er vorbeikam.

Ein anderer Freund, Sandro, der beim Militär ist, wollte mich ebenfalls besuchen. Leider musste ich absagen, weil es mir an dem Tag durch das Fatigue-Syndrom so schlecht ging.

Wie ich schon mal sagte, ist die Welt manchmal sehr klein. Michi, der Mann meiner großen Nichte Melli (die wie meine kleine Nichte Michelle beim Zoll arbeitet), war zufällig mit einem Freund auf Motorradtour in genau dem Ort, wo ich zur Reha war. Zum Glück konnte ich ihn treffen, da es mir an dem Tag besser ging. Ich liebe den satten Sound einer knatternden Harley, und diesmal waren es gleich zwei, eine für jedes Ohr.

Wenn du jemals in dieser Gegend bist, vielleicht während eines Reha-Aufenthalts, möchte ich dir zwei Restaurants empfehlen. Es tut einfach gut, dem Alltag der Reha zwischendurch zu entfliehen und ein kleines Stück Freiheit zu genießen.

Das erste Restaurant ist die kleine, familiengeführte sardische Pizzeria Del Rio. Das Team dort ist äußerst freundlich, und die Pizzen sind wirklich köstlich. In der gemütlichen Atmosphäre schmeckt eine Pizza, begleitet von einem Glas Rot- oder Roséwein, besonders gut. Solche Momente holen dich für einen Augenblick komplett aus deinem Alltag und lassen dich vergessen, warum du überhaupt an diesem Ort bist. Diese Augenblicke schenken dir inmitten eines Reha-Alltags Kraft und Freude. Während meines sechs Wochen langen Aufenthalts war ich einige Male dort, jedes Mal eine Wohltat für Körper und Seele.

Das zweite Restaurant besuchten wir als Gruppe an einem weiteren großartigen Abend. Es war unser Abschiedsabend und zugleich der Geburtstag unserer lieben Evi. Leider verabschiedete sich der Großteil von uns schon nach fünf Wochen. Für die crazy Dani, die kleine Dani, Olaf, die deutsche Eiche, der später dazugekommen war und mich, ging der Aufenthalt noch eine Woche weiter.

Dieser wunderschöne und unglaublich witzige Abend bleibt mir bis heute in Erinnerung. Wir entschieden uns, zum Spanier Don Pedro zu gehen, eine Empfehlung von Birgit, die dort schon mehrfach zu Gast war. Diese Wahl war definitiv die richtige für unseren Abschiedsabend. Das Restaurant hat eine tolle Atmosphäre und eine ausgezeichnete Speisekarte. Besonders gefällt mir, wenn viele kleine Gerichte auf den Tisch kommen, so wie es bei Tapas üblich ist. Die Auswahl an kleinen Leckereien ist umfangreich, sodass für jeden etwas dabei ist. Neben Tapas bietet das Restaurant auch landestypische, äußerst schmackhafte Hauptgerichte.

Ich muss jetzt schon wieder lachen, wenn ich an diesen Abend denke. Andreas hatte einen großen Anteil daran, dass wir vor Lachen kaum noch atmen konnten. Aus Spaß hatte er eine Akte über Evi und ihre „Macken" erstellt. Seine Frau Eva brachte, als sie zu Besuch kam, sogar einen zusätzlichen Aktenordner mit, um das Ganze noch authentischer wirken zu lassen.

Der Text, den Andreas verfasst hatte, war einfach der Knaller! Es war ein Arztbericht von Weltklasse, so gut, dass man ihn besser nicht schreiben konnte. Andreas traf den Nagel auf den Kopf und zauberte uns mit seinem verfassten Bericht Pipi in die Augen. Unsere Bauchmuskeln verkrampften sich vor (lauter) Lachen. Es ist wirklich schade, dass du an diesem Abend nicht dabei warst. Kein Wort, das ich finden könnte, kann die Freude und den Spaß einfangen, den wir hatten, als dieser außergewöhnliche Arztbericht laut vorgelesen wurde.

Wie ich dir schon erzählt habe, mäht Andreas sehr gerne den Rasen. Die Anspielung auf seinen verfassten Arztbericht und seine Leidenschaft, gerne Rasen zu mähen, brachte uns dazu, ihm einen passenden Spitznamen zu verpassen. Danach hieß er bei uns nur noch ‚Dr. med. den Rasen, ein wirklich witziges und sehr passendes Wortspiel. Ich glaube, Evi hatte diese Idee, aber ganz sicher bin ich mir nicht mehr. Wenn ich jetzt sagen würde, ich habe es vergessen, würden die anderen aus unserer Reha -Gang sofort verstehen, was ich meine. Tatsächlich habe ich in dieser Zeit sehr viel vergessen.

Während meines Aufenthalts habe ich unzählige Notizen gemacht, um den Überblick zu behalten. Besonders der Wochenplan mit all den Anwendungen war eine echte Herausforderung. Gefühlt musste ich ihn täglich dutzendmal durchlesen, damit ich nicht die Hälfte verschlafe. Das sorgte regelmäßig für neue Running Gags, die die Stimmung auflockerten. Ärgerlich war ich darüber nie, wie auch, wenn ich es kurz darauf sowieso wieder vergessen hatte?

Ich werde dir zu diesem Thema noch ein Paradebeispiel geben:

In der Nähe unserer Klinik lag der Werre-Park, ein Einkaufszentrum, das mit dem Auto gut erreichbar war. Es bot eine willkommene Abwechslung zum Reha-Alltag, besonders, wenn es darum ging, ein paar Besorgungen zu machen oder eine Kleinigkeit zu essen. Ich machte mich mit dem Auto auf den Weg. Der Werre-Park verfügt über zahlreiche Parkplätze, die sich über das gesamte Gelände erstrecken. Als ich ankam, stellte ich jedoch fest, dass die Parkplätze bereits gut gefüllt waren. Nach ein paar Runden entdeckte ich schließlich eine Parklücke. Ich fühlte mich erleichtert, doch noch eine freie Stelle gefunden zu haben.

Ich lenkte meinen Wagen auf den Parkplatz und hielt direkt vor Burger King, einem unverkennbaren Orientierungspunkt.

Der bekannte Burger-Laden war schließlich nicht zu übersehen. Da konnte ja jetzt nichts mehr schief gehen. Mit einem sicheren Gefühl, mein Auto leicht wiederzufinden, machte ich mich auf den Weg ins Einkaufscenter, um meine Besorgungen zu erledigen.

Zwischendurch gönnte ich mir einen leckeren Kaffee, um neue Energie zu tanken. Eine meiner Besorgungen war eine Pilates-Rolle, die ich während unserer Sporteinheiten kennen gelernt hatte. Sie ist ein großartiges Trainingsgerät! Allerdings nannte sie dort niemand „Pilates-Rolle", stattdessen hieß sie einfach nur „Uschi". Warum das so war, weiß ich nicht, aber so war es. So kam es, dass wir uns zur Entspannung oder zur sportlichen Betätigung auf Uschi legen mussten. Das gefiel mir so gut, dass ich mir im Einkaufscenter auch eine Uschi kaufen wollte. Mit Uschi unterm Arm und guter Laune machte ich mich schließlich auf den Weg zurück zum Wagen. Währenddessen führte ich ein lebhaftes Telefonat mit Carmen, das diesen ohnehin schon schönen Augenblick noch ein bisschen besser machte.

Mein löchriges Kurzzeitgedächtnis hat mir wieder einmal alle Ehre gemacht: Ich konnte das Auto nicht finden. Am Telefon schilderte ich meiner Süßen meine verzweifelte Suche danach. Einerseits musste ich über mich selbst lachen, andererseits war ich schockiert über meinen Speicherplatz namens „Schweizer Käse". Mein Areal zur Speicherung relevanter Daten war anscheinend ganz einfach strukturiert: Loch an Loch.

Ich war mir zwar sicher, dass der Platz, an dem ich den Wagen abgestellt hatte, leicht zu merken und wiederzufinden sein müsste, doch plötzlich hatte ich keine Ahnung mehr, was ich mir überhaupt merken wollte.

Ich weiß nicht mehr genau, wie lange ich tatsächlich gesucht habe, aber es waren etwa zwanzig Minuten, in denen ich verzweifelt nach dem Auto Ausschau gehalten habe. Dabei habe ich geflucht, aber auch gelacht. Ich konnte es einfach nicht fassen.

Was ist bloß los mit meinem Kopf? Seit der Impfung und jeder weiteren Corona-Infektion scheint in meinem Gehirn eine Party ohne meine Anwesenheit zu toben.

Zum Glück zahlte sich meine Hartnäckigkeit doch noch irgendwann aus. Ich stand vor Burger King. In diesem erleichternden Moment fiel es mir wieder ein, meine Merkhilfe war tatsächlich dieses amerikanische Fast-Food-Restaurant. Geht doch!

Falls ich dir jetzt also noch irgendetwas über Andreas erzählen werde, werde ich ihn ab jetzt nur noch Dr.med. den Rasen nennen. Leider kann Dr. med. den Rasen kein Herzrasen mähen, ansonsten könntest du dir einhundert Prozent sicher sein, dass ich mit meinem immer mal wiederkehrenden Herzrasen zu ihm gehen würde.

Nach der Abreise der anderen Teilnehmer haben Olaf, crazy Dani, die kleine Dani und ich noch ein paar großartige Ausflüge unternommen. Doch die Abwesenheit der anderen aus unserer Gruppe war spürbar, und wir vermissten sie sehr.

Insgesamt war der Aufenthalt in der Berolina Klinik für mich im Nachhinein ein großer Erfolg. Die Klinik kann ich definitiv mit ruhigem Gewissen weiterempfehlen. Ich bin dankbar für die Hilfe, die sie mir gegeben hat.

Diese Reha war eine emotionale Achterbahnfahrt. Wir haben alles an Gefühlen erlebt, was man sich nur vorstellen kann. Trotz der Herausforderungen, die jeder von uns mitgebracht hatte, haben wir unglaublich viel gelacht. Gleichzeitig gab es viele tiefgründige und vertrauensvolle Gespräche. Wir waren füreinander da. Dass wir uns eigentlich erst seit Kurzem kannten, spielte keine Rolle. Ich bin bis heute unendlich dankbar, auf so unterschiedliche und wunderbare Menschen getroffen zu sein. Ursprünglich wollte ich mich nur auf mich und meine Heilung konzentrieren und niemanden näher kennenlernen.

Doch das Leben hatte andere Pläne. Innerhalb kürzester Zeit haben sich diese Menschen einen festen Platz in meinem Herzen gesichert.

Manchmal spielt das Leben seine eigene Melodie, du musst dich nur darauf einlassen. Öffne dich dem Leben und den Chancen, die es für dich bereithält. Lass dich nicht von den vergangenen Misserfolgen zurückhalten. Wenn du dein Herz öffnest, eröffnest du dir selbst unendliche Möglichkeiten für neue, bereichernde Erfahrungen.

Jede Erfahrung kann dich auf eine neue Spur führen, auf einen Weg, der dich dem Glück näherbringt. Du hast es verdient, glücklich zu sein, aber es beginnt mit deiner Entscheidung. Dein Glück ist dein Lebensrecht.

Hör auf, dir einzureden, dass es ohnehin nicht funktioniert, dass du nur Pech hast oder dass dir das Schöne im Leben nicht zusteht. Diese Gedanken halten dich klein. Denke groß, größer, als du dich gerade fühlst und lass dich von deinen eigenen Gedanken tragen. Was du denkst, wird zu deinem Gefühl, und was du fühlst, wird zu deiner Realität.

Kehre zu dir selbst zurück und entdecke die Kraft und das Potenzial, das in dir steckt. In dir schlummert eine Welt voller Möglichkeiten, die nur darauf wartet, dich und andere positiv zu überraschen. Dein Leben gehört dir, nutze es, um das Beste aus dir und deinem Weg zu machen.

Ich war mir zwar sicher,

dass der Platz,

an dem ich den Wagen

abgestellt hatte,

leicht zu merken und

wiederzufinden sein müsste,

doch plötzlich hatte ich keine

Ahnung mehr,

was ich mir überhaupt merken

wollte.

Ziele setzen und Werte überprüfen

Damit du das Leben, welches du dir in deinen Tagträumen vorstellst, auch erreichen kannst, ist es wichtig, dass du dir Ziele setzt.

Auf sportlicher Ebene war es für mich selbstverständlich, mir Ziele zu setzen. Dadurch konnte ich nicht nur für mich selbst, sondern auch für andere Menschen, die ich mit großer Freude trainierte, viele wunderbare Glücksmomente erleben. Die großartigen Leistungen, die wir dabei erreichten, wären ohne klare Ziele nicht möglich gewesen.

Dass Zielsetzung aber auch in anderen Lebensbereichen entscheidend ist, musste ich erst lernen. Lange Zeit habe ich Ziele außerhalb des Sports nur sporadisch definiert und mich dann gewundert, warum die Ergebnisse oft unbefriedigend waren. Es klingt paradox, aber genau so war es.

Ein weiterer Stolperstein war der Zeitpunkt, an dem ich mit dem Vorhaben begann. Mit einem klaren Ziel vor Augen fiel mir der Einstieg leicht, doch ohne ein solches Ziel habe ich Aufgaben oft immer weiter in die Zukunft geschoben, getreu dem Motto: „Ach, das kann ich auch morgen noch machen". Das Problem war, dass ich am nächsten Tag oft genauso dachte wie am Tag zuvor. So verschob ich das Erledigen immer weiter, ohne wirklich voranzukommen.

Vielleicht kennst du dieses Gefühl auch? Ohne ein klares Ziel fühlt es sich manchmal an, als würde man im Kreis laufen, wie in einem Hamsterrad, aus dem es kein Entkommen gibt. Man wundert sich, warum keine positiven Veränderungen eintreten, aber genau das liegt oft daran, dass weder Ziel noch Plan vorhanden sind.

Ohne Ziele bremst du dich selbst aus. Du gehst deinen Weg, aber mit einer angezogenen Handbremse. Doch mit klarer Zielsetzung kannst du nicht nur deine Motivation steigern, sondern auch echte Fortschritte machen und genau das wünsche ich dir!

Stell dir vor, du hast noch nie Sport gemacht. Bisher konntest du deshalb keinen gesunden Ehrgeiz für sportliche Aktivitäten entwickeln. Deine Gesundheit ist zwar in Ordnung, aber du möchtest Übergewicht verlieren und deinen Körper in Form bringen. Dein Plan: Über Ernährung und Bewegung deine Fitness zu steigern.

Dabei konzentrieren wir uns hier auf den sportlichen Teil. Du startest motiviert, vergisst jedoch, dir klare Ziele zu setzen. Was passiert? Deine Motivation lässt schnell nach, und dein Vorhaben gerät ins Stocken. Genau deshalb sind Zielsetzungen so wichtig: Sie geben dir Orientierung, halten dich auf Kurs und helfen dir, deine Fortschritte zu messen.

Hand aufs Herz: Was glaubst du, wie viel du wirklich für dich tun würdest? Würdest du alles geben, um dein volles Potenzial zu entfalten, oder bleibst du beim Alibi-Sport, der dir das Gefühl gibt, etwas gemacht zu haben? Stell dir vor, du hättest keine klaren Ziele, wie viele Liegestütze oder Schritte würdest du tatsächlich schaffen?

Ohne ein konkretes Ziel vor Augen fällt es schwer, über sich hinauszuwachsen. Auch ich kenne das: Ohne Ziele würde ich sicher nicht mein Bestes geben. Ich würde das Training früher abbrechen, als ich es könnte, und mich so um viele Erfolgserlebnisse bringen. Deshalb: Setze dir klare Ziele und fordere dich selbst heraus, es steckt mehr in dir, als du glaubst!

Wenn du dir hingegen fest vornimmst, täglich zehntausend Schritte zu gehen und dreißig oder mehr Liegestütze zu machen, sei es am Stück oder in Etappen, stehen die Chancen sehr gut, dass du dein Vorhaben auch erreichst. Das schenkt dir nicht nur einen euphorisierenden Moment, sondern auch die Gewissheit, dass du deinem übergeordneten Vorhaben mit jeder weiteren sportlichen Aktivität näher kommst.

Durch diese Methode freust du dich bereits auf die nächste sportliche Herausforderung und spürst, wie gut sie dir tut. Du entwickelst eine Vorfreude darauf, was dir im Umkehrschluss auch neue Motivation verschafft. So setzt du einen positiven Kreislauf in Gang, der dich langfristig motiviert und dir Freude an der Bewegung schenkt.

Das Setzen von Zielen kann in vielen Lebensbereichen von großem Vorteil sein. Gibt es Dinge, die du schon lange machen wolltest, aber immer wieder aufgeschoben hast? Vielleicht die Steuererklärung, das Ausmisten der Garage, das Reparieren einer kaputten Schranktür oder ein Fallschirmsprung, den du dir schon so lange vorgenommen hast. Die Möglichkeiten sind nahezu unbegrenzt.

Wenn du dir klare Vorhaben setzt, ist das wie ein Startschuss für einen Sprinter auf der 100-Meter-Bahn: Du kommst in Bewegung. Deine Energie wird freigesetzt und sucht aktiv nach Wegen, um dieses Ziel zu erreichen.

Der entscheidende Schritt ist jedoch, dass du dich bewusst dafür entscheidest, diesen inneren Startschuss auszulösen. Worauf wartest du noch?

Wenn du vorhast, etwas in deinem Leben zu ändern oder lang gehegte Wünsche zu verwirklichen, dann setze dir jetzt klare Ziele, um sie in die Tat umzusetzen. Schiebe deine Träume nicht länger vor dir her.

Stelle dir genau vor, was du erreichen möchtest, etwas, das dich wirklich glücklich macht. Überlege dir: Wie fühlt es sich an, wenn du dein Vorhaben immer wieder aufschiebst?

Macht es dich zufrieden, oder spürst du Unruhe und Unzufriedenheit?

Und jetzt stelle dir vor, du hast dein Ziel bereits erreicht. Spürst du die Erleichterung und das Glück? Wenn diese Vorstellung dich inspiriert, dann nutze dieses Gefühl, um den ersten Schritt zu machen.

Mach dir selbst das größte Geschenk, indem du dir erreichbare Ziele setzt. Hohe Ziele sind wichtig, um Großes zu erreichen, doch achte darauf, dass sie realistisch bleiben. Nur wenn deine Vorhaben auch erreichbar sind, wirst du das wunderbare Gefühl erleben, deine Träume Schritt für Schritt zu verwirklichen. Diese kleinen Erfolge schenken dir Glücksmomente, die dich immer weiter voranbringen.

Wenn du dir hingegen Ziele setzen würdest, die du nicht erreichen kannst, fühlst du dich schnell demotiviert. Wenn du zum Beispiel noch nie Fußball gespielt hast und schon über vierzig bist, dann wäre eine Zielsetzung, dass du Nationalspieler werden willst, höchst unrealistisch.

Bist du unsicher, welche Ziele du dir setzen solltest? Dann lass uns mit einer einfachen, aber entscheidenden Frage starten:

„Was macht dich glücklich?

Diese Frage mag banal klingen, aber Hand aufs Herz: Kannst du sie beantworten, ohne lange nachzudenken?

Wenn ja, großartig! Doch hier kommt gleich die nächste Frage:

„Lebst du auch danach?"

Gestaltest du dein Leben so, dass die Dinge, die dich glücklich machen, darin vorkommen? Oder lässt du sie im Alltag untergehen?

Wenn du die erste Frage nicht beantworten kannst, ist das völlig in Ordnung. Es bedeutet nur, dass du dir zunächst diese Frage stellen solltest, bevor du dir Ziele setzen kannst. Nimm dir bewusst Zeit, um herauszufinden, was dich wirklich glücklich macht, es ist der Schlüssel zu einem erfüllten Leben.

Achte darauf, den feinen Unterschied zu erkennen, wann es sinnvoll ist, mal fünfe gerade sein zu lassen und wann es besser ist, es zeitnah abzuschließen. Ziele, die du dir setzt, sollten stets in einer entspannten und motivierenden Atmosphäre verfolgt werden, ohne Druck oder Stress.

Finde Freude und Spaß an deinem Weg, denn so erreichst du es mit Leichtigkeit. Als Belohnung schüttet dein Körper Glückshormone aus, die dich beflügeln und dir ein Gefühl von Stolz und Zufriedenheit schenken. Dieses Glück gibt dir neue Energie und weckt die Vorfreude auf dein nächstes Vorhaben.

Als mir klar wurde, dass es sich nicht nur im Sport, sondern auch im Leben lohnt, Ziele zu setzen, begann ich, diesen Ansatz bewusst zu verfolgen. Auf der Intensivstation, als mein Herz mir große Sorgen bereitete, habe ich mir fest vorgenommen: Ich werde das Krankenhaus aufrecht auf eigenen Beinen verlassen. Und genau das habe ich später geschafft.

Als ich in der Sicherheitsbranche arbeitete, setzte ich mir ein Ziel: Nachdem ich einen Personenschützer trainiert hatte, wollte ich selbst in diesem Bereich tätig werden. Der Gedanke, Menschen zu beschützen, faszinierte mich, und ich war besonders neugierig darauf, hinter die Kulissen der Arbeit mit prominenten Persönlichkeiten zu blicken. Nicht, weil ich sie für wertvoller hielt als andere Menschen, sondern weil diese Arbeit eine besondere Herausforderung darstellte. Diesen Plan verfolgte ich mit Entschlossenheit.

Kurze Zeit später bot sich mir tatsächlich die Gelegenheit, bei einer Agentur zu arbeiten, die namhafte Kunden wie Warner

Bros. betreute. Mein erster Auftrag war etwas ganz Besonderes: Ich sollte bei einer Filmpremiere den Schutz von Clint Eastwood unterstützen. Natürlich war ich dabei nicht allein, erfahrene Kollegen standen mir zur Seite.

Im Laufe der Jahre hatte ich die Ehre, mit zahlreichen weiteren bekannten Schauspielern, Musikern und Politikern zu arbeiten. Manche dieser Einsätze waren mit erheblichen Risiken verbunden, was die Arbeit umso anspruchsvoller und spannender machte. So professionell und pflichtbewusst ich meinen Beruf auch ausübte, fühlte ich mich dabei nicht nur als Erwachsener, der zielstrebig seine Aufgaben erledigte, sondern auch wie ein Kind, das sich auf einem gigantischen Abenteuerspielplatz wiederfindet. Während mein erwachsenes Ich konzentriert und präzise arbeitete, beobachtete mein inneres Kind fasziniert die Szenerie. Wagenkolonnen, kreisende Hubschrauber, Scharfschützen auf den Dächern, Spürhunde, perfekt inszenierte Ablenkungsmanöver, all das umgeben von Prominenz, Hollywood-Glamour und einer spürbaren Dosis Adrenalin. Für mein inneres Kind war das großes Kino.

Neben meiner Haupttätigkeit arbeitete ich gelegentlich auch als Türsteher. Diese Erfahrung prägte mich stark und führte letztendlich dazu, beruflich eine Veränderung anzustreben.

Ich hatte in diesem Job nie Angst, aber immer großen Respekt. Doch bei meinem letzten Auftrag als Türsteher erlebte ich zum ersten Mal echte Angst, nicht um mich selbst, sondern um meine Frau und mein Kind. In einer heiklen Situation wurde mir plötzlich bewusst, wie gefährlich dieser Job sein kann. Währenddessen fragte ich mich: "Was mache ich hier eigentlich"?

Für Geld setzte ich hier viel aufs Spiel. Das wurde mir auf einmal schlagartig bewusst.

Dieser Moment veränderte alles. Ich erkannte, dass mein Leben und meine Familie wichtiger sind als ein Job, bei dem ich mein Leben riskiere. Es war der Zeitpunkt, an dem ich mich entschieden habe, beruflich einen neuen Weg einzuschlagen.

Durch meine an mich selbst gestellte Frage, was ich hier eigentlich mache, bekam ich den Impuls, dass das, was ich mache, sich nicht mehr richtig anfühlt. Es war Zeit, einen anderen Weg einzuschlagen.

Sich selbst Fragen zu stellen, ist ein bewährtes Mittel, um hilfreiche Antworten zu erhalten und Lösungen zu finden. Beispielsweise könnten folgende Fragen helfen:

„Warum handle ich so, wie ich handle?"

„Warum fühle ich so, wie ich fühle?"

„Was genau empfinde ich dabei?

Wenn du bei diesen Überlegungen zu dem Schluss kommst, dass sich etwas nicht gut anfühlt und du dich anders fühlen möchtest, dann ändere bewusst deinen Fokus. Konzentriere dich auf Dinge, die dich glücklich machen, und entscheide dich aktiv für positive Gedanken und Handlungen. Ich selbst habe diese Methode angewandt. Als ich mich fragte:

„Was mache ich hier eigentlich?", traf ich die bewusste Entscheidung, eine neue Richtung einzuschlagen. Dieser Entschluss führte mich indirekt zurück zu meinem Lehrberuf. Ursprünglich hatte ich eine Ausbildung als Konditor abgeschlossen. Obwohl ich die Arbeit mit Lebensmitteln immer noch liebe, wollte ich die sehr frühen Arbeitszeiten, die dieser Beruf mit sich bringt, nicht mehr auf mich nehmen. Also suchte ich nach einer neuen vergleichbaren Tätigkeit, die besser zu meinem Lebensstil passte.

Es war mir immer wichtig, mit Lebensmitteln zu arbeiten und gleichzeitig den Kontakt zu prominenten Persönlichkeiten zu pflegen. Die Zusammenarbeit mit ihnen hat mir, abgesehen von wenigen Ausnahmen, stets viel Freude bereitet. Besonders spannend fand ich es, zu beobachten, wie Menschen, die man sonst nur vor der Kamera sieht, sich abseits des Rampenlichts bewegen. Ohne dass ich Namen nennen möchte, gab es dabei Momente der Enttäuschung, aber auch viele, die mich positiv überrascht haben. Letztendlich sind es Menschen wie du und ich, mit ähnlichen Wünschen und Sorgen.

Mein Ziel war klar: Ein Beruf, der meine Leidenschaft für die Küche mit meinem Interesse an prominenten Persönlichkeiten verbindet. Einige Tage später las ich in der Zeitung eine Anzeige, dass das Theaterrestaurant ‚Fliegende Bauten‘ Unterstützung in der Küche suchte.

Daraufhin bewarb ich mich auf diese Stelle und schon kurze Zeit später begann ich in Hamburg für die "Fliegenden Bauten" zu arbeiten. Leider gibt es diese großartige Institution heute nicht mehr. Falls du sie nicht kennst, möchte ich dir kurz erklären, was die "Fliegenden Bauten" sind/waren: Es war ein großes Theaterzelt, in dem bekannte Comedians, Artisten und Musiker auftraten. Zusätzlich war es mit dem Meerkabarett auf Sylt verbunden, das jedes Jahr für zwei Monate nach demselben Konzept öffnete. Übrigens habe ich so auch Sylt kennen und lieben gelernt. Im Laufe meiner Zeit dort konnte ich herausragende Künstler erleben, darunter Fettes Brot, Atze Schröder, Gitte Hænning, Ingo Appelt, Eckart von Hirschhausen, die Red Hot Chili Peppers und viele mehr.

Ich begann als Küchenhilfe, das war eine bewusste Entscheidung, weil ich in der Branche Fuß fassen wollte. Von Anfang an setzte ich mir jedoch das Ziel, eines Tages als Koch zu arbeiten. Mein damaliger Küchenchef Dirk, der auch ab und zu als Fernsehkoch tätig war, nahm mich unter seine Fittiche.

Unter seiner Anleitung lernte ich die eigentliche vielseitige Küchenarbeit.

Kurze Zeit später war ich neben der abendlichen Verköstigung auch für die Betreuung prominenter Gäste in kulinarischen Angelegenheiten verantwortlich. Die Arbeit bereitete mir große Freude, doch irgendwann kam der Zeitpunkt, an dem ich mich beruflich weiterentwickeln wollte. So begann ich als Chef-Patissier bei einem der besten Italiener Hamburgs, dem Casa di Roma in der Langen Reihe.

Was soll ich sagen? In diesem Restaurant tummeln sich Prominente aus aller Welt, deutsche und internationale Stars gleichermaßen. Hollywood-Größen, die sich gerade in der Hansestadt aufhalten, sind hier keine Seltenheit. Auch zahlreiche deutsche Musiker, Schauspieler und Sportler zählen zu den Stammgästen, darunter auch der leider verstorbene Uwe Seeler. Mein Ziel, prominente Persönlichkeiten auf kulinarischer Ebene glücklich zu machen, habe ich durch diesen besonderen Job voll und ganz erreicht. Ein weiterer großer Glücksgriff war die Entscheidung, zurück in die Lebensmittelbranche zu gehen, denn dadurch habe ich meinen türkischen Bruder Ibo vom Kiosk 87 kennengelernt. Und was sich daraus entwickelt hat, habe ich dir ja bereits mitgeteilt.

Später beschlossen meine Süße und ich, nach Sylt zu ziehen, um dort zu leben und zu arbeiten. Sylt haben wir durch das Meerkabarett kennen und schätzen gelernt, das damals für zwei Monate im Jahr neben dem Flughafengelände stattfand. Unser Sohn wollte nicht mitkommen, da er in Hamburg bereits in einer festen Beziehung war. Später änderte sich das jedoch, und er lernte unsere heutige Schwiegertochter kennen. Zum Glück verliebte er sich in sie und wie du weißt, hat diese Liebe bereits wunderbare Früchte getragen.

Auf Sylt konnte ich mir einen Wunsch erfüllen: als Koch arbeiten. Doch dabei blieb es nicht, denn mein beruflicher Weg führte mich schließlich bis zum Küchenchef. Ich bin überzeugt, dass ich diesen Erfolg ohne meine klare Zielsetzung nicht erreicht hätte.

Jetzt, nachdem ich dir einige Beispiele dafür gegeben habe, wie sinnvoll es ist, sich Ziele zu setzen, möchte ich dir auch eine andere Perspektive zeigen. Früher wunderte ich mich oft, warum manche Dinge funktionierten und andere nicht. Damals war mir nicht bewusst, dass ich mir bei manchen Vorhaben bewusst Ziele setzte, während ich bei anderen unbewusst darauf verzichtete. Als mir dieses Muster schließlich auffiel, entschied ich mich, mein Verhalten zu ändern. Ich begann, mir auch in Bereichen Ziele zu setzen, in denen ich das zuvor nicht getan hatte. Doch obwohl ich mich intensiv bemühte und voller Hingabe an meinen Projekten arbeitete, blieben die gewünschten Erfolge oft aus.

Diese Erkenntnis frustrierte mich zutiefst: Ich hatte doch bewusst einen neuen Ansatz gewählt, der doch eigentlich funktionieren sollte. Warum also scheiterten meine Vorhaben weiterhin? Trotz aller Anstrengungen blieb das Gefühl, dass etwas Wesentliches noch fehlte.

Ich haderte mit mir. Verzweifelt suchte ich nach einem Grund, doch ich fand keinen. Es fühlte sich an, als ob die Erfüllung meiner Ziele dem Zufall überlassen wäre, einem unberechenbaren Spiel ohne Logik. Doch ich glaube nicht an Zufälle. Für mich entsteht alles durch Handeln, sei es bewusst oder unbewusst. Jede Entscheidung, mag sie noch so klein sein, schafft eine neue Realität. Eine Realität, die nicht aus bloßem Zufall entsteht, sondern aus der Summe unserer Schritte, Worte und Gedanken.

Wie dem auch sei, die offene Frage ließ mir keine Ruhe. Es musste einfach einen Grund dafür geben, warum sich manche Dinge genauso entwickelten, wie ich es mir gewünscht und in meiner Zielsetzung festgehalten hatte, und andre hingegen nicht. Ich vertiefte mich in Bücher, hörte inspirierenden Stimmen in Hörbüchern zu, suchte nach passenden Dokumentationen und folgte motivierenden Speakern. Irgendwo da draußen musste die Antwort auf meine Frage sein, davon war ich überzeugt. Mit der Zeit kam tatsächlich Licht ins Dunkel. Mein Impuls, nach Antworten zu suchen, war genau richtig. Ob einzelne Projekte erfolgreich waren oder nicht, war kein Zufallsprodukt. Alles hing eng mit den eigenen Entscheidungen zusammen. Jede Entscheidung, die wir heute treffen, kann Jahre später positive oder fatale Folgen haben. Es ist ein fein verwobenes Netz von Ursachen und Wirkungen, die unser Leben prägen. Es hängt alles mit meinen inneren Werten zusammen. Doch in welchem Verhältnis stehen sie zueinander? Wie ist ihre Prioritätenreihenfolge? Und welche Entscheidungen habe ich im Laufe der Zeit getroffen, basierend auf diesen Werten, die ich als meine eigenen übernommen habe?

Innere Werte und Überzeugungen prägen in der Regel unsere Entscheidungen. Diese Entscheidungen wiederum haben einen großen Einfluss auf unser Leben. Doch um sie wirklich zu verstehen, muss ich tiefer blicken: Was sind meine Werte? Woher stammen sie?

Sind es wirklich zu einhundert Prozent meine eigenen Überzeugungen, die mich und mein Verhalten widerspiegeln? Oder habe ich sie von anderen, wie meinen Eltern oder nahestehenden Menschen übernommen und sie nur deswegen als meine eigenen akzeptiert?

Werte können sich mit der Zeit verändern. Manchmal ist das sogar notwendig. Denn während wir uns weiterentwickeln, müssen auch unsere Werte flexibel bleiben, um uns in neuen Lebensphasen zu unterstützen.

Wenn du mit Werten wie der Unterstützung Schwächerer, der Gleichberechtigung von Frauen oder einem respektvollen

Umgang mit älteren Menschen aufgewachsen bist, sind das wertvolle Grundlagen für ein friedliches und harmonisches Zusammenleben.

Falls du hingegen Werte vermittelt bekommen hast, die Ausbeutung Schwächerer rechtfertigen, Respekt nur einfordern, aber nicht gewähren, oder Frauen als Besitz statt als gleichwertige Partner zu betrachten, könnte es hilfreich und notwendig sein, diese Überzeugungen zu hinterfragen und anzupassen. Ein reflektierter Umgang mit den eigenen Werten trägt maßgeblich zu einem respektvollen und harmonischen Miteinander bei.

Sind deine inneren Werte gleichzusetzen mit deiner Persönlichkeit, die dein Inneres nach außen spiegelt? Sind diese Werte fest verankert oder verändern sie sich im Laufe der Zeit? Wie ich bereits am Beispiel erläutert habe, ist es oft von Vorteil, wenn Werte nicht in Stein gemeißelt, sondern flexibel und veränderbar sind. Denn wenn sich die Werte ändern, verändert sich auch die Persönlichkeit.

Stell dir deine Werte wie Bausteine eines Lego-Sets vor. Jeder Wert, den du für dich angenommen hast, ist ein Baustein. Diese Bausteine kannst du flexibel anordnen, ihre Reihenfolge ändern, einzelne entfernen oder neue hinzufügen. Auf diese Weise passen sie sich deinem Leben an. So wie dein Leben nicht starr und geradlinig verläuft, sind auch deine inneren Werte flexibel und wandelbar.

Um meine inneren Werte besser zu verstehen, habe ich mir bewusst Zeit genommen, in Ruhe nachzudenken und in mich hineinzufühlen. Dabei wurde mir klar, dass mir einige meiner Werte und die daraus resultierenden Konsequenzen zuvor gar nicht bewusst waren.

Doch welche Werte sind mir eigentlich wichtig?
Und wie stehen diese Werte zueinander in Beziehung?

Jede Entscheidung,

die wir heute treffen,

kann Jahre später positive oder

fatale Folgen haben.

Es ist ein fein verwobenes Netz

von Ursachen und Wirkungen,

die unser Leben prägen.

Jede Entscheidung, mag sie noch

so klein sein,

schafft eine neue Realität.

Eine Realität, die nicht aus

bloßem Zufall entsteht,

sondern aus der Summe unserer

Schritte, Worte und Gedanken.

Da wir inzwischen schon vieles miteinander teilen, möchte ich dir einige meiner Werte verraten, die mir besonders am Herzen liegen. Dadurch wirst du erkennen, wie sie zueinander in Beziehung stehen und warum es so wichtig ist, die eigenen Werte zu kennen. Das Aufschreiben meiner Werte hat mir die Augen geöffnet, und ich wünsche dir, dass du durch diese Erfahrung auch einen neuen Zugang zu deinen eigenen Werten findest.

Im Laufe der Zeit hat sich meine persönliche Werteskala verändert: Manche Werte haben ihre Reihenfolge getauscht, neue sind hinzugekommen, und andere habe ich losgelassen. Diese Entwicklung ist bedeutsam, denn meine Entscheidungen, bewusst wie unbewusst, basieren stets auf dieser Werteskala. Die mir wichtigen Werte sind:

Liebe

Lebensfreude

Wohlstand

Gesundheit

Frieden

Akzeptanz

Freiheit

Mitgefühl

Fairness

Erfolg

Abenteuer

Optimismus

Planbarkeit

Zuverlässigkeit

Kreativität

Disziplin

Sicherheit

Perfektion

Ich habe die Werte basierend auf dem aktuellen Ist-Zustand notiert. Es ist möglich, dass du mehr oder weniger Werte aufschreibst, und das ist völlig in Ordnung. Wichtig ist nicht die Anzahl der Werte, sondern ihre Bedeutung und wie sie zueinander stehen.

Sobald du deine wichtigsten Werte ebenfalls notiert hast, besteht der nächste Schritt darin, herauszufinden, welcher Wert für dich am bedeutendsten ist und wie sich die anderen Werte in der Reihenfolge dahinter einordnen. Das erfordert etwas Arbeit, ist jedoch essenziell, um zu verstehen, wie deine Erfolge oder Herausforderungen in allen Lebensbereichen mit deinen Werten zusammenhängen. Zudem hilft es dir, diese nach deinen Wünschen anzupassen.

Beginne mit deinem ersten Wert, den du aufgeschrieben hast. In meinem Fall wäre das der Wert Liebe.

Jetzt nimmst du den nächsten Wert in deiner Liste, bei mir ist das Lebensfreude, und fragst dich: Welcher dieser beiden Werte ist mir wichtiger? Wenn es zum Beispiel die Liebe ist, machst du mit diesem Wert weiter.

Als Nächstes vergleichst du Liebe mit dem dritten Wert auf deiner Liste, in meinem Fall Wohlstand. Stell dir wieder die gleiche Frage: Welcher dieser beiden Werte ist mir wichtiger?

Wenn diesmal Wohlstand wichtiger ist, verwendest du diesen für den nächsten Vergleich. Entscheidest du dich wieder für die Liebe, setzt du den Vergleich mit ihr und dem nächsten Wert fort.

Auf diese Weise arbeitest du dich Schritt für Schritt durch deine Liste. So entsteht eine persönliche Rangfolge deiner Werte. Am Ende steht der Wert, der dir am wichtigsten ist, an erster Stelle.

Es ist spannend, wie sich in dieser Reihenfolge deine bisherigen Entscheidungen im Leben widerspiegeln können.

Mit dieser Methode arbeitest du so lange weiter, bis alle Werte nach und nach an der richtigen Stelle stehen. Auf diese Weise erstellst du eine klare Werteskala, die dir hilft, Zusammenhänge zu erkennen und zu verstehen, dass du jederzeit die Möglichkeit hast, Dinge zu verändern. Es sind nicht die Umstände, die dein Leben bestimmen, du bist der Gestalter deiner Realität.

Dieser erste Schritt zeigt dir, warum manche Vorhaben nicht wie gewünscht verlaufen sind und eröffnet dir neue Wege, zukünftige Herausforderungen erfolgreich zu meistern.

Der zweite wichtige Schritt ist das Erkennen von Werten, die sich gegenseitig behindern können. Im ungünstigsten Fall wirken solche Werte wie Feuer und Wasser: Beide sind für sich genommen wertvoll und nützlich, doch in Kombination können sie ihre Wirkung gegenseitig hemmen.

Um das besser zu veranschaulichen, möchte ich ein Beispiel aus meiner eigenen Werteskala anführen. Dort habe ich unter anderem die Werte Abenteuer und Sicherheit. Stell dir vor, diese beiden Werte stünden an erster und zweiter Stelle meiner Prioritätenliste. Wenn ich ihre Bedeutungen gegenüberstelle, erkenne ich schnell, dass sie in Konflikt miteinander stehen. Dieser innere Wertekonflikt führt dazu, dass ich selbst in mir zerrissen bin, da die beiden Werte in entgegengesetzte Richtungen gehen.

Nehmen wir als Beispiel meinen türkischen Freund Ibo. Hätte er auf seiner persönlichen Werteskala dieselben Prioritäten wie die beiden oben genannten Werte gesetzt, wäre sein Kiosk und alles, was daraus entstanden ist, wahrscheinlich nie Realität geworden.

Ibo war voller Überzeugung, dass sein Vorhaben gelingen würde, ganz egal, welche Herausforderungen auf ihn zukamen. Zusammen mit seinem Bruder übernahm er den Laden und setzte seine Vision um. Sicherheit stand dabei nicht an oberster Stelle. Ich vermute, sie spielte für ihn überhaupt keine Rolle. Stattdessen ließ er sich von seiner Spontaneität, seinem Glauben an den Erfolg und seiner Leidenschaft für Freiheit und Abenteuer leiten. Langfristig führten genau diese Eigenschaften zu Wohlstand und Erfolg. Hätte Ibo jedoch in erster Linie auf Sicherheit geachtet, hätte er sich vermutlich nie auf dieses Abenteuer eingelassen. Sicherheitsdenken hätte ihn daran gehindert, seine Träume zu verwirklichen.

Ibo hätte auf eine wundervolle, vor ihm liegende Zeit für sich und seine Familie verzichtet. Verstehe mich nicht falsch: Sicherheit ist keineswegs ein hinderlicher Wert. Doch wenn du gleichzeitig andere Werte in dir trägst, die der Sicherheit widersprechen, gerätst du in einen inneren Konflikt, der zu einem Problem werden kann. Dieser Konflikt führt dazu, dass du dich selbst ausbremst. Solche Probleme entstehen immer dann, wenn Werte miteinander im Widerspruch stehen.

Lass uns noch einmal bei dem Beispiel mit den beiden Werten „Abenteuer" und „Sicherheit" bleiben. Beide sind dir enorm wichtig und prägen daher deine Entscheidungen. Dein inneres Verlangen nach Abenteuern sucht nach Wegen, diesen Wert auszuleben, vielleicht durch einen Fallschirmsprung.

Allein der Gedanke daran entfacht in dir ein Feuer. Du spürst das Adrenalin förmlich in jeder Zelle und fühlst dich lebendig. Die Vorfreude auf dieses Erlebnis lässt dein Herz schneller schlagen.

Doch kurz darauf meldet sich dein zweiter innerer Wert: Sicherheit. Plötzlich beginnt dein Verstand, Wege zu suchen, um diesem Bedürfnis gerecht zu werden. Was eben noch wie ein aufregendes Abenteuer klang, wirkt nun riskant. Gedanken schießen dir durch den Kopf: Was, wenn etwas schiefgeht? Was, wenn ich falle und hinterher querschnittsgelähmt bin? Oder noch schlimmer, was, wenn ich den Sprung nicht überlebe?

Die Verantwortung gegenüber deiner Familie wird spürbar. Nein, denkst du, das kann ich nicht machen. Es ist viel zu gefährlich. Was gerade noch mitreißend und inspirierend war, erscheint plötzlich unvernünftig.

Dein Unterbewusstsein, dein Bewusstsein und deine Überzeugungen, zusammen mit all deinen Werten, suchen ständig nach Möglichkeiten, sich zu verwirklichen. Wenn all diese Werte in dieselbe Richtung gehen, steht deinem Erfolg in diesem Bereich nichts mehr im Weg.
Gehen sie jedoch, wie es oft der Fall ist, in unterschiedliche Richtungen, wird eine Erfüllung nahezu unmöglich.

Das Problem, das daraus entstehen kann und bei mir tatsächlich auftrat, ist, dass ich nicht verstand, warum einige meiner Projekte von Anfang an zum Scheitern verurteilt waren. Ich erkannte das Problem nicht bei mir, sondern suchte die Ursachen im Außen: in ungünstigen Umständen, im fehlenden Glück oder in einer vermeintlichen Pechsträhne bei meinen Vorhaben.
Was ich nicht bemerkte: Durch meine Entscheidungen, die nicht mit meiner Werteskala übereinstimmten, brachte ich mich selbst um den erhofften Erfolg.

Erst als ich mich mehr und mehr mit meinen inneren Werten auseinandersetzte, gingen mir die Augen auf. Ich fing an, mich sehr intensiv damit zu beschäftigen. Bei einer älteren Werteskala von mir standen Sicherheit, Perfektionismus, Disziplin und Planbarkeit sehr weit oben auf der Werteliste.

Das hing mit meiner Kindheit zusammen. Vor allem die berufliche Sicherheit wurde mir immer wieder eingetrichtert. Selbstverständlich weiß ich, dass es alle Beteiligten nur gut meinten und ihnen keine andere Alternative bewusst war. Sie handelten nach ihren Wertvorstellungen und waren überzeugt, das Richtige zu tun. Mein Problem war jedoch, dass ich schon als Kind ein Freigeist und kreativer Abenteurer war.

Bereits damals steckte in mir eine große Liebe zu anderen Menschen. Ich hatte meine eigenen Werte, übernahm aber, wie es wohl jedem irgendwann passiert, auch die Werte anderer Menschen. Dadurch geriet ich schon als Kind, später als Jugendlicher und junger Erwachsener in Konflikte, ohne dies wirklich zu verstehen.

Mir war nicht bewusst, wie wichtig es für meine Entscheidungen ist, meine eigenen Werte zu kennen und zu verstehen, in welcher Reihenfolge ich sie in mir trage. Oft wurde mir von außen vermittelt, dass ich bestimmte Dinge nicht erreichen könnte: „Das kannst du eh nicht, das hast du ja nicht gelernt", oder: „Ohne Beziehungen kommst du da nicht hin. Hör auf zu träumen." Solche Aussagen haben mich tief verunsichert, da ich damals noch nicht fest in mir selbst verankert war. Gleichzeitig entwickelte ich einen Perfektionismus, der zunächst hilfreich für meine Ziele war. Doch je stärker er wurde, desto mehr setzte er mich unter Druck. Ich war nie zufrieden mit meinen Ergebnissen. Immer öfter kritisierte ich mich selbst hart. Meine Unzufriedenheit wuchs mit jedem Misserfolg, sei es beruflich oder privat. Selbst wenn mir ein Essen zu Hause nicht so gelang, wie ich es mir vorgestellt hatte, war ich wütend auf mich.

Mein inneres Erleben glich einer Achterbahnfahrt der Gefühle. Glücksmomente währten nur kurz, bevor sie von Unzufriedenheit und Frust abgelöst wurden.

Damals wusste ich nicht, dass ich mit dem „System der Bausteine" meine persönliche Werteskala und damit auch mein Wohlbefinden jederzeit verändern kann.

Die Wichtigkeit der Werteskala zu kennen geht aber noch weiter. In deiner Partnerschaft, im Freundeskreis oder bei der Arbeit: Wenn du dich selbst mit Hilfe deiner persönlichen Werteskala besser verstehst, fällt es dir leichter, auch andere Menschen zu verstehen, einschließlich deines Partners oder deiner Partnerin. Jeder Mensch trägt eine individuelle Werteskala in sich, die sein Verhalten und seine Prioritäten prägt.

Wenn dein höchster Wert beispielsweise „Abenteuer" ist, weil du Abwechslung, Neugier und Mut schätzt und tägliche Routine oder Langeweile ablehnst, wirst du dich nach Situationen sehnen, die Nervenkitzel und Adrenalin mit sich bringen. In einer Partnerschaft kann es jedoch zu Konflikten kommen, wenn dein Gegenüber gegensätzliche Werte wie Sicherheit oder Stabilität bevorzugt.

Wenn dein Partner oder deine Partnerin den Wert Sicherheit an oberster Stelle der Werteskala hat, bedeutet das, dass geordnete Abläufe, Sorgenfreiheit und tägliche Routinen entscheidend für sein oder ihr Wohlbefinden sind. Für diese Person vermitteln Routinen ein Gefühl von Stabilität, während Menschen, die den Nervenkitzel suchen, oft als leichtsinnig wahrgenommen werden, als jemand, der unnötige Risiken eingeht und sein Leben aufs Spiel setzt.

Dank der Werteskala wird deutlich, wo das eigentliche Problem liegt: Es ist nicht der Partner oder die Partnerin, der oder die etwas nicht gönnt oder nicht versteht, sondern es sind die unterschiedlichen Wertvorstellungen, die den Konflikt hervorrufen.

Das Gute an Werten ist, dass sie nicht unveränderlich sind. Sie lassen sich aus Überzeugung heraus neu definieren und anpassen.

Als ich begann, meine Werte bewusst neu zu ordnen und zu zentrieren, entspannte sich mein Gemütszustand augenblicklich. Der Stress fiel von mir ab, und mein Körper wurde insgesamt lockerer. Ich konnte sogar wieder besser schlafen.
Ein Wert, der früher bei mir sehr hoch stand, war Perfektionismus. Doch ich habe gelernt, ihn loszulassen und ihn auf der Prioritätenliste weit nach hinten zu schieben. Das fühlt sich befreiend an. Dabei musste ich erkennen, dass auch unperfekte Dinge liebenswert sein können.

Durch die Reha-Maßnahmen und die psychologische Unterstützung von Frau Rezai habe ich einen neuen, für mich äußerst wichtigen Wert kennengelernt: Akzeptanz. Akzeptanz bedeutet für mich nicht, alles gutheißen zu müssen, sondern zu lernen, Dinge anzunehmen, wie sie sind. In Bezug auf mein Krankheitsbild und die manchmal schwierige familiäre Situation, ist dieser Wert von unschätzbarem Wert geworden.

Ich empfehle dir wirklich, dir Zeit zu nehmen, um deine persönliche Werteskala zu überdenken und sie so zu ordnen, dass die einzelnen Werte in Harmonie zueinander stehen. Auf meiner Werteskala findest du beispielsweise den Wert „Sicherheit", allerdings nicht mehr weit oben, sondern weiter unten. Dadurch steht er nicht mehr im direkten Konflikt mit meinem Wert "Abenteuer" Allein diese Veränderung der Prioritäten hat bei mir viel bewirkt.

Je besser du das Leben verstehst, desto leichter wird es für dich werden. Früher dachte ich oft, das Leben sei schwer und kompliziert.

Aber das Gleiche gilt für das Backen eines Kuchens, wenn man nicht weiß, wie es geht. Sobald du jedoch das Rezept und den Ablauf kennst, wird alles einfacher und plötzlich ist es gar nicht mehr schwer.

Ich wünsche dir viel Freude dabei, dein eigenes „Wunschlos-glücklich-Rezept" zu entwickeln. Hab einen Mutausbruch und backe los und stelle dir Schritt für Schritt mit deinem eigenen Rezept deine persönliche Lebensformel zusammen.

Je besser du das Leben verstehst,

desto leichter wird es für dich

werden.

Früher dachte ich oft,

das Leben sei schwer und

kompliziert.

Aber das Gleiche gilt für das

Backen eines Kuchens,

wenn man nicht weiß, wie es geht.

Sobald du jedoch das Rezept und

den Ablauf kennst,

wird alles einfacher und plötzlich

ist es gar nicht mehr schwer.

Stärkung im Hotel Atlantic auf Sylt

Nach meiner zweiten Reha fühlte ich mich orientierungslos, ich wusste nicht, wohin mich meine persönliche Reise führen würde. Genau in dieser Phase, in der mein Leben auf den Kopf gestellt schien, kam eine unerwartete Einladung: Zwei wunderbare Menschen luden uns in ihr Hotel Atlantic in Westerland auf Sylt ein. Dieser Moment war ein echter Lichtblick inmitten der Unsicherheit.

Ich muss zugeben: Innerlich herrschte in mir damals ein einziges Chaos. Die unklare Zukunft belastete mich schwer und spiegelte sich auch in Carmens Sorgen wider. Würde ich jemals wieder in der Lage sein, normal zu arbeiten? Könnte ich genug verdienen, um uns ein Leben ohne finanzielle Sorgen zu ermöglichen? Auch andere Gedanken ließen mich nicht los: Werden wir weiterhin aktiv am sozialen Leben teilnehmen können? Werde ich regelmäßig die Kraft finden, wertvolle gemeinsame Zeit mit unserer Familie und unseren Freunden zu verbringen?

Das sind Fragen, die ich mir vor der Corona-Impfung nie gestellt habe. Während meiner Reha wurde mir aufgrund meines teilweise sehr schlechten Gesundheitszustands geraten, eine Teilerwerbsminderungsrente zu beantragen. Ich spürte jeden Tag aufs Neue, dass ich nur mit ausreichenden Pausen ein paar aktive Stunden bewältigen kann. Den Rest des Tages verbringe ich in einem Zustand, der dem eines Schlafwandlers gleicht. Mein Gesundheitszustand, insbesondere durch das Chronische Fatigue-Syndrom, hat sich seitdem weiter so stark verschlechtert, dass inzwischen sogar über eine volle Erwerbsminderungsrente nachgedacht wird. Jeder Tag bringt große Ungewissheit mit sich. Werde ich heute zwei, drei oder vier Stunden aktiv sein können?

Diese Fragen lassen sich nicht im Voraus beantworten, sondern nur von Tag zu Tag und selbst dann oft nur bedingt. Meine Energie kann sich schlagartig zum Negativen verändern.

Wie soll ich unter diesen Bedingungen zuverlässig einer Arbeit nachgehen können? Ich erinnere mich noch genau daran, wie sich alles anfühlte, wie ein schlechter Film. Gerade noch hatte ich das Gefühl, mitten im Leben zu stehen, und plötzlich war alles anders. Mein Leben, unser gemeinsames Leben, stand völlig auf dem Kopf.

Was mich durch diese schwere Zeit getragen hat, war meine mentale Stärke. Immer wieder habe ich mir klargemacht, dass es für jedes Problem eine Lösung gibt. Auch wenn es momentan aussichtslos erschien, war ich überzeugt: Wir werden nicht finanziell zugrunde gehen. Und selbst wenn einige Dinge nicht wie geplant laufen, werde ich nicht in eine tiefe Depression fallen.

Ohne die Arbeit an meiner mentalen Stärke wäre ich jetzt wohl gebrochen. Für einen kurzen Moment überkam mich das Gefühl, die Kontrolle über unsere Zukunft verloren zu haben. Doch ich ließ mich davon nicht überwältigen. Stattdessen fand ich die innere Kraft, weiterzumachen und mich auf das zu konzentrieren, was ich beeinflussen kann. Die Umstände waren zu diesem Zeitpunkt schlichtweg katastrophal. Trotz der Ungewissheit über den weiteren Verlauf spürte ich tief in mir: Es wird weitergehen. Mir war klar, dass ich nicht aufhören durfte zu schwimmen, denn wer aufhört, geht unter. Wir hatten bereits so viele Male erlebt, dass wir beschützt wurden, alles schien einer größeren Ordnung zu folgen. Immer wieder ließ ich meinen Geist auf Reisen gehen, suchte gedanklich nach Lösungen und neuen Wegen. Mein Unterbewusstsein fütterte ich dabei mit Überzeugungen: Es wird eine Lösung geben, die uns allen Frieden bringt. Spätestens jetzt zahlte sich meine mentale Arbeit aus.

Obwohl ich noch keine konkrete Antwort erkennen konnte, fühlte ich eine Ruhe und Gelassenheit in mir. Es war mehr als bloßer Optimismus, der mich erfüllte. Es war tiefes Vertrauen, ein unerschütterliches Gefühl, dass alles bereits auf einem guten Weg ist.

Dieser kleine, aber bedeutende Unterschied, ob etwas gut wird oder gut ist, stärkte meine Zuversicht und meinen Mut noch weiter. Genau in diesem Moment, als ich erneut über meinen Schatten sprang und mich entschieden gegen alles stellte, was mir nicht guttat, erhielten wir eine wundervolle Einladung: Die herzliche Einladung kam von Sonja, der Eigentümerin des Hotel Atlantic, und ihrem Lebenspartner Ivo. Wir durften eine Nacht in ihrem Hotel verbringen.

Sonja und Ivo, der bereits beim Kochevent „Wegschmeißen kann jeder" mitgewirkt hat und auf Sylt in renommierten Restaurants wie dem A-Rosa als Küchenchef gearbeitet hatte, haben uns damit ein wundervolles Geschenk gemacht. Diese Einladung kam genau zum richtigen Zeitpunkt und hätte nicht schöner sein können.

Ich hatte trotz der schwierigen Umstände auf meinen Impuls gehört und meine Energie bewusst hochgehalten. Als Belohnung wurden wir mit dieser wunderbaren Einladung überrascht, die mich unglaublich glücklich machte. Besonders freute ich mich auch für meine Süße. Durch dieses unerwartete Geschenk erhielt sie, nach all den Entbehrungen, wieder etwas, wovon sie träumen konnte.

Es ist mir wichtig zu betonen, dass all das, was ich hier über mich erzähle, auch meine Süße betrifft. Unsere Geschichte ist eng miteinander verwoben, und die Herausforderungen, denen ich mich stellen muss, verlangen ebenso viel von ihr ab.

Für Lebensgefährten im Allgemeinen, die solche schwierigen Situationen mittragen, ist es mindestens genauso belastend.

Leider werden diese Menschen, die oft im Hintergrund kämpfen, viel zu häufig übersehen. Dabei verdienen sie ebenfalls viel Unterstützung, Hilfe und Wertschätzung.

Es ist unglaublich wichtig, dass du zwischendurch immer wieder wundervolle Momente erlebst, die dir zeigen, wie schön das Leben sein kann, unabhängig von eventuellen negativen Umständen. Solche Momente können ganz unterschiedlich aussehen, je nachdem, was dir persönlich guttut. Für den einen ist es ein Spaziergang im Wald, für den anderen das Sitzen am Strand und der Blick aufs Meer. Es könnte eine wohltuende Massage, ein entspannter Saunabesuch, ein Besuch im Musical, Zeit mit Freunden oder ein inspirierender Urlaub sein.

Das Schöne daran: Solche Erlebnisse müssen nicht teuer sein, um eine nachhaltige Wirkung zu haben. Oft genügen einfache Dinge, die dir Freude bereiten. Gönne dir Momente, die dich erfüllen, ohne dass sie auf irgendeine Weise belasten.

Diese unvergesslichen Augenblicke schenken dir nicht nur Glück, sondern ermöglichen es dir auch, dieses Glück mit anderen zu teilen. Lass dein Umfeld an deinem Glück teilhaben und du wirst erleben, wie sich der Kreis schließt. Denn durch Geben und Teilen wird das Leben für alle lebenswerter. Am Ende gibt es nur Gewinner.

Ich habe dir ja schon vom Hotel Strandhörn erzählt. Wenn Dirk bei sich im Hotel oder in seinen Apartments Modernisierungsarbeiten vollzieht, legt er immer großen Wert darauf, den vorhandenen Platz optimal zu nutzen. Besonders begeistert bin ich von den Badezimmern, die mit ausreichend nützlichen Ablageflächen ausgestattet sind. Das finde ich großartig, da es mich immer stört, wenn man nicht weiß, wohin man mit seinen Sachen soll. Ich liebe es, wenn alles gut durchdacht und funktional gestaltet ist und genau so ist auch das Hotel Atlantic aufgebaut. Die umfangreiche Modernisierung hat zwar lange gedauert, aber das Ergebnis zeigt, dass sich jeder einzelne Tag der Renovierung gelohnt hat. Es ist ein Meisterwerk entstanden.

Das Hotel, mitten in Westerland gelegen, ist ein wahrer Traum. Es muss sich in seiner Einzigartigkeit vor keinem großen, renommierten Hotel auf Sylt verstecken. Sonja hat alles in Eigenregie entworfen und damit ein wahres Wunder geschaffen. Jedes Detail ist perfekt und harmonisch aufeinander abgestimmt. Nichts wurde wahllos zusammengewürfelt, sondern jedes Element fügt sich nahtlos ins Gesamtbild ein. Sogar die kleinsten Details zeugen von einer sorgfältigen Planung. Das Hotel ist modern und stilvoll gestaltet, ohne dabei an Wärme und Gemütlichkeit einzubüßen.

Unser Zimmer war weit mehr als nur irgendein Zimmer. Während jede Unterkunft für sich traumhaft ist, war unser Zuhause für einen Tag und eine Nacht die exklusive Penthouse -Wohnung. Schon der Weg dorthin war ein echtes Erlebnis. Der Fahrstuhl brachte uns direkt in das atemberaubende Apartment. Sobald sich die Fahrstuhltür öffnete, begann das große Staunen. Als Erstes fiel uns das liebevoll gestaltete Willkommensgeschenk ins Auge: Frisches Obst, köstliches Gebäck und eine kleine Flasche hochwertiger Portwein.

Carmen machte es sich sofort im außergewöhnlichen, an der Decke hängenden Sessel gemütlich. Mit einem breiten Lächeln auf den Lippen schaukelte sie sanft hin und her. Das Badezimmer, modern und stilvoll gestaltet, war ein wahrgewordener Traum, wie alles in dieser Wohnung.

Und dann war da noch die riesige Dachterrasse, die uns mit ihrem Blick aufs Meer und einem einladenden Jacuzzi erwartete. Es fühlte sich an, als würde das Leben uns zuzwinkern und sagen: „Das ist für euch!"

Das Leben kann so schön sein!

Aus dem Jacuzzi heraus, mit einem guten Glas Wein in der Hand den traumhaften Sylter Sonnenuntergang zu bestaunen, das bringt dich sofort auf positive Gedanken. Hier kannst du das Hier und Jetzt in vollen Zügen genießen, ohne dich von unnötigen Grübeleien ablenken zu lassen.

Dieses wunderbare Apartment, das ich dir am liebsten sofort zeigen würde, wird dich garantiert begeistern. Es ist, wie alle Unterkünfte in diesem Hotel, mit so viel Liebe zum Detail ausgestattet, dass sich der Wohlfühlfaktor von der ersten Sekunde an einstellt. Schon beim Empfang wurden wir herzlich von Lena, einer sehr sympathischen und positiv eingestellten Mitarbeiterin, begrüßt. Ihre Freundlichkeit hat uns sofort begeistert. Generell zeichnet sich das Hotel durch langjährige und hochmotivierte Mitarbeiter aus, was für die Qualität und das Arbeitsklima spricht.

Sobald wir das Hotel betreten haben, spürten wir, dass wir an einem besonderen Ort angekommen sind. Die Atmosphäre ist einzigartig und lädt sofort zum Wohlfühlen ein. Wie du merkst, komme ich aus dem Schwärmen gar nicht mehr heraus!

Als wir am nächsten Morgen im Hotel lecker frühstückten, verspürten wir den Wunsch, nach dieser köstlichen Stärkung wieder in die wunderbare Penthouse-Wohnung zurückzukehren. Noch heute sind wir für diese Einladung unendlich dankbar.

Diese Erfahrung im Hotel Atlantic zeigt, wie entscheidend bestimmte Faktoren sind, um innere Stärke und Wohlbefinden zu fördern: Dankbarkeit, die bewusste Wahrnehmung des Hier und Jetzt, ein unterstützendes Umfeld, die Fähigkeit loszulassen, Freude, Entspannung, das Aufladen deiner Energie, das Vertrauen in deine Impulse und die Pflege deines inneren Kindes.

Erlaube dir, Momente des Glücks und der Erholung anzunehmen. Widerstehe nicht den Augenblicken, die dir helfen, zu deiner Stärke zurückzufinden.

Ein Beispiel dafür ist der Tag bei meiner letzten Reha, an dem wir alle einen wundervollen Abend im Kurkönig verbracht haben. Solche Augenblicke sind essenziell, denn aus ihnen schöpfen wir neue Kraft. Ich spreche das bewusst so direkt an, da ich im Laufe der Zeit vielen Menschen begegnet bin, denen es schwerfiel, Augenblicke des Glücks zuzulassen. Es macht mich traurig, wenn jemand nicht mehr in der Lage ist, Glück zu empfinden.

So ungewöhnlich es klingen mag: Oft scheint es, als stünde das eigene Ego dabei im Weg. Wenn das Ego ein Umfeld geschaffen hat, in dem alles nach seinen Vorstellungen läuft, sieht es Veränderungen oft als Bedrohung. Vielleicht hat es sich sogar an eine gewisse Unzufriedenheit gewöhnt, weil diese es ermöglicht, andere für das eigene Unglück verantwortlich zu machen. Aus der Sicht des Egos ist es oft einfacher, die Schuld bei anderen zu suchen, als sich selbst zu hinterfragen.

Das Ego neigt dazu, die Schuld für Misserfolge oder andere unerfreuliche Ereignisse von sich zu weisen. Ich habe viele Menschen getroffen, die sich stark mit ihrer Krankheit identifiziert haben. Manche lehnten die Krankheit zwar ab, doch für das Ego war dies oft kein Problem. Im Gegenteil, es genoss die Aufmerksamkeit, die es bekam, sobald es sich wehleidig zeigte.

Das Gefährliche daran ist, dass diese mentale Falle schwer zu durchbrechen ist. Das Ego hat Angst, etwas zu verlieren, das es als Teil seiner Identität betrachtet. Im Laufe der Zeit entsteht durch diese verzerrte Wahrnehmung eine immer stärkere Bindung: „Die Krankheit gehört zu mir.

Die toxische Arbeitssituation gehört zu mir. Ich bin das Opfer, kümmert euch gefälligst um mich.

Solange du dein eigenes Verhalten nicht als Teil dieser falschen Wahrnehmung erkennst, bleibt externe Unterstützung oft wirkungslos. Das Ego wird sich mit aller Kraft gegen Veränderungen wehren. Lass nicht zu, dass dein Ego dich von wundervollen Momenten abbringt, wie zum Beispiel den Erinnerungen an Sonjas und Ivos Einladung ins Hotel Atlantic. Nimm dir nicht selbst die Chance auf dein Glück. Erlaube dir stattdessen, immer wieder solche Oasen der Freude zu schaffen oder schaffen zu lassen. Du bist es wert, dass es dir gut geht. Du hast es verdient, glücklich und zufrieden zu sein.

Egal, wie dunkel es um dich herum scheinen mag: Es gibt immer jemanden da draußen, der deinen Weg erleuchtet, weil du ihm wichtig bist. Deine Sorgen und Probleme machen dich nur so lange einsam, wie du es zulässt. Entscheide dich, Hilfe anzunehmen. Nur so können Menschen, die dir nahestehen, deine Dunkelheit in Licht verwandeln.

Du bist nicht allein.

Lebst du nach deinen Impulsen, oder nach denen der anderen?

„Hand aufs Herz: Lebst du wirklich nach deinen eigenen Wünschen oder unterdrückst du sie aus Angst, was andere denken könnten?

Wenn du dich oft für Letzteres entscheidest, bedeutet das, dass du in dir selbst nicht frei bist. Wirklich frei wirst du erst dann sein, wenn du erkennst, dass der Käfig, der dich gefangen hält, nur aus deinen Gedanken besteht. Vor diesen Gedanken kannst du dich nicht verstecken oder weglaufen, du musst dich ihnen stellen, um eine echte Veränderung zu erhalten. Statt dein Leben so zu gestalten, wie es dich erfüllt, passt du dich nur an und schwimmst mit dem Strom, bloß, um nicht aufzufallen.

Doch ist das wirklich der Weg zu einem glücklichen Leben?

Wirkliche Freiheit kannst du erst erlangen, wenn du auf deine inneren Impulse hörst und ihnen folgst. Dabei spreche ich von Impulsen, die dich dazu inspirieren, ein erfülltes und glückliches Leben zu führen, stets im Einklang mit den Bedürfnissen und Rechten anderer Menschen. Solange du diese Impulse unterdrückst, wird dir etwas fehlen, das dich tief im Inneren zufrieden und frei macht. Natürlich müssen wir alle Kompromisse eingehen, doch ein Leben voller Kompromisse, ohne Raum für deine wahren Wünsche und Träume, hinterlässt eine Leere. Höre auf dein Herz und deine Sehnsüchte; sie sind der Schlüssel zu einem Leben, das dich wirklich erfüllt.

Stell dir dein Leben wie ein Puzzle vor. Jedes Teil ist wichtig und trägt zur Vollständigkeit bei. Nur wenn alle Teile ihren

Platz finden, erkennst du das gesamte Bild und seine Schönheit. Fehlt ein Teil, bleibt eine Lücke zurück. Wie willst du die ganze Pracht eines 1.000-Teile-Puzzles erkennen, wenn dir 300 Teile fehlen? Es bleibt unvollständig. Genauso verhält es sich, wenn du deine inneren Impulse ignorierst. Du fühlst, dass etwas Wesentliches in deinem Leben fehlt. Dieses Gefühl der Leere kann dich unglücklich und unerfüllt machen. Und ziemlich sicher würdest du es dann mit anderen Dingen, die nicht wirklich gut für dich wären, kompensieren.

Vielleicht kannst du nicht genau benennen, was dir fehlt. Du spürst nur, dass du nicht glücklich bist. Möglicherweise suchst du die Ursache in äußeren Umständen. Doch oft liegt der Grund in dir selbst: Indem du deine Impulse unterdrückst, schaffst du diese Unzufriedenheit. Vielleicht fällt es dir schwer, auf deine Impulse zu hören, weil du dir Sorgen machst, was andere darüber denken könnten. Diese Gedanken könnten dich daran hindern, dein volles Potenzial auszuleben. Doch was wäre, wenn du deine inneren Impulse annimmst?

Du könntest längst dort sein, wo du ganz du selbst bist und dein Leben mit Freude und Leichtigkeit gestaltest. Deine innere Stimme spricht zu dir, und deine Impulse wollen dir helfen, den richtigen Weg zu finden. Statt dich von den Meinungen anderer leiten zu lassen, könntest du lernen, deinem Herzen zu folgen und dein eigenes Glück zu priorisieren.

Es geht nicht darum, ab sofort nur noch das zu tun, was dich glücklich macht, ohne die Gefühle anderer Menschen zu beachten. Vielmehr geht es darum, immer mehr darauf zu achten, was dir wirklich Freude bereitet. Je mehr du deinen eigenen Wünschen folgst, desto mehr gestaltest du ein Leben, das deinem wahren Wesen entspricht – ein Leben, das darauf wartet, von dir gelebt zu werden.

Natürlich müssen wir alle
Kompromisse eingehen,

doch ein Leben voller Kompromisse

ohne Raum für deine wahren
Wünsche und Träume

hinterlässt eine Leere.

Höre auf dein Herz und deine
Sehnsüchte,

sie sind der Schlüssel zu einem
Leben, das dich wirklich erfüllt.

An erster Stelle solltest du dafür sorgen, dass es dir gut geht. Denn je wohler du dich fühlst, desto mehr profitieren auch die Menschen in deinem Umfeld von deiner positiven Energie und deiner Ausstrahlung. Menschen suchen dann gerne deine Nähe.

Andersherum würden sie nicht davon profitieren, aber dennoch deine Unzufriedenheit wahrnehmen. Vielleicht fühlst du dich unzufrieden, weil du nicht auf deine inneren Impulse hörst und zu viele Kompromisse eingehst, die nicht mit deinem wahren Wesen sowie deinen Wünschen und Träumen übereinstimmen.

Ich möchte dir eine Frage stellen, bezüglich der beiden eben genannten Varianten. Vielleicht denkst du, die Antwort darauf sei offensichtlich, aber ich bin mir da nicht so sicher.

"Welche der beiden Varianten gefällt dir besser?"

Kannst du mir diese Frage auf Anhieb und voller Überzeugung beantworten?

Zu wissen, was deinem Wohlbefinden dient, ist das eine – danach zu leben, ist das andere.

Wenn du trotz deines Wissens und der Klarheit darüber, was besser für dich wäre, immer noch Schwierigkeiten hast, auf deine Impulse und Gefühle zu hören, dann könnte die Sorge darüber, was andere denken, der Grund sein. Ich möchte dir ein paar weitere Fragen stellen, die dir helfen können, diese Sorge zu hinterfragen:

Wer sind die Menschen, deren Meinung dich beschäftigt?

Wie wichtig sind sie für dich und dein Leben?

Würdest du sie tatsächlich vermissen, wenn du deinen Job wechselst oder in eine andere Stadt ziehst?

Vielleicht merkst du dabei, dass die Meinung dieser Menschen für dich gar nicht so wichtig ist. Wenn das der Fall ist, kannst du dich von diesen Gedanken befreien. Menschen denken ohnehin, was sie wollen – das liegt außerhalb deiner Kontrolle. Was du aber beeinflussen kannst, ist dein eigenes Handeln. Gehe deinen Weg so, dass er dir guttut und dich erfüllt – auf allen Ebenen. Höre auf deine innere Stimme und lebe nach deinen inneren Werten, die dich glücklich machen.

Wir alle könnten uns meiner Meinung nach viel öfter an den inneren Werten eines Menschen orientieren, anstatt uns von äußeren Merkmalen leiten zu lassen. Besonders während der Corona-Zeit fiel mir auf, dass bei Begegnungen die erste Frage oft nicht:

„Wie geht es dir?" lautete, sondern: „Bist du geimpft?".

Diese Frage schien wichtiger zu sein, als sich wirklich dafür zu interessieren, wie es dem anderen geht.

Mittlerweile wurde diese Frage wieder von einer anderen abgelöst: „Was machst du beruflich?"

Auch hier scheint das Äußere, das Statussymbol, mehr Beachtung zu finden. Es wäre wünschenswert, wenn wir wieder dahin zurückfinden könnten, wo das Wohlergehen und die Persönlichkeit eines Menschen im Mittelpunkt stehen, nicht die Frage, ob er oder sie gesellschaftlich von Nutzen ist oder einen hohen Status genießt.

Wir sollten aufhören, Menschen zu klassifizieren und unser Interesse an ihnen davon abhängig zu machen, wie sie äußerlich erscheinen. Stattdessen sollten wir uns darauf konzentrieren, was sie wirklich ausmacht: ihr Handeln. Daran können wir erkennen, ob jemand von Herzen handelt oder sich vom Ego leiten lässt.

Jeder Mensch hat seinen ganz eigenen Lebensweg. Mal führt er geradeaus, mal schlängelt er sich durch unbekannte Gefilde. Auf diesem Weg begegnen wir anderen Menschen, manchmal nur für einen kurzen Moment, manchmal für ein ganzes Leben.

Ich weiß nicht, wie du darüber denkst, aber ich bin davon überzeugt, dass jeder von uns mit Wünschen und Zielen auf die Welt kommt, die wir während unseres begrenzten Aufenthalts hier erleben möchten. Doch sobald wir geboren werden, scheinen wir das meiste davon zu vergessen. Damit wir dennoch das verwirklichen können, was unser Herz sich wünscht, tragen wir innere Impulse in uns. Diese Impulse fungieren wie ein Wegweiser, der uns daran erinnert, dass dort, woher wir gekommen sind und wohin wir eines Tages zurückkehren werden, noch so viel mehr auf uns wartet.

Gleichzeitig gibt es auch hier auf der Erde etwas, das von uns persönlich entdeckt und empfangen werden möchte. Allerdings wird uns nichts einfach wie ein Paket vor die Tür geliefert. Wir besitzen einen freien Willen, und es liegt an uns, aktiv zu werden, wenn wir unser Leben so leben möchten, wie es vielleicht von Anfang an für uns vorgesehen war.

Wir benötigen klare Ziele und entschlossenes Handeln. Diese Zeit bietet uns die Chance, unser persönliches Wachstum voranzutreiben. Wenn du deinen Impulsen folgst und deinen inneren Antrieb nutzt, wirst du, unabhängig von deinen aktuellen Umständen, ein erfülltes und glückliches Leben gestalten können.

Bei all den Impulsen, die dich hoffentlich immer wieder inspirieren, ist es genauso wichtig, auch mal nichts tun zu müssen, um glücklich und zufrieden zu sein. Du musst nicht ständig funktionieren. Erlaube dir ohne schlechtes Gewissen Zeiten, in denen du dich entspannen und genießen kannst.

Es wäre wünschenswert,

wenn wir wieder dahin

zurückfinden könnten,

wo das Wohlergehen

und die Persönlichkeit eines

Menschen

im Mittelpunkt stehen,

nicht die Frage,

ob er oder sie gesellschaftlich von

Nutzen ist

oder einen hohen Status genießt.

Das klingt vielleicht banal, ist aber oft schwerer, als es scheint. Warum fällt es uns so schwer, im Augenblick zu verweilen? Haben wir vielleicht ein schlechtes Gewissen, weil andere um uns herum produktiv sind, während wir zur Ruhe kommen? Ist das der Grund, warum wir uns Momente der Entspannung nicht wirklich gestatten?

Diese Fragen können wir uns stellen und vielleicht damit beginnen, uns die Freiheit zu schenken, den Moment einfach zu genießen.

Dein Inneres sendet dir Impulse, die dir helfen, einen Weg zu finden, der dir nicht nur Erholung und kreatives Arbeiten ermöglicht, sondern dich auch glücklich macht. Ignorierst du diese wichtigen Impulse, verlässt du deinen persönlichen Weg. Vielleicht merkst du sogar, dass du dich verirrt hast, doch aus Gründen, die dir nicht wirklich helfen, bleibst du auf dem falschen Weg. In solchen Momenten versuchst du nicht, deine eigenen Bedürfnisse zu erfüllen, sondern die Erwartungen anderer, von denen du glaubst, dass sie an dich gestellt werden.

Wenn ich mich noch einmal als Beispiel nehmen darf, kann ich dir mit Überzeugung sagen, dass ich größtenteils glücklich bin, auch wenn viele Umstände dagegensprechen. Ja, ich habe nach wie vor manchmal Ängste um meine Gesundheit und mache mir finanzielle Sorgen. Doch indem ich auf meine inneren Impulse höre und dir hier meine Geschichte erzähle, lenke ich meine Zukunft bewusst in eine neue und bessere Richtung.

Ich sehe mich nicht als Opfer, das sich hilflos geschlagen gibt. Ganz im Gegenteil: Trotz der vermeintlichen Schwächen, die durch die Impfung entstanden sind, habe ich neue Möglichkeiten in mir entdeckt. Diese Herausforderungen machen mich nicht kleiner, sie lassen mich wachsen und noch stärker werden.

Ich werde nicht hungern, sondern den Reichtum ernten, den das Leben zu bieten hat. Und trotz aller Widrigkeiten bin ich fest entschlossen, ein glückliches und erfülltes Leben zu führen. Wie du siehst, muss dich nichts davon abhalten, glücklich sein zu dürfen. Mache es zu deiner bewussten Entscheidung.

Vielleicht musste all das vorher passieren, damit ich den Mut finde, dir meine Geschichte zu erzählen. Wenn ich es schaffe, meinen Mut zusammenzunehmen, dann kannst du es erst recht. Ich bin überzeugt, dass du die nötigen Impulse dafür erhalten wirst. Ignoriere sie nicht, nutze sie und gehe deinen eigenen Lebensweg. Lass dich von dem Motto 'Der Weg ist das Ziel' inspirieren. Es geht darum, deinen eigenen Pfad zu finden und mit jedem Schritt zu wachsen.

Auf deinem Weg werden die richtigen Menschen, Situationen und Möglichkeiten erscheinen, bereit, von dir entdeckt und gelebt zu werden. Gehe los! Warte nicht darauf, erst glücklich sein zu dürfen, wenn sich die äußeren Umstände verändern. Entscheide dich jetzt für dein Glück, und du wirst sehen, wie sich auch die Welt um dich herum mit dir wandelt.

Schau dir dafür Kinder an: Wenn sie draußen mit ihren Freunden spielen wollen, denken sie nicht über die Umstände, wie zum Beispiel das Wetter nach. Regen, Schnee oder Sturm, das ist ihnen egal. Sie folgen ihrem inneren Impuls, und ihre Augen strahlen vor Freude, wenn wir sie spielen lassen. Erlaube dir selbst, diese kindliche Leichtigkeit wiederzufinden. Lass dein inneres Kind glücklich sein, unabhängig von den äußeren Bedingungen. Dein Glück beginnt in dir.

Familienurlaub mit unseren Mäusen

Egal, was das Leben für uns bereithält, ob gute oder schlechte Zeiten, gemeinsam mit seinen Kindern und Enkelkindern Urlaub zu verbringen, gehört immer zu den ganz besonderen, unvergesslichen Augenblicken. Solche Momente saugen wir auf wie ein Schwamm, denn sie sind voller Zauber und Bedeutung.

Der Tag im Hotel Atlantic war einer dieser magischen Tage, die sich für immer in unsere Herzen einprägen. Das hast du aber sicher schon herausgehört. Umso mehr freuten wir uns darauf, dass weitere solcher besonderen Erlebnisse vor uns lagen. Unser nächstes Ziel war Schloss Dankern, wo wir zusammen mit unseren Mäusen einen wundervollen Urlaub verbringen wollten.

Für solche Augenblicke leben wir. Sie sind wie ein bunter Farbtupfer, der den oft grauen Alltag lebendiger macht und uns neue Kraft schenkt.

Ich gebe zu, dass das Toben mit unseren Enkelkindern, bedingt durch meine Vorgeschichte, mich manchmal an meine Grenzen bringt. Long Covid und das chronische Fatigue-Syndrom sind, ich kann es nicht anders sagen, zwei riesengroße Arschlöcher. Sie nehmen keine Rücksicht auf das, was mir wirklich wichtig ist. Doch egal, wie anstrengend es sein mag, keine Sekunde, die wir mit unseren kleinen und großen Mäusen verbracht haben, möchte ich missen. Diese Momente bedeuten mir alles. Ich werde weiterhin alles daransetzen, dass ich eines Tages auch körperlich wieder vollkommen gesund bin, für mich, für meine Familie und für all die wertvollen Augenblicke, die noch kommen werden. Geistig und mental habe ich mir alles zurückgeholt, was ich durch meine Erlebnisse verloren hatte. Mehr noch:

Ich bin daran gewachsen und stärker als je zuvor wieder aufgestanden. Ich bin ein Kämpfer und lasse mich nicht dauerhaft von den Dingen, die mich krank gemacht haben, aus der Bahn werfen.

Ich folge konsequent meinem Gefühl, den Empfehlungen meiner Ärzte, alternativer Fachleute und der für mich zuständigen Verantwortlichen in der sehr hilfreichen Studie Vimida/Gaia Group aus Hamburg, an der ich teilnehmen durfte. Diese Studie befasst sich unter anderem mit Long Covid und Pacing. Beim Thema Pacing lerne ich noch bewusster, auf meine Grenzen zu achten. Es wird immer deutlicher, wie wichtig es ist, die Bedürfnisse meines Körpers und Geistes ernst zu nehmen. Nur so kann ich verhindern, dass ich langfristige und möglicherweise irreparable Schäden riskiere, die schnell entstehen können, wenn ich meine Grenzen ignoriere.

Für mich ist Frau Körber zuständig, eine sehr empathische, freundliche und äußerst kompetente Ansprechpartnerin. Einmal wöchentlich tauschen wir uns telefonisch zum Online-Programm aus. Es ist wirklich großartig und eine große Hilfe, Teil dieser Studie sein zu dürfen. So gut, wie die Studie aufgebaut ist, bin ich davon überzeugt, dass sie sehr vielen betroffenen Menschen helfen wird.

Ich wollte dir noch erzählen, dass wir im Oktober 2023 einen weiteren dieser unvergesslichen Tage erlebt haben. Wir verbrachten ein paar Tage bei unseren Kindern und unternahmen von dort aus einen Ausflug zum Erlebnisbauernhof Gertrudenhof in Hürth. Der Oktober ist bekanntlich Kürbiszeit, und ich hatte zuvor schon viele tolle und kreative Kürbisdekorationen gesehen. Doch was der Gertrudenhof dort veranstaltet hat, war wirklich absolut beeindruckend und außergewöhnlich. Die erstaunten Gesichter um uns herum ließen kaum erkennen, wer hier mehr begeistert war, die Kinder oder die Erwachsenen. Wäre der Gertrudenhof nicht so weit von uns entfernt, wären wir definitiv regelmäßig dort.

Wenn du selbst Kinder, kleine Geschwister, Enkelkinder oder Nichten und Neffen hast und diesen Erlebnisbauernhof noch nicht kennst, solltest du ihn unbedingt besuchen. Zu jeder Jahreszeit gibt es dort wechselnde Themenwelten, die immer wieder überraschen. Besonders die Kürbiszeit hat uns mit ihrer Farbenpracht und Kreativität völlig in ihren Bann gezogen. Aber auch die Erdbeerzeit war ein großartiges Erlebnis.
Auf dem Erlebnisbauernhof erwarten dich liebevoll gestaltete und äußerst kreative Bereiche, die zum Staunen, Spielen und Entdecken einladen. Auch das Füttern der dort lebenden Tiere ist ein echtes Highlight.
Dieser Ort ist nicht nur ein Paradies für Kinder, sondern auch für Erwachsene, die ihr inneres Kind wieder aufleben lassen möchten. Mein eigenes hat diesen Ausflug in vollen Zügen genossen.
Solche besonderen Augenblicke sind Balsam für die Seele und helfen dir, den Kopf freizubekommen. Der Gertrudenhof ist ein unbezahlbares Erlebnis für die ganze Familie.

Im Jahr 2024 haben wir Urlaub im Schloss Dankern in Haren gemacht. Hier wird dein inneres Kind garantiert auf seine Kosten kommen. Wenn du einen Familienurlaub planst, sollte Schloss Dankern mit seinen vielfältigen Freizeitangeboten ganz oben auf deiner Liste stehen. Absolut großartig, was dort alles geboten wird!

Direkt vor der Tür liegt der Dankernsee mit einer fantastischen Wasserskianlage. Unser Sohn hatte dort großen Spaß und konnte sich so richtig auspowern. Runde um Runde jagte er mit seinem Brett über das Wasser. Sein älterer Sohn Mister Bullallon war unglaublich stolz auf seinen Papa, als er ihn übers Wasser gleiten sah.

Ehrlich gesagt, hat mich das als sportbegeisterter Mensch auch richtig beeindruckt. Und ja, ich war ebenfalls stolz auf unseren Sohn. Für uns war es wunderbar zu sehen, wie sehr sich unsere Kinder über Zeit zu zweit gefreut haben. Während wir liebevoll auf die kleinen Mäuse aufgepasst haben, konnten unsere größeren „Mäuse" einen Abend wie bei einem echten Date genießen. Ich finde, dass es, bei allem, was die Rolle als Mama oder Papa ausmacht, unglaublich wichtig ist, sich bewusst Zeit als Paar zu nehmen. Diese Momente stärken die Beziehung und bringen frischen Wind in den Alltag.
Leider können wir aufgrund der Entfernung solche Unterstützung nur selten anbieten, aber wenn es möglich ist, freut es uns umso mehr, damit einen kleinen Beitrag zu leisten.

Die strahlenden Kinderaugen, die wir während dieser Tage sehen durften, zusammen mit ihrem herzhaften Lachen, waren ein wahres Geschenk des Himmels. Egal, wie schlecht es einem vorher auch gegangen sein mag, nach einem Kinderlachen fühlt man sich garantiert besser.

Mister Bullallon war während dieses Aufenthalts ein großer Fan der kleinen Bahn, die auf dem Gelände für Kinder und Erwachsene ihre Runden dreht. In der Fahrerkabine gab es eine Klingel, die er bei jeder Fahrt unermüdlich und mit großer Begeisterung betätigte. Nach unzähligen Runden klang das fröhliche Läuten noch lange in unseren Ohren nach. Kling kling kling kling...

Es war immer wunderschön, wenn wir ein paar Meter weiter zum Dankernsee gegangen sind. Baby Bambam war von Anfang an eine echte Wasserratte, voller Begeisterung und ohne die geringsten Anzeichen von Angst. Wasser ist sein Element, ganz wie bei seinem Papa. Mit Levio auf dem Arm im Wasser zu planschen, lässt auch mein Herz höher schlagen. Die beiden kleinen Mäuse strahlen pure Lebensfreude aus, und zum Glück haben sie Eltern, die sie dabei bedingungslos unterstützen. Du siehst: Wir schaffen uns immer wieder kleine Oasen der Freude. Das ist so wichtig, um bei all dem Alltagsstress nicht den Kontakt zu unserem inneren Kind zu verlieren. Das ist der Grund, warum ich dir so viel davon erzähle. Ich möchte dich inspirieren, deinen Geist auf Reisen zu schicken und nach Möglichkeiten Ausschau zu halten, die dir guttun. Auch wenn es in der Welt Ungerechtigkeiten gibt, so existieren gleichzeitig unzählige Wege, herzerwärmende Augenblicke zu erleben. Nimm dir die Zeit, sie zu entdecken! Diese Momente sind nicht nur eine Bereicherung auf deinem Weg, sondern dein Geburtsrecht. Erlaube dir, glücklich und zufrieden zu sein.

Auch wenn es in der Welt Ungerechtigkeiten gibt,

so existieren gleichzeitig unzählige Wege,

herzerwärmende Augenblicke zu erleben.

Nimm dir die Zeit, sie zu entdecken!

Diese Momente sind nicht nur eine Bereicherung auf deinem Weg,

sondern dein Geburtsrecht.

Erlaube dir, glücklich und zufrieden zu sein.

Flotter Dreier für Carmen: Ermüdungsbruch, Lungenentzündung und Corona.

Kurz nachdem wir einen wunderschönen Tag im Hotel Atlantic verbracht hatten, ereilte meine Süße ein kleiner Rückschlag: Sie zog sich einen Ermüdungsbruch im Fuß zu, auch Stressfraktur genannt. Dieser spezielle Knochenbruch entsteht nicht durch eine einzige falsche Bewegung, sondern durch wiederholte und anhaltende Belastungen.

Der Arzt verschrieb ihr Krücken, die von da an ihre ständigen Begleiter wurden. Auch während unseres Aufenthalts in Schloss Dankern waren sie unverzichtbar. Leider bedeutete das für Carmen, dass sie auf großes Herumtoben und längere Fußwege verzichten musste. Doch trotz dieser Einschränkung ließ sie sich die Freude am Urlaub mit unseren Kindern, unseren kleinen „Mäusen", nicht nehmen.

Es war fast so, als säße sie bei einer bunten Theateraufführung: Von der Bank aus beobachtete sie das fröhliche Treiben unserer Enkelkinder, während sie jeden Moment genoss. Ihre Gelassenheit und ihr Lächeln zeigten, dass man auch mit kleinen Hindernissen große Freude erleben kann. Beim nächsten Besuch im Schloss Dankern wird meine Süße die Gelegenheit haben, ihr inneres Kind vollkommen auszuleben. Ich sehe sie jetzt schon vor mir, wie sie voller Freude die Spielplätze unsicher macht.

Dieser Ermüdungsbruch war zwar nicht angenehm, aber glücklicherweise auch nicht gefährlich. Am Ende der Heilungszeit änderte sich die Situation jedoch leider drastisch. Einige Tage nach unserer Rückkehr nach Sylt entwickelte Carmen einen starken Husten. Der Husten war so heftig, dass an Schlaf für uns beide nicht mehr zu denken war.

Da sich ihr Zustand rasch verschlechterte, überwies ihre Hausärztin, Frau Dr. Ullrich aus Wenningstedt, sie schließlich ins Krankenhaus. Ich war auch schon einmal bei Frau Dr. Ullrich und bin, wie meine Süße auch, wirklich begeistert von ihrer Freundlichkeit, ihrem Mitgefühl sowie die weit über das Normale hinausgehende Unterstützung und Hilfe, die sie Carmen gegeben hat hat. Frau Dr. Ullrich ist eine junge, großartige Ärztin. Solche menschlichen Perlen, die auch noch super empathisch sind, sind nicht allzu oft zu finden. Frau Dr. Ullrich ist so ein Mensch, wo man nur hoffen kann, dass sie auch langfristig auf der Insel bleibt. Da es leider häufig immer noch ein Problem auf der Insel, vielleicht sogar auch allgemein ist, dass gute Leute zu schnell verheizt werden, ist es nie sicher, wer bleibt oder wer schnell wieder das Weite sucht.

Nachdem Carmen stationär in der Nordseeklinik aufgenommen wurde und alle erforderlichen Untersuchungen durchgeführt wurden, wurde schnell klar, dass ihr Gesundheitszustand ernst war. Schon vorher war durch ihren starken Husten offensichtlich, dass es sich nicht um einen gewöhnlichen Infekt handelte. Ihr Husten war intensiv und schien niemals aufzuhören. Mit jeder Erschütterung, die sie dabei auslöste, klangen die Vibrationen wie das Dröhnen einer gewaltigen Bassbox.

Leider waren beide Lungenflügel betroffen, was die Diagnose einer schweren Lungenentzündung bestätigte. Als ob dies nicht bereits herausfordernd genug war, entwickelte sich zusätzlich eine bakterielle Infektion. Diese verschärfte den Krankheitsverlauf erheblich und verzögerte die Heilung. Beide Lungenflügel, die Nasennebenhöhlen und die Bronchien waren betroffen, was aus medizinischer Sicht eine besonders komplexe und ernsthafte Behandlung erforderte.

Carmen musste trotz des Antibiotikums so heftig husten, dass die behandelnde Ärztin in der Nordseeklinik scherzhaft die Finger zu einem Kreuz formte und rief: „Weiche von mir!"

363

Darüber mussten beide herzlich lachen. Es ist schön zu sehen, dass es trotz des oft stressigen Krankenhausalltags noch Ärzte mit Humor gibt, die schwierige Situationen durch ihre freundliche und humorvolle Art erheitern können. Alle Mitarbeiter der Klinik haben sich rührend um Carmen gekümmert, was ihr Trost und Unterstützung gab.

Carmen musste eine Woche im Krankenhaus verbringen, bevor ich sie endlich wieder abholen konnte. In den ersten Wochen ging bei ihr kaum etwas. Schon nach ein paar Schritten war sie völlig außer Atem. Das erinnerte mich an meinen eigenen Zustand, auch wenn er nicht durch eine Lungenentzündung verursacht wurde, waren die Symptome ähnlich. Diese Krankheit ist nicht zu unterschätzen; sie kann wirklich gefährlich werden. Die Ärzte hatten das auch unmissverständlich klargemacht.

Triggerpunkte wurden in mir aktiviert, und erneut spürte ich die Angst aufsteigen, eine Angst, die mich an jene Zeit erinnert, als bei ihr das franzbrötchengroße Geschwür samt Eierstöcken entfernt wurde. Doch heute bin ich dankbar, dass ich Wege kenne, mit denen ich mit durch Triggerpunkte ausgelösten Ängsten umzugehen weiß. Es fühlt sich an wie ein Schlangenbiss: Ohne Gegenmittel könnte es sehr gefährlich werden, doch mit dem richtigen Mittel ist die Wahrscheinlichkeit, unbeschadet daraus hervorzugehen, enorm hoch.

Wenn du lernst, deine mentale Stärke gezielt gegen Angriffe jeglicher Art einzusetzen, hast du stets ein wirksames Gegenmittel zur Hand. Verlustängste, insbesondere wenn sie deine Liebsten betreffen, wirst du vielleicht nie vollständig ausschalten können und das ist auch in Ordnung. Das Ziel ist nicht, die Ängste völlig zu überwinden, sondern einen Weg zu finden, mit ihnen umzugehen, ohne dich davon überwältigen zu lassen. Die Art und Weise, wie du dich diesen Herausforderungen stellst, macht den entscheidenden

Unterschied. Eine gewisse Form von Angst ist sogar überlebensnotwendig, um bei echten Gefahren richtig handeln zu können.

Endlich, nach gefühlt endlosen Wochen des Wartens auf Besserung, verschlechterte sich Carmens Zustand plötzlich wieder deutlich. Ihr starker Husten kehrte zurück, und das Atmen fiel ihr erneut schwer. Es tat mir wirklich im Herzen weh, sie so leiden zu sehen, besonders nachdem es ihr endlich wieder besser gegangen war, und dann dieser Rückschlag.

Diesmal kamen auch noch starke Halsschmerzen hinzu, weshalb wir vorsichtshalber einen Corona-Test gemacht haben. Mein Ergebnis war negativ, doch leider war das bei Carmen nicht der Fall: Ihr Test war positiv, was in diesem Fall leider alles andere als positiv war.

Einen kurzen Augenblick waren wir beide wie gelähmt, weil wir es nicht glauben wollten. Ihre schwere Lungenentzündung war noch nicht einmal ganz abgeheilt, da kam Corona um die Ecke und setzte sie erneut schachmatt. Ab und zu ist das Leben mit einem Boxkampf vergleichbar. Doch du kämpfst nicht nur gegen einen einzelnen Gegner. Mitunter stehst du einer Übermacht gegenüber und bist zahlreichen Angriffen ausgesetzt. Um in diesem Kampf nicht zu verlieren, musst du dir verschiedene Strategien aneignen: einstecken, ohne dabei zu Boden zu gehen, und, falls du dennoch einmal auf die Bretter geschickt wirst, heißt es für dich, dass es Zeit ist, einen Mutausbruch zu bekommen, um dann wieder aufzustehen.

Flexibles Lernen hilft dir, schnell und effektiv neue Techniken auszuprobieren, die dich zurück auf die Gewinnerstraße bringen. Du lernst, Angriffen auszuweichen und selbst zurückzuschlagen. Dabei ist es wichtig, das Ziel nie aus den Augen zu verlieren: am Ende als Sieger aus diesem Kampf hervorzugehen.

Das Wichtigste ist, deinen schwersten Gegner zu besiegen: dich selbst. Genau, du bist der schwerste Gegner, dem du je gegenüberstehen wirst. Gibst du auf, machst du es deinen Gegnern leicht. Doch wenn du dich selbst überwindest, bist du unbesiegbar. Deshalb: Gib niemals auf. Besiege dich selbst, und der Erfolg auf unterschiedlichen Ebenen wird dir folgen.

Zum Glück erholte sich Carmen von Woche zu Woche ein Stück weit mehr. Geduld ist hierbei entscheidend. Von Ärzten und Apothekerinnen haben wir erfahren, dass nach der letzten Corona-Welle vermehrt Nasennebenhöhlenentzündungen sowie Lungenentzündungen aufgetreten sind.

Es scheint, dass das Virus häufiger auch die Nasennebenhöhlen befällt, was in einigen Fällen zu einer Lungenentzündung führen kann. Genau das ist wohl meiner Süßen passiert.

Wenn du dich allen Herausforderungen stellst, nach Lösungen suchst, flexibel im Denken und Handeln bleibst, aus Misserfolgen lernst und nie aufhörst, an dich und deine Fähigkeiten zu glauben, dann wird dein Mut belohnt werden. Dein Mutausbruch führt dich zum Erfolg, und du wirst als Sieger hervorgehen. Wenn du diesen Weg einschlägst, hast du deine Schatten hinter dir gelassen.

Du bist von Natur aus ein Gewinner, mit allen Fähigkeiten ausgestattet, die du zum Erfolg brauchst. Es ist nur dein erlerntes Denken, das dich bisher zurückgehalten hat. Wenn in der Vergangenheit vieles nicht funktioniert hat und du nicht wusstest, wie du mit negativen Erfahrungen umgehen sollst, liegt das möglicherweise an einer unbewussten "Fehlprogrammierung". Diese resultiert aus den Inhalten deines Unterbewusstseins, deinen Glaubensmustern und Überzeugungen. Wie ich dir schon einmal gesagt habe: Wenn du glaubst, dass du etwas nicht schaffen kannst, wird es dir auch nicht gelingen. Dein Ego könnte verhindern, dass du es doch schaffst, denn das würde bedeuten, dass du deinen Irrtum eingestehen müsstest. Mit dieser Denkweise ist ein Scheitern vorprogrammiert.

Wenn du jedoch mit Leichtigkeit durchs Leben gehst, hast du vermutlich ein hilfreiches und positives Unterbewusstsein entwickelt. Falls das nicht der Fall ist, kannst du deine innere Programmierung ändern. Mit den richtigen Strategien und Lösungen ist es möglich, deine Denkmuster zu transformieren und damit alles in deinem Leben zu verändern.

Finde deine innere Stärke, die in jedem von uns schlummert. Lerne, diese Stärke zu schätzen und zu lieben. Sie wird dir helfen, dein volles Potenzial zu entfalten.

Hast du dich schon einmal gefragt, was Selbstliebe wirklich bedeutet? Für mich war das lange ein schwieriges Thema. Mal Hand aufs Herz: Kannst du voller Überzeugung sagen, dass du dich selbst liebst? Oder fühlst du dich dabei ebenso unsicher, wie ich es lange Zeit tat?

Ich hatte oft das Gefühl, nicht gut genug zu sein. Fehler und falsche Entscheidungen begleiteten mich, und ich fragte mich: Hatte ich überhaupt das Recht, mich selbst zu lieben? War das nicht egoistisch? Oder nahm ich mich dadurch vielleicht zu wichtig? Doch je länger ich darüber nachdachte, desto klarer wurde mir: Selbstliebe hat nichts mit Egoismus zu tun. Sie ist die Grundlage dafür, auch andere lieben und unterstützen zu können. Vielleicht beginnt sie genau da, wo wir aufhören, perfekt sein zu wollen.

Wie gehst du mit dir selbst um? Bist du bereit, den Weg der Selbstliebe zu gehen, Schritt für Schritt, mit all deinen Ecken und Kanten?

Wenn du dich einmal intensiver mit dem Thema auseinandersetzt, wirst du erkennen, wie entscheidend

Eigenliebe für dein Leben ist. Ohne sie kann nichts wirklich so funktionieren, wie du es dir wünschst.

Solange du dich selbst nicht liebst und mit dir im Unreinen bist, wie sollst du dich gewissenhaft um dein Wohlbefinden kümmern? Wie willst du verlässlich auf dich achtgeben, wenn du innerlich unzufrieden bist? Du erwartest vielleicht positive Ergebnisse, doch ohne Selbstliebe bleiben sie oft aus. Stattdessen fragst du dich dann, warum nichts so funktioniert, wie du es dir vorstellst.

Genau das habe ich selbst oft erlebt, genau diese innere Unzufriedenheit stand mir im Weg.

LIEBE, das wohl stärkste und zugleich zarteste Gefühl der Welt. Sie prägt unser Leben in jeder Hinsicht, sei es durch die Verbindung zu anderen oder die Beziehung zu uns selbst. Liebe ist für mich die stärkste Kraft, die wir kennen, nicht der Hass. Denn nur Liebe hat die Macht, die Welt zu einem besseren Ort zu machen.

Die Liebe zu deinem Kind ist grenzen- und bedingungslos, ein Anker, der unerschütterlich Halt gibt. Die Liebe zu deinem Partner vereint zwei Leben, zwei Seelen zu einem unendlichen Band. Sie verbindet und stärkt uns.

Die Liebe zu deiner Familie lässt dich verwurzeln und gibt dir Stabilität, selbst in den stärksten Stürmen.

Und dann gibt es die Liebe, die sich über Grenzen hinwegsetzt: die unvoreingenommene Zuneigung zu anderen Kulturen, die dich offen und empathisch macht. Die Liebe zu Schwächeren, die zeigt, dass wahre Stärke in Mitgefühl liegt. Und die Liebe zu dir selbst, die inneres Wachstum und Frieden bringt.

Liebe ist nicht nur ein Gefühl, sie ist die Kraft, die alles miteinander verbindet, ein unendliches Band, das uns miteinander und mit uns selbst vereint.

Ich hatte oft das Gefühl,

nicht gut genug zu sein.

Fehler und falsche

Entscheidungen begleiteten mich,

und ich fragte mich:

Hatte ich überhaupt das Recht,

mich selbst zu lieben?

War das nicht egoistisch?

Oder nahm ich mich dadurch

vielleicht zu wichtig?

Es hat lange gedauert, aber heute kann ich mit Überzeugung sagen: Ich liebe mich selbst. Früher fühlte sich dieser Gedanke seltsam an, fast wie ein Kleidungsstück, was nicht richtig passen wollte. Doch warum war das eigentlich so?

Habe ich Fehler gemacht? Natürlich. Habe ich falsche Entscheidungen getroffen? Unzählige. Würde ich heute manches anders machen? Ohne Zweifel. Aber warum sollte ich mich deshalb verurteilen? Damals wusste ich vieles noch nicht, was ich heute weiß. Wie hätte ich also anders handeln können?

Diese Erkenntnis hat Zeit gebraucht, doch sie hat mich befreit. Heute sehe ich meine Vergangenheit als etwas, das mich geformt hat. Ich bin nicht perfekt, aber genau das macht mich aus. Und genau deshalb liebe ich mich.

Alle Entscheidungen, auch die falschen, haben mich wachsen lassen und zu dem Menschen geformt, der ich heute bin. Ich kann die Vergangenheit nicht rückgängig machen, aber ich kann aus meinen Fehlern lernen und im Hier und Jetzt bewusstere Entscheidungen treffen, um mir eine vielversprechende Zukunft zu gestalten.

Ich wünsche mir Frieden für die Welt und hoffe, dass jeder Mensch einen Weg zur Selbsthilfe findet, der zu einem erfüllten Leben führt. Mein Herz ist groß, und es fällt mir leicht, Menschen einen Platz darin zu geben, die sich dafür einsetzen, andere Menschen zu unterstützen.

Warum sollte ich mich nicht auch selbst lieben können, wenn ich doch so viel Liebe in mir trage?

Ich liebe mich für die Liebe, die ich mit dir und allen anderen teilen möchte, mit denen, die ebenfalls diese treibende Kraft in sich spüren. Da draußen gibt es genug Herausforderungen, aber ich möchte mich auf Liebe und Mitgefühl konzentrieren.

Liebe ist nicht nur ein Gefühl,

sie ist die Kraft,

die alles miteinander verbindet,

ein unendliches Band,

das uns miteinander und mit uns

selbst vereint.

Mein Ziel ist es, das kleine Stückchen Erde, das ich betrete, mit Liebe und Licht zu füllen und es ein wenig heller zu hinterlassen. Durch diese tiefe Verbindung zu meiner Liebe für andere konnte ich erkennen, dass ich es auch wert bin, mich selbst zu lieben.

Wenn jeder bei sich selbst anfängt, könnten die Besen, die sonst vor fremden Türen kehren, getrost zu Hause bleiben. Sich mit sich selbst auseinanderzusetzen, ist nicht leicht. Es erfordert Zeit, Liebe, Verständnis, Nachsicht und vor allem eine große Prise Mut.

Auch ich bin oft wegen meiner Fehlentscheidungen hart mit mir ins Gericht gegangen. Ich fragte mich, wie ich so handeln konnte. Doch aus eigener Erfahrung kann ich dir nur raten: Lerne, dir auch deine Fehler zu verzeihen. Was geschehen ist, lässt sich nicht ändern, aber du kannst daraus lernen und stärker werden.

Du kannst dir jetzt entweder eine riesige Menge an Schuldgefühlen ins Unterbewusstsein laden oder du lernst aus deinen falsch getroffenen Entscheidungen.

Fehlentscheidungen aus deiner Vergangenheit musst du ja nicht wiederholen. Lerne von ihnen, sei dein eigener Lehrer, und treffe ab jetzt bewusstere und klügere Entscheidungen. Jeder von uns hat schon falsche Entscheidungen getroffen, da bist du nichts besonders.

Es gibt keinen Grund, deswegen dein Unterbewusstsein mit krankmachenden Gedanken vollzustopfen, die dich daran hindern werden, dich selbst lieben zu können. Wenn du das verstehst, bist du innerlich wieder ein Stückchen gewachsen.

Wenn du dich traust und einen mutigen Schritt wagst, wirst du mit der Zeit einen Menschen mit neu entdecktem Potenzial in dir finden.

Leider sind wir oft zu schnell dabei, andere zu bewerten und zu verurteilen. Statt unsere Energie in Menschen zu investieren, die uns gar nicht darum gebeten haben, sollten wir sie darauf verwenden, uns selbst zu hinterfragen. Fange an, bei dir selbst zu kehren, du wirst erstaunt sein, was dabei ans Licht kommt.

Beim Aufwirbeln des Staubs erkennst du alte, verborgene Muster, die dir nicht mehr nützlich sind. Das ist der entscheidende Moment: Jetzt kannst du diese loslassen und Platz für Neues schaffen.

So ebnest du dir den Weg zu einer positiven und erfüllten Zukunft. Hab den Mut, es lohnt sich!

Musst du dich noch selbst hinterfragen, wenn du beginnst zu verstehen, dass Selbstliebe unumgänglich für ein gesundes, erfolgreiches und erfülltes Leben ist? Absolut! Sich selbst und damit die eigenen Entscheidungen kritisch zu hinterfragen, ist essenziell und zeigt eine ausgeprägte Empathiefähigkeit.

Denn erst, wenn du dir bewusst machst, dass auch andere Menschen kluge Entscheidungen treffen können, die manchmal besser sind als deine eigenen, und du das ohne Einmischung deines Egos akzeptieren kannst, wird deine Selbstliebe wachsen.

Ich wünsche mir, dass du über dich hinauswächst. Alles, was du dafür brauchst, steckt bereits in dir.

Sollten jedoch größere innere Baustellen aus deiner Vergangenheit existieren, die dich an deinem Wachstum hindern, möchte ich dir im nächsten Kapitel: Unterbewusstsein Teil 3 zeigen, wie ich meine überwunden habe.

Erst, wenn du dir bewusst machst,

dass auch andere Menschen kluge

Entscheidungen treffen können,

die manchmal besser sind als

deine eigenen,

und du das ohne Einmischung

deines Egos akzeptieren kannst,

wird deine Selbstliebe wachsen.

Unterbewusstsein Teil 3

Das acht Schritte Veränderungsprogramm:

Jetzt geht es erneut um dein Unterbewusstsein, um tief verwurzelte, verborgene Erfahrungen und Überzeugungen, die dein Handeln beeinflussen, ohne dass du es bewusst wahrnimmst. Ich weiß aus eigener Erfahrung, wie prägend das sein kann. Oft genug stand ich selbst an diesem Punkt: der verunsicherte, traurige und wütende kleine Junge, der nicht den Mut fand, so zu handeln, wie er es sich gewünscht hätte. Doch mit der Zeit habe ich gelernt, diese Muster zu erkennen und zu verändern, und genau dazu möchte ich dich ermutigen.

Ich nenne diese Art des beeinflussenden Handelns verborgene innere Festungen. Ich nenne sie so, weil ihr Inneres durch massive Mauern verborgen bleibt. In diesen Festungen können sich tief verwurzelte Überzeugungen ansammeln, die oft aus vergangenen Erfahrungen resultieren. Solche Überzeugungen haben möglicherweise dein Ego entscheidend geprägt und geformt.

Wenn du überwiegend die richtigen Entscheidungen getroffen hast, könntest du ein gesundes Selbstbewusstsein entwickelt haben. Fehlen jedoch stärkende Überzeugungen, wie es bei mir gelegentlich der Fall war, kann dies dazu führen, dass du nicht genügend Selbstvertrauen aufbaust.

Wenn Überzeugungen auf falschen Annahmen basieren, kann sich dein Ego übermäßig aufblähen, vergleichbar mit einem riesigen muskelbepackten Hünen aus irgendeinem Fantasy-Roman. In diesem Fall bist du möglicherweise ein egozentrierter Mensch. Das Problem bei egozentrierter Denkweise ist, dass neue Wege oder Impulse oft reflexartig abgelehnt werden. Der Grund: Das Ego sieht in ihnen eine Bedrohung seiner bisherigen Existenz.

Dieses Verhalten kann so ausgeprägt sein, dass dein Ego bei neuen Ansätzen sofort in Abwehrhaltung geht und alles bekämpft, was sich ihm entgegenstellt. Es dominiert in einer Weise, die verhindert, dass andere Perspektiven oder Ideen Raum bekommen. Für das Ego existiert nur eine Wahrheit: seine eigene. Eine mögliche, harmonische Koexistenz wird von Anfang an unterdrückt. Das Ego sieht sich dann als alleiniger Chef. Lässt du dein Ego die Kontrolle über dein Leben übernehmen, dann wirst du selten Entscheidungen treffen, die dir inneren Frieden und echtes persönliches Wachstum ermöglichen.

Das Ego, oder anders ausgedrückt, der muskelbepackte Hüne, ist davon überzeugt, dass niemand außer ihm selbst weiß, was das Beste für dich ist. Es konzentriert sich vor allem auf äußeren Erfolg und Anerkennung. Für das Ego zählt mehr, wie andere dich sehen, als wie du dich selbst wahrnimmst. Es strebt danach, dich in den Augen der Welt groß erscheinen zu lassen, oft auf Kosten deines wahren Selbst. Doch wenn du dich von diesem äußeren Fokus leiten lässt, verlierst du die Verbindung zu dem, was wirklich zählt: dein inneres Wachstum. Erst wenn du das Ego in seine Schranken verweist und den Mut hast, unabhängig von äußeren Erwartungen zu handeln, kannst du Entscheidungen treffen, die dich langfristig erfüllen. Hinterfrage dein Handeln: Trifft dein Ego die Entscheidungen, oder wirklich du selbst?

Es ist ebenso möglich, dass die Ursachen deiner Symptome wie Unsicherheit, Ängstlichkeit, unbegründete Sorgen, schnelle Verletzbarkeit oder tiefe Traurigkeit in deinen vergangenen Erlebnissen verankert sind. Diese inneren Festungen, geprägt von früheren Erfahrungen, können dazu führen, dass Sätze wie

„So bin ich eben, so war ich schon immer, dann ist das halt so"

oder ähnliche Überzeugungen entstehen. Sie drücken oft die Annahme aus, dass Veränderung unmöglich oder unerwünscht sei. Diese Haltung mag verständlich erscheinen, vor allem, wenn sie über längere Zeit Sicherheit gegeben hat. Doch Veränderung ist immer möglich und oft der erste Schritt zu einem freieren, zufriedeneren Leben.

Starke Ängste und Sorgen können plötzlich aus dem Nichts auftauchen, ohne dass du verstehst, warum du dich so fühlst. Plötzlich fühlst du dich ängstlich, niedergeschlagen oder verunsichert, ohne den Grund dafür zu kennen. Tief in deinem Unterbewusstsein, verborgen hinter dicken und hohen Mauern, liegen oft Probleme, die dich immer wieder belasten. Sie sind gut vor deiner bewussten Wahrnehmung verborgen und tauchen scheinbar unvermittelt auf. Viele dieser Dinge hast du über die Jahre angesammelt, manchmal ohne es zu bemerken oder dich daran zu erinnern. Doch sobald du beginnst, diese verborgenen Themen zu erkennen, kannst du sie Schritt für Schritt auflösen und dich von ihrer Last befreien.

Wie aus einer unsichtbaren Kommandozentrale werden dir Befehle erteilt, die in Form starker Emotionen auf dich einwirken. Diese Angriffe können jederzeit auftreten, am Tag ebenso wie mitten in der Nacht. Aus dem Verborgenen heraus agieren sie nach dem Vorbild einer Guerillataktik und fügen dir schmerzhafte Nadelstiche in Form von Triggerpunkten zu. Häufig sind es dann diese Triggerpunkte, die diesen heimtückischen Kreislauf in Gang setzen. Die Nadelstiche wecken die intensiven Emotionen, die du einst gespürt hast, als du bestimmte Erlebnisse in deinem Unterbewusstsein abgespeichert hast.

Erst wenn du das Ego in seine

Schranken verweist

und den Mut hast,

unabhängig von äußeren

Erwartungen zu handeln,

kannst du Entscheidungen treffen,

die dich langfristig erfüllen.

Je nachdem, welche Emotionen durch den Triggerpunkt ausgelöst werden, fühlst du dich möglicherweise schlecht, wütend, traurig, hilflos, ängstlich, missverstanden oder abgelehnt. Vielleicht empfindest du auch Schwäche, Krankheit, Einsamkeit, Verlassenheit, oder sogar eine Art innere Leere. Dabei passiert in der Gegenwart oft nichts, was diese starken Reaktionen erklären könnte. Ihre Ursache liegt vielmehr in deiner Vergangenheit, verborgen in den inneren "Festungen" deiner Erfahrungen. Der Triggerpunkt bringt sie unbewusst an die Oberfläche. In dem Moment, in dem dies geschieht, erkennst du den Zusammenhang höchstwahrscheinlich gar nicht. Plötzlich fühlst du dich schlecht, weil du eine Welle negativer Emotionen in dir wahrnimmst. Deine Laune hat sich schlagartig verändert,doch du kannst dir den Grund dafür nicht erklären.

Dies kann dazu führen, dass du mit dir selbst oder anderen in Konflikt gerätst, ohne zu erkennen, dass der Auslöser tief in deinem Inneren verborgen liegt, gut geschützt in einer deiner inneren Festungen. Manchmal hörst oder siehst du etwas, das dich emotional in eine frühere Zeit zurückversetzt. Es fühlt sich an, als würdest du die Gefühle von damals erneut erleben, ohne dass dir dieser Zusammenhang bewusst ist. Dein Unterbewusstsein hat diese Erinnerungen gespeichert, und die aktuelle Situation löst ähnliche Reaktionen aus wie damals.

In solchen Momenten ist es möglich, dass deine Reaktion auf das Gehörte oder Gesehene intensiver ausfällt, als es eigentlich angemessen wäre. Du reagierst möglicherweise stärker, als die Situation es erfordert, und bringst diese Reaktion nicht mit den Erfahrungen aus der Vergangenheit in Verbindung.

Das kann dazu führen, dass andere Menschen durch deine übermäßige Reaktion verletzt oder irritiert werden. Gleichzeitig kann dir selbst diese Reaktion unangenehm auffallen, weil sie sich im Nachhinein übertrieben anfühlt. Solche emotionalen Überreaktionen sind menschlich, aber es ist hilfreich, sie zu erkennen und zu verstehen, um bewusster mit ihnen umzugehen.

Die durch die Triggerpunkte ausgelösten Nadelstiche erlebst du nicht, weil sie dir schaden oder absichtlich wehtun sollen, sondern weil dein Unterbewusstsein noch immer glaubt, dass du genau diese Art von Unterstützung benötigst.

Irgendwann in der Vergangenheit hast du starke, emotional aufgeladene Erlebnisse durchgemacht, in denen die aktuellen Auslöser eine große Bedeutung hatten. Damals warst du von diesen Emotionen überwältigt und konntest sie nicht filtern. So haben sie sich tief in dein Unterbewusstsein eingeprägt. Vielleicht hast du in der Vergangenheit schmerzhafte Verlusterfahrungen gemacht, die dich nachhaltig geprägt haben. Diese Emotionen, verbunden mit der Angst, haben sich so stark in deinem Inneren verankert, dass sie nun durch bestimmte Trigger wieder aktiviert werden.

Es könnte beispielsweise der Tod eines geliebten Menschen, die Trennung deiner Eltern, menschliche oder berufliche Enttäuschungen oder der Verlust deiner Ersparnisse sein. Die Möglichkeiten sind vielfältig, und jeder Mensch trägt seine eigene Sammlung von Erlebnissen mit sich, die von unterschiedlichen Sorgen und den dazugehörigen Emotionen geprägt sind. Vielleicht hast du früher keine Liebe erfahren und fühlst dich heute schnell verunsichert, wenn du das Gefühl hast, nicht gemocht zu werden, oder noch schlimmer: nicht geliebt.

Vielleicht wurde dir früher gesagt, dass du nichts kannst, dass du nicht klug genug bist oder dass aus dir nie etwas werden wird. Solche Worte können tiefe Spuren hinterlassen, manchmal tragen wir diese menschengemachten Zweifel unser Leben lang mit uns. Vielleicht liegt es schon lange zurück, dass du dich mit diesen Gefühlen auseinandergesetzt hast, oder es ist so tief vergraben, dass du dich kaum noch daran erinnern kannst. Doch es ist nie zu spät, diese alten Verletzungen zu heilen und deinen eigenen Wert wiederzuentdecken.

Wenn du nicht länger von diesen inneren Festungen behindert werden möchtest, die immer wieder dieselben Probleme hervorrufen, ist es wichtig, jetzt entschlossen zu handeln. Fasse den klaren und überzeugten Entschluss, diese tief in dir verborgenen Mauern aufzuspüren und abzubauen. So schaffst du Platz für Neues, das dich unterstützt und stärkt. Dieser Entschluss muss aus tiefstem Herzen kommen, denn nur so kannst du alte Muster wirklich loslassen und dich weiterentwickeln.

Es reicht nicht aus, nur zu denken: „Es wäre schön, wenn ich dieses oder jenes Problem auf mentaler Ebene nicht mehr hätte." Solches Denken vermittelt, dass du keinen Einfluss auf deine Situation hast. Doch genau das stimmt nicht. Du bist die einzige Person auf dieser Welt, die die Macht hat, etwas zu verändern.

Es beginnt mit deinem Entschluss, Verantwortung zu übernehmen und dein Leben aktiv zu gestalten. Nimm dir vor, es wirklich ernst zu meinen. Schau in dich hinein, ordne dein Inneres und bringe die beste Version von dir selbst zum Vorschein. Dieser neue Mensch wird nicht mehr von den Dingen belastet sein, die dir bisher oft im Weg standen.

Sobald du diese verborgenen Hindernisse erkennst, kannst du bewusst an ihnen arbeiten. Und ab diesem Moment bist du nicht mehr hilflos, du wirst die Kontrolle zurückgewinnen und dein Leben in eine positive Richtung lenken. Wenn doch noch einmal ein Nadelstich auftreten sollte, kannst du ihn bewusst wahrnehmen und sofort etwas verändern. Wenn du wirklich willst, wenn du stärker sein willst als dein Ego, dann kannst du dich und deine Überzeugungen ändern, egal, wie alt oder tief verwurzelt sie sind.

Du bist nicht deine Überzeugungen. Du trägst sie nur so lange mit dir herum, bis neue entstehen und die alten, die dir nicht mehr dienen, ablösen. Als ich begann, meine Überzeugungen zu hinterfragen und zu ersetzen, wurde ich mental stärker und gefestigter als je zuvor. Mein Mutausbruch, nicht aufzugeben, hat mich hierher geführt, zu dir. Ohne diesen Moment des Mutes hätte ich dir meine Geschichte nie erzählt.

Bevor wir gleich gemeinsam die nächsten Schritte durchgehen, lade ich dich ein, dir zunächst einen Moment für dich selbst zu nehmen. Suche dir einen ruhigen Ort, an dem du dich wohl und ungestört fühlst.

Wenn du bereit bist, stelle dir folgende Frage: Wie würdest du dich fühlen, wenn alles genauso bleibt, wie es jetzt ist? Und wie würde sich dein Umfeld und wie würden sich deine Liebsten fühlen? Fühlt sich dieser Gedanke gut oder eher unangenehm an?

Solltest du feststellen, dass dich dieser Gedanke unwohl fühlen lässt, ist das ein wichtiges Zeichen: Es gibt etwas in deinem Leben, das du zu deinem Vorteil verändern kannst. Und genau hier liegt deine Stärke! Du bist bereit, die Kontrolle über dein Leben zu übernehmen, sogar über deinen „inneren, muskelbepackten Hünen, der manchmal laut wird.

Du bist jetzt bereit, die Veränderungen anzugehen, die dich deinem glücklichen und zufriedenen Selbst näherbringen.

Stell dir vor, wie du dich fühlen würdest, wenn du dein Leben bereits in die Richtung verändert hättest, die du dir wünschst. Sieh dich selbst, wie du voller Freude, frei und selbstbewusst dein Leben gestaltest. Spüre, wie sich dieser Moment anfühlt, das Glück, die Erfüllung und die Leichtigkeit, die dich umgeben.

Wie wirkt sich diese Veränderung auf dein Umfeld aus?

Es reicht nicht aus, nur zu denken:

„Es wäre schön, wenn ich dieses oder jenes Problem auf mentaler Ebene nicht mehr hätte.“

Solches Denken vermittelt,

dass du keinen Einfluss auf deine Situation hast.

Doch genau das stimmt nicht.

Du bist die einzige Person auf dieser Welt,

die die Macht hat, etwas zu verändern.

Ich bin mir sicher, dass deine Liebsten deine positive Energie spüren und von deinem Wandel profitieren werden. Dein Mut zur Veränderung inspiriert und bereichert nicht nur dich, sondern auch die Menschen um dich herum.

Wenn dir dieser Gedanke ein gutes Gefühl gibt, dann triff jetzt eine klare Entscheidung: Hol dir dieses Leben! Du hast die Kraft, das zu sein, was du sein möchtest. Wenn du glücklich und erfüllt leben willst, dann beginne genau jetzt damit. Du bist es wert!

Reiße die Mauern deiner inneren Festungen ein und erlaube dir, ein neues, unterstützendes Unterbewusstsein bewusst zu gestalten, das dir hilfreich zur Seite steht. Mach einen gründlichen Frühjahrsputz in deinem Inneren und freue dich über den strahlenden Glanz, der daraus entsteht. Dein neues „Ich" wird durch deine veränderte Ausstrahlung auch für andere Menschen sichtbar. Nimm dir dafür so viel Zeit, wie du brauchst. Ich bin hier und warte geduldig auf dich. Sobald du deine Fragen in Ruhe für dich beantwortet hast, können wir unser Gespräch gerne fortsetzen.

Schritt 1

Der erste Schritt, den du gehen kannst, ist folgender: Schreibe alles auf, was dich stark belastet. Dabei ist es nicht nötig, die Ereignisse in chronologischer Reihenfolge zu ordnen. Es spielt keine Rolle, wie lange die Erlebnisse zurückliegen, selbst Dinge aus deiner frühesten Kindheit können von Bedeutung sein.

Gab es beispielsweise einen Streit, der tiefe Spuren in dir hinterlassen hat und dessen Auswirkungen du bis heute spürst? Vielleicht hast du den Tod eines geliebten Menschen noch nicht vollständig verarbeitet? Wurdest du von jemandem so sehr enttäuscht, dass es dir schwer fällt, anderen Menschen wieder zu vertrauen? Oder halten dich Minderwertigkeitsgefühle zurück, weil dir, sei es als Kind oder als Erwachsener, wiederholt gesagt wurde, dass du zu nichts taugen würdest?

Was auch immer dich belastet, schreibe es auf. Notiere die Dinge, die Spuren in dir hinterlassen haben und dich bis heute beschäftigen. Vielleicht handelt es sich nur um zwei oder drei Themen, vielleicht auch um acht oder neun. Die genaue Anzahl ist nicht entscheidend. Nimm dir dabei so viel Zeit, wie du brauchst. Gehe dabei in dich, spüre tief hinein und lasse zu, dass auch verborgene Gefühle oder Erinnerungen an die Oberfläche kommen. Manche dieser Dinge könnten sich in deinem Unterbewusstsein tief in einer Festung versteckt haben. Mit Ruhe und Geduld wirst du erkennen, was sich in dir festgesetzt hat.

Schreibe jede Verletzung mit genügend Abstand zur nächsten auf, da du den verfügbaren Platz noch für weitere Notizen benötigst.

Nachdem du alles notiert hast, folgt der zweite Schritt.

Schritt 2

Schreibe nun ohne Zögern die erste Emotion auf, die du bei jeder der notierten Verletzungen empfindest. Wenn du bei der ersten Verletzung zum Beispiel Angst spürst, notiere sie. Gehe dann zur zweiten Verletzung über und tue dasselbe. Sollte es erneut Angst sein, schreibe auch das auf. Falls es eine andere Emotion wie Wut ist, notiere diese. Fahre fort, bis du alle Verletzungen durchgegangen bist und jede erste Emotion, die du dabei gefühlt hast, festgehalten hast.

Schritt 3

Gehe nun noch einmal in Ruhe und mit ausreichend Zeit alle von dir aufgeschriebenen Verletzungen durch. Falls du zu den einzelnen Verletzungen zusätzliche Emotionen fühlst, notiere diese unter der jeweils ersten Emotion.

Zum Beispiel, wenn unter deiner ersten Verletzung 'Angst' als Hauptemotion steht, bleibt dies die wichtigste Emotion für diese Verletzung. Falls du jedoch weitere Gefühle wie Wut oder Traurigkeit verspürst, trage diese Emotionen unterhalb der Hauptemotion ein.

Das könnte folgendermaßen aussehen:

Angst (Hauptemotion)

Wut (Nebenemotion)

Traurigkeit (Nebenemotion)

Gehe nun bitte jede deiner aufgeschriebenen Verletzungen durch und ordne die entsprechenden Emotionen zu.
Wenn du alle Emotionen aufgelistet hast, achte darauf, welche die Hauptemotionen und welche Nebenemotionen sind. Möglicherweise erkennst du schon ein Muster. Wie viele Hauptemotionen hast du? Gibt es hier Überschneidungen oder doppelte Emotionen? Wie verhält es sich bei den Nebenemotionen? Tauchen auch hier gleiche Emotionen auf? Wie viele Emotionen hast du insgesamt von jeder Art?
Nun schreibe die Emotionen in absteigender Reihenfolge auf: Beginne mit den Emotionen, die am häufigsten vorkommen, und arbeite dich nach unten, so dass die Emotion mit den meisten Wiederholungen an oberster Stelle steht.

Wenn du dies wirklich gewissenhaft getan hast und nun schwarz auf weiß die Emotionen vor dir siehst, die dir in deinem Leben am meisten zu schaffen gemacht haben, wirst du sicherlich ein Muster in deinen Entscheidungen erkennen können. Die gespeicherten Inhalte deiner ‚Festungen' haben deine Entscheidungen maßgeblich beeinflusst, sowohl bewusst als auch unbewusst.

Wenn dir jetzt in diesem Augenblick das Ausmaß der Handlungen bewusst wird, die daraus entstanden sind, nachdem du jede Verletzung noch einmal durchgegangen bist, stelle dir vor, du würdest für immer in diesem Zustand aufgewühlter Emotionen verbleiben. Was würde das mit dir anstellen? Wie fühlt sich diese Vorstellung für dich an? Wäre es für deine Liebsten und dein gesamtes Umfeld positiv oder negativ? Wie fühlst du dich dabei, wenn du nichts daran ändern würdest?

.

Schritt 4

Nachdem du nun noch einmal deine alten Wunden betrachtet hast, gehe ich davon aus, dass du bereit bist, diese langjährigen Verletzungen, zusammen mit den damit verbundenen Emotionen, endlich loszulassen. Wenn du das wirklich willst, musst du nicht mich, sondern vor allem dich selbst zu einhundert Prozent davon überzeugen. Es muss dein fester Wille sein, dich von deinen inneren Festungen zu befreien und mit diesen Mustern nicht länger fortzufahren. Du musst es wirklich wollen, ohne jeden Zweifel. Nur dann wird Veränderung möglich.

Wenn du fest davon überzeugt bist, folgt der nächste Schritt.

Schritt 5

Der fünfte Schritt in dieser Übung ist der Wichtigste, da er das Erkennen deiner Verletzung beinhaltet. Du beginnst erneut mit der ersten Verletzung und nimmst dir Zeit, um in Ruhe darüber nachzudenken, was an dem Erlebten positiv war. Diese Methode hilft dir, die Erlebnisse, die du als negativ abgespeichert hast, zu verändern, indem du das Negative ins Positive umwandelst.

Je nachdem, wie stark dein Ego im Moment ausgeprägt ist, könnte es sein, dass es sich angegriffen fühlt, weil es keine positiven Aspekte in dieser Situation sieht (erkennt; findet; identifiziert; entdeckt). Es könnte sogar zur Überlegung kommen, was ich jetzt überhaupt von dir will. Ich hoffe jedoch, dass du dein Ego im Griff hast und offen für die Antworten bist.

Wenn du genau danach Ausschau hältst, wirst du die positiven Entwicklungen darin erkennen. Ohne Licht kein Schatten und so verhält es sich mit allem im Leben. Es gibt immer zwei Seiten der Medaille. Du musst nur genau hinschauen. Ich möchte dir ein Beispiel aus meinem Leben geben, das eines der schlimmsten Erlebnisse für mich war. Es hat mich tief geprägt und verdeutlicht sehr, was ich damit meine. Die Veränderungen, die dieses für mich erschütternde Erlebnis mit sich brachte, zogen sich über viele Jahre hin, genauer gesagt über Jahrzehnte. Erst als ich Schritt für Schritt ein bestimmtes Programm bei mir anwandte, konnte ich meine inneren Festungen einreißen und meinem Leben eine neue Richtung geben.

Ich habe aus meinen eigenen Erfahrungen viel gelernt und das Wissen großartiger Menschen angenommen, die sich ebenfalls zum Ziel gesetzt haben, den Menschen eine Leiter anzubieten, um die Mauern zu überwinden, die sie selbst errichtet haben. Vielleicht wirst du eines Tages genau diese Leiter an andere weiterreichen, die diese Art von Hilfe zur Selbsthilfe benötigen. Das würde mich auf jeden Fall sehr freuen. Nun möchte ich dir von einer meiner errichteten Festungen berichten, vom Schmerz und seiner Veränderung.

Ich hatte ja schon erwähnt, dass meine Oma vor vielen Jahren verstorben ist. Genauer gesagt, war ich sechzehn Jahre alt, als meine über alles geliebte Oma von uns ging. Sie war und ist für mich mehr als nur eine Großmutter, sie vereinte alles, was ich mir unter einer „Bilderbuch-Oma" vorstelle, in einer Person.

Sie war stets für mich da und schenkte mir eine Liebe, die keine Grenzen kannte. Für mich war sie der Inbegriff von Geborgenheit und Wärme. Bis heute bin ich unglaublich dankbar, dass ich diese Form der bedingungslosen Liebe von meiner Oma und auch von meiner Mama erfahren durfte.

Ich hoffe sehr, dass auch du in deinem Leben diese Art von Liebe erfahren hast, eine Liebe, die uns prägt und für immer in unseren Herzen bleibt.

Als sie verstarb, kam ich zum ersten Mal damit in Berührung, einen geliebten Menschen zu verlieren. Mitten in der Pubertät fühlte es sich an, als würde meine Welt in tausend Stücke zerbrechen. Eine Welle der Wut und Traurigkeit überrollte mich. Warum musste man mir meine Oma nehmen? Ich haderte mit Gott und stellte mir die quälende Frage, wie er so etwas zulassen konnte. Es war, als hätte jemand mein Herz herausgerissen. Zum ersten Mal in meinem Leben erlebte ich einen Schmerz, der mich vollkommen lähmte. Tagelang habe ich bitterlich geweint, unfähig, die Wahrheit zu akzeptieren: Meine geliebte Oma war nicht mehr bei uns.

Meine Rebellion gegen alles und jeden wurde immer stärker. Ich verbrachte immer weniger Zeit zuhause, obwohl ich von meiner Mama und meinem Adoptivpapa wirklich viel Liebe und Unterstützung erhielt. Dennoch begann ich, immer mehr Unsinn zu machen. Ich fühlte eine Wut in mir, mit der ich nicht umzugehen wusste. Meine damalige Clique, mit der ich viel Zeit verbrachte, war eine Jugendgang.

Diese Zeit hat meinen Eltern und vielen anderen Menschen in meinem Umfeld über Jahre hinweg großen Kummer bereitet.

Der Tod meiner geliebten Oma brachte mich endgültig aus der Bahn. Den Schmerz darüber versuchte ich mit Entscheidungen und Handlungen zu betäuben, die alles andere als klug waren. Natürlich endete das in einer Sackgasse.

Erst durch meine erste und lang anhaltende Liebe, Bianca, mit der ich bis heute gut befreundet bin, fand ich einen Ausweg. Diese Entscheidung, mich aus dem Umfeld zurückzuziehen, war im Nachhinein eine der besten meines Lebens. Denn ich stand damals schon mit einem Bein im Gefängnis. Eine weitere falsche Entscheidung hätte mein Leben wohl komplett in eine andere, düstere Richtung geführt.

Jede unserer Entscheidungen hat weitreichende Folgen, manchmal positive, manchmal negative. In meinem Fall hätten sie definitiv negative Konsequenzen gehabt, wenn ich so weitergemacht hätte wie zuvor. Ich hätte meine Frau nicht kennengelernt, unser Sohn wäre nicht geboren, und wir hätten nicht die Freude, unsere Schwiegertochter und unsere zwei zauberhaften Enkelkinder in unserem Leben zu haben.

Das zeigt, wie entscheidend es sein kann, den richtigen Weg einzuschlagen, denn jede falsche Entscheidung kann die Zukunft auf unvorhersehbare Weise beeinflussen.

Der Tod meiner Oma löste eine Welle intensiver Emotionen in mir aus. Zuerst war da die tiefe Traurigkeit, die mich vollständig einnahm. Doch kurze Zeit später gesellte sich eine ungeheure Wut dazu, die ich mir selbst kaum erklären konnte. Gerade, als ich dachte, die Wut überwunden zu haben, kehrte die Traurigkeit zurück, diesmal begleitet von einer überwältigenden Verlustangst. Dieses Erlebnis hinterließ tiefe Spuren in mir, die ich erst viele Jahre später durch bewusste Aufarbeitung heilen konnte.

Damals hatte ich einfach nicht die richtigen Werkzeuge, um mit diesen Gefühlen umzugehen. Hättest du mich einige Jahre nach dem Tod meiner Oma gefragt, ob ich etwas Positives an diesem Verlust sehen könnte, hätte ich wohl nur mit Kopfschütteln reagiert. Ich hätte dich wohl gefragt, ob du nicht mehr alle Latten am Zaun hast? Vermutlich hätte ich dir für diese Frage ein paar aufs Maul angeboten.

Heute, mit Abstand und dank meiner persönlichen Entwicklung, sehe ich, wie diese schwierige Zeit mich geprägt hat. Sie hat mir gezeigt, wie wichtig es ist, mit Emotionen zu arbeiten und nicht gegen sie.

Viele Jahre später, mit dem passenden Werkzeug in der Hand, konnte ich einiges an Positivem in dieser Geschichte finden:

Ich habe gelernt, dass nichts auf der Welt selbstverständlich ist. Jeder Augenblick zählt, und es ist wichtig, ihn bewusst wahrzunehmen und zu genießen. Dinge nicht auf morgen zu verschieben, denn niemand kann mit Sicherheit sagen, was der nächste Tag bringt. Gleichzeitig habe ich verstanden, wie bedeutsam es ist, an Träumen festzuhalten und ihnen nachzugehen.

Während meiner Trauerphase fühlte ich mich leer wie eine Hülle ohne Inhalt. Rückblickend erkenne ich, dass ich damals an einer Depression litt, auch wenn mir das zu jenem Zeitpunkt nicht bewusst war. Meine Träume und Ziele schienen verschwunden, und dieses Gefühl der Leere war kaum auszuhalten.

Aus dem Tod meiner Oma habe ich jedoch eine wichtige Lektion mitgenommen: Es ist von unschätzbarem Wert, sich nicht im Streit zu trennen. Noch bedeutsamer ist für mich die Erkenntnis, niemals zu vergessen, den Menschen, die man liebt, dies auch ehrlich und offen zu sagen. Seitdem gehen mir die Worte „Ich liebe dich" viel leichter über die Lippen.

Denn niemand von uns weiß, wann er diese magischen drei Worte das letzte Mal sagen wird. Ich glaube, dass du an meinem für mich prägnanten Beispiel erkennen kannst, dass selbst im dunkelsten Moment nicht alles nur schwarz ist. Ich lade dich nun ein, die positiven Aspekte zu finden. Setze dich dabei bitte nicht unter Druck und nimm dir so viel Zeit, wie du benötigst.

Schritt 6

Jetzt, da du hoffentlich in allen Verletzungen auch positive Aspekte gefunden hast, die erst durch das Negative zum Vorschein kamen, kann die Verwandlung beginnen. Nimm dir nun Stück für Stück jeden einzelnen Punkt vor. Gehe dabei folgendermaßen vor: Stelle dir den ersten Punkt vor und finde Frieden mit ihm. Schließe deine Augen, atme tief ein, vier Sekunden lang durch die Nase und atme dann acht Sekunden lang durch den Mund aus. Konzentriere dich dabei ganz auf deine gleichmäßige Atmung. Sobald du dich zentriert fühlst, gehe bewusst in Frieden mit den Aspekten, die damals deinen Schmerz verursacht haben.

Sprich zu deinem Unterbewusstsein und sage ihm, dass die alten Punkte keine Bedeutung mehr haben und somit nicht mehr dienlich sind. Dein Unterbewusstsein hinterfragt nicht, es handelt nur nach deinen Gedanken und Äußerungen. Jetzt beginne, dich neu zu programmieren, indem du dankbar für die neu entdeckten positiven Dinge bist und diese in deinen Gedanken speicherst. Spüre die Dankbarkeit in dir. Sie ist eine unglaublich kraftvolle Energie, die wie ein Taxi dein Denken und Fühlen in jede Zelle transportiert. Dein Unterbewusstsein wird nun mit positiven Gedanken neu programmiert.

Ab dem Moment, in dem du deine negativen Erinnerungen in positive umgewandelt hast, gibt es keinen Grund mehr, dich aufgrund vergangener Erlebnisse schlecht zu fühlen. Stattdessen kannst du dich über die gewonnenen Erkenntnisse

freuen, denn genau diese Erfahrungen haben dich stärker gemacht. Du bist jetzt robuster als je zuvor. Du hast deine inneren Mauern zum Einsturz gebracht und alles freigelegt, was sich in ihnen verborgen hat. Sollte ein Bruchstück dieser alten Last in der Gegenwart wieder auftauchen, wirst du es als solches erkennen und in der Lage sein, bewusst zu handeln, um deine Stimmung positiv zu verändern.

Die Festungen waren für dich nur dann gefährlich, wenn du nicht wusstest, dass sie existieren und deshalb auch nicht, woher deine Impulse für Entscheidungen kamen. Vielleicht hast du manchmal wie ferngesteuert gehandelt und dich im Nachhinein für dein mögliches Fehlverhalten bei deinem Gegenüber entschuldigt. Es könnte sein, dass die Inhalte deiner Festungen dich zu impulsivem Verhalten geführt haben. Oder du hast Dinge gesagt oder getan, die du normalerweise nicht gesagt oder getan hättest. Vielleicht war es bei dir auch genau umgekehrt: In stressigen oder unangenehmen Situationen hast du dich ganz klein gemacht und dich versteckt.

Unbewusstes Handeln ist nicht grundsätzlich negativ, ganz im Gegenteil. Ein gutes Beispiel, welches ich schon einmal genutzt habe, ist das Autofahren. Während der ersten Fahrstunden warst du noch voll auf die einzelnen Schritte konzentriert und hast sie aktiv in deinem Kopf durchgespielt. Mit der Zeit, nachdem du deinen Führerschein gemacht hattest, wirst du viele dieser Abläufe automatisch und unbewusst durchführen. Zum Glück funktioniert das so gut, denn wäre es anders, wäre Autofahren auf Dauer alles andere als ein Vergnügen.

Viele der Dinge, die wir abgespeichert haben, sind nützliche Helfer. Doch es sind die Dinge, die uns eher schaden als helfen, die du verändern musst, wenn du mental wachsen willst.

Andernfalls bleibst du in einer Spirale gefangen, die dich immer wieder dazu bringt, genauso zu denken, zu fühlen und zu handeln wie zuvor. Wenn du immer alles gleich machst, kannst du nicht auf Veränderung hoffen.

Der Weg dahin bleibt stets derselbe: Festungen mit ihren Inhalten aufzuspüren,das Positive darin zu finden und das Negative ins Positive zu verwandeln. Sei dankbar, dass du nun nicht mehr machtlos deinen Gefühlen ausgeliefert bist, selbst dann nicht, wenn alte Muster noch einmal auftauchen sollten. Auch wenn solche Rückfälle selten sind, können Teile dieser Festungen, die nun offen vor dir liegen, wieder an die Oberfläche kommen. Doch du nimmst sie wahr und lässt dich nicht mehr von ihnen beherrschen. Dein Handeln wird nicht mehr im Verborgenen bestimmt. Du erkennst die Herausforderungen und hast die Fähigkeit, sie zu deinem Vorteil zu verändern. Ab jetzt geschieht nichts mehr, ohne dass du Einfluss darauf hast. Du bist mächtig, nicht hilflos.

Schritt 7

Nachdem du nun alle Mauern eingerissen und Platz für etwas Neues geschaffen hast, solltest du den nächsten Schritt gehen. Überlege dir, wohin du willst und was du erreichen möchtest. Wie soll dein neues Ich aussehen? Ich kann dir nur dringend empfehlen, es tatsächlich aufzuschreiben und nicht nur in deinem Kopf durchzuspielen. Wenn du es schwarz auf weiß siehst, hat es eine stärkere Wirkung und ist greifbarer.

Du programmierst gerade dein Unterbewusstsein neu. Jetzt, da du keine alten Fesseln mehr trägst, bist du in der Lage, neue Wege zu gehen. Du kannst die Person werden, die du immer schon sein wolltest. Trau dich, diesen wichtigen Mutausbruch zu wagen, und triff die Entscheidungen, die dich deinem Ziel näherbringen.

Ab dem Moment,

in dem du deine negativen

Erinnerungen in positive

umgewandelt hast,

gibt es keinen Grund mehr,

dich aufgrund vergangener

Erlebnisse schlecht zu fühlen.

Welche Informationen möchtest du in deinem Unterbewusstsein speichern? Was ist dir wirklich wichtig?

Welche Eigenschaften möchtest du in deinem Leben verkörpern?

Ängste, Sorgen, das Gefühl, nicht genug zu sein, und die Unsicherheit, es nicht zu schaffen, gehören nun der Vergangenheit an. Du hast dich selbst neu erschaffen. Du hast den Mut gefunden, einen neuen Weg einzuschlagen und das zeigt, wie sehr du eine positive Veränderung anstrebst. Es beweist, dass du mutig, stark und klug bist. Du hast erkannt, dass es niemals zu spät ist, sich zu verändern.

Schritt 8

Wenn du die Fragen aus Schritt 7 bereits selbst beantworten konntest, habe ich nun noch zwei Fragen für dich:

Wie fühlt es sich an, wenn du bereits alles erreicht hast, was du als Antworten aufgeschrieben hast?

Welche Emotionen kannst du in diesem Moment spüren?

Tauche tief in dieses Gefühl ein, als ob du bereits alles erreicht hättest. Spüre deine Emotionen, bleibe in ihnen und speichere sie in dir.

Wenn du nun Affirmationen machst, die dein neues Ich betreffen, wie zum Beispiel:
„Ich bin mutig. Ich werde alles erreichen, was ich mir vornehme. Ich bin glücklich und zufrieden", dann lasse diese Worte tief in dein Inneres sinken und fühle, wie sie dich stärken.

Dann hole dir während dieser Affirmation das passende Gefühl dazu. Beides zusammen ist ein kraftvolles und äußerst nützliches Werkzeug. Durch die Symbiose, die sie eingehen, verstärken sie sich gegenseitig in ihrer Wirkung. Arbeite täglich mit dieser Methode und du wirst verinnerlichen, womit du dich beschäftigst. Wähle bewusst und klug, was du denken und fühlen möchtest, denn du wirst nur das verändern können, worauf du deine Aufmerksamkeit richtest.

Dein Handeln wird nun von den neu programmierten Inhalten aus deinem Unterbewusstsein beeinflusst. So wie zuvor auch, nur mit dem Unterschied, dass du jetzt begonnen hast, dein Unterbewusstsein aktiv mit Dingen zu füllen, die dir und deinem Wachstum dienen. Viele Dinge können definitiv sofort positive Veränderungen mit sich bringen, das war bei mir oft der Fall. Bei anderen Dingen kann es jedoch auch sein, dass du etwas Geduld aufbringen musst. Denk daran, es wie sportliches Training zu sehen: Schritt für Schritt wird es besser. Bleib einfach dran und gib nicht auf, nur weil der Erfolg vielleicht nicht sofort sichtbar ist. Ein Baum ist auch nicht von Anfang an ein Baum, sondern wächst aus einem kleinen Samen.

Lerne, entspannt im Hier und Jetzt zu sein und auf deine eigenen Fähigkeiten zu vertrauen. Verabschiede dich von den Blockaden des „Wenn und Aber". Denn im „Wenn und Aber" vertraust du nicht auf dein Potenzial. Alles, was nun vor dir liegt, ist eine Einladung, zu wachsen. Nimm diese Einladung an, sie macht dich zu der Person, von der du immer geträumt hast. Du musst nicht eifersüchtig auf andere sein, denn du hast jetzt das Werkzeug in der Hand, deine eigenen Träume zu verwirklichen. Wenn du in Zukunft auf erfolgreiche Menschen blickst, sei nicht neidisch auf das, was sie erschaffen haben, sondern lerne von ihnen. Wie haben sie den Erfolg erreicht, der dich inspiriert? Was haben sie dafür getan? Es spielt keine Rolle, in welchem Bereich sie erfolgreich sind, solange es dich anspricht.

Haben sie ihren Erfolg durch Neid oder ohne eigene Anstrengung erlangt? Bestimmt nicht!

Haben Sie es durch den Glauben an sich selbst und Ihr Vorhaben erreicht? Wahrscheinlich!

Glaube an dich und deine unzähligen Möglichkeiten. Wofür brennst du? Wo geht dein Herz auf? Was willst du wirklich? Fragen über Fragen, aber es ist eine Tatsache, dass du durch das Stellen der Fragen den Dingen auf die Spur kommst, die wirklich zu dir passen.

Erst als ich begann, mir Fragen zu stellen, erhielt ich meine Antworten und damit auch die passenden Lösungen. Auch wenn das vollkommen logisch klingt, stellen sich die wenigsten Menschen wirklich entscheidende Fragen. Erst kommen die Fragen, dann die Antworten.

Erkenne, wofür du einstehst und was du wirklich liebst, dann erkennst du deinen wahren Wert. Wenn du deinen Wert erkannt hast, wirst du auch verstehen, was für dich bestimmt ist. Sobald du erkennst, was für dich bestimmt ist, weißt du, was du dafür tun musst. Und wenn du weißt, was du tun musst, erkennst du den Weg, der dich dorthin führt.

Wenn du diesen Weg gefunden hast, wirst du erkennen, dass alles, was du dir wünschst, bereits in dir steckt und so schließt sich der Kreis.

Schlusswort & Danksagungen:

Nun sind wir langsam am Ende unseres Gespräches angekommen – zumindest für diesen Moment. Denn die Geschichte selbst geht ja weiter: Neue Erlebnisse, Abenteuer und Glücksmomente warten darauf, entdeckt und gelebt zu werden. Sie werden sich zu einem neuen Kapitel zusammenfügen und zu einer neuen, faszinierenden Geschichte verschmelzen. Vielleicht wirst du ja sogar Teil einer der nächsten spannenden Geschichten.

Ich bin dir wirklich dankbar, dass du dir die Zeit genommen hast, einen für mich heftigen Ausschnitt meines Lebens anzuhören. Beim Erzählen habe ich gemerkt, dass ich vieles noch gar nicht richtig verarbeitet hatte. Die einzelnen Phasen kamen so schnell hintereinander, dass ich nur noch funktionierte. Genauso erging es auch meiner Süßen. Wir beide mussten schmerzlich erfahren, dass es auf Dauer nicht reicht, nur zu funktionieren. Irgendwann holt einen alles ein.

Somit hat das Buch schon der ersten Person helfen können, mir selbst. Damit hatte ich nicht gerechnet, aber dennoch ist es so. Ich dachte, ich wäre in einigen Phasen schon weiter gewesen. Erst beim Erzählen merkte ich, dass einiges noch nicht ganz verarbeitet war. Der Gedanke, dass du Nutzen aus meinem Erlebten ziehen kannst, macht mich glücklich. Es ist immer wieder schön zu erkennen, dass jedes noch so negative Erlebte auch etwas Positives bewirken kann. Bei dir selbst, aber auch bei anderen. Ich habe in den letzten Jahren einiges an Leid erfahren. Es gab Phasen, da wusste ich nicht, wie es weitergeht. Es schien alles, was mir begegnete, negativ behaftet zu sein. So konnte es nicht bleiben, nicht für mich und auch nicht für dich. Ich musste herausfinden, was positiv an der Geschichte ist.

Ich war in einer Sackgasse, die mich dazu zwang, mich für Neues zu öffnen. Um eine aussichtslos erscheinende Situation zu verändern, musste ich bereit sein, durch neue Türen zu gehen und unbekannte Wege zu beschreiten. Ohne diese Erlebnisse hätte ich das Buch nicht geschrieben und wir hätten dieses Gespräch nicht geführt. Wenn ich mir das alles bewusst mache, erkenne ich, wie viel Gutes aus diesen Erfahrungen hervorgegangen ist. Mit diesem Bewusstsein gelingt es mir, das Negative in Positives zu verwandeln.

Achte auf dich und deine Liebsten. In dem Moment, in dem wir aufeinander achtgeben, wachsen Liebe und Heilung in uns und in der Welt.

Bei mir verlief die Heilung auf verschiedenen Ebenen nicht geradlinig, sondern sie war von Höhen und Tiefen geprägt. Das Wichtigste in solchen Lebensphasen ist, dass du immer wieder zu dir selbst zurück findest. Setze dir klare Ziele, wohin du möchtest, und erinnere dich daran, warum du diesen Weg gehst. Von Herzen wünsche ich mir, dass meine Geschichte dir helfen kann, mit möglichen Problemen besser umgehen zu können. Sollten dir die Strategien, die mich unterstützt haben, ebenfalls nützlich sein, wäre jedes Wort, welches ich mit dir geteilt habe, ein kleiner Schritt in Richtung Heilung für dich.

Die letzten drei Jahre meines Lebens waren für mich und damit auch für uns die härtesten, die ich je erlebt habe. Es war nicht der einzelne Stich, der so schmerzhaft war, sondern die Vielzahl immer wiederkehrender Wunden, die uns das Leben eine Zeit lang schwer gemacht haben. Vor kurzem hatte ich sogar meine inzwischen fünfte Corona-Infektion bekommen. Körperlich hat es mir wieder stark zugesetzt, aber mental ist es an mir abgeprallt. All das Erlebte, was sich wie ein Dominospiel aneinander reihte, hat uns stärker werden lassen. Wir sind aufgestanden, haben uns zurückgekämpft und blicken nun voller Zuversicht auf eine wundervolle Zukunft.

Neue Erlebnisse, Abenteuer und Glücksmomente

warten darauf, entdeckt und gelebt zu werden.

Sie werden sich zu einem neuen Kapitel zusammenfügen

und zu einer neuen, faszinierenden Geschichte verschmelzen.

Vielleicht wirst du ja sogar Teil einer der nächsten spannenden Geschichten.

Meine Süße hat sich inzwischen ebenfalls zusätzliche professionelle Hilfe geholt, damit wir auf unserem Weg alles Alte und Belastende hinter uns lassen können.

Ich selbst bin keine große Hilfe, wenn es darum geht, ihre Erinnerungen zu verarbeiten, besonders nicht bei Bildern, die mich blutend in der Badewanne zeigen, oder wie ich im Flugzeug neben ihr zusammensackte.
Carmen hatte unzählige schlaflose Nächte, weil sie in dieser Zeit über mich und mein Herz gewacht hat.

Dadurch dass meine Süße ständig in Sorge war, baute sich immer mehr psychischer Stress auf, aber nicht ab. Sie glaubte lange, immer stark sein zu müssen, bis ihr Körper sie schließlich zur Ruhe zwang. Dieser Moment war der Weckruf, den sie brauchte, um Hilfe von außen anzunehmen. So schmerzhaft es war, sie in einem solchen Zustand zu sehen, so fantastisch ist es doch, dass sie dadurch einen unglaublich wundervollen Menschen kennenlernen durfte, der ihr auf ihrem Weg zur Heilung wirklich geholfen hat und auch immer noch hilft.

Auch hier ist im Negativen wieder etwas sehr Positives zu finden.

Frau Terne, Ihre Therapeutin, ist eine wahre Bereicherung für das Leben meiner Süßen und somit auch für mich. Ihre Unterstützung geht weit über das übliche Maß hinaus und bedeutet für uns sehr viel. Ich kenne sie persönlich noch nicht, aber das, was sie für Carmen tut, beeindruckt mich sehr. Frau Terne ist eine von den wundervollen Menschen, die die Insel inzwischen verlassen haben. Sie war übrigens auch diejenige, die Carmen auf die Studie hingewiesen hat, an der ich teilnehmen konnte. Wir sind beide dankbar, dass sie auf eine besondere Art in unser Leben getreten ist.

Es gibt keine Zufälle:

Durch meine Teilnahme an der Studie hatte ich die Gelegenheit, Frau Körber kennenzulernen. Sie gab mir wertvolle Tipps im Umgang mit dem CFS. Neben Frau Rezai war sie eine der wenigen Personen, die von meinem Vorhaben ein Buch zu schreiben wussten und mich durch ihre Ermutigung bestärkten. Ihre Unterstützung hat mir sehr gut getan. Frau Körber sagte sinngemäß, dass es mit meinem Krankheitsbild bereits ein großer Erfolg sei, ein Buch über mein Leben mit dem Chronischen Fatigue-Syndrom zu schreiben. Sie ist überzeugt, dass dieses Buch vielen Betroffenen Mut macht und helfen kann, und genau das war mein Ziel. Ich wollte Menschen dazu ermutigen, einen Mutausbruch zu erleben. Auch wenn es Situationen gibt, wo du glaubst, dass du nicht mehr kannst. Du kannst noch so viel. Glaube an dich und deine Möglichkeiten. Sobald man beginnt, sich dem Leben zu öffnen, kommen die richtigen Menschen und Orte ganz von selbst in dein Leben.

Da das Gesundheitssystem meiner Ansicht nach nicht mehr richtig funktioniert, geht vieles an Unterstützung, die angeboten wird, an der Honorarklasse vorbei. Oft ist das, was unternommen wird, um dem Patienten zu helfen, schlichtweg unentgeltlich.

Deshalb möchte ich Frau Terne, Frau Rezai und allen anderen Menschen, die trotz des Wissens, dass einige ihrer Hilfeleistungen nicht vergütet werden, weiterhin selbstlos handeln, von Herzen danken. Solche wunderbaren Menschen braucht die Welt, damit sie zu einem besseren Ort werden kann, auch wenn das Gesundheitssystem als solches dringend reformiert werden muss. Für die, die dort tätig sind, aber auch für die Patienten.

Ich danke allen Menschen, die in den verschiedensten Gesundheitsbereichen für uns da sind, Tag für Tag, Nacht für Nacht. Mit eurem unermüdlichen Einsatz haltet ihr das Rad am Laufen.

Ohne euch wäre meine persönliche Reise auf dieser schönen Welt vermutlich längst zu Ende gewesen.

Ich möchte mich bei einigen ganz besonders bedanken, die mich bereits im Vorfeld meines Vorhabens, ein Buch zu schreiben, unterstützt haben.

Ein herzliches Dankeschön geht an Nils Breffke und seine wunderbare Partnerin Petra. Nils hat mich bei diesem Projekt immer wieder unterstützt, wo er nur konnte. Ich kann ihm gar nicht genug danken – er ist nicht nur ein toller Freund, sondern auch auf beruflicher Ebene ein verlässlicher Fels in der Brandung. Seitdem Petra von diesem Buch erfahren hat, bringt sie ebenfalls großartige Ideen ein, um es den Menschen näherzubringen. Es sind definitiv zwei wunderbare Menschen.

Ein weiteres Dankeschön geht an Gabi Wachshaus, die das aussagekräftige Cover für mein Buch gestaltet hat. Danke für die tollen Gespräche, dein offenes Ohr und deine wertvolle Unterstützung bei diesem Projekt. Ebenso ein großes Dankeschön geht an Doro Nowa, die die drei tollen Bilder in meinem Buch gemalt hat.

Ebenfalls muss ich mich bei Dr. med. der Rasen bedanken, der nach meiner Süßen der Erste ist, der das fertig geschriebene Manuskript zum Lesen bekommen hat. Ich habe schon immer eine leichte Schreibschwäche gehabt, aber wie du siehst, hat mich das nicht davon abgehalten, ein Buch zu schreiben. Auch hier brauchte ich einen kleinen Mutausbruch, danach war ich bereit dafür. Oft bin ich mir unsicher, ob und wann Wörter wie ‚zu Hause‘ oder ‚zuhause‘ zusammen oder getrennt geschrieben werden. Genauso passiert es mir immer wieder, dass ich in einem Satz vergesse, ein Wort mitzuschreiben, aber beim Lesen lese ich das fehlende Wort mit, als ob es da wäre. Ebenfalls stimmen meine Kommasetzungen auch nicht immer einhundertprozentig. Um zu vermeiden, zu viele grammatikalische Fehler zu machen, habe ich ihm von meinem Vorhaben erzählt und gefragt, ob er sich der Sache annehmen würde, um mögliche Fehler zu korrigieren. Dr. med. den Rasen, den ich ja erst während meiner letzten Reha kennengelernt habe und der inzwischen definitiv zu einem Freund geworden ist, hat sich sofort bereit erklärt, mir zu helfen. Somit habe ich gleich ein echtes Feedback zum Buch.

Die Nächste, die das Manuskript zu lesen bekommt, ist Claudia, eine befreundete Deutschlehrerin. Auch ihre Hilfe ist großartig und definitiv sehr wichtig. Auf ihr Feedback lege ich großen Wert. Es macht mich glücklich, so fantastische Menschen an meiner Seite zu haben.

Auch wenn ich bereits erwähnt hatte, dass ich während unseres Gesprächs nicht über alle Freunde sprechen werde, möchte ich an dieser Stelle dennoch noch ein paar erwähnen und mich bei ihnen bedanken. Sie waren in den schwierigen letzten Jahren stets für uns da.

Dazu gehören Herbert und Annette, die zwar nicht auf Sylt wohnen, aber hier eine Wohnung besitzen und daher regelmäßig Zeit auf der Insel verbringen. Sie sind herzensgute Menschen, die man einfach gern um sich hat. Wenn sie erzählen, hört man ihnen gespannt zu.

Dann ist da unsere liebe Wadi, die auf Sylt Fahrräder vermietet. Wir schenken uns gegenseitig ein offenes Ohr, wenn der Frust zu groß wird, und ein breites Lächeln, wenn wir unsere inneren Kinder spielen lassen.

Außerdem gibt es noch unseren alten Freund Torsten mit seiner Frau Nicole. Wir hatten uns eine Zeit lang aus den Augen verloren, und in der Zwischenzeit hat Torsten seine charmante Nicole geheiratet. Wir kennen sie also noch nicht so lange, haben sie aber sofort ins Herz geschlossen. Mit Torsten kann man jederzeit über alles reden. Er ist jemand, der immer mit Rat und Tat zur Seite steht.

Und dann ist da noch unsere liebe Pamela, die wir nur liebevoll "Pamschi" nennen. Auch wenn wir uns nicht regelmäßig sehen, fühlt es sich jedes Mal so an, als wäre unser letztes Treffen erst gestern gewesen. Genau das macht wahre Freundschaften aus.

Ich merke gerade, dass ich am liebsten über all unsere Freunde etwas Schönes erzählen würde – doch das würde den Rahmen sprengen. Ich denke, das Beste wird sein, unser Gespräch zu einem späteren Zeitpunkt fortzusetzen. Ich bin allen wirklich sehr dankbar für die Unterstützung, die mir gegeben wurde, und freue mich schon darauf, bald offiziell bekanntzugeben, dass ich ein Buch zum Thema Motivation, Selbsthilfe / Lebenshilfe für Körper, Geist und Seele geschrieben habe. Bereits bei beiden Reha-Maßnahmen wurde ich ja darauf angesprochen, dass meine Geschichte und wie ich damit umgehe, so motivierend sei, dass ich unbedingt ein Buch darüber schreiben sollte.

Anfangs war ich mir nicht sicher, ob mein Erlebtes wirklich für dich interessant sein kann, aber dann dachte ich mir: Warum nicht?

Auch meine sehr lieb gewonnene Evi, eine meiner Mitpatienten aus meiner letzten Reha, über die Dr. med. den Rasen die lustige Patientenakte geschrieben hatte, sagte mir, dass ich doch ein Buch über meine Geschichte schreiben sollte. Damit könnte ich sicher vielen Menschen Mut machen. Und genau das habe ich jetzt auch getan. Danke, Evi, für diesen Zuspruch. Ehrlich gesagt fiel es mir nicht leicht, dir vorab nichts darüber zu verraten. Mit Dr. med. den Rasen haben wir öfter darüber gesprochen. Auch ihn hatte ich ja dazu verdonnert, Stillschweigen zu bewahren. Getreu dem Motto: Alles zu seiner Zeit. Ein weiteres riesiges Dankeschön möchte ich an dieser Stelle noch anbringen. Ich habe es nicht vergessen, sondern bewusst für diesen Augenblick aufgespart.

Während unseres Gesprächs sprach ich öfter davon, dass Carmen und ich das Gefühl hatten, von einer höheren Macht beschützt zu werden. Ich erzählte dir auch, dass wir bei der Planung von Carmens rundem Geburtstag im Hotel Strandhörn den Eindruck hatten, dass es nicht sein sollte, als ob immer wieder etwas dazwischenkommen würde. Fast schon so, als ob es sabotiert wurde. Mittlerweile sind wir überzeugt, dass dies tatsächlich der Fall war, nicht, um uns zu schaden, sondern um uns zu schützen. Wie du weißt, waren zu diesem Zeitpunkt bei mir zwei der drei Hauptarterien, die zum Herzen führen, fast vollständig blockiert: eine komplett, die andere zu 95 %. Uns war damals noch nicht bewusst, wie lebensgefährlich diese Situation war.

Ich kenne mich. Wäre es tatsächlich zu der Feier gekommen, hätte ich bei diesem wundervollen Anlass Vollgas gegeben. Doch wenn etwas schief gegangen wäre, hätte ich womöglich Carmens runden Geburtstag und somit auch ihr Leben ruiniert und mich damit von ihr verabschiedet. Das wäre das schlimmste "Geschenk" gewesen, das man sich vorstellen kann. Dieser Gedanke ist für mich absolut grauenvoll. Damit genau dieses Szenario nicht eintreten konnte, waren, wie schon so oft in unserem Leben, unsere Schutzengel an unserer Seite. Ich bin dankbar, dass der Himmel noch warten muss.

Aber du musst nun nicht mehr länger warten, um glücklich zu sein.

Ich hoffe sehr, dass meine Geschichte dir dabei geholfen hat, zu erkennen, dass es für einen Neuanfang nie zu spät ist. Alles, was du dazu brauchst, ist ein **MUTAUSBRUCH**. Denk nicht zu viel darüber nach, sondern halte es, ganz nach dem Motto meines türkischen Bruders Ibo:

EINFACH MACHEN!

Schiebe deine Wünsche und Ziele nicht weiter vor dir her.

Du musst nicht bis morgen darauf warten, dass du glücklich sein darfst.

Die beste Zeit um glücklich und zufrieden zu sein ist nicht morgen, auch nicht übermorgen,

sie ist **JETZT!**

Meine erste Geschichte ist nun zu Ende - doch für dich beginnt jetzt ein ganz neues Kapitel. Schaue in den Spiegel und siehe genau hin - du wirst in ihm einen ganz wundervollen Menschen entdecken. Du bist in dir gewachsen und nun bereit, auch Wege einzuschlagen, die du bisher gemieden hast. Die schönsten Geschichten warten noch auf dich. Nimm dir Zeit für dich und deine Wünsche. Fordere sie selbstbewusst ein und nimm sie an. Tritt aus dem Hintergrund und auf deine eigene Bühne. Du verdienst es, gesehen und geliebt zu werden.Wenn du dir jetzt nicht die Zeit für dich nimmst, dein Leben nach deinen Vorstellungen zu gestalten, wird die Zeit dich dazu bringen, ein Leben zu führen, in welchem du Unzufriedenheit und eine Leere spürst. Deine Zeit für Veränderung ist jetzt. Setze dich und deine Träume an erste Stelle - dann wirst du nie wieder nur die zweite Wahl sein und alle Menschen, die dir am Herzen liegen, werden von deinem neu gewonnenen Lebensglück profitieren.

André Aron Weise